북방고고학
논총

북방고고학 논총

2013년 5월 7일 초판 1쇄 인쇄
2013년 5월 10일 초판 1쇄 발행

저 자 | 임 운
역 자 | 복기대
펴낸이 | 권혁재
편집자 | 조혜진, 박현주

펴낸곳 | 학연문화사
출판등록 | 1988년 2월 26일 제2-501호
주소 | 서울시 금천구 가산동 371-28 우림라이온스밸리 B동 712호
전화 | 02) 2026-0541~4
팩스 | 02) 2026-0547
이메일 | hak7891@chol.com
홈페이지 | www.hakyoun.co.kr

ISBN 978-89-5508-298-2

책값은 뒤 표지에 있습니다.
잘못된 책은 바꾸어 드립니다.

북방고고학
논총

임운 저 / 복기대 역

학연문화사

목 차

저자 서문 ·· 6
역자 서문 ·· 15

1장 압록의 고대문화

1) '맥족'에 대하여 ·· 25
2) 중국 동북계 동검 초론(東北系 銅劍 初論) ·········· 45
3) 중국 동북계(東北系) 동검(銅劍) 재론 ················· 85
4) 단결문화(團結文化)에 대한 논의 ······················· 113

2장 장성남북의 고대문화교류

1) 하대(夏代)의 중국 북방청동기 ··························· 151
2) 상문화 청동기와 북방 지역 청동기의 상관관계에 대한 재론 ······· 171
3) 활모양(弓形器) 청동기와 관련된 몇 가지 문제에 대해 ··········· 213
4) 중국 북방 장성 지대 유목문화 벨트의 형성 과정 ················ 229

3장 북방 대초원의 고대문화

1) 융적(戎狄)과 호(胡)의 실체에 대한 논의 ············· 305
2) 흉노족(匈奴族) 기원에 관한 중국 고고학계의 연구 ············ 317
3) 유라시아 초원지대 굽은짐승무늬(卷曲動物紋)에 관한 논의 ······ 349

저자 서문

2009년 4월 한국 방문했을 때, 나의 제자 복기대박사가 그의 가족들과 같이 내가 묶는 숙소로 찾아왔다.

복기대박사가 중국을 떠난 후 못 만난 것은 아니지만 한국에서 만나니 여러 가지 감회가 새로웠다. 더구나 중국을 떠난 후 보지 못하였던 복박사의 가족들과 같이 한 자리에서 기쁨은 더하였다. 나는 짧지만 그들과 많은 이야기를 나누었고 마지막으로 그는 나의 고고학 논문 일부를 한국어로 출판하자고 제안했다. 나의 생각은 이 기회를 계기로 그동안 나의 연구결과가 한국학계 연구자들과 교류할 수 있는 기회가 생긴다면 나에게도 유익하겠다는 생각이 들어서 논문의 일부를 뽑아 그에게 한국내의 출판을 허락했다.

중국에 돌아온 후 얼마 지나지 않아 한국어로 번역된 논문을 받았고 나는 매우 기뻤다. 그리고 나서 한국의 인하대학교 대학원장 일행이 길림대학교와 상호교류 협력을 추진하러 왔다. 그 일행에는 복기대박사도 포함되어 있었는데 그의 방문은 나를 더 한 번 기쁘게 했다. 그것은 그가 몇 년째 몽골에서 발굴을 하고 있었다는 것을 말하였고 그 일부 결과를 나에게 보여주었다. 그러면서 앞으로도 계속 몽골에서 발굴조사를 진행할 것이라는 계획도 말하였다. 몽골동남부지역과 북방초원지대문화가 어떤 연관성을 갖고 있는지 아직 아무도 모르고 있어 언젠가 기회가 되면 몽골지역 발굴조사를 해야겠다고 생각하고 있었는데 아직 이루지 못하고 있었다. 그런데 나의 희망을 나의 제가가 하게 되다니 더 할 나위 없이 기쁜 일이었다.

이번에 번역하기로 뽑은 논문 11편은 두 가지 연구 방향이 포함되어 있다.

첫째연구 방향은 중국동북지역 고고문화이다.

중국동북지역에 대한 고고 연구인데 내가 베이징대학교 고고학과 학부 시절에 연구 한 주제였다. 내 학부 졸업논문은 '서차구식동병철검(西岔溝式銅柄鐵劍)의 민족 속성(族屬)에 대하여'라는 주제로 썼다. 이 논문을 통해 이 검은 형태적으로 동북계 주척곡인검(柱脊曲刃劍)의 전통을 계승함으로써 동호(東胡)의 유물일 수 없다는 것을 밝힌 것이었다. 이 논문으로 당시 베이징 대학교 고고학 연구실 주임인 소병기(蘇秉琦)교수님께 가르침을 청했는데 소교수님께서는 큰 관심을 보이셨고 동북계주척곡인검의 자료를 가능한 많이 수집하고 체계적인 논문을 작성하도록 조언해주셨으며, 동시에 당시 중국과학원 고고학연구소 동주신(佟柱臣)선생님을 나의 지도교수로 요청하셨다. 이 논문이 완성되고 나서 1962년 베이징대학교 졸업생 논문 발표회때 발표를 하게되었고 당시 발표회에서 소병기선생님께서 "과거와 현재, 미래에도 우수한 논문이라고 할 수 있겠다"라고 칭찬을 하셨다. 그러면서 동시에 당시 베이징대학 문과대학 최우수 논문으로 선정되게 되었다. 이것을 계기로 내가 나중에 우성오(于省吾)선생님을 스승으로 모서 계속해서 동북지역 고고를 연구하게 되었다.

당시 베이징대학졸업논문의 원 제목은 "중국동북의 주척곡친검"이었는데 졸업후 여러 가지 사정으로 발표하지 못했었다. 그러다가 1978년 겨울까지 약간의 수정과 보충을 거쳐 길림성 고고학회로 제출하였고, 1980년의 중국『고고학보』에 '중국동북계 동검초론(中國東北系銅劍初論)'이라는 제목으로 출판하게 됐다. 이글은 그 후 일본어, 한국어와 러시아어로 번역되었다. 그리고 엄문명(嚴文明)선생님께서 쓰신 유형학 연구방법에 대한 논문에서 5가지 참고 논문 중 하나로 지정되었다.

이 글에서 내가 주척곡침검의 연대와 분포지역을 통해 그의 민족 속성은 동호라는 설을 반박하면서 예맥(濊貊), 진번(眞番), 조선의 유물이라고 내 주장을 제시하였다. 비록 같은 스승 밑에서 배운 근풍의(靳楓毅)선생이 지금까지도 동호설(東胡說)을 주장하지만 나의 생각은 변함이 없다. 그러나 내가 전에 사용한 유형학 방법이 한계가 있으니 많은 특징의 변화가 모두 일치하는 것이 아니라는 것을 상세하게 고찰하지 못했다. 게다가 수많은 주척곡인검들이 주로 요서에 분포된 점에서도 불구하고 단 신금쌍방(新金双房)에서 나온 검이 '후전비율(後前比)'이 가장 큰 것으로 주척곡인검이 요동에 기원한다고 단언한 것은 부적절한 것이다. 그래서 1990년 내가 "재론(再論)" 한 편을 다시 씀으로써 "초론(初論)"에서 제시한 일부의 관점에 대해 수정하였으나 이 검이 요동에서 기원했다는 설은 여전히 포기하지 않았다. 그리고 2006년 여군(呂軍) 박사의 논문을 지도할 때 정식으로 요동기원설이 아닌 요서기원설을 채택했다.

　나는 주로 고고발굴과 문헌기록을 상호 대조함으로써 고고학 문화의 민족 속성을 확인하는 연구를 했다. 1985년에 쓴 "논단결문화(論團結文化)"가 나의 연구방법론을 통한 연구의 대표작이라고 할 수 있다. 이글은 고고학 문화의 확정에 대해 국경의 한계에서 벗어나 중,러,조 3국의 문화현상이 모두 포함되어 있어 "단결-克羅烏諾夫卡문화"라고 이름을 지었으며 그 문화의 분포 지역과 연대를 봐서 문헌에서 기록되어 있는 옥저(沃沮)의 문화라고 주장했다. 이글은 오래 전부터 일본어로 번역되어 『고대문화(古代文化)』에 실려 출판됐는데 아직까지 민족 속성에 대해 논쟁이 없는 것으로 알고 있다. 이 연구 이외에는 숙진(肅愼)-읍루(挹婁)문제, 부여문제, 동호문제, 산융(山戎)문제 등에 대해도 연구한 적 있었지만 이들에 대해 논쟁이 계속 이어지고 있어서 이번에 논문집에 실지 않기로 했다. 이번 계기로 한 가지 설명해야 할 것은 과거 파이채(波爾采)문화가 읍루의 유적이라고 했던 나의 주장이 정확하지 않다는 것이다. 나중에 파이채문화가 분포된 지역 남쪽의 넓은 구역에서 곤토령(滾兔岭)문화가 발견됐다. 읍루의 주체로서는 곤토령문화를 보유한 자로 봐야 하고 곤토령문화와 공통점을 띤 파이채문화가 가위명(賈偉明)선생과 위국충(魏國忠)선생이 말하는 '읍루계통(挹

婁系統)'의 유적에 불과한 것이라고 수정해야 한다.

다음으로 이 책에는 "설맥(說貊)"이라는 글이 실렸는데, 이글은 지금까지 내려온 문헌에 따라 정리되었으며 문헌을 이용해 고대 족(族)을 연구하는 나의 기본 관점을 대표할 수 있다. 즉 같은 족에 대한 호칭의 의미가 역사의 흐름에 따라 변화할 수 있는 것이다. 따라서 사료를 이용할 때 이 사료가 형성된 연대를 잘 파악해야 한다. 같은 시기의 사료에 근거하여 그 시기에 어떤 족의 호칭에 포함된 함의를 알아야 문제를 논의할 때 근거할 만한 증거가 될 수 있다. 만약 시기가 다른 사료에서의 동일한 명칭을 지은 족을 같을 것으로 착각하면 문제가 더 복잡해질 수밖에 없다. 지금 고고 유적과 문헌 기록을 서로 비교할 때 상반된 의견들이 나온 이유가 근본적으로 시기가 다른 고고 유적과 문헌기록을 교차해서 비교하는데 있으므로 이것은 반드시 유의해야 한다.

두 번째 연구 방향은 중국 북방지역과 유라시아 초원지대 청동기시대부터 초기 철기시대의 고고문화 연구이다.

이 분야는 내가 베이징대학을 다니던 시절에 러시아어 공부한 계기로 吉謝列夫의 『남시베리아고대사』라는 책을 접하게 되었는데, 그 책을 통해 연구 방향에 관심을 가지게 되었다. 최초의 연구 동기는 러시아어로 된 고고 자료에서 남시베리아에도 상주(商周)청동기와 유사한 궁형(弓形)기물이 나온다고 하며, 게다가 복부에 걸려있다고 하는 것을 발견했기 때문이다. 몽골지역의 사슴돌에서도 허리띠 아래 생김새 비슷한 물품이 있었다. 이 여러 가지를 연결시켜서 궁형기물은 고삐를 걸리는 갈고리(挂繮鉤)가 아닌가 하는 생각이 들면서 1978년 5월 "청동궁형기물에 대한 문제에 관하여(關于靑銅弓形器的若干問題)"라는 논문을 썼고, 같은 해 연말에 초고를 가지고 장정랑(張政烺)선생님에 가르침을 청해 격려를 받아 수정해서 1979년 봄에 출판했다. 그 이후 러시아 학자 瓦列諾夫가 1984년 발표한 논문에서 나와 같은 근거로 나의 주장과 비슷한 논점을 제시한 것을 보았다. 그와 나의 논점에 차이가 있다면 그는 궁형기물을 허리띠에 묶는 것이라 생각하고 나는 허리띠에 거는 것으로 생각한다는 점이다. 그런데 러시아의 어떤 화가가 그린 궁형기물의 가능한 사용 방법을 그린 그림에는 나의 주장처럼 궁형 기물이 허리띠에 걸려있었다.

이제는 궁형기물이 고삐를 거는 갈고리라는 주장에 찬성하는 사람이 점점 많아지고 있다. 올해 등명예(滕銘予)교수가 『고고』에 논문 한편을 발표하였는데 그 논문에서 일부의 궁형기물은 마차 앞부분에 재갈과 고삐를 거는 것이라고 주장했다. 이것은 나의 주장에 대한 중요한 보충이 된다고 생각한다.

1982년 장광직(張光直)선생님이 계획해서 열린 상(商)문명국제학술세미나에 추형(鄒衡)선생님이 회의에 참석하지 못하는 고로 내가 운이 좋게 처음으로 국제회의에 참석하는 기회를 얻게 되었다. 그때는 과거에 축적한 자료로 "상문화 청동기와 북방지역의 청동기 간의 관계에 대한 재연구"라는 논문을 이미 완성했을 때였는데, 이미 하내(夏鼐)선생님의 심사를 받았으므로 국제회의에 제출을 해도 괜찮다고 생각했다. 그래서 미국 하와이대학교에서 열린 세미나에서 이 논문을 발표했다. 이 글은 David Goodrich가 영문으로 번역해서 장광직교수가 편저한 『상대고고학연구(商代考古學研究)』에 수록됐다. 이글은 처음으로 전면적으로 중국 북방계 청동기(靑銅器)에 관한 연구를 종합한 것이며 북방계 청동기와 상문화 청동기간의 상호 영향을 분석했고 게다가 같은 시기에 유라시아 지역의 청동문화에 대해 "와상역사(歷史旋渦)"라는 해석 패턴을 제시함으로써 국내외의 연구에 대해 상당한 영향을 끼쳤다. 그 이후로 이 글은 러시아 고고학자 科米薩羅夫에 의해 러시아어로 번역돼서 拉里契夫가 1990년에 편집을 주관한 『고대중국』논문집에 수록됐다.

　　1992년 8월, 나는 후허하오터에서 열린 중국 고대 북방민족의 고고문화 국제세미나에 참석했고 거기서 "중국의 흉노 민족기원에 대한 고고학 연구"라는 논문을 발표했다. 나는 장성 근처에서 이미 발견된 동주(東周)시기의 북방민족의 유물을 6개 지역으로 나누어 각각 귀납적으로 추론했다. 그 결과 그들이 문화특징과 인종적 차원에서 모두 차이점이 있다는 것을 증명해냈다. 그들의 유물을 한나라 때 확정된 흉노 유물과 비교해 보니 주류 흉노의 전신으로 볼 수 있었다. 다만 곽현요자(崞縣窯子)의무덤은 문헌에서 기록된 '제호(諸胡)'로 볼 수 있을 것 같다. 따라서 고고학자들은 사마천(司馬遷)의 『사기·흉노열전(史記·匈奴列傳)』에 근거하여 선진(先秦) 북방 여러 민족들이 일체화 된 모두 흉노의 전신이라고 기술해서는 안된다. 그러므로 흉노를 연구 할때는 반드시 실제의 고고 발굴에 근거하여 흉노 주류의 민족 기원을 연구해야 마땅한 것이다. 그 때 처음으로 흉노의 주류가 중국 이외의 다른 지역에서 조기 발전 과정을 거쳤다는 주장이 제시됐는데, 이것은 당시 중국 고고학계와 사학계에서 유행하던 관점인 장성 근처의 상주(商周) 북방 민족 유물을 모두 조기 흉노 유물이라고 부르는 것에 경종을 울렸다.

　　한 가지 설명할 필요가 있는 것은 이글에서 언급한 장성 일대의 동주(東周)인종에 관한 것이다. 나는 장성 일대의 동주(東周)인종에 대한 검사 측정결과를 모두 주홍(朱泓)교수에게 문의했다. 그러나 당시 주홍교수는 현대 인종과 고대 인종 모델의 체계를 아직 형성하지 못했을 때였다. 그래서 이글에서 북아시아 몽골 인종 유전을 가진 동아시아 몽골 인종의 머리뼈라고 기술한 것을 나중에 주홍교수에 의하여 동아시아 몽골 인종의 고화북(古華北) 유형으로 분류했다.

　　1996년 길림대학교 김경방(金景芳)교수님의 95세 생신을 축하하기 위해 편집된 논문집에 내 "융적비호론(戎狄非胡論)"이라는 논문이 수록됐다. 이글은 엄격하게 말하면 고고학 논문이라고 할 수는 없다. 그리고 융적이 호가 아니라는 것도 내가 먼저 제시한 주장은 아니다. 그러나 전에 흉노 민족의 기원에 관한 논문에 제시된 관점에 대해 더욱 충분히 논술한 것이라고 할 수 있다. 과거 이 문제에 대해 논의할 때 근거 자료로 이용할 수 있는 것은 문헌 자료밖에 없었다. 그러나 내가 가장 중요하게 사용한 근거는 고고 발굴에서 나온 체질인류학 자료였는데 이 자료를 통해 다른 면에서의 논증이 더 정당해졌기 때문이다.

 2001년 1월, 일본 큐슈대학 서곡정(西谷正)교수의 요청으로 주홍교수와 함께 큐슈대학을 방문 했다. 거기서 "북방계 청동기의 시작"이라고 하는 제목으로 강연을 했다. 같은 해 4월 미국 피츠버그대학교에 가서 "허탁운(許倬云)교수의 고대 중국강좌" 첫 강의에서 같은 제목으로 강연을 했다. 1982년의 논문에서 이미 북방계 청동칼이 중원 이리두(二里頭)문화의 칼에 영향을 미친다는 관점을 얘기했다. 그런데 많은 연구자들이 여전히 북방지역의 청동기의 기원은 상문화인 이리강(二里崗)문화에 있다고 여겼다. 그러나 점점 많은 자료들에서 이리두문화 시기에 북방지역에는 이미 중원지역과 다른 특징을 갖은 청동기가 있었다. 나는 방일과 방미 동안 계속 새로운 자료를 수집했으며 나중에 장춘에서 열린 "중국북방지역 청동기 시대 고고 국제학술세미나"에서 수정된 "하대의 중국 북방계 청동기"를 발표했고 이것을 『변강고고연구(邊疆考古研究)』제1집에 실어 출판되었다.

 "중국북방 장성 일대 유목문화대의 형성과정"이라는 글은 길림대학교 변강고고(邊疆考古)연구센터가 건립한후 처음 받은 중점연구 프로젝트였다. 연구주제는 -하나라에서부터 전국시대까지 중국 북방 장성 일대 유목문화대의 형성과정-의 연구 최종 보고서였다. 이 프로젝트에 참여한 사람은 양건화(楊建華), 등명예(滕銘予), 왕립신

(王立新), 정군뢰(鄭君雷), 장문립(張文立), 탕탁위(湯卓炜) 등이 있었고 최종 연구 보고서는 내가 썼다. 이글은 북방지역 청동기시대부터 초기 철기시대까지를 나와 우리 길림대학교의 동료들의 다 차원적인 연구를 전면적으로 종합한 것이다. 이 글에서는 이 지역이 농업 위주부터 유목업(遊牧業) 위주로 변화한 역사 과정을 기술했다. 또한 이 지역 내부의 집단 이동에 대한 검토 이외에도 북방이나 남방에서 받은 영향과 외래인들에 대해 고찰해봤다. 춘추전국 시기에 몽골 고원에서 유목인들의 대규모 남하는 이 지역이 유목화(遊牧化)되는 중요한 추동력이다. 이글은 2002년 3월 타이베이에서 열린 "문화 차이와 통칙: 장광직(張光直)교수의 기념학술세미나"에서 발표했고 뒤로 『연경학보(燕京學報)』제 14기에 실려 출판되었다.

마지막 논문은 "초원의 만곡한 짐승무늬"인데, 그 결과 내가 신강 지역 청동기를 연구한 다음에 쓴 것이며 더 넓은 범위에서 유라시아 초원의 청동 장식패(裝飾牌)를 검토하는 것이었다. 그런데 나는 내가 제시한 관점에 대해 자신이 없었다. 중국에 있는 자료 이외에는 다른 자료를 가지지 못했기 때문이다. 그때는 몽골 고원에서 나온 굽은 짐승무늬 실물의 존재를 몰랐고 최근에 와서 내 제자인 반령(潘玲)교수가 몽골에서 가져온 개인 청동기 수장품 도록을 보고나서야 몽골 고원에 실제로 이러한 장식패가 대량적으로 존재하는 것을 알게 되었다. 이 도록을 본 후에 나는 이에 대해 한 편의 논문으로 짐승무늬에 대해 집중적으로 분석하고 토론할 수 있었다.

위에서 내가 연구한 고고학분야의 대표적인 논문을 정리하여 보았다. 1950년대 베이징대학에 입학하면서 시작된 나의 연구인생은 지금까지 이어져 왔다. 때로는 어려운 때도 있었지만 전체적으로 보면 누구보다도 순탄한 연구항로였다 이런 순탄한 연구 항로는 늘 나를 지켜주는 가족들이 있었고, 모르는 것이 있어 연구의 진척이 없을 때 늘 가르침을 주셨던 선생님들이 계셨기 때문이다. 이런 주변 여건은 내가 얼마나 행복한 연구자였는가 하는 것을 말해주는 것이다. 모든 분들에게 감사하다는 말 밖에서 할 것이 없다.

학문에는 끝이 없으나 인생은 쉬이 늙게 된다. 만약 여생에 계속해서 고고학 연구를 위해 작은 힘이나마 보탠다면 쾌사로 여길 것이다. 그러나 제자들이 내가 힘써 연구하던 일을 계승하여 마침내 나를 초월하는 청출어람을 실현하는 것이야말로 내 인생 최대의 행복이라고 할 수 있을 것이다.

이번 나의 글이 한국에 발표되면서 한국학계와 중국학계가 학문적인 공동연구를 할 수 있는 기회를 맞게 된다면 더 할 나위 없이 기쁠 것이다.

끝으로 이런 기회를 만든 나의 제자 복기대박사에게 늘 부지런하게 학문에 정진할 것을 부탁하여 고마움을 전한다.

2011년 10월 길림대학교 관아명 동에서
임운(林沄)

역자 서문

1998년 10월 옮긴이의 박사학위 논문심사가 끝나고, 나는 한국으로 돌아올 준비를 하였다. 가족을 먼저 돌려보내고 교수님이 입원하시고 계신 병원으로 한국으로 돌아간다는 인사를 드리러 갔다.

교수님과 나는 간간히 몇 마디씩 주고받았다. 다음날이면 큰 수술을 받으시는 교수님을 병실하루도 못 지켜드리고 떠나는 야속한 제자련만 한국으로 돌아가서 어떻게 지낼것인지 걱정만 하셨다. 한국학계의 사정을 잘 아시는 교수님의 말씀은 곧 한국에서 닥쳐야 할 나의 앞날을 걱정하고 계셨다. 그저 열심히 공부하겠노라고 말씀을 드리고, 선걸음으로 병실을 나섰고, 빠른 걸음으로 병원을 빠져나왔다. 그러면서 교수님 병실을 돌아보았는데, 불편하신 걸음으로 나를 전송해주시러 나왔다. 임교수님 눈가에는 붉은 기운이 돌았고, 눈물이 고이신 것을 보았다. 옮긴이 역시 스승과의 이별이라는 서글픔에 눈가에 눈물이 맺혀 병실을 나왔지만 몇 번을 고개숙여 인사드리고 기차역으로 향했다.

임교수님 가르침아래 4년 동안 공부하는 동안 사제간이지만 평생동안 가지고 갈 학문도, 이쁜정도, 고운정도 다 들었던 것이다. 그 뒤로 가끔 찾아뵙다. 찾아뵐때마다 먼저 물어보시는 것이 옮긴이의 어머니, 가족들에 대한 안부를 물으시고, 다음으로 저에 대한 것을 물으셨다. 참 자애론 분이시다. 운동 못하시는 것 빼고는 모든 것을 본받아도 좋을 인격과 학문을 갖으신 분이다. 그러니 그분의 곁에 학문을 연구하기 위하여 더 좋은 자리를 마다한 제자들이 있을 정도이다. 옮긴이도 그런 제자 중에 하나이지만 현실이 그렇지 못에 간혹 먼 걸음으로 가르침을 받는 정도이다.

옮긴이가 중국 동북지역을 장기적으로 연굴 할 계획가운데 가장 먼저 해야 할 것은 연구자를 많이 배출하는 것이었다. 그렇기 위해서는 먼저 가능하다면 임교수님을 한국에 모셔 한국연구자들에 도움을 주시도록 하는 것이었다. 그런데 그게 여의치 않아서, 그 대신 임교수님의 논문 중 한국사연구에 필요한 것을 선별하여 한국어로 번역하여 연구자들에게 도움을 주는 것으로 계획을 변경하였다. 그래서 이번에 민족과 고고학을 합한 11편의 논문은 모아 번역하여 내기로 하였다.

각 논문은 주요 내용은 임교수님께서 서문에서 이미 말씀을 하였으니 옮긴이가 더 말할것은 없다고 본다. 다만 몇 가지 독자들이 편의를 위해서 설명을 한다면 다음과 같은 것이 있겠다. 먼저 이 책의 편집과정이다.

편집과정에서 고려한 것은, 먼저 한국사와 직접관계가 있는 중국 동북지역 관련을 앞으로 하고, 그리고 이 지역과 비교할 수 있는 장성남북지역의 청동기시대관련논문을 그 다음 순으로 하였다. 그 다음으로는 임교수님께서 평소에 지대한 관심을 두는 민족문제와 대초원과 다른 지역의 문화교류에 대한 순서로 편집을 하였다. 이런 순서는 이른바 북방지역 청동기시대를 체계적으로 이해하는데 도움이 될 것이라 생각하였다.

다음으로 이 논문들 중에 어떤 것은 이미 오래전에 발표된 것도 있어, 새로운 자료들이 나와 일부는 보완해야 할 것도 있는 것으로 알고 있다. 특히 한국학계에서 관심을 갖는 것중에 하나가 '맥'에 관한 것이나 '비파형동검의 기원지' 문제에 관한 것은 독자들이 꼼꼼한 분석과 이해가 필요한 부분이다. 예를 들어 본다면 임교수님께서 늘 주장하던 비파형동검의 기원지를 과거에는 요동이라 하였지만 최근에는 요서지역에서 기원으로 바뀌었다고 말씀을 하셨다. 그런데 여기서 임교수님이 말씀하신 요서지역은 그간, 오은이나 근풍의가 주장하던 노노아호산 서쪽의 내몽고지역이 아니라 요녕성 서부지역의 조양일대의 룽하문화에서 기원하였다는 말하고 있는 것이다. 큰 틀에서는 변화가 없지만 그 안에서는 조금씩 변화가 있다는 것은 주의하여 읽어야 할 것으로 본다.

임교수님의 논문을 번역하는데 무엇보다도 교육과학기술부에서 추진하고 있는 한국 상고사연구에 대한 전폭적인 지원으로 이 작업을 진행할 수 있었다. 그리고 번역하는 과정에서 많은 분들이 도움이 있었다. 무엇보다도 인하대학교 연구교수로 재직중인 조우연교수님의 도움이 컷다. 그리고 국제뇌교육대학원 국학과 박사과정의 강혜정선생이 꼼꼼한 교정을 봐줘 옮긴이의 놓친 부분을 보완해주었다. 이 두 분께 깊은 고마움을 전한다.

또한 요즈음 출판업계가 매우 어렵다는 것은 누구도 다 아는 사실인데도 불구하고 한국학의 발전을 위한다는 대의명분만으로 이 책을 선뜻 출판해주기로 한 학연문화사 권혁재사장님께 고마움을 마음을 드린다.

빠른 시일안에 임교수님이 한국에 오셔서 많은 연구자들에게 많은 도움을 주셨으면 하는 바램이다.

2011年秋, 저자의 서재에서

1982년 샌프란시스코 해변에서 저자

1990년 대련 해변에서《商文化靑銅器和北方地區靑銅器的關系之再硏究》영역과 러시아 번역자와 함께

1995년 12월 저자의 제자 왕입신교수박사학위논문심사후 북경대학교 사클라커 박물관에서

1996年 저자 부부와 복기대교수 집에서

1996年 저자와 복기대박사의 하가점 유적 답사중에

1998년 저자와 복기대박사박사학위논문심사후 기념촬영 당시 심사위원장은 북경대학교 이백겸교수였음(앞줄 좌로부터 방기동, 이백겸, 임운, 위존성, 뒷줄 좌로부터 주용강, 복기대, 주홍

2001年저자가 일본 구주대학에서 "北方系靑銅器的開始"란 제목으로 강연하고 있는 장면

2011年夏, 저자와 복기대박사, 그리고 왕입신교수와 저자의 집에서

1장
압록의 고대문화

임운교수는 고고학자로보다 고문자연구로 더 잘 알려져 있다. 그렇지만 그는 대학을 졸업할때 졸업논문이 압록지역의 고대문화에 대한 것이었고, 지금까지도 중국 동북지역에 대한 고고학연구를 계속 진행하고 있다. 그 가운데 저자가 중요하다고 생각되는 몇 편을 선정하였다.

1) '맥족'에 대하여
2) 중국 동북계 동검 초론(東北系 銅劍 初論)
3) 중국 동북계(東北系) 동검(銅劍) 재론
4) 단결문화(團結文化)에 대한 논의

'맥족'에 대하여

'맥(貊)'은 고적에서 족(族)의 명칭으로 기록되어 있고 또한 '貉'으로 쓰이기도 한다. 동한(東漢)시대 정현(鄭玄)이 주석한 『주례·사사(周禮·肆師)』에서 나온 "제표맥(祭表貉)"이라는 문장의 주석에는 "맥은 십백지백(十百之百)으로 읽는다"라는 것에 의하면 '貊'과 '貉'는 원래 동음자(同音字)였다. 하지만 '貉' 자의 독음은 여러 가지로 분화된 경우가 있으니 본고에는 '貊' 자로 이 족(族)의 정식적인 명칭으로 취하겠다.

후세에 전해진 고적 "사서(四書)"에서 『대학(大學)』이외에는 모두 맥에 대해 언급하고 있다. 한나라(漢朝) 이후의 문헌에서는 여전히 맥으로 당시 실제 존재한 민족 집단을 부르고 있었다. 그러나 고적에서 맥에 대한 기술은 대부분 일언반구로 짧게 기록됐을 뿐만 아니라 상호 모순적인 경향을 보이고 있다. 역대 주석가(註釋家)들의 그에 대한 해석도 다소 차이를 보이고 있으며, 현대 민족사 논저에서는 이 족칭(族稱)에 대한 새로운 견해가 제기되고 있어 점점 더 복잡해지고 있어 정해진 결론을 내릴 수가 없다. 심지어 어떤 사람은 고고학의 시각으로 이 문제를 해결하고자 하는데 고고학적인 방법을 적용하려면 먼저 족에 대한 문헌 기록을 바탕으로 연구해야 하는데도 불구하고 그렇지 못한 것이 현실이다. 이런 분분한 기록과 연구는 연구결과도 큰 차이가 날 수밖에 없고 따라서 문제의 해결조차 더 많은 의혹이 생길 것이다.

고적에서 화하족(華夏族)아닌 기록은 항상 자잘하거나 단편적이고 심지어 상호 모순적인 것이었다. 한두 가지의 사료를 가지고 논점을 세우기 때문에 틀린 결론이 나오는 경우도 많다. 설사 어떤 족에 대한 사료를 전부 수집해도 완전히 다른 결론을 얻는 경우가 종종 있는 것이다. 그 문제의 이유는 첫째, 다른 기록 자체의 형성 연대 선후와 신뢰도에 대해 충분히 고려하지 못하거나, 둘째, 같은 족칭의 실제적 함의는 시대에 따라 변하기 때문이다. 같은 시대의 다른 저자나 주석가들이 하나의 족칭에 대한 이해가 다를 수도 있다. 이러한 점은 흔히 간과되는 경우가 많았다. 따라서 다양한 문헌 기록에 대해서 반드시 역사적인 분석 작업이 필요하다. 그렇게 하지 않고 여러 가지 차이를 보이는 설을 똑같이 인용해 섞으면 더욱 혼돈에 빠져 벗어날 수 없게 될 것이다.

그래서 본고는 '맥' 과 관련된 문헌 기록에 대해 역사적인 정리와 분석을 하려고 한다. 그리고 이것이 선진시대(先秦時代) 중요한 고대 족류(族類) 집단의 역사 진실에 대한 고찰에 도움이 되고자 한다.

1

맥을 언급한 선진 고적은 열 종 이상이 있으나 대부분은 다른 족과 같이 열거한 것이었다. 단독적으로 맥이라고 호칭한 것은 아래 두 가지의 구체적인 내용이 있었다.

"韓侯受命, 王親命之.…… 溥彼韓城, 燕師所完, 以先祖受命, 因時百蛮. 王錫韓侯, 其追其貊, 奄受北國, 因以其伯." 『詩經・韓奕』

"白圭曰:'吾欲二十而取一, 何如?'孟子曰:'子之道, 貉道也. 万室之國, 一人陶, 則可乎?'曰:'不可, 器不足用也.'曰:'夫貉, 五谷不生, 惟黍生之; 无城郭・宮室・宗廟, 祭祀之礼, 无諸侯幣帛饔飧, 无百官有司, 故二十取一而足也. 今居中國, 去人倫, 无君子, 如之何其可也?陶以寡, 且不可以爲國, 况无君子乎？欲輕之于堯舜之道者, 大貉小貉也；欲重之于堯舜之道者, 大梁小梁也。'"『孟子・告子下』

『한혁(韓奕)』은 서주(西周) 말기의 작품이며 시에서 한후(韓侯)의 선조가 이미 주나라 왕의 명으로 맥과 추(追)를 통치하고 '북국지백(北國之伯)'이 되었다 (주나라 문왕이 상나라의 '서백(西伯)'이 된 것처럼). 한후의 도읍은 연나라(燕)의 군대가 지어준 것이었다. 따라서 시에서 언급된 맥의 영지는 연나라와 가까운 곳으로 추정된다. 그의 존재 시간은 주나라 초기로 거슬러 올라갈 수 있다. 따라서 서주 초기의 맥자유명(貉子卣銘)에 '王令士道歸貉子鹿, 貉子對揚王休.'의 '貉子'는 맥족의 지도였을 가능성이 있다.

주나라 초기에 연나라와 가까운 맥에 관해서 다음과 같은 기록을 참고해 볼 수도 있다.

"(周)王使詹桓伯辭于晋曰: '……及武王克商,……肅愼、燕、亳, 吾北土也" 『春秋左傳・昭公九年』

"史伯對曰: '当成周者, 南有荊蛮、申、呂、應 鄧、陳、蔡、隨、唐；北有衛、燕、狄、鮮虞、潞、洛、泉、徐、蒲(맥의 가차(假借).'"『國語・鄭語』

맥(貊), 호(亳), 포(蒲)의 고음(古音)은 모두 탁부(鐸部) 순음자(脣音字)이므로 가차할 수 있다. 이 연나라와 가까운 맥의 고지(故地)는 아마도 전국시대에 북쪽으로 확장한 연나라에 의해 점령되었다. 그래서『산해경・해내서경(山海經・海內西經)』에 "貊國在漢水東北, 地近燕, 滅之(역자의 말: 원래 '연' 자 아래 이체자문호(重文號)가 있었으나 전해 베낄 때 빠졌다)". 이 기록은『해내서경』에 잘못 수록됨으로써 "한수동북"도 모두 신뢰할 수 없지만 연나라에 관한 사료가 부족한 상황에서 이것을 충분히 중시해야 한다. 또 하나 맥의 고지가 연나라와 가깝고 연나라에 의해 점령된다는 것을 증명할 수 있는 것은 연나라가 다른 이름으로 '연맥지방(燕貊之邦)'이라고 불렸던 것이다. 제나라(齊) 진장(陳璋)이 연나라를 공격할 때 노획해온 방호(方壺)와 원호(圓壺)에 모두 "內(入)伐郾(燕)亳(貊)邦之獲"이라고 조각되어 있었으며 연나라가 "연맥(燕貊)"이라고 별칭된 것은 초나라(楚)가 "형만(荊蠻)"이라고 별칭된 것과 비슷한 것이다.

"『漢書·高祖紀上』: "四年,……八月,……北貊燕人致梟騎助漢."이라는 문구에서도 맥과 연을 연이어 열거함으로 참고로 증명할 수 있다.

『맹자(孟子)』에 의하면 전국시대 맥인들은 아직까지 중원 지역과 비슷한 수준의 국가를 형성하지 못했다. 그러나 일각에서는 그들이 이미 "이십취일(二十取一)"의 공공(公共)집적(積累)제도가 있었고 적어도 "준(准)국가(혹은 '酋邦')"를 형성했을 것이라고 했다. "五谷不生, 惟黍生之"에서 보이듯이 그들은 어느 정도의 재래식 농사를 짓고 있었던 것이다. 그런데 『전국책·진책(戰國策·秦策)』에서는 "大王之國, 北有胡貉代馬之用",이라고 했는데 이에 의해 맥인들이 말도 키웠다는 것을 알 수 있다. 『수경주·하수(水經注·河水)』에서 『죽서기년(竹書紀年)』을 인용해 조나라(趙) 무녕왕(武靈王)이 호복(胡服)을 입고 말을 타고 활을 쏘게 한 것을 "命將軍, 大夫, 适子, 戍吏皆貉服"이라고 썼는데 이런 특징은 맥인들이 복장의 특징도 말타고 활을 능숙하게 쏜 것은 호(胡)와 상당한 유사성이 있는 것이다. 따라서 맥인의 생업(生業)은 농·목·어 겸업한다고 가정하는 것이 마땅한 것이다.

그리고 『주례·직방씨(職方氏)』에 따르면 "職方氏, 掌天下之圖。以掌天下之地, 辨其邦國、都鄙、四夷、八蛮、七閩、九貉、五戎、六狄之人民……"이라고 하는 것을 통해 맥은 당시 하나의 중요한 민족(ethnic group)이라는 것을 알 수 있고 그의 내부에도 여러 가지로 나눌 수 있다. 『주례·사례(司隷)』에 속한 유죄예(有罪隷), 만예(蠻隷), 민예(閩隷), 이예(夷隷), 맥례(貉隷) 등 각 백 이십 인이다. 그 중에 맥례가 다른 예처럼 "수왕궁(守王宮)", "수려금(守厲禁)"이외에도 전문적으로 "양수이교요지, 장어수언(養獸而教扰之, 掌与獸言)" 종사한 것이었다. 그것이 맥이들이 거주한 곳에 자연환경의 개발 수준이 낮으며 짐승이 많은 것을 반영한 것이다. 이것이 『한역』에서 "孔樂韓土, 川澤訏訏, 魴鱮甫甫, 麀鹿噳噳, 有熊有羆, 有猫有虎", 以及 "獻其貔皮, 赤豹黃羆", 서로 입증할 수 있다.

동한 허신(許愼)의 『설문해자(說文解字)』에서도 "貊, 豹屬, 出貊國", "鮮, 鮮魚也, 出貊國"이라고 하였다.

이외에도 서한(西漢) 양웅(楊雄)의 『방언(方言)』은 "貊炙, 全体炙之, 各自以刀割."에 의하면 아마도 선진 맥인들이 창조한 것으로 볼 수 있다. 『설문해』에서는 "縳 : 薉貊中, 女子无絝, 以帛爲脛空, 用絮補核, 名曰縳衣, 狀如襜褕." "?(從黽奚聲), 水虫也, 薉貊之民食之"이라는 것이 있는데, 허신 해석한 것처럼 "薉貊"이라는 것이 예(薉)와 맥 두 개 족을 지칭한 것이라면 그것도 역시 맥족에 관한 민족지(民族志)로 간주할 수 있다.

2

선진문헌에서 "만맥(蠻貊)"을 연이어 열거하는 경우가 자주 보인다.

"至於海邦, 淮夷蛮貊, 及彼南夷, 莫不率從." 『詩經 · 閟宮』
"子曰: '言忠信, 行篤敬, 雖蛮貊之邦行也." 『論語 · 衛灵公』
"仲尼祖述堯舜, 憲章文武, ……是以聲名洋溢乎中國, 施及蛮貊." 『礼記 · 中庸』
"湯武置天下於仁義礼樂, 而德澤洽禽獸草木, 广育蛮貊四夷." 『大戴礼記 · 礼察』

위에 열거한 사료를 보면 "만맥"은 남북 두 개 대표적인 족명으로 모든 비화하족을 지칭하는 것이다. 『閟宮』의 "淮夷蛮貊"에서 나온 "회의(淮夷)"를 현대 중국어로 번역하자면 "회이같은 이(異)족인"이어야 한다. 따라서 모전(毛傳)이 이것을 해석할 때 오르지 "淮夷, 蛮貊而夷行也"라고 하며 더 이상 다른 해석을 하지 않았다. 그리고 『礼察』에서 "만맥" 뒤에 "사이(四夷)"도 붙였는데 실은 같은 의미의 반복이고 그 전 절에 있는 "禽獸草木"과 문맥을 맞춰 사자(四字)를 채우려는 것이었다. "사이"와 같이 모든 비화하족을 지칭하는 "만맥"은 한나라 이후의 문헌에서 자주 쓰였으며 고정한 합성어(合成語)가 되었다. 위고문(僞古文) 『尚書·武成』에 "華夏蛮貊, 罔不率俾"라는 것이 바로 전형적인 예라고 할 수 있다.

"만맥"에서의 열거와 달리 『墨子·兼愛中』은 고전에서 주문왕이 태산 제사할 때의 제문(祭文)인 "以祗商夏, 蛮夷丑貉"을 인용하였다. "축(丑)"은 '많다'의 의미로 만, 이, 맥 석 자로 모든 비화하족을 지칭한 것이다. 진(晉)나라 장담(張湛)의 『列子·湯問』에 대한 주석에서 "性而成之"하며 선진 신도(愼到)의 말을 인용해 "治水者茨防決塞, 雖在夷貊, 相似如一。學之於水, 不學之於禹也"하고 "이맥"으로 모든 비화하족을 언급한 것이다. 요컨대 이, 만, 맥은 모두 다른 이(異)민족을 대표해서 사용할 수 있으며 따라서 "만맥", "이맥", "만이" 등 모두 동의어로 간주할 수 있다. 다만, "만이"는 나중에 유행했고 "만맥"은 그 뒤로 잘 쓰여, "이맥"은 거의 이용되지 않았던 것이다. 이 세 가지 족 중 하나만 들어도 무든 비화하족을 대표할 수 있다. 예를 들어 앞에 『韓奕』에서 "백만(百蠻)"으로 모든 이민족을 표시한 적이 있었다. 『漢書·禮樂志』에는 "奸僞不萌, 妖孽伏息, 隅辟越遠, 四貉咸服"하며 "사맥(四貉)"으로 다른 이민족을 표시하고 그 뒤 가장 일반적으로 "사이(四夷)"로 이민족을 가리킨 것이다.

그러나 고대 사람들은 "만맥", "이맥", "사맥"으로 이민족을 지칭할 만큼 그 당시 맥은 중원지역 사람에게 아주 주요한 이민족이라고 인식했던 것에 증거가 될 수 있다.

3

선진문헌에서는 맥이 호(胡, 代, 狄, 戎이 포함됨)와 동시에 열거한 적도 있었다.

"古者禹治天下, ……北爲防原泒, 注后之邸 呼池之竇, 洒爲底柱, 鑿爲龍門, 以利燕代胡貉之民."『墨子·兼愛中』

"雖北者且不一著何, 其所以亡於燕代胡貉之間者, 亦以攻戰也."『墨子·非攻中』

"(秦)北与胡貉爲鄰"『荀子·强國』

"大王之國, 北有胡貉代馬之用."『戰國策·秦策』

"今夫胡貉戎狄之蓄狗也, 多者十有余, 寡者五六, 然不相傷害."『宴子春秋·諫下』

"戎夷胡貉巴越之民是以雖有賞罰弗能禁."『呂氏春秋·義賞』

"干越戎貉之子, 生而同聲, 長而异俗."『大戴礼記·勸學』

호와 맥을 같이 열거된 것은 비교적 늦은 전국시대에 나타난 현상이었으며 두 족은 모두 북방에 위치하기 때문이다. 『묵자』에서 호와 백이 이외에도 연(燕)과 대(代)를 언급한 적이 있었다. 그것이 글의 첫 번째 절에서 맥의 고지(故地)가 연과 가깝기 때문이다.

전국시대부터 "호맥" 함께 열거하기 시작했고 한나라 때 더욱 많이 쓰였으며 합성어로 고정되었을 뿐만 아니라 거의 "호"의 동의어가 되었다. 그것이 중원지역 문인들이 북방민족에 대해서 지식이 부족하기 때문에 모든 북방 민족들을 같은 경제 유형과 문화면모를 지닌 큰 민족 집단으로 상상한 것이었다. 예를 들어 서한 초년 조착(鼂錯)이 서를 올려 변사(邊事)를 언급할 때 "臣聞秦時, 北攻胡貉, 筑塞河上. 南攻楊粵, 置戍卒焉. 其起兵而攻胡、粵者, ……貪戾而欲广大也. ……夫胡貉之地, 積陰之處也, 木皮三寸, 冰厚六尺, 食肉而飮

酪"라고 했다. 『漢書・晁錯傳』에서의 "호맥"은 흉노(匈奴)를 가리킨 것이 명백하다. 이어서 글에서 "호맥"을 "호"라고 약칭하였다. 따라서 『史記・李斯列傳』에서 기록된 이사(李斯)가 "……地非不广, 又北逐胡貉, 南定百越"라고 상서한 "호맥"도 흉노를 가리킨 것이다. 그리고 『漢書・天文志』에서 "中國於四海內則在東南, 爲陽.……其西北則胡貉、月氏旃裘引弓之民, 爲陰"이라고 했는데 그 중의 "호맥"도 역시 호를 얘기한 것이다. 만약 호와 맥 사이에 모점을 붙여서 병렬관계로 표시할 수 있다고 착각하면 맥족을 서북지역에 거주한 것으로 잘못 이해할 수 있다.

다른 족명과 함께 열거한 것 이외에도 한인들은 "호"라는 호칭은 모든 북방민족을 지칭하는 경향이 있었다. 예를 들어 『漢書・天文志』에서 조선을 격파한 것을 언급할 때 "元封中, 星孛於河戍. 占曰: '南戍爲越門, 北戍爲胡門.' 其后漢兵擊拔朝鮮, 以爲樂浪'玄菟郡、朝鮮在海中, 越之象也. 居北方, 胡之域也"라고 조선반도도 '호지역(胡之域)'으로 병합시킨 것이다. 이에 따르면 진나라 진수(陳壽)가 『三國志・東夷傳・穢』에서 "漢武帝伐滅朝鮮, 分其地爲四郡, 自是以后胡、漢稍別."하며 그 지역에 거주한 비한족인들을 모두 "호"라고 칭하는 것이었다. 안사고(顔師古)가 『漢書・地理志』 현토군(玄菟郡)에 주를 낼 때 한나라 말기 응소(應劭)의 설을 인용해 "胡眞番、朝鮮胡國"、"古句麗胡" 등으로 표현을 한 것도 이상하지 않다. 다른 한편, 한인들은 "맥"(狄、戎이 포함됨)을 북방 이민족의 호칭으로 총칭하기도 하였다. 예를 들어:

《詩經・韓奕》毛傳:"追、貊, 戎狄國也。"
《周禮・職方氏》鄭玄注引鄭衆之說:"北方曰貉、狄。"
《孟子・告子下》趙岐注:"貉在北方。"
《說文解字》:"貉, 北方貉。"

따라서 "호맥"(혹은 "융맥")이라는 용어는 모든 북방민족을 지칭한 성격을 지니므로 반드시 흉노를 가리킨 것이 아니다.

함께 열거된 "호맥"이라는 단어가 나중에 "호"와 같은 의미의 합성어로 고정화된 것은 그의 역사적인 발전 과정이 있었을 것이다. 『순자(荀子)』에서 진나라의 북쪽에는 "호맥"이 있다고 했으니 전국시대에 사람들이 이미 "호맥"과 "호"를 혼용하기 시작했던 것이다. 그것으로 전국시기에 맥은 서쪽으로 분포해 진나라 북쪽까지 위치한다는 것을 증명할 수 가 없다. 그리고 『진책(秦策)』에서 진나라의 북쪽에는 "有胡貉代馬之用"라고 한 것은 대(代)의 분포는 실제 연·조(燕趙)의 북쪽에 위치하고 진의 정북(正北)에 위치한 것이 아니므로 함께 열거된 "맥"도 진나라의 정북 방향에 위치한 것이 아니다. 『사기·흉노열전』에 "趙襄子踰句注而破幷代, 以臨胡貉."라는 문구가 있다. 『사기·趙世家』에 보존된 신화 이야기에서 조양자(趙襄子)가 대통을 하나 얻었는데 대통을 쪼개보니 그 안에 붉은 글씨가 쓰여있는데 "奄有河宗, 至于休溷諸貉."라고 적혀 있었다. 그것으로 조나라가 맥과 인접한 것을 추측할 수 있다. 그러나 이 두 가지 기록에서 나온 "호맥"과 "맥"도 역시 북방민족을 통칭할 가능성이 있다. 따라서 맥은 조나라 북쪽으로 분포했다는 것은 믿을 수가 없다.

4

한나라 이후의 문헌에서 "맥"을 단독으로 칭하고 고구려 및 그의 "별종(別種)"을 가리키고 있다. 『漢書·王莽傳中』에 이런 기록이 있다.

"先是, 莽發高句驪兵, 当伐胡, 不欲行, 郡强迫之, 皆亡出塞, 因犯法爲寇. 遼西大尹田譚追擊之, 爲所殺. 州郡歸咎於高句驪侯駶. 嚴尤奏言: '貉人犯法, 不從駶起, 正有它心, 宜令州郡尉(慰)安之. 今猥被以大罪, 恐其遂畔, 夫余之屬必有和者. 匈奴未克, 夫余、穢貉夏起, 此大憂也.' 莽不尉安, 穢、貉遂反. 詔尤擊之. 尤誘高句驪侯駶至而斬焉. 傳首長安. 莽大悅, 下書曰: '……今蔵刑在東方,誅貉之部先縱焉,捕斬虜騶,平定東城。……' 於是貉人愈犯邊,東北与西南夷皆亂云。"

"高句麗在遼東之東千里, ……都於丸都之下,方可二千里,戶三万。……其馬皆小,便登山。國人有力气,習戰斗,沃沮、東穢皆屬焉。又有小水貊。句麗作國,依大水而居。西安平懸北有小水,南流入海,句麗別种依小水作國,因名之爲小水貊,出好弓,所謂貊弓是也。"『三國志‧烏丸鮮卑東夷傳』、『太平御覽』七八三引《魏略》略同

『漢書‧王莽傳』에서 보이듯이 고구려는 "맥인"이라고 불렸다. 따라서『後漢書‧東夷列傳』은『三國志』에서 고구려에 대한 기록을 베껴 써 "……沃沮東穢皆屬焉" 뒤에 "句驪一句貊耳(耳자는 연문衍文일 것)"고 덧붙여 이것으로 다음 "又有小水貊"을 이해하기 쉽게 하고 잘 붙인 것이다.『後漢書』에는 다른 "맥"으로 고구려를 지칭한 예도 있다.『광무제기(光武帝紀)』건무(建武)25년 "遼東徼外貊人寇右北平、漁陽、上谷、太原",『화제기(和帝紀)』와『경엄전(耿弇傳)』에서 원흥원년(元興元年) "遼東太守耿夔擊貊人"、"貊人寇郡界,夔追擊"고 하는 것이『동이열전』과 대조하면 그것이 고구려를 가리킨 것을 알 수 있다.

대수(大水)는 압록강을 가리키는 것이며 애하첨고성(靉河尖古城)에서 출토된 "안평락미앙(安平樂未央)"와당(瓦当)을 통해 그 곳이 한나라 서안평(西安平)이고 따라서 소수(小水)는 애하로 확정할 수 있다. 그 곳들이 모두 하나라 맥인들이 분포한 자연 지리 표지였다.『三國史記』에서는 세군데에서 "양맥(梁貊)"을 언급한 것이 있다. 따라서 많은 사람들은 양수(梁水, 지금 태자하)에 맥이 있었다고 주장하였다. 그러나『삼국사기』는 늦게 쓰여졌기 때문에 이 책에서 나온 "양맥"의 신뢰성 여가 자체가 의문스럽다.[1]

---

[1]《三國史記》爲南宋時高麗史官金富軾監修,多取中國史書的記載改寫。其卷十三、十六、十七均有 "梁貊"。卷十七 "東川王二十年, 秋八月,魏遣幽州刺史毌丘儉將万人來侵。王將步騎二万人,逆戰於沸流水上,……又戰於梁貊之谷,……", 顯然與《三國志‧毌丘儉傳》所記 "句驪王宮將步騎二万人,進軍沸流水上,大戰梁口" 有關。但裴松之對 "梁口" 注曰:"梁音渴",其實梁字歷來无讀渴音者,所以疑是它字之

한나라 이래 "맥"으로 칭하게 된 고구려가 선진시대 연나라와 가깝고 연나라에 의해 멸망된 맥과 어떤 관계였는지 하는 것이 아직 미해결된 문제다. 주나라 초기에 연나라와 가까운 맥이 바로 압록강 유역에 위치했다는 것을 믿기 어렵다. 왜냐하면 주나라 초기의 연나라 도읍은 방산 동가림고성(房山董家林古城)에 있었는데 그의 영향 범주는 대소릉하(大小凌河) 유역까지 달했던 것이며 압록강 유역에서는 아직까지 서주 시기 연나라문화와 접촉했던 증거가 아무 것도 나오지 않고 있다. 따라서 세가지 가설을 제시할 수 있는데, 첫째, 주나라 초기 맥인의 분포가 아주 넓었다. 그들의 분포지는 대소릉하 유역, 심지어 더 서남쪽 지역까지 이르고 연나라와 인접했던 것이다. 전국시기 연나라 영토가 동북지역까지 확대에 의해 맥인의 영역은 압록강 유역의 조그만 땅덩어리로 축소되었다. 두 번째, 선진시기 맥인들이 처음 대, 소릉하를 중심지로 하는 지역에 거주했으나 전국시기 때 원래의 영지가 연나라에 의해 점령되고 일부 독립을 뺏기고 싶지 않는 사람들이 동북 삼림지역으로 이사해 나중에 고구려의 중요한 민족 구성이 되었다. 셋째, 고구려와 선진시대의 맥은 인종이나 문화적인 관련이 없었고 다만 복고사상을 가진 왕망(王莽)시대의 사람들은 억지로 고대 족칭인 "맥"을 고구려에게 붙여서 부린 것이다.[2] 이런 사실을 밝히려면 동북지역 청동기시대와 초기 철기시대에 충분한 고고 작업을 전개하는 방법 밖에 없다.

5

한나라 문헌에서 "예맥(穢貊 혹은 "濊", "薉")" 같이 열거된 현상이 나왔다. 『漢書・王莽傳』이외에도 아래와 같이 기록이 있었다.

"(冒頓時) 諸左方王將居東方, 直上谷以往者, 東接穢貉、朝鮮。……"

訛。因而《三國史記》的 "梁貊之谷" 也不能无疑。
2) 此說曾見于三品彰英:《濊貊族小考》,《朝鮮學報》4, 1952年。

"(元封四年), 漢東拔穢貉、朝鮮。"(《史記·匈奴列傳》)

"夫燕亦勃、碣之間一都會也。……北鄰烏桓、夫余,東綰穢貉、朝鮮、眞番之利。"(《史記·貨殖列傳》)

"彭吳穿穢貉、朝鮮,置滄海郡。"(《漢書·食貨志》)

"玄菟、樂浪,武帝時置,皆朝鮮、濊貉、高句麗蛮夷。"(《漢書·地理志》)

"孝武皇帝躬仁政,厲威武。……東定薉貉、朝鮮。……"(《漢書·夏侯胜傳》)

여기서 지적할 필요가 있는 것은 예는 원래 단독히 쓰인 족칭이었다는 것이다.

"東夷薉君南閭等口二十八万人降,爲蒼海郡。"(《漢書·武帝紀》)

"(安)上書曰:'……今徇南夷,朝夜郎,降羌僰,略薉州,建城邑,深入匈奴,燔其龍城。"(《漢書·嚴安傳》)

"魚也,出薉邪頭國。"",魚也,出薉邪頭國。"(《說文·魚部》)

"其(按:指夫余)印文言'穢王之印',國有故城名穢城。"(《三國志·東夷傳》)

1958년 평양 정백동 토갱묘(柏洞土坑墓)에서 출토된 부조예군(夭租薉君) 은인[3]은 당연히 한나라 옥저(夭租: 沃沮) 현 경지의 왕이 사용한 것이다. 옥저는 단단대령(單單大岭: 현 狼林山脉) 동쪽에 있는 7개 현 중 하나다. 『三國志·烏丸鮮卑東夷傳』에서 말하는 "自領(岭)以東七懸,都尉主之,皆以穢爲民"라고 하는 것은 믿을 만한 것이다. 가령 『逸周書·王會』라는 책은 선진 문헌이라는 것을 인정한다면 그 중에서 "西面者正北方:稷愼大塵,穢人前儿,……"라고 하는 것은 맥인에 대한 가장 이른 기록이었다. 『呂氏春秋·恃君』에는 "非濱之東,夷、穢之鄕,大解陵魚……"하며 예에 대해도 언급한 적이 있다. 따라서 위

---

3) 此印文朝、日、中學者過去都讀爲"夫租薉君",其實据原篆看,"夫"應改釋爲"夭"才對。詳見拙文《夫余史地的再探討》,不日將在《北方文物》發表。

에 언급한 "예맥"은 사실은 모두 "예, 맥"으로 띄어 읽을 수 있으며 "예"는 부여 이외의 "예인"으로 볼 수 있고 "맥"은 고구려나 다른 족종으로 이해할 수 있다.

단자로 칭하는 "예"는 고구려와 가까운 지역 광대한 지역에 분포하였다. 부여는 고구려 북쪽에 위치했고 그의 도장에 "예왕지인(穢王之印)"이라고 새겨졌다. 고로 성읍의 이름은 "예성"이라고 불렸으며 그것이 고구려 북쪽 지역은 원래 예의 분포지역인 것을 알려주었다. 그리고 영동칠현(岭東七懸)의 예는 고구려 남쪽에 있었다.『漢書·武帝紀』에는 당시 "東夷薉君南閭等"라고 하며 인구는 모두 28만 명이고, 호수는 5, 6만 호가 된다고 기록하였는데 이 기록은 『삼국사기』에서 기록된 고구려 이남의 예가 "2만호"보다 훨씬 많은 것이다. 그러므로 예인들의 분포는 원래 위에 얘기한 두 개 지역은 다가 아니라는 것을 추측할 수 있다. 한나라 사람들이 "예맥"을 함께 열거한 것은 양족이 인접하고 심지어 교착 분포하기 때문이었을 것이다.

본래는 두 개 족인 "예맥"이 함께 열거된 것을 점차 합성어가 되었으며 동북지역 각 민족을 지칭하는 명칭이 되었다. 예를 들어

"橫海征南夷, 樓船戍東越, 荊楚罷於甌駱；左將軍伐朝鮮、開臨洮, 燕齊困於穢貊."『鹽鐵論·地广』-분명히 예, 맥, 조선 등 이민족을 넓게 가리킨 것이다-.

"移檄告郡國曰；'……故新都侯王莽, ……西侵羌戎, 東摘穢貊."『后漢書·隗囂傳』-실은 주로 고구려를 가리킨 것이다-.

"是時孝武, ……東攦烏桓, 蹂轔穢貊."『后漢書·文苑列傳』引杜篤《論都賦》)-조선까지 포함된다-.

"六國擅權, 燕趙本部. 東限穢貊, 羌及東胡. 强秦北排, 蒙公城疆."(楊雄『冀州牧箴』)-전국시대 기주(冀州) 동쪽에 "예맥"이 있었던 것을 진술을 하고 그의 지칭은 범위가 좀 넓은 것이다-。

"鮮卑、穢貊漣年寇鈔, 驅略小民, 動以千數, 而裁送數十百人, 非向化之心

也."『后漢書·東夷傳』轉述漢安帝詔書之語.)-이 것은 고구려가 살아남은 포로를 귀환할 때 내리는 조서(詔書)였고 여기서 "예맥"은 주로 고구려를 가리킨 것이다.

"乃祖慕義遷善, 款塞內附. 北捍狁, 東拒濊貊."(陳琳『爲袁紹拜烏丸三王爲單于版文』)-"예맥"과 서주 시기 고대 족명 "윤(狁)"과 대구를 함으로써 특정 민족이 아니라 동방민족을 가리킨 것이다.

"穢貊貢良弓, 燕代獻名馬."(曹丕『典論自序』)-여기서의 "예맥"은 사실은 "맥"을 대신 부르는 것이며 수사적으로 "연대"와 대구를 만들기 위한 것이다.

따라서 위에 열거한 "예맥"은 분리해서 얘기하면 마땅하지 않고 그것들은 "예맥"이라는 단어가 점차 합성어로 고정화되는 과정으로 볼 수 있다.

『삼국지』에서 "예맥"은 이미 하나의 단어로 고정화되었다. 진수(陳壽)가 "예"를 대신해 "예맥"을 사용했다. 『烏丸鮮卑東夷傳』에서 예에 대한 기록은 "穢南与辰韓, 北与高句麗、沃沮接"라고 했는데 고구려와 옥저에 대한 기록에서 "高句麗……南与朝鮮、穢貊……接."라고 하며 "東沃沮……南与穢貊接."라고 하고 "예맥"을 "예"를 대신해 사용했다. 부여에 대한 기록에서 "其印文言 '穢王之印'"이어서 "盖本穢貊之地"라고 했다. 다시 말해 "예"는 바로 "예맥"이라는 것이다. 『三少帝紀』"(正始) 七年春二月, 幽州刺史毌丘儉討高句麗, 夏五月, 討穢貊, 皆破之."라고 기록하였다. 기록에 따르면 7년에 고구려를 토벌하였다고 되어있는데 『毌丘儉傳』에는 이와 다르게 "六年夏征之"라고 되어있다. 집안(集安)의 관구검기공비에도 "六年五月旋"이라고 하였다. 그러나 『鮮卑烏丸東夷傳』에서 기록된 "正始六年, 樂浪太守劉茂、帶方太守弓遵以領東穢屬高句麗, 興師伐之, 不耐侯等擧邑降."라는 것은 마침 관구검이 고구려를 다시 공격한 해와 같은 시기였다. 『毌丘儉傳』에서 그의 공훈을 요약할 때 "刊丸都之山, 銘不耐之城."라고 표현하였는데 이는 즉 불내후(不耐侯)가 그의 성을 바쳐 항복한 것을 말하고 있는 것이다. 이를 근거로 하여 『三少帝紀』에서 말하는 "討穢貊"은 예를 토벌한 전쟁을 얘기한 것이다. 여기서의 "예맥"은 고구려 남쪽의 예인으로 해석하기가 어려운 것이다. 왜냐하면 예인들은 독자적으로 조공을 할 수 있는 정치적 위상을 아직 얻지 못했기 때문이다. 따라서 그것이 고구려를 지칭한 것인가 아니면 다른 것을 가리킨 것인가에 대해서는 더 많은 연구가 필요하다.

남조 송나라 사람 범엽(范曄)이 저술한 『後漢書』에서 "예맥"의 함의가 아주 혼란스러웠다. 그는 한편으로 진수에 따라 "예맥"을 예의 별명으로 불렀다. 예를 들어 『后漢書·東夷列傳』에서 예에 대한 언급은 "自單單大岭巳東, 沃沮、穢貊悉屬樂浪"라고 하며 진한에 대해 기술할 때 "其北与穢貊接"라고 했다. "예맥"은 현연히 예를 지칭한 것이다. 그러나 그가 글의 앞부분에서 "於是穢貊倭韓万里朝獻"라고도 했는데, 여기서 보이듯이 "예, 맥, 왜, 한"을 각각 분리해서 봐도 될 듯하다. 그 책은 이전 문헌을 인용할 때 "예맥"은 더욱 다양한 뜻들이 포함되었다. 그래서 그의 본기 부분을 읽을 때 그가 쓴 "예맥"은 어떤 것을 가리킨 것인가 하는 것을 확실히 판단할 수 없게 되었다. 고구려, 마한과 함께 열거될 경우 고구려 남쪽에 있는 예를 지칭한 것 같고, 오환(烏桓)이나 선비와 함께 서술될 때는 고구려를 가리킨 것인가 아니면 다른 족을 지칭한 것인가 판단할 수가 없다.

위진(魏晉) 이후 문인(文人)들의 관념에서는 "예", "맥"과 "예맥"을 혼용하고 있는데 모두 동북지역의 이민족을 가리킨 용어들이다. 안사고가 『漢書·嚴安傳』에 대해 주를 낼 때 "略薉州"에다 진나라 때 장연(張晏)의 말을 이용해 "薉, 貊也."라고 했다. 진나라 사람 곽박(郭璞)의 『山海經·海內西經』에서 "二十五年, 春正月, 遼東徼外貊人"에다 "貊人, 穢貊國人也."라고 주를 냈다. 안사고(顔師古)가 『漢書·高帝紀上』의 "北貊"에 대한 주는 "貊在東北方, 三韓之屬皆貊類也."라고 하였다. 요컨대 그들에 의해 동북 각 민족들이 혼재되고 있다. 이어서 고구려가 부여, 옥저, 예 등 고 민족들을 새로운 통일 민족체로 통합시킨 뒤 순수한 역사 명칭으로서의 "예맥"에 대해 학자들이 완전히 다른 이해를 갖게 되었다. 두 개 예를 들어 설명하고자 하면『新唐書·渤海傳』에서 "穢貊故地爲東京, 日龍原府."라고 하였는데 이는 예맥의 고지가 발해국의 한 행정단위인 한 '부'의 크기정도의 규모로 인식했다. 그러나『武經總要』는 "渤海, ……本穢貊之地, 其國西与鮮卑接, 地方三千里."라고 하고 발해 전체가 모두 예맥의 고지로 인식한 것이다.『新唐書』는 정사 때문에 그를 믿는 자가 많은 편이다. 사실은 동경 용원부는 현재 훈춘(琿春)의 팔련성(八漣城)이고 그에 속한 염주(鹽州)는 현재 러시아 빈해주(濱海州) 남쪽의 Краскино 고성이라는 것은 학계에서 인정을 받은 정설이다. 그러나『新唐書』에서 "沃沮故地爲南京, 日南海府."라고 하는데 지금 그곳이 어딘지 정확한 위치를 지적할 수 없지만 대체적인 범위는 반드시 한반도에 위치해야 그곳이 "新羅道"라는 것과 부합할 수 있다. 그러므로『新唐書』에서 말하는 옥저의 고지는 예맥 고지의 남쪽에 위치하므로『三國志』,『后漢書』에서 기록된 예맥은 옥저의 남쪽에 있는 것과 상반된 것이다. 따라서 구양수(歐陽修)의 견해가 정확해 보이지만 믿음직하지 않다.

요컨대, 한나라 이래 문헌에서 자주 보이는 "예맥"은 하나의 확정한 함의를 지칭한 족칭으로 여길 수 없으며 그는 오직 하나를 가르키는 것이 아니고 중국 동북지역의 이민족을 넓게 가리키는 족칭으로 볼 수 있는 것이다.

6

마지막으로 사람으로 하여금 잘못 이해하기 쉬운 문헌 한편에 역점을 두고 분석하겠다.

『管子·小匡』에서 제환공(齊桓公)이 세운 무공을 기술한 긴 글이 있는데 글의 세군데에서 "맥"을 언급하였다.

> "於是乎桓公東救徐州, ……南据宋鄭, 征伐楚, ……中救晋公, 禽狄王, 敗胡貉, 破屠何, 而騎寇始服。北伐山戎, 制泠支, 斬孤竹, 而九夷始听。海濱諸侯莫不來服。西征攘白狄之地, 遂至于西河, 方舟投柎, 乘桴濟河, 至于石沈。懸車束馬, 踰太行与卑耳之貉拘秦夏。西服流沙、西虞, 而秦戎始從。……桓公曰: '余乘東之會三, 兵車之會六, 九合諸侯, 一匡天下。北至於孤竹、山戎、穢貉, 拘秦夏。西至流沙西虞。南至吳、越、巴、柯、……"

여기서 "卑耳之貉"은 『國語・齊語』에서 "辟耳之谿"하며 『說苑・辨物』에서 "卑耳溪",『管子・封禪』"卑耳之山"라고 하였다. 따라서 『小匡』에서의 "맥"은 원래 "制"자가 오류된 것이며 족칭이 아니므로 논할 필요가 없다. 그러나 "호맥"과 "예맥"이 같은 글에서 나온 것은 이례적인 것이다.

이 글은 분명히 『國語・齊語』의 아래 글과 상관성이 있다:

> "(齊桓公) 卽位修數年, 東南多有淫亂者, 萊、莒、徐夷、吳、越, 一戰帥服三十一國。遂南征伐楚, ……遂北伐山戎, 制令支, 斬孤竹而南歸。海濱諸侯莫敢不來服。……西征攘白狄之地, 至于西河, 方舟設泭, 乘桴濟河, 至于石枕。懸車束馬, 逾太行与辟耳之谿拘夏。西服流沙、西吳。南城于周, 反胙于絳。岳濱諸侯莫敢不來服。而大朝諸侯于陽谷。兵車之屬六, 乘車之會三, ……帥諸侯而朝天子。"

비교해서 알 수 있듯이 『小匡』에서 기술한 것은 『齊語』에서 발전된 연문이다. 『齊語』에서 기술한 것은 『春秋』, 『左傳』과 일치되지 않은 것들이 많다. 예를 들어 동남방에서 일어나는 용병에 대해 "一戰帥服三十一國", "西征攘白狄之地, 至于西河" 등등은 모두 과장된 표현이다. 게다가 서하도 건너고 대행도 넘는다는 기록은 실질적인 지리와 모순된 것이다. 따라서 춘추시대의 사실로 간주할 수가 없다. 『小匡』은 『齊語』를 베껴 쓸 뿐만 아니라 내용을 더 과장시

컸다. "中救晉公, 禽狄王, 敗胡貉, 破屠何, 而騎寇始服." 라는 것은 『齊語』에서 기초하여 『小匡』의 더 붙인 것이다. "北至於孤竹、山戎、穢貉、拘秦夏" 등 문구에서의 "예맥"은 『小匡』의 저자가 터무니없이 가첨한 것이고 "拘秦夏"하는 것은 서정을 묘사한 글에서 나온 것이다. 그래서 그가 사료로서의 가치가 『齊語』보다도 미치지 못한다. 『小匡』에서는 "南至······柯"라는 것이 있었으며 『華陽國志』에서 "楚頃襄王時, 遣庄蹻伐夜郎。······旣滅夜郎, 以且蘭有椓船柯處, 乃改其名爲牂柯." 라고 하는 것에 따르면 이 지명은 전국시대 말기까지 돼서야 나온 것이다. 그러나 『史記・西南夷列傳』의 기록에 따르면 서한 무제 건원 6년(기원전 135년)에 당몽(唐蒙)이 사신으로 남월(南越)에 갔을 때 남월 서북에 장가(牂柯)라는 것이 있다는 것을 들었다. 그 뒤에 "發巴蜀卒治道, 自僰道指牂柯江"하는 것이 나온 것이다. 원정 6년(기원전 111년)이 돼서야 "平南夷爲牂柯郡"하게 되었다. 『小匡』편의 저자가 제환공이 장가까지 갔었다는 것을 편찬할 수 있는 것은 그의 시기가 전국말기보다 이를 수 없다는 것을 증명할 수 있다. 그 시기가 한나라가 장가군을 설치한 뒤였을 가능성이 높다. 따라서 그가 제환공의 공훈을 편찬할 때 "호맥"이라는 호칭을 이용했을 뿐만 아니라 한나라 때 나타난 "예맥"이라는 호칭도 빌려 썼다. 그것을 근거로 제환공 시기에 정말로 이미 이 두 가지 족칭들이 다 있었다고 받아들이거나 더 나아가 그들의 거주지는 검증할 수가 없다.

이상으로 고적에서 나온 맥에 대한 기록들을 모두 정리했는데 여기서 보이듯이 선진시기에는 맥이라는 족은 실제 존재했던 중요한 족이었다. 그러나 선진시기의 맥의 주요 분포지역은 어디에 있었는지, 또 그가 역사상의 진실한 모습을 알아내려면 중국 동북지역의 남부에서 한 단계가 더 올라가는 고고학적 작업이 필요하다. 그러나 지금까지 단언할 수 있는 것은 과거 어떠한 학자들은 "호맥" 함께 열거된 내용의 실질 역사에 대해 고찰한 적 없이 맥은 서부까지 분포한다고 단언한 것은 성립될 수 없다. 그리고 많은 학자들은 한나라 때 나온 "예맥"이 함께 열거된 것에 대해 충분한 역사 분석을 하지도 못하면서 동북지역에 자고로 소위 "예맥계" 민족 혹은 "예맥계" 고고학문화라는 망언을 한 학설에 대한 교정은 절박한 것이다.

중국 동북계 동검 초론(東北系 銅劍 初論)

중국 동북 지역의 청동기시대는 중원(中原)이나 북방초원 지역에 비해 늦은 시기에 시작된다. 현재까지 연구된 바에 따르면, 상대(商代) 중엽에 이르러서야 중원(中原)양식의 청동기가 요녕(遼寧) 지역에서 나타나기 시작한다.[1] 그 외에도 북방초원식 청동기의 전파 흔적도 발견되고 있다.[2]

주대(周代)에 이르러, 중국 동북 지역에서는 지역적 특징을 갖춘 청동기 주조업이 발달하게 되는데, 그 중에 동검의 형태가 아주 독특하여 이른 시기부터 국내외 학자들의 주목을 받아 왔다. 초기 일본 고고학계에서는 이런 형태의 동검에 대해 '만주식동검(滿洲式銅劍)'[3]으로 명명했다가, 최근에 이르러서는 '요녕식동검(遼寧式銅劍)'[4]으로 바꾸어 부르고 있다. 또한 남북한 연구자들은 '비파형검(琵琶形劍)'[5]이라 하고 있고, 중국 고고학 논저에서는 '쌍측곡인단검(雙側曲刃短劍)', '정자형청동단검(丁字形靑銅短劍)' 등으로 기술하는 등 아직 합의된 형태의 명칭이 붙여지지 않고 있다.

해방 이후에 이 유형의 동검이 빈번하게 발견되었으며, 특히 1965년부터

---

1) 朝陽에서 출토된 銅鼎과 凌源에서 새로 발견된 大銅鼎은 그 형태가 모두 二里崗期(초기 商文化)의 특징을 띠고 있다.
2) A. 錦州市博物館,「遼寧興城縣楊河發現靑銅器」,『考古』1978年 6期, 사진 9: 1, 2;
   B. 喀左縣文物館, 朝陽地區博物館, 遼寧省博物館,「遼寧喀左縣山灣子出土商周靑銅器」,『文物』1977年 12期, 그림 8, 新民大紅旗에서 출토된 銎銅斧 3점.
3) 島田貞彦,「南滿洲老鐵山麓郭家屯附近發現の銅劍に就いて」,『考古學雜誌』28卷 11號 (日本)
4) 秋山進午,「中國東北地方の初期金屬文化の樣相」,『考古學雜誌』53卷 4號; 54卷 1號; 54卷 4號 (日本)
5) 金用玕, 黃基德,「紀元前一千紀前半期의 古朝鮮文化」,『考古民俗』1967年 2號 (朝鮮)

10여 년 동안 대량 출토되었다. 각 지역 박물관에 수장되어 있는 것만 해도 수백 점에 이르고 있다. 다만 아쉬운 부분이라면, 이 유형 동검 연구가 일본이나 남북한 학자들에 의해 체계적으로 시도돼온 데 비해, 중국학계의 경우, 1964년 손수도(孫守道)와 서병곤(徐秉琨) 두 연구자에 의해 종합연구가[6] 시도된 이래, 아직 자세한 후속 연구논저가 발표되지 않고 있다는 점이다.

 남북한이나 일본 연구자들이 서로 다른 입장을 취하고 있음에도 불구하고, 중국 동북 지역의 금속문화 연구에 깊은 관심을 가지고 있다. 이것은 모두 중국 동북 지역의 초기 금속문화와 한국, 일본 초기 금속문화와의 연관관계를 인정하기 때문이다. 따라서 중국 동북 지역의 초기금속시대 유물에 대한 체계적인 연구는 한국, 일본의 초기금속문화를 연구하기 위한 기초 작업이 된다. 이 작업은 중국 고고학자들이 마땅히 떠안아야 할 책임이기도 하다. 또한, 동검(銅劍)의 편년을 추정하는데 중요한 의미를 가지고 있는 대표적 유물에 대해서는 우선적으로 주목해볼 필요가 있다.

 따라서 본 논문에서는 앞선 연구들을 토대로 하고, 뒤이어 나온 자료들을 적극 활용하여 중국 동북 지역 동검에 대해 종합적 접근을 시도해보고자 한다. 물론 필자가 가지고 있는 자료와 지식의 한계로 인해, 이 연구는 단지 초보적인 시도에 그칠지도 모르겠으나, 이러한 시도가 학계의 관심과 논의를 이끌어내는 계기가 되어, 관련 연구에 진일보한 진척이 있기를 바란다.

1. 동북계(東北系) 동검(銅劍)에 대한 유형학(類型學) 연구

 동북 지역에서 발견되는 동검의 형태 변화와 유형학에 대한 연구는 동북 지역 청동기시대 고고학의 시금석이 될 것이다. 이와 관련된 선행연구 중에서 유형학적인 접근은 일본학자 아키야마 신고(秋山進午)의 연구가 가장 자세하

---

[6] 孫守道, 徐秉琨, 「遼寧寺兒堡等地靑銅短劍與大伙房石棺墓」, 『考古』 1964年 6期.

다.⁷⁾ 그럼에도 형식 구분이나 편년과 관련하여 일부 문제점들이 발견되고 있다. 따라서 우선 아키야마 신고의 연구결과에 대한 검토를 토대로, 이 유형 동검의 유형학 문제에 대해 살펴보도록 하겠다.

아키야마 신고 연구의 특징은 'T(丁)자형' 동검손잡이(劍柄) 형태의 변화를 핵심으로 하고 있다는 점이다. 이러한 접근 자체에 문제가 있다기보다는, 연구 과정에서 관련 자료 수집이 충분하지 못한데다가, 분석 또한 엉성하여, 새롭게 연구해볼 필요가 있다.

'T(丁)자형' 동검손잡이는 이 유형 동검에서 나타나는 중요한 특징이라 할 수 있다. 아키야마 신고에 따르면 이 유형 동검 중, 손잡이가 동으로 만들어지지 않은 것들은 유기질 손잡이였을 것이라고 하는데, 이는 심양(沈陽) 정가와자(鄭家洼子) M6512의 발굴을 통해 이미 입증된 바 있다. 이 고분에서 수습된 33호 검의 검신과 검파(劍把)사이에서 'T(丁)자' 형태의 손잡이 잔편이 발견되었다. 그 재질은 순수 목재가 아닌, "철석분(鐵石粉) 등 혼합물을 접착 응고시켜 만든 것이라고 한다."⁸⁾ 따라서 이 유형의 동검을 손잡이의 재료에 따라 두 가지로 세분해볼 수 있다. A형은 손잡이가 동(銅)이 아닌 소재로 만들어진 경우이고, B형은 손잡이가 동으로 만들어진 경우이다. 그럼에도, 이 두 유형의 동검 모두 'T(丁)자' 형태를 하고 있다.

현재 확보하고 있는 자료에 따르면, B형 검 손잡이 유형을 다시 다음과 같은 다섯 가지로 세분해 볼 수 있다.

Ⅰ식 : 심양(沈陽) 정가와자(鄭家洼子) 제1지점에서 출토된 동검을 예로 들 수 있다.⁹⁾ 그 특징은 손잡이 끝머리 부분의 '반(盤)' 양단이 조금 위로 처들리고, 가장자리가 얇으며, 위에서 내려 보면 아라비아 숫자로 8자 모양이다. 손잡이 끝머리 양쪽이 위로 조금 들려 있는 형태는 정가와자 M6512 : 33의 비동질(非銅質) 손잡이와 흡사하나, 검파두(劍把頭)가 모[裝]나 있다는 점은 금서(錦西) 오금당 동

---

7) 秋山進午,「中國東北地方の初期金屬文化の樣相」,『考古學雜誌』53卷 4號;54卷 1號;54卷 4號 (日本).
8) 沈陽市故宮博物館, 沈陽市文物管理辦公室,「鄭家洼子的兩座青銅時代墓葬」,『考古學報』1975年 1期, 사진 3, 복원도는 그림 5를 참조.
9) 沈陽市文物工作組,「沈陽地區出土的青銅短劍資料」,『考古』1964年 1期.

검(烏金塘 銅劍)의 끝머리 부품10)과 비슷하다. 그 외에 금서(錦西) 사아보(寺兒堡)에서 출토된 동검 손잡이,11) 경도대학(京都大學) 문학부박물관에서 소장하고 있는 No.399612) 등은 모두 이 유형으로 분류할 수 있다.

II식 : 대표적인 예로 객좌(客左) 남동구 석곽묘(南洞溝 石槨墓)에서 출토된 청동검 한 점13)과 여순(旅順) 누상(樓上) M1에서 출토된 청동검 두 점14)을 들 수 있다. 그 특징은 손잡이 끝머리 '반(盤)'의 기저부는 평평하거나 아래로 조금 처져 있으며, 가장자리가 깊으며, 위에서 내려다 보면 아라비아 숫자로 8자 모양이다. 검파두에 돌출된 모[袂]가 없다. 그 외에 여순박물관(旅順博物館)이 소장하고 있는 소능하(小凌河) 연안에서 출토된 동검 손잡이15)와, 동경대(東京大) 고고학연구실이 천진(天津)에서 구입한 것으로 알려진 동검 손잡이16) 등도 이 유형으로 볼 수 있다.

III식 : 여순(旅順) 노철산록(老鐵山麓) '즐주묘(聖周墓)'에서 출토된 동검 한 점을 예로 들 수 있다.17) 그 특징은 손잡이 끝머리 부분인 '반(盤)'의 양단(兩端)이 아래로 향하고 있고, 가장자리가 깊으며, 위에서 봤을 때 마름모꼴 형태를 하고 있다. 검파두 부품은 옆으로 봤을 때 '산(山)'자 모양을 하고 있다. 그 외에 해성(海城) 대둔(大屯)에서 출토된 동검손잡이,18) 경도대학(京都大學) 문학박물관에서 소장하고 있는 무순(撫順) 지역에서 출토된 것으로 알려진 No.3518의 동검 손잡이19)와, 프랑스인 비네(比奈氏)가 소장하고 있는 동검 손잡이20) 등도 이 유형으로 구분된다.

---

10) 錦州市博物館,「遼寧錦西烏金塘東周墓調查記」,『考古』1960年 5期, 사진 2: 4.
11) 孫守道, 徐秉琨,「遼寧寺兒堡等地靑銅短劍與大伙房石棺墓」,『考古』1964年 6期, 그림 1: 3; 그림 5: 6.
12) 秋山進午,「中國東北地方の初期金屬文化の樣相」,『考古學雜誌』53卷 4號;54卷 1號;54卷 4號(日本), 그림 2: 1.
13) 遼寧省博物館, 朝陽地區博物館,「遼寧客左南洞溝石槨墓」,『考古』1977年 6期, 그림 2, 그림 3: 5.
14) 旅順博物館,「旅順口區后牧城驛戰國墓淸理」,『考古』1960年 8期, 그림 3; 그림 5: 29; 그림 4.
15) 島田貞彦,「滿洲國錦州省錦州出土の劍柄銅器」,『考古學雜誌』(일본)27卷 5號, p.335 도판 참조.
16) 原田淑人,『牧羊城』, 1931, 그림 34: 6.
17) 原田淑人,『牧羊城』, 1931, 그림 30; 그림 39: 2.
18) 孫守道, 徐秉琨,「遼寧寺兒堡等地靑銅短劍與大伙房石棺墓」,『考古』1964年 6期, 그림 2: 2; 사진 5: 7.
19) A. 原田淑人,『牧羊城』, 1931, 그림 34: 7.
    B. 梅原末治,「劍柄形銅器の新例」,『考古學雜誌』(일본) 27卷 11號, p.751, 그림 3.
20) 原田淑人,『牧羊城』, 1931, 그림 34: 2.

Ⅳ식 : 법고상지수고(法庫尙志水庫)에서 출토된 유물을 예로 들 수 있다.[21] 그 특징은 손잡이 끝머리의 '반(盤)'이 '대(臺)'로 변모되었으며, 검파두를 안에 끼워 넣지 않고 위에 붙인다. 대의 양단은 아래를 향하고 있다. 워싱톤의 프리어 갤러리(Freer Gallery of Art, Washington, D.C.)에서 소장하고 있는 동검[22]이 바로 이 형식이다.

Ⅴ식 : 여순박물관에 소장되어 있는 조양(朝陽) 지역에서 출토된 동검을 예로 들 수 있다.[23] 그 특징은 Ⅳ와 유사하나, '대'가 훨씬 길다. 아키야마 신고가 분류한 Ⅲ식 동검 손잡이의 장판(長板)의 형태와도 흡사하다.[24] 사실상 아키야마 신고의 연구에서 언급한 Ⅲ식 동검은 아직 중국 동북 지역에서 발견된 바 없다. 단지 남북한과 일본에서 확인되었을 뿐이다.

위에서 언급한 여러 유형의 동검 손잡이 형태를 정리해보면 다음과 같다.(그림1 참조)

그림 1. 東北系 銅劍의 銅 재질 손잡이 및 劍把頭의 형태
銅質劍柄 : 1, 2, B型 Ⅰ式(1. 沈陽 鄭家洼子 第1地點; 2. 錦西 寺兒堡); 3, 4, B型 Ⅱ式(3. 客左 南洞溝石槨墓; 旅順 后牧城驛 M1); 5, 6, B型 Ⅲ式 (5. 旅順 官屯子河聖周墓; 6.撫順 출토); 7, B型 Ⅳ式(法庫尙志水庫); 9, C型
劍把頭 : 2. Ⅰ式; 3 5, Ⅱ式; 7, 8, Ⅲ式

---

21) 沈陽市文物工作組,「沈陽地區出土的靑銅短劍資料」,『考古』1964年 1期, 그림 1: 4; 사진 7: 19.
22) 原田淑人,『牧羊城』, 1931, 그림 34: 4.
23) 島田貞彦,「滿洲國新出の古銀銅面及二三の靑銅遺物について」,『考古學雜誌』28卷 2號, p.112, 그림 5;『考古學上より見る熱河』第37圖 (左)에서는 "錦州出土"로 기술함.
24) 秋山進午,「中國東北地方の初期金屬文化の樣相」,『考古學雜誌』53卷 4號;54卷 1號;54卷 4號(日本), 그림 4: 9.

그러나 아키야마 신고의 동검 손잡이 유형 분류법에는 다음과 같은 몇 가지 문제점이 있다. 1) 앞에서 살펴본 V식 손잡이의 존재를 간과하고 있다는 점이다. 2) IV식과 III식 두 유형 사이의 '반(盤)'과 '대(臺)' 형태 구별에 대해 주목하지 않고, IV식을 II, III과 혼돈하고 있다는 점이다. 3) 각 유형 샘플의 세부 특징에 나타나는 차이점에 대해 종합적으로 분석하지 못하고 있어서, 'T(丁)자형' 동검 손잡이 형태의 변화발전에 대한 단서를 파악하지 못했다는 점이다. 예를 들면, II, III식 동검 손잡이 중, 일부는 자루의 위아래 구분이 확실치 않거나, 혹은 단(段)을 나누지 않고 있다. 반면에 IV, V식 손잡이와 아키야마 신고가 분류한 III식 손잡이는 단(段)이 뚜렷이 나누어진 형태를 띠고 있다. 따라서 단의 유무는 편년과 관련된 보편적 의미를 지니지 않는다. 그렇지만 아키야마 신고는 단의 구분이 확실치 않는 형태의 손잡이를 동검유형을 나누는 중요한 근거로 삼아, 후기 동검의 보편적인 특징으로 보고 있다. 이것은 타당치 못한 접근이다.

사실상 B형 동검 손잡이 형태의 변화를 다음과 같이 귀결해볼 수 있다. 자루 끝머리는 '반(盤)'에서 '대(臺)'로 바뀌었다. 끝머리 양단이 위로 향하던 데서, 아래로 향하게 된다. 위에서 내려 보면, 8자에서 마름모꼴 모양으로 변화된다. 이런 변화 양상에 대해서 먼저 파악한 뒤에 비로소 II와 III식의 차이점에 대해 자세히 논할 수 있을 것이다.

여기서 짚고 넘어갈 부분이 있다. 이것은 아키야마 신고가 지적했듯이, 검신과 손잡이 부분을 따로따로 주조하는 방식은 소위 '요녕식동검(遼寧式銅劍)'의 중요한 특징이라는 점이다. 하지만 이러한 특징을 근거로 '촉각식동검(觸角式銅劍)'을 다른 문화계열의 유물로 이해하는 것은 잘못된 판단이다.

우메하라 스에하루(梅原末治)에 따르면, 산본제이랑(山本梯二郞)이 소장하고 있는 '지나고동검(支那古銅劍)'[25]은 검신의 외형상 중국 동북 지역 특유의 형태를 띠고 있으나, 검신과 손잡이가 이어진 상태로 주조된 이른바 '촉각식동

---

25) 梅原末治, 「支那出土の有柄銅劍」, 『人類學雜誌』 48卷 2號, p.115.

검(觸角式銅劍)'이라고 한다. 또한 에가미 나미오(江上波夫)의 「경로도고(徑路刀考)」에서는 이 유형의 동검을 한국과 북규슈(北九州) 지역의 것으로 보고, 이들을 '스키타이' 계열로 분류했다.[26] 이러한 주장은 후대 많은 학자들에게 영향을 미치게 되는데, 본 논문에서도 간략하게 검토해보고자 한다.

첫째, '촉각식동검'으로 불리는 동검은 비록 일본, 남북한에서 발견되고 있다고는 하나, 일본이나 한국에서만 나타나는 것은 아니다. 산본제이랑이 소장하고 있는 청동검 역시 출토지역이 확실치 않다고는 하지만, 검신의 형태로 보아 중국 동북 지역의 것임이 틀림없다. 또한 형식상 이 유형의 검과 계승관계가 있을 것으로 추정되는 동병철검(銅柄鐵劍)이 중국의 서풍현(西豐縣) 서차구(西岔溝),[27] 길림시(吉林市) 양반산(兩半山)[28] 등 지역에서 발견된 바 있다. 이로 미루어 봤을 때, 이러한 유형의 동검 손잡이는 중국 동북 지역에서도 유행했을 것으로 판단된다.

둘째, 이 유형의 동검 손잡이는 비록 쌍조회수식(雙鳥回首式)의 '스키타이식' 검 손잡이와 유사하다고 하였다. 전체적인 외형은 여전히 '정자형' 동검 손잡이의 많은 특징들을 갖고 있다. 손잡이 끝머리 부분의 가로 길이가 길고, 자루가 상하(上下) 두 단(段)이며, 호수(護手)가 뚜렷하지 않다. 자루의 횡단면은 마름모꼴형이며, '삼엽형(杉葉形)' 문양이 있다. 이러한 특징들은 '스키타이식' 동검 손잡이와 근본적으로 구별된다. 따라서 정자형 동검이 스키타이식의 영향을 받아 변형된 형태라고 간주할 수는 있지만, 이 동검을 직접 스키타이식으로 분류하는 것은 곤란하다. 검신과 손잡이가 이어진 상태로 주조된 것도 스키타이식의 영향으로 볼 수 있으나, 단순히 그것만을 근거로 별개의 계열로 분류하는 것은 바람직하지 않다. 이상의 분석을 토대로, 필자는 산본씨(山本氏)가 소장하고 있는 동검의 손잡이를 정자형 손잡이와 동일 계열로 판단하여, C형으로 분류하고자 한다.(그림1 참조)

---

[26] 江上波夫, 「徑路刀考」, 『東方學報』 (東京) 第3冊.
[27] 中國社會科學院考古研究所, 『新中國的考古收穫』, 文物出版社, 1961, 그림 43, 右.
[28] 吉林市博物館 소장품, 庫藏號:K039.

그리고 검파두(劍把頭) 문제에 대해 살펴보면 다음과 같다. 먼저, 검파두란 손잡이 끝머리 부분에 부착된 가중기(加重器) 역할을 하는 부품을 말한다. 중국 동북 지역에서 발견된 검파두는 흑색 철광석을 연마하여 만든 것이 대부분이다. 검파두의 형태의 변화는 손잡이 형태의 변화와 직접적으로 연관되어 있다.

아키야마 신고는 중국 동북 지역의 석제(石製) 검파두를 세 가지로 구분하고 있다. Ⅰ, Ⅱ식은 모두 과능형(瓜菱形)이나, 평저(平底, Ⅱ식)와 첨저(尖底, Ⅰ식)의 구별이 있다고 한다. 이것은 정확히 지적한 것 같다. 그럼에도 누상(樓上) M1에서 출토된 검파두는 넓은 평저인데도 Ⅰ식으로 구분하고 있다. 이 주장은 수긍하기 어렵다. 필자는 이것을 마땅히 Ⅱ식으로 분류해야 한다고 본다. Ⅲ식은 십(十)자 모양이다. 하지만 아키야마 신고의 연구에서는 법고 상지수고(法庫 尙志水庫) 지역에서 출토된 한 점에 대해서만 언급하고 있다. 또한 조양(朝陽)에서 출토되었고, 지금은 여순박물관에 소장되어 있는 동검은 누락시키고 있다. 또한 1960년에 길림시 박물관(吉林市 博物館)에서 문물조사를 진행할 당시에 길림시(吉林市) 연마산(碾磨山)에서도 십자형 파두가 발견된 바 있다. 따라서 십자형 검파두는 중국 동북 지역에 널리 분포되어 나타난다고 할 수 있다.

특별히 짚고 넘어가야 할 부분은, 아키야마 신고가 분류한 Ⅳ식 검파두, 즉 '십자 중앙에 돌기가 있는' 형태이다. 1974년, 길림성박물관(吉林省博物館)과 길림대학(吉林大學) 고고학과에서 합동으로 대안(大安) 한서둔(漢書屯) 유적에 대한 조사를 진행했다. 그 과정에서 이 유형 검파두를 발견하게 되었다. 하지만 재질이 석제(石製)이며, 한국에서 흔하게 발견되는 동제(銅製)와 달리 나타나고 있다. 향후 이러한 Ⅳ식 검파두가 중국 동북 지역에서 더 많이 발견될 것으로 추정된다.

현재 확보하고 있는 자료를 토대로 살펴봤을 때, 아키야마 신고가 불충분한 자료로 추측한 주장, 즉 "Ⅰ식 → Ⅳ식 검파두는 요녕(遼寧) 중서부에서 동남쪽 한반도로 발전된다"는 것은 그대로 수긍하기 어렵다.

다양한 형태의 검파두와 검병(劍柄)의 공존관계를 표로 정리하면 다음과 같다.

劍柄 형태	A형	B형 I식	B형 II식	B형 III식	B형 IV식	B형 V식
劍把頭 형태	I식	I식	II식	II식	III식	III식
예	조양 십이대영자29) 정가와자 M651230)	금서 사아보31)	객좌 남동구32) 누상M1 33)	즐주묘34)	법고상 지수고35)	전(傳)조양 출토36)

위의 표에서 알 수 있듯이, '검파두'와 '손잡이 형태의 변화'는 서로 맞물려 나타난다. 이는 앞에서 살펴본 형식 구분이 시대별 계승관계와도 연관이 있음을 말해준다.

마지막으로, 검신(劍身)의 유형구분에 대해 살펴보도록 하겠다. 아키야마 신고의 연구에서는 검신의 유형을 네 가지로 구분했는데, 현재 확보하고 있는 자료를 토대로 검토해봤을 때, 그러한 분류법에는 보완해야 할 부분이 많이 있다. 또한 구분의 기준과 경계가 모호하며, 변화과정이 잘 드러나고 있지 않다. 이 논문의 앞부분에서 손잡이 부분의 형태 구분에 대해 살펴 보았다. 이를 토대로 동제(銅製) 손잡이 즉, B형 검병이 달린 검신을 연구대상으로 그 변화에 대한 단서를 찾아보고자 한다.

B형 I식 손잡이가 달린 검신으로는 정가와자(鄭家洼子) 제1지점 및 금서 사아보(錦西 寺兒堡)에서 출토된 동검 각 한 점씩이다.

---

29) 朱貴, 「遼寧朝陽十二臺營子靑銅短劍墓」, 『考古學報』 1960年 1期, 그림 2; 그림 3.
30) 沈陽市故宮博物館, 沈陽市文物管理辦公室, 「鄭家洼子的兩座靑銅時代墓葬」, 『考古學報』 1975年 1期, 사진 4.
31) 孫守道, 徐秉琨, 「遼寧寺兒堡等地靑銅短劍與大伙房石棺墓」, 『考古』 1964年 6期, 그림 1.
32) 遼寧省博物館, 朝陽地區博物館, 「遼寧客左南洞溝石槨墓」, 『考古』 1977年 6期, 그림 2.
33) 旅順博物館, 「旅順口區后牧城驛戰國墓淸理」, 『考古』 1960年 8期, 그림 3.
34) 原田淑人, 『牧羊城』, 1931, 그림 30.
35) 沈陽市文物工作組, 「沈陽地區出土的靑銅短劍資料」, 『考古』 1964年 1期, 그림 1: 4
36) 島田貞彦, 「滿洲國新出の古銀銅面及二三の靑銅遺物についこ」, 『考古學雜誌』 28卷 2號, 그림 5.

B형 II식 손잡이가 달린 검신으로는 객좌(客左) 남동구(南洞溝)에서 출토된 동검 한 점과, 누상(樓上) M1에서 출토된 동검 두 점이 있다.

B형 III식 손잡이가 달린 검신으로는 해성(海城) 대둔(大屯)에서 출토된 동검 한 점과, 즐주묘(㗊周墓)에서 출토된 동검 한 점 및 경도대학(京都大學) 문학부 박물관에 소장되어 있는 동검[37] 한 점이 있다.

이들 중에서, 누상 M1에서 수습된 동검 두 점의 검신 형태가 특이한데, 한 점은 직인(直刃)이고, 다른 한 점은 기둥모양 검척(柱脊)에 세로 방향으로 오목하게 홈이 파여 있다. 모두 이형(異形)에 속하므로, 본 논문에서는 잠시 논외 하도록 하겠다. 나머지 여섯 점을 비교 검토하여 분류해보면 다음과 같다. 1) I, II식 손잡이가 달린 동검의 검신은 대개, 앞부분에 첨돌(尖突)[38]이 있으며, 기둥모양 검척에 융절(隆節)[39]이 있다. III식 손잡이가 달린 동검들은 뾰족한 부분이나 마디가 점차 사라지고 있다. 2) I식 손잡이가 달린 두 동검의 검신은 길이와 넓이의 비율이 6을 조금 넘어선다. 그에 비해, II식 손잡이가 달린 동검 검신의 길이와 넓이 비율은 6.5이상이며, III식 손잡이가 달린 세 점은 모두 길이 대 넓이 비율이 6.5~7이상이다. 3) I, II식 손잡이가 달린 동검 검신은 날 뒤쪽이 원호(圓弧) 형태이다. 그에 비해, III식 손잡이가 달린 동검 검신은 안으로 줄어든 형태이다. 4) 칼끝의 횡단면에 마름모꼴 형태의 이른바 '봉(鋒)'이 있다. III식 손잡이가 달린 동검은 검봉(劍鋒)이 비교적 긴데, 해성(海城) 대둔(大屯)에서 출토된 동검에서 가장 뚜렷하게 나타나고 있다.

이상 살펴본 내용을 토대로 지금까지 발견된 동제 손잡이가 달리지 않은 검신을 두 가지 유형으로 구분할 수 있다.

첫 번째 유형으로는 요양(遼陽) 이도하자(二道河子) 석곽묘(石槨墓)에서 출토된 동검,[40] 누상(樓上) M3에서 출토된 동검,[41] 금서(錦西) 오금당(烏金塘)에서

---

[37] 박물관 분류 코드 No.3518 : 무순(撫順) 지역에서 출토된 것으로 전해짐
[38] 첨돌(尖突) 혹은 절첨(節尖)은 뾰족하게 튀어나온 부분.
[39] 융절(隆節) : 튀어나온 마디.
[40] 遼陽市文物管理所, 「遼陽二道河子石棺墓」, 『考古』 1977년 5期, 그림 1: 5; 그림 2: 1.
[41] 旅順博物館, 「旅順口區后牧城驛戰國墓清理」, 『考古』 1960년 8期, 그림 3; 그림 5: 29; 그림 6.

출토된 동검, 조양(朝陽) 십이대영자(十二臺營子)에서 출토된 동검 등이 있다. 이 유형 동검의 검신은 첨돌과 융절이 있으며, 길이와 넓이 비율이 대부분 5에 미치지 못하는데, 가장 작은 수치는 4이다. 날의 뒷부분은 원호(圓弧) 형태이며, 대부분 '봉(鋒)'이 없다.

두 번째 유형으로는 심양(沈陽) 정가와자(鄭家洼子) M6512에서 출토된 동검을 들 수 있다. 여러 특징들이 앞서 살펴본 동제(銅製) 손잡이가 달린 Ⅰ, Ⅱ식 동검과 유사하게 나타난다. 따라서 이상의 두 유형의 검신을 두 가지 형식으로 구분할 수 있겠으나, 이들 모두 첨돌과 융절이 있으므로, A형으로 통칭하고자 한다.

앞에서 살펴본 동검 형태 변화와 연관시켜 봤을 때, 동제 손잡이가 전혀 달려 있지 않는 A형 Ⅰ식 검신은 부분적으로 Ⅰ, Ⅱ식 손잡이가 달려 있는 A형 Ⅱ식 검신보다 이른 시기의 것으로 판단된다. A형 Ⅰ식 검신과 A형 Ⅱ식 검신 또한 각각 초기와 말기의 구분이 있다. 예를 들면, A형 Ⅰ식 동검 중, 길이와 넓이의 비율이 4밖에 되지 않는다. 요양(遼陽) 이도하자(二道河子)에서 출토된 동검의 검신은 길이와 넓이 비율이 십이대영자(十二臺營子)에서 출토된 동검의 검신은 길이와 넓이 비율이 5에 가까운 형태이다. 이 두 유물 중 이도하자에서 나온 검이 십이대영자 동검보다 이른 시기의 것으로 판단된다. 전자는 봉(鋒)이 없으나, 후자에서는 나타나고 있다. A형 Ⅱ식 중, 정가와자(鄭家洼子) M6512에서 출토된 검신의 길이와 넓이 비율이 6인 동검은 객좌(客左) 남동구(南洞溝)에서 출토된 검신의 길이와 넓이 비율이 6.5인 동검보다 이른 시기의 것이다. 전자는 봉(鋒)이 짧은데 비해, 후자의 봉은 비교적 길다.

A형 동검의 편년에 있어 또 한 가지 참고할 만한 부분이 있다. 가장 이른 시기의 것으로 추정되는 요양(遼陽) 이도하자(二道河子)에서 출토된 동검의 첨돌(尖突) 앞부분의 칼날 길이가 첨돌 뒷부분 칼날보다 훨씬 짧다는 점이다. 그에 비해, 정가와자(鄭家洼子) M6512에서 출토된 동검 검신은 첨돌 앞부분 칼날 길이가 첨돌 뒷부분 칼날 길이와 비슷하다. 객좌(客左) 남동구(南洞溝)에서 출토된 동검 검신은 첨돌 앞부분 칼날 길이가 첨돌 뒷부분 칼날 길이보다 훨씬 길

게 나타난다. 따라서 첨돌을 기준으로 검신을 전부(前部)와 후부(後部)로 나누어, 그 길이 비율의 변화에 주목할 필요가 있다. 이처럼 동검의 첨돌은 형식과 편년의 또 다른 기준이 될 수도 있을 것이다.

Ⅲ식 손잡이가 달린 세 점의 동검 검신은 그 형태에 따라 두 가지 유형으로 구분해 볼 수 있다. 우선 무순(撫順) 지역에서 출토된 것으로 전해지는 동검의 검신은 뒷부분이 뚜렷한 원호(圓弧) 형태를 하고 있으며, 앞부분의 폭이 뒷부분보다 훨씬 좁다. 그에 비해, 즐주묘(聖周墓)에서 출토된 동검 검신은 뒷부분의 곡선이 뚜렷하지 않을뿐만 아니라 앞부분의 폭도 넓게 나타난다. 해성(海城) 대둔(大屯)에서 출토된 동검은 칼날의 변두리가 훼손되었다. 하지만 전체적으로 즐주묘의 것에 근접해 있으며, 무순 지역에서 출토된 것과는 그 형태가 다르다. 이러한 차이점을 근거로, 무순 지역에서 출토된 것으로 추정되는 동검 검신을 B형으로, 그 외 두 점을 C형으로 분류하고자 한다.

Ⅲ식 손잡이가 달린 검신을 두 가지 유형으로 구분한 것은, 후대에 이르러 검신의 형태에 뚜렷한 분화(分化) 현상이 발생하기 때문이다.

무순 지역에서 출토된 것으로 추정되는 동검 검신과 같은 유형의 것들로는 길림(吉林) 회덕(懷德) 대청산(大靑山)에서 발견된 검신(길이와 넓이 비율이 약 7.5),[42] 요녕(遼寧) 관전(寬甸) 조가보자(趙家堡子)에서 발견된 검신(길이와 넓이 비율이 약 8),[43] 요녕(遼寧) 신빈(新賓) 대사평공사(大四平公社) 동승대대(東升大隊)에서 발견된 검신(길이와 넓이 비율이 약 9),[44] 길림(吉林) 집안(集安) 태평공사(太平公社) 태평대대(太平大隊) 방단적석묘(方壇積石墓)에서 출토된 검신(길이와 넓이 비율이 9 이상)[45] 등이 있다.

이들 검신에는 검신 뒷부분에는 뚜렷한 돌출부가 있으며, 검신 앞부분은 폭이 좁다는 공통점이 있다. 하지만 세분해보면 이들은 각자 다른 특징들을 갖고 있음을 알 수 있다. 무순에서 출토된 동검은 검신의 길이와 넓이 비율이 7

---

42) 吉林省文物管理委員會,「吉林懷德大靑山發現青銅劍」,『考古』1974年 4期, 그림 1.
43) 遼寧博物館 소장품, 1975년 출토.
44) 遼寧博物館 소장품.
45) 集安文物管理所 소장.

이며, 봉(鋒)이 짧다. 검신 앞부분의 첨돌(尖突)이 이미 사라졌다고는 하나, 여전히 판별 가능한 돌출부가 남아 있다. 또한 검신 뒷부분에 꺾어진 각도[⇒ 절각(折角)]이 90도보다 크게 나타난다. 필자는 이러한 형태를 B형Ⅰ식으로 구분하고자 한다. 관전(寬甸)과 회덕(懷德)에서 출토된 동검 검신은 길이와 넓이 비율이 7.5~8이며, 검신 앞부분 변두리에 돌출된 부분이 사라지고 없다. 봉(鋒)이 비교적 길며, 검신 뒷부분 절각(折角)이 직각이다. 필자는 이러한 형태를 B형Ⅱ식으로 구분하고자 한다. 신빈(新賓)과 집안(集安)에서 출토된 동검 두 점은 검신의 길이와 넓이 비율이 9이며, 검신 앞부분의 돌출부가 없다. 봉(鋒)이 길고, 검신 뒷부분의 절각이 직각에 가까우며, 뒷부분 돌출부에도 절각이 나타나고 있다. 필자는 이러한 형태를 B형Ⅲ식으로 구분하고자 한다. 앞서 살펴봤던 산본씨(山本氏)가 소장하고 있는 이른바 '촉각식검병(觸角式劍柄)' 동검의 검신 역시 B형으로 판단되나, 훼손이 심해 구체적으로 Ⅰ식인지 Ⅱ식인지는 확인하기 어렵다. 하지만 적어도 B형Ⅲ식이 아닌 것만은 확실하다.

즐주묘(璱周墓)에서 출토된 동검 검신과 동일 유형으로 판단되는 것들로는 요양(遼陽) 양갑산(亮甲山) M1, M3에서 출토된 동검 각 한 점,[46] 여순(旅順) 유가동석묘(劉家疃石墓)에서 출토된 동검 한 점,[47] 하북(河北) 탁현(涿縣)에서 수습된 동검 한 점, 고비점(高碑店)에서 수습한 동검 두 점, 망도(望都)에서 출토된 동검 한 점[48] 등이 있다. 이들 동검에는 공통된 특징이 있다. 검신의 전반부와 후반부의 넓이가 거의 비슷하고, 뒷부분 양측에 크기가 일정치 않은 원호(圓弧)형태의 돌기가 있으며, 봉(鋒)의 길이가 비교적 길다. 그 중에 유가동석묘(劉家疃石墓)와 양갑산(亮甲山) M1에서 출토된 동검의 검신은 길이와 넓이 비율이 7 이하, 즉 즐주묘의 것과 근접하게 나타나는데, 필자는 이를 C형Ⅰ식으로 구분하고자 한다. 고비점(高碑店)에서 수습된 No.7108 동검은 검신의 길이와 넓이 비율이 8인데, 이를 C형Ⅱ식으로 보고자 한다. 이러한 형태는 비교적

---

46) 孫守道, 徐秉琨, 「遼寧寺兒堡等地靑銅短劍與大伙房石棺墓」, 『考古』 1964年 6期, 그림 6.
47) 原田淑人, 『牧羊城』, 1931, 그림 26: 5.
48) 鄭紹宗, 「河北省發現的靑銅短劍」, 『考古』 1975年 4期, 사진 2: 4~7.

늦은 시기의 것으로 판단된다. 그 외에 하북(河北) 고비점(高碑店)에서 출토된 No.7109,[49] 여순(旅順) 윤가촌(尹家村)에서 출토된 동검은[50] 검신 양측의 원호(圓弧)형태 돌출부가 완전히 사라져, 거의 직인(直刃)형태를 하고 있다. 단, 혈조(血槽)가 뚜렷하고, 검척(劍脊)이 굵으며, 길이와 넓이 비율이 9에 달한다. 이러한 형태의 동검은 C형Ⅱ식으로부터 변화발전된 것으로 추정되므로, C형Ⅲ식으로 명명하고자 한다. 위에서 기술한 동검 검신의 형태 분류와 관련해서 그림 2를 참조하기 바란다.

현재에 이르기까지 B형Ⅱ식, B형Ⅲ식, C형Ⅱ식, C형Ⅲ식 검신은 동제(銅製) 손잡이와 함께 발견된 예가 없다. 또한 Ⅳ, Ⅴ식 동제 손잡이, Ⅲ, Ⅳ식 검파두(劍把頭)는 검신과 함께 출토된 바 없다. 이러한 자료상의 문제점들은 향후의 지속적인 발굴 작업을 통해 보완되리라 생각한다.

앞에서 살펴본 내용을 종합해보면, 아키야마 신고가 분류한 Ⅰ식과 Ⅲ식 검신은 대체적으로 필자가 구분한 A형Ⅰ식과 A형Ⅱ식에 가깝다. 단, 그의 분류법에는 확실한 기준이 마련되지 않았기 때문에, 검의 구체적인 귀속문제 등에 대한 판단에 미흡한 부분이 있다. 또한 Ⅲ식과 Ⅳ식 검신 구분과 관련해서, B형과 C형 사이의 차이점을 정확히 파악하지 못하고 있어, 혼란스럽게 기술하고 있다.

한국 학계의 이른바 '전형비파검(典型琵琶劍)'은 본 논문에서 분류한 A형Ⅰ식을 말한다. 또한 '세형검 초기형(細形劍初期型)'이란 대체적으로 C형에 가깝다. 다만 이른바 '변형비파검(變形琵琶劍)'의 구분 기준은 확실치 않다. 만약 검신의 길이와 넓이의 비율을 동검 변화의 기본 특징으로 삼아 검신의 형태에 대해 자세히 분석해보면, A형 검신이 Ⅱ식으로 발전될 무렵, B형과 C형으로 분화되며, 이 두 계열이 다시 독자적으로 발전하게 된다는 점을 알 수 있다.

---

[49] 鄭紹宗,「河北省發現的青銅短劍」,『考古』1975年 4期, 사진 2: 8.
[50] 秋山進午,「中國東北地方의 初期金屬文化의 樣相」,『考古學雜誌』53卷 4號;54卷 1號;54卷 4號, 第3그림: 1.

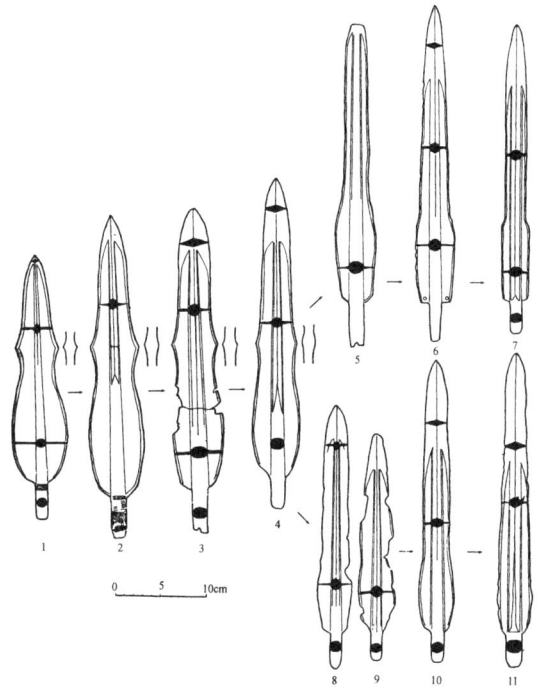

그림 2. 東北系 銅劍 劍身 형태구분과 변화 추이
1, 2. A型 Ⅰ式(1. 遼陽 二道河子 石槨墓; 2. 朝陽 十二臺營子); 3, 4. A型 Ⅱ式(3. 沈陽鄭家洼子 M6512; 4. 客左 南洞溝石槨墓); 5. B型 Ⅰ式(撫順에서 출토된 것으로 전해짐); 6. B型 Ⅱ式(懷德 大靑山); 7. B型 Ⅲ式(集安 五道溝門 方壇積石墓); 8, 9. C型 Ⅰ式(8. 旅順 官屯子河 壟周墓; 9. 旅順 劉家疃石墓B); 10. C型 Ⅱ式(新城 高碑店); 11. C型 Ⅲ式(旅順 尹家村)

2. 편년에 관한 논의

A형 검신이 B, C형 검신에 비해 이른 시기의 것이라는 점은 현재 학계의 공통된 인식이다. 단, 이들 동검의 절대연대에 대해서는 다양한 견해들이 혼재해 있다. 중국 고고학계에서는 영성(寧城) 남산근(南山根) M101에서 A형 Ⅰ식 검신이 발견되면서,[51] A형 Ⅰ식 검신의 연대를 대개 서주(西周) 말기에서 춘추

---

51) 遼寧省昭烏達盟文物工作站, 中國科學院考古研究所東北工作隊,「寧成南山根的石槨墓」,『考古學報』 1973年 2期, 사진 6: 1.

(春秋) 초기로 보고 있다. 이 고분에서 서주 말기에서 춘추 초기의 것으로 추정되는 중원식(中原式) 보(簠), 궤(簋), 정(鼎), 과(戈) 등 동기(銅器)들이 함께 출토되었기 때문이다. 따라서 김용간, 황기덕(黃基德) 등 학자들은 이 유형의 동검을 서기 전 8~7세기의 것으로 판단했는데, 이러한 주장은 중국 고고학계의 일반적 관점과 일치한다.

다만 문제는 남산근(南山根) M101에서 출토된 A형 I 식 검신의 길이와 넓이 비율이 5이상이라는 점이다. 그 외에 연주(連鑄)한 쌍수동병(雙獸銅柄) A형 검신 단검이 함께 발견되었다. 길이와 넓이의 비율이 거의 6에 이르고, 첨돌(尖突) 또한 그다지 뚜렷하지 않은 것으로 보면 A형 II 식으로 판단된다. 그렇다면 검신의 길이와 넓이 비율이 4~5 정도인 A형 I 식 검신을 그 보다 더 이른 시기로 볼 수는 없을까?

지금까지의 연구에서는 유가동석묘(劉家疃石墓)에서 A형 I 식 검신(길이와 넓이의 비율이 4.5)과 전형적 서주식(西周式) 동족(銅鏃)이 함께 출토되었다는 점에 주목하지 않았다.[52] 이 유형의 동족(銅鏃)은 양익(兩翼)의 안쪽이 깊이 파여 있는데, 장안(長安) 장가파 서주(張家坡 西周)유적에서 출토된 것과 일치한다.[53] 준현(浚縣) 신촌(辛村)M18에서도 동일한 형태의 동촉(銅鏃)이 발견되었는데, 편년 하한이 춘추시대 초기라고 한다.[54] 그러므로 A형 I 식 검신이 등장하기 시작한 시기는 춘추시대라기보다는 서주시대일 가능성이 많다. 따라서 이 유형 검의 상한을 서기 전 9세기로 올려 잡으려는 시도[55]가 무리한 것이라고 볼 수만은 없다.(그림3 참조)

A형 II 식 검신의 편년과 관련해서, 객좌(客左) 남동구석곽묘(南洞溝石槨墓)에서 출토된 기물들을 근거로 확실한 연대를 추정해 볼 수 있다. 이 고분에서 출토된 A형 II 식 검신은 앞서 언급했듯이, 비교적 늦은 시기의 것이다. 부착된 손잡이는 B형 III 식으로 판단된다. 검파두(劍把頭)의 마름모꼴 돌기는 거의 사

---

52) A. 森修,「南滿洲發現の漢代青銅遺物」,『考古學』8卷 7號;B. 原田淑人,『牧羊城』, 1931, 그림 26: 4, 6~8.
53) 中國科學院考古研究所,『澧西發掘報告』, 文物出版社, 1962, 사진 70: 4.
54) 郭寶鈞,「浚縣辛村」, 사진 70: 5.
55) 沈默,「日本和南朝鮮學者討論青銅器文化問題」,『國外社會科學』1979年 1期.

라진 상태이고, 기저부가 평평하고 넓다. 이것 역시 후기 동검의 특징이기도 하다. 함께 출토된 중원식 동제(銅製) '궤(簋)', 굴대(車害), 삭(削), 과(戈), 대구(帶鉤), 재갈(馬銜) 등 유물들로 미루어 봤을 때, 춘추시대 후기의 것으로 짐작된다. 그 중에 동제 '궤'는 당산(唐山) 가각장(賈各庄) M18에서 출토된 것과 거의 일치한다. 이 고분의 발굴 보고서의 편년에 따르면 전국시대(戰國時代) 초기라고 한다.[56] 하지만 현재 확보하고 있는 관련 자료로 판단했을 때, 춘추시대 말기로 보는 것이 타당하다. 일본 학자들 역시 비슷한 결론을 제시한 바 있다.[57] 동과(銅戈)의 형태 또한 왕자우과(王子于戈),[58] 채후신과(蔡侯申戈)[59]와 동일하므로, 춘추시대 말기의 것으로 판단된다. 오리머리(鴨頭) 모양 대구(帶鉤)는 안양(安陽) 대사공촌(大司空村) 동주묘(東周墓)에서도 발견된 바 있는데, 동일 고분에서 출토된 도격(陶鬲)으로 미루어 춘추시대 중기의 것으로 판단된다.[60] 다만 동일 형태의 대구가 임치(臨淄) 낭가장(郎家庄) 춘추 말기(春秋末期) 고분에서도 발견된 바 있다는 점에도 유념할 필요가 있다.[61] 그 외에 삭(削), 굴대(害), 재갈(銜) 등도 춘추시대 말기에 유행한 형태이다.

위의 분석을 통해, A형 검신의 등장 시점을 서주 후기까지 올려 잡을 수 있으며, 춘추시대 전 시기에 걸쳐 존재했다고 볼 수 있다. 중국 고고학계의 앞선 연구에서는 A형 검신을 춘추전국시대로 편년하는 경향이 많았는데, 대개는 자료를 잘못 해석해 내린 판단이나, 확실한 근거 자료가 결여된 상태에서 단순히 추측에 의해 결론 내렸기 때문이다.

예를 들면, 발굴보고서에서는 금서 오금당묘(錦西 烏金塘墓)에서 출토된 A형 Ⅰ식 검신의 연대를 전국시대로 판단했다. 이는 아마 함께 철확(鐵鑊)이 발견되

---

56) 安志敏,「河北唐山賈各庄發掘報告」,『考古學報』第6冊, 1953.
57) 林巳奈夫,「春秋戰國時代文化의 基礎的編年」,『中國殷周時代의 武器』附論(2)
58) 吳王 僚가 즉위하여 서기 전 526년 이전에 주조(鑄造)함
　　張頷,「萬榮出土錯金鳥書戈銘文考釋」,『文物』1962年 4, 5期, 그림 1, 2, 3.
59) 서기 전 518~491년 주조
　　安徽省文物管理委員會, 安徽省博物館,『壽縣蔡侯墓出土遺物』, 科學出版社, 1956, 사진 22: 1.
60) 馬得志 等,「一九五三年安陽大司空村發掘報告」,『考古學報』第9冊, 그림 32; 그림 30: 1.
61) 山東省博物館,「臨淄郎家莊一號東周殉人墓」,『考古學報』1971年 1期, p.77, 그림 5: 1, 2.

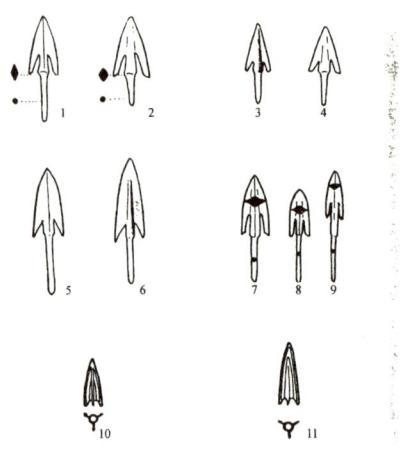

그림 3. 銅鏃 비교와 편년
春秋初期 이전 : 1, 2. 旅順 劉家瞳石墓A; 3. 張家坡 M204; 4. 辛村 M18
春秋時代 중기 : 5, 6. 朝陽 十二臺營子; 7. 洛陽 中州路 M2415; 8, 9. 上馬村 M13
春秋時代 후기 : 10. 沈陽 鄭家洼子 M6512; 11. 懷來 北辛堡 M2

었기 때문인 것으로 추정된다. 하지만 사실상 A형 Ⅰ식 동검과 함께 수습된 동과(銅戈)는 전형적인 서주 말기에서 춘추 초기의 형태이다.(그림4 참조) 또한 이 유형의 과(戈)와 A형 Ⅰ식 검신은 남산근(南山根) M101에서도 함께 발견된 바 있어, 동일 시대의 것임을 입증해주고 있다. 그러므로 오금당묘(烏金塘墓)에서 출토된 A형 Ⅰ식 검신은 춘추시대 초기보다 늦은 시기의 것일 가능성이 적다.

또 예를 들면, 조양(朝陽) 십이대영자(十二臺營子)에서 출토된 A형 Ⅰ식 검신에 대해, 발굴보고서에서는 춘추 말기에서 전국 초기로 편년했을 뿐, 그 근거를 밝히지 않고 있다. 그런데 이 고분에서는 편년의 기준이 될만한 기물이 발견되지 않았다. 이 고분에서 출토된 쌍익동족(雙翼銅鏃)의 형태는 유가동석묘(劉家瞳石墓)에서 발견된 것과 다르다. 쌍익(雙翼)이 상대적으로 길고, 변두리 굴곡이 크다. 이러한 형태의 화살촉은 중원의 춘추시대 중기의 쌍익족(雙翼鏃)과 유사한데, 비교적 늦은 시기의 것이라 할 수 있다.(그림3 참조) 하지만 십이대영자(十二臺營子)에서 출토된 동제(銅製) 재갈(馬鑣)은 동일 평면에 놓여 있지 않은 구멍 세 개가 뚫려 있는 형태이다. 북아시아 지역 고대 기마민족의 재갈 형태를 살펴봤을 때, 이러한 삼천 마표(三穿 馬鑣)는 서기 전 10~6세기에 유행했으며, 서기 전 5세기 초 이후부터 점차 쌍천식(雙穿式)으로 대체된다고 한다.62) 따라서 십이대영자(十二臺營子)에서 출토된 A형 I 식 검신의 연대를 춘추시대 중기로 보는 것이 타당하다.

심양(沈陽) 정가와자(鄭家洼子) M6512에서 출토된 A형 II식 검신의 연대에 대해 발굴보고서에서는 춘추 말기에서 전국 초기로 추정하고 있다. 이 고분에서 역시 편년의 기준으로 삼을만한 유물이 발견되지 않았다. 하지만 공식삼익동족(銎式三翼銅鏃)에 주목할 필요가 있다. 이 유형의 화살촉은 중원 지역에서 비교적 늦은 시기에 등장하며, 풍서 객성장(灃西 客省庄) 유적은 전국시대 초기 지층(地層)에서 처음으로 발견되었다. 그에 비해, 북방 초원 지역에서는 서기 전 6세기에 이미 유행하고 있었다. 하북(河北) 회래 북신보묘(懷來 北辛堡墓)에서 동일 형태의 화살촉이 발견된바 있다.(그림3 참조)63) 이 고분 발굴보고서에서는 시기를 전국시대 초기로 편년했다. 그러나 이것은 지나치게 늦춰 잡은 감이 있다. 오히려 춘추시대 말기로 보는 것이 타당하다. 그 외에 정가와자(鄭家洼子) M6512에서 출토된 동제 재갈과 객좌 남동구(客左 南洞溝)에서 출토된 재갈이 서로 다르다. 전자는 양측 원환(圓環)에 사다리꼴(梯形) 구멍이 있는 반면,64) 후자는 원환만 있을 뿐이다.65) 시베리아 미누신스크(Минусинск) 분지(盆地)에 대한 고고학 연구에 따르면, 전자는 서기 전 7~서기 전 6세기 초에 유행했고, 후자는 서기 전 5세기 이후에 유행했다고 한다.66) 이는 정가와자(鄭家洼子) M6512의 연대가 객좌(客左) 남동구(南洞溝) 석곽묘(石槨墓)보다 이른 시기의 것임을 입증해주는 좋은 자료이기도 하다. 여하튼 정가와자(鄭家洼子) M6512의 연대를 춘추 후기로 보는 것이 타당하다.

편년 문제를 놓고 가장 논란이 많은 고분은 후목성역(后牧城驛) '누상(樓上)'

---

62) Н. Л. Членова. Происхождениеи ранняя история племен тагарскойкультуры. М., 1967, p.37.
63) 河北省文化局文物工作隊, 「河北懷來北辛堡戰國墓」, 『文物』 1966年 5期, 그림 12: 1.
64) 沈陽市故宮博物館, 沈陽市文物管理辦公室, 「鄭家洼子的兩座青銅時代墓葬」, 『考古學報』 1975年 1期, 그림 12: 4.
65) 遼寧省博物館, 朝陽地區博物館, 「遼寧客左南洞溝石槨墓」, 『考古』 1977年 6期, 그림 1: 3.
66) Н. Л. Членова. Происхождениеи ранняя история племен тагарскойкультуры. М., 1967, p.71.

의 2기 고분이다. 그중, M3에서 A형 I 식 검신이 4점 출토되었다. 동제(銅製)가 아닌 A형 손잡이이고, 검신의 길이와 넓이의 비율이 4.4~4.7이다. 그에 비해, M1에서 출토된 동검 두 점은 II식 동제(銅製) 손잡이가 달렸으며, 검신은 특이한 형태를 띠고 있다. 한 점은 직인(直刃)이고, 다른 한 점은 곡인(曲刃)으로, C형에 가깝다. 이로 미루어 보면, 비록 두 고분의 위치가 가까이 있었다고는 하나, 그 축조 연대가 서로 다름을 알 수 있다. 오은(烏恩) 선생은 '누상(樓上)' 묘지(墓地)에서 명도전(明刀錢)과 철기가 발견되고 있으므로 M3에서 출토된 A형 I 식 동검의 연대를 전국시대 중 후기로 보는 것이 타당하다고 주장한다.[67] 하지만 이는 오해에서 비롯된 판단이다. 사실상 발굴보고서에 따르면, M3와 M1에서 출토된 유물의 반 이상이 현지 농민들에 의해 수습되면서 한데 뒤섞였다고 한다. 철제(鐵製) 낫(鎌) 파편과 명도전 등도 마찬가지인데, 이들이 M3에서 출토되었다고 확단할 수 없으며, 따라서 이를 M3에서 출토된 A형 I 식 동검의 편년 기준으로 삼기는 어렵다. 손수도(孫守道)와 서병곤(徐秉琨)은 M1에서 출토된 동기(銅器)와 마찬가지로 명도전에도 불에 그슬린 흔적이 발견된다 하여 "이들은 함께 매장되었을 가능성이 많다."고 보았다. 따라서 M1에서 출토된 동검 두 점을 전국시대 후기의 것으로 판단했다. 발굴에 직접 참여한 허명강(許明綱) 역시 명도전은 M1에 매장되었던 것으로 보았다. 하지만 명도전을 '전국시대 후기'로 판단할만한 기준이 될 수 있을지 여부는 연나라 지역에 대한 진일보한 고고학적 연구가 이루어져야 결론을 내릴 수 있을 것이다. 당산(唐山) 가각장(賈各庄)의 전국시대 초기 무덤에서 명도전 잔편이 수습된 바 있다.[68] 물론 명도전도 역시 초기의 것과 후기의 것 사이에 차이가 있다. 하지만 M1에서 출토된 명도전이 전국시대 말기의 것인지 판단하기에는 아직 고고학적인 근거가 부족하다. 동북 지역 철기 등장 시점에 대해, 현재로서는 전국시대 후기로 보는 경향이 많다. 그러나 이 역시 확실한 근거가 결여되어 있다. 그러므로 M1의 편년을 잠정적으로 전국시대 후반기로 보는 편이 무난할 것이다.

---

[67] 烏恩, 「關於我國北方的青銅短劍」, 『考古』 1978年 5期.
[68] 安志敏, 「河北唐山賈各庄發掘報告」, 『考古學報』 第6冊, 1953, 사진 21: 9.

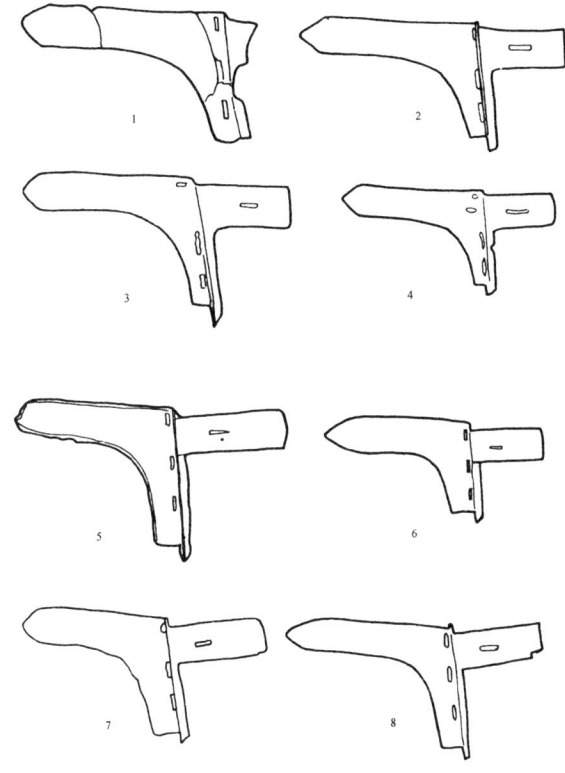

그림 4. 戈 비교와 편년
春秋初期 이전: 1. 錦西 烏金塘; 2. 辛村 M17; 3. 寧城 南山根 M101; 4. 山村嶺 M1715
春秋時代 후기: 5. 客左 南洞溝石槨墓; 6. 王子于戈
戰國時代 중기: 7. 凌源 三官甸子; 8. 鄭侯載戈

    B형 검신(劍身)의 등장 연대에 대해, 앞선 연구에서는 관련 자료가 충분하지 못해서 이것을 단지 A형보다 늦은 시기의 것이라고만 판단했다. 1976년, 능원현(凌源縣) 능북공사(凌北公社) 삼관전자대대(三官甸子大隊)에서 수로 보수공사 과정에 B형 I식 검신이 부장된 고분을 발견하였다.[69] 이 고분에서는 검신과 함께 B형Ⅲ식 동제(銅製) 손잡이가 발견되었으며, 중원식(中原式) 동과(銅戈), 삭(削), 정(鼎), 검(劍) 등 편년의 기준이 될 만한 유물들이 다수 수습되었다. 이 고분에서 출토된 과(戈)는 곽말약(郭沫若) 선생이 연성후(燕成侯, 서기 전 358~서

---

[69] 遼寧省博物館,「遼寧凌源縣三官甸子靑銅短劍墓」,『考古』1985年 2期, 그림 1.

기 전 330)의 것으로 추정한바 있는 연후재과(燕候載戈)의 형태와 유사하다.(그림4 참조) 정(鼎)의 편년도 대체적으로 이와 비슷한데, 대개 전국시대 중기로 볼 수 있다. 이는 B형 검신의 편년에 중요한 판단 기준을 제공해주고 있다.

    C형 검신의 등장시기를 판단할 만한 확실한 근거자료가 아직 확보되지 않았다. 다만 유형학적으로 미루어 B형과 동일 시기의 것으로 추정되고 있을 뿐이다.

    중국 동북 지역에서 발견된 B, C형 검신의 편년 문제는 아직까지도 미결 과제로 남아 있다. 일부 학자들은 그 하한을 전국시대 중기로 고정시키고 있는데, 아마도 연(燕)나라 세력권이 요동 지역으로 미치게 되는 시기를 이 유형의 동검이 사라지는 시점으로 판단하기 때문인 것 같다. 또 다른 연구자들은 이 유형 동검이 전국시대 후기까지 지속된다고 보기도 한다. 필자의 견해로는, B, C형 검신 자체가 오랜 기간에 걸쳐 변화·발전되어 왔기 때문에, 그 사용시기 또한 결코 짧지 않았을 것 같다. 또한 연나라 정치세력과 문화가 직접 요동에 미친 이후에도 여전히 토착적인 요소들이 잔존해 오랜 기간에 걸쳐 연문화(燕文化)와 공존했을 가능성을 배제할 수 없다. 여순(旅順) 윤가촌 청동단검묘지(尹家村 青銅短劍墓地)에서 출토된 중원식(中原式) 회색토기 두(豆)가 좋은 근거자료이다. 그러므로 아키야마 신고의 연구에서 제시된바 있는, B, C형 동검 존속시기의 하한을 서기 전 2세기로 보자고 하는 주장도 현재로서는 설득력이 있는 가설로 판단된다. 그 구체적인 연대는 향후 지속적인 발굴조사를 통해 밝혀질 것으로 기대된다.

    이상에서 살펴본 내용을 종합해, 검신(劍身), 검병(劍柄), 검파두(劍把頭) 편년 문제를 표로 정리해보면 다음과 같다.

分 期	第 一 期	第 二 期
時 代	西周後期(?) 春秋時代	戰國時代, 漢(?)
劍 身	AⅠ ──→ AⅡ ─	┌→ BⅠ→BⅡ→BⅢ └→ CⅠ→CⅡ→CⅢ
劍 柄	A BⅠ BⅡ BⅢ BⅣ BⅤ	
劍把頭	Ⅰ Ⅱ	Ⅱ Ⅲ Ⅳ

3. 동북계 동검(東北系 銅劍)의 특징과 그 분포 지역

앞 절에서 살펴본 검신(劍身), 검병(劍柄), 검파두(劍把頭) 형식을 종합해 봤을 때, 이 유형의 동검의 특징은 다음과 같은 네 가지로 귀결된다. 1) 검신에 모두 기둥모양으로 두드러진 검척(주척)(劍脊(柱脊))이 있다. 2) 정도 차이는 있지만, 모두 날 부분이 원호(圓弧) 형태로 휘어 있다. 이 중에서 C형Ⅲ식만 직인(直刃) 형태로 변화되었다. 3) 검신과 분리된 'T(丁)자' 모양의 손잡이(劍柄)가 있다. 이 중에서 C형만 연주(連鑄)되었다. 4) 석제(石製) 검파두가 있다.

현재 중국 고고학계에서는 이 유형의 동검에 대해 다양하게 명칭을 부여하고 있다. 하지만 모두 일부 특징에만 주목하여 붙여진 것일 뿐이다. 기존의 명칭들은 이 유형 동검과 기타 동검을 확실히 구분하는기 어려운 것이 많다.

기둥 모양으로 두드러진 검척(劍脊)은 결코 이 유형 동검에서만 나타나는 것은 아니다. 내몽골(內蒙古) 장성(長城)일대에서 상대(商代)의 것으로 추정되는 동일 유형의 북방계 단검이 확인된 바 있으며, 시베리아와 몽골의 '카라수크(Karasuk)' 식 단검 역시 기둥 모양의 검척(劍脊)이 있다. 주대(周代)에 유라시아대륙의 초원지대에서 널리 사용된 이른바 '스키타이식 단검' 역시 검척(劍脊)이 확인되고 있다. 뿐만 아니라, 중국 중원(中原) 지역에서도 검척(劍脊)이 있는 동검이 다양하게 발견되고 있다. 그 외에 흑룡강(黑龍江)과 러시아의 야쿠티아(Yakutia) 지역에서 확인되는 버드나무 잎(柳葉)형태의 단검도 검척(劍脊)

이 있다. 하지만 문제는 이 검들은 칼날이 원호형태로 휘어 있지 않다. 따라서 본 논문에서 다루고자 하는 동검과 같은 유형으로 보기 어렵다.(그림5 참조)

다음에 나오는 두 가지 유형의 동검과 본 논문에서 주로 거론한 동검 사이에는 차이가 있다. 검척(劍脊)과 곡인(曲刃)을 중심으로 살펴보면 다음과 같다.

1) 적봉(赤峰), 영성(寧城), 건평(建平), 조양(朝陽) 일대에서 기둥모양 척(脊)이 있고, 날이 곡선인 무기류가 발견되고 있는데, 일부 학자들은 이를 창 머리 부분(矛頭)으로 보고 있다. 해방 전(1949년 이전), 적봉(赤峰) 지역에서 손잡이 끝머리에 방울모양 장식이 있는 동검이 발견되었다.70) 위에서 언급한 무기류를 모두 창으로 보기 어려우며, 적어도 일부는 검일 가능성을 배제할 수 없다. 이 유형 단검의 검척(劍脊)은 자루 접합부까지 연결되어 있으며, 칼날은 물결모양이다. 따라서 이는 본 논문에서 다루고자 하는 동검과 완전히 다른 계통의 검으로, 양자를 혼동해서는 안 될 것이다.(그림 6, 1 참조)

2) 내몽골(內蒙古) 소오달맹(昭烏達盟)과 하북(河北) 승덕(承德) 지역에서 역시 특이한 유형의 청동단검이 발견된 바 있다. 검신은 본 논문에서 다루고 있는 동검과 유사하다. 그러나 조립식이 아닌 연주(連鑄)된 것이며, 손잡이 형태도 다르다. 검병의 형태는 검을 잡고 사용하는 습관이나 방식에 따라 결정되는 것이다. 그리고 'T(丁)'자 모양의 손잡이가 달리지 않은 동검은 다른 계열로 봐야 할 것이다. 즉 이런 형태의 동검은 본 논문에서 다루고 있는 계열의 동검과 기타 계열의 동검이 융합되어 형성된 새로운 계열로 분류해야 마땅하다는 것이다.(그림6, 2 참조)

만약 기둥 모양 검척(劍脊), 곡인(曲刃), 'T(丁)'자 모양 손잡이, 검파두(劍把頭), 이 네 가지 특징을 종합해 본다 해도, 여전히 한 가지 문제점이 남는다. 바로 한국, 일본의 '세형검(細形劍)'과의 구별 문제이다.

우선 이 유형 동검의 분포는 단지 중국뿐만이 아니라, A형 검신은 한반도

---

70) 島田貞彦,「滿洲國新出の古銀銅面及二三の青銅遺物について」,『考古學雜誌』28卷 2號, p.117, 그림 8.

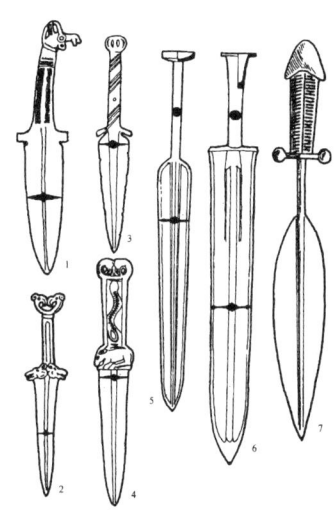
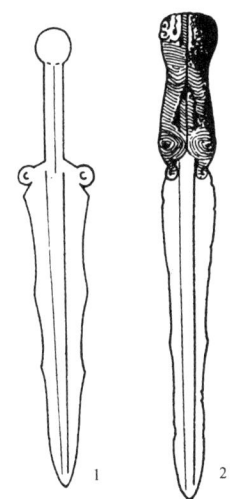

그림 5. 각종 柱脊劍
1. 蒙古 南戈壁省 巴顏塔拉; 2. 소련(러시아) 남시베리아 안드로노프(Andronovo); 3, 4. 中國 內蒙古 長城일대; 5. 中國 河南 陝縣 上村嶺; 6. 中國 河南 輝縣 琉璃閣; 7. 소련(러시아) 야쿠티아

그림 6. 柱脊曲刃劍
1. 赤峰 인근 지역에서 출토
2. 寧城 南山根 M101

에서도 발견되고 있다는 점을 지적할 수 있다.[71] 우메하라 스에하루(梅原末治)는 남북한에서 발견된 A형 검신을 일본의 '평형검'과 동일 유형으로 혼돈한 바 있다. 하지만 후대의 연구에 따르면 '평형검'은 '세형검'의 영향을 받아 형성된 후기형태이며, 그보다 시기적으로 앞서고 있는 A형과는 구별된다. C형 검신은 한반도에서 다량 발견되었는데, 대부분인 C형Ⅲ식이다. 이런 유형의 검신은 대마도(對馬島)와 일본 본토에서도 발견된 바 있다. 그 외에 한반도와 일본에서 C형 검신과 다른 형태의 동검이 발견되고 있다. 칼날 양측에 두 쌍의 대칭되는 첨돌(尖突)이 있고, 첨돌 사이가 잘록하게 파여 있으며, 파인 부분에 대응되는 검척(劍脊)이 오목하게 들어가 있다. 이런 형태의 동검을 '절간속요식(節間束腰式)'으로 명명하고자 한다. 이러한 '절간속요식(節間束腰式)' 동검은 한반도와 일본에 널리 분포되어 있으며, 러시아의 동부 연해 지역에서도 두 점이 발견된 바 있다.[72] 하지만 중국 경내에서는

---

71) A. 梅原末治, 「朝鮮發見の"平形系劍"」, 『人類學雜誌』 45卷 8號;
   B. 鄭白雲, 「關於朝鮮金屬文化起源的考古資料」 (한글), 사진 70: 8, 9.

아직 보고되고 있지 않다. 이 유형 동검의 손잡이와 검파두 역시 자체적 특징들을 갖고 있다. 단, 지면상의 관계로 본 논문에서는 자세히 언급하지 않겠다.(그림 7 참조)

일본의 초기 연구서들에서는 한국과 일본의 '절간속요식(節間束腰式)' 동검을 가늘고 긴 C형Ⅲ식 동검과 혼동하여 동일한 '세형검'으로 분류했는데, 이는 적절치 못하다. 현재로서는 '절간속요식(節間束腰式)' 동검만을 '세형검'으로 칭하는 것이 더 타당성 있어 보인다. 아키야마 신고에 의하면 "세형검은 요녕식검(遼寧式劍)으로부터 분화된 새로운 계열"이라고 한다. 이러한 견해는 경청해야 할 부분이 많은데, 다만 구체적인 분화 시점과 경로에 대해서는 진일보한 연구가 이어져야 할 것이다.

이상의 논의를 통해 본 논문에서 다루고자 하는 동검의 형태 특징과 주변 지역의 여러 동검과의 차이점을 확인했다. 그렇다면 이어서 이 계열 동검의 분포상황에 대해 언급해보도록 하자.

현재까지 알려진 A형 검신의 분포 지역을 현(縣)과 시(市) 단위로 보면 다음

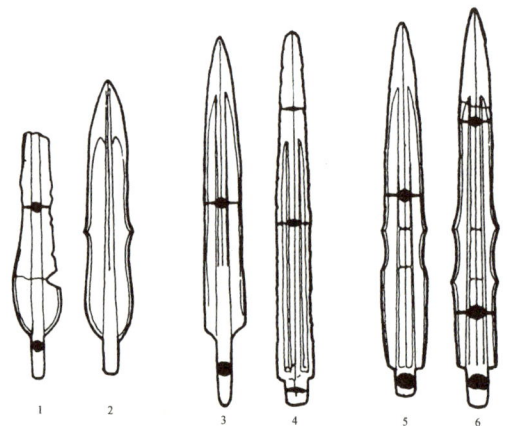

그림 7. 鴨綠江 동쪽 지역에서 출토된 동검
1, 2. 東北系 동검 A형(1. 江原道 春川郡; 2. 平安南道 大同江面 石巖里); 3, 4. 東北系 동검 C형(3. 平安南道 大同江面 將進里; 4. 對馬); 5, 6. '節間束腰 식 세형검(5. 夫租薉君墓; 6. 慶尙北道 慶州 人室里)

72) А. П. Окладников, Э. В. Щавкунов. Погребение с бронзовыми кинжалами на р. Майхэ.— Советская Археология, 1960, No.3. 그림1: 1, 2.

과 같다. 여대(旅大),73) 장해(長海), 요양(遼陽), 심양(沈陽), 신빈(新賓), 청원(淸原), 금서(錦西), 조양(朝陽), 영성(寧城), 건평(建平), 북표(北票), 객좌(客左), 오한(敖漢), 승덕(承德), 영길(永吉) 등이다. 그 외에 북한의 평안남도 대동강면(大同江面) 석암리(石巖里), 강원도 춘천군(春川郡), 전라남도 고흥군(高興郡) 운대리(雲岱里) 등의 지역에서도 발견되고 있다.

B형 검신의 분포 지역을 현(縣)과 시(市) 단위로 보면 다음과 같다. 청용(靑龍), 능원(凌源), 무순(撫順), 신빈(新賓), 관전(寬甸), 집안(集安), 회덕(懷德) 등이다.

C형 검신의 분포 지역을 현(縣)과 시(市) 단위로 보면 다음과 같다. 여대(旅大), 장해(長海), 금현(金縣), 수암(岫巖), 해성(海城), 요양(遼陽), 탁현(涿縣), 망도(望都), 고비점(高碑店) 등이다. 그 외에 한국, 일본과 소련의 동부 연해 지역에서도 발견되고 있다.74)

이상의 분포 지역에서 알 수 있듯이, A형 검은 요녕(遼寧), 길림(吉林), 내몽골(內蒙古) 동남부, 하북(河北) 동북 및 한반도에 이르는 넓은 지역에서 발견되고 있다. A형으로부터 B형, C형이 갈라져 나왔는데, 그 분포 지역 또한 남북으로 갈린다. C형은 요양(遼陽) 이남의 요동반도(遼東半島), 한반도 및 하북(河北) 북부에 분포되어 있으며, 그 외에도 일본과 소련 동부 연해 지역 남부에서도 나타나고 있어, 대개는 남부 연해 지역을 중심으로 분포되어 있다고 볼 수 있다. 그에 비해, 상대적으로 북쪽 지역에서는 B형이 많이 나타나고 있다. B형, C형 검신은 외형상으로 구분될 뿐더러 분포 지역 또한 서로 달리 나타나고 있다는 점에 유념할 필요가 있다.

이상의 내용을 종합해 봤을 때, 이 유형 동검은 독특한 외형 특징을 갖고 있다. 뿐만 아니라, 오랜 기간에 걸쳐 변화·발전해 왔으며, 분포 지역 또한 지역성이 뚜렷이 나타난다. 그러므로 단순히 한 가지 특징에만 주목하여 '요녕식 동검(遼寧式銅劍)'으로 명명한다는 것은 그다지 바람직하지 않다고 생각한다.

---

73) 여대(旅大) : 여순(旅順)과 대련(大連)
74) 鳥居龍藏, 「西比利亞から蒙古へ」, 『鳥居龍藏全集』 第10卷, 朝日新聞社, 1976, p.177, "銅劍の圖"(B)

따라서 필자는 '동북계동검(東北系銅劍)'으로 지칭할 것을 제안하고자 한다. 또한 춘추전국시대 이후 남북 계열로 갈라지게 되는데, 이에 대해 잠정 '동북계북지(東北系北支)'(B형 검신)와 '동북계남지'(C형 검신)로 구분해 보고자 한다.

4. 동북계 동검(東北系 銅劍) 분포 지역의 문화구역성(文化區域性) 차이 문제

동북계(東北系) 동검이 분포되어 있는 넓은 지역에서는 일정한 문화적 동일성이 발견되고 있다. 예를 들면, 무덤 축조에 석재(石材)가 보편적으로 사용된다든가, 토기 또한 수제(手製) 조도(粗陶)인 경우가 많다. 이러한 특징은 중원지역과 확연히 구분된다. 또한 기물 장식용 문식(紋飾)에 궤하문(几何紋)이 많이 등장하는데, 이는 북방 초원 지역의 '야수풍(野獸風)'과 대조적이다. 하지만 이러한 동북계 동검의 분포 지역을 하나의 큰 청동기문화권으로 엮으려는 구상은 지나치게 거시적인 접근이며, 일찍부터 중국학자들의 비판을 받아왔다.[75]

동북계 동검과 함께 발견된 기타 청동기의 양상을 놓고 봐도, 동북계 동검 분포 지역 내에서 뚜렷한 차이가 확인된다. 그렇다면 아래 우선 이 문제부터 살펴보도록 하겠다. 동북계 동검 분포 지역에서 주목되는 또 다른 청동기는 이른바 '부채꼴 청동도끼(선형동부(扇形銅斧))'로 불리는 도끼이다. 이 유형의 도끼는 모두 귀[耳]가 없고, 날의 만곡이 뚜렷하며 투겁부보다 넓다. 날의 측면은 대칭되는 쌍사면(雙斜面) 형태이다. 또한 날이 단사면(單斜面) 형태인 자귀(錛)가 등장하지 않는다. 일부에서는 돌출된 현문(弦紋) 혹은 선(線)으로 구성된 삼각문, 마름모꼴 그물 문양 등 기하문양이 보일 뿐이며, 다른 무늬는 발견되

---

75) A. 孫守道, 徐秉琨, 「遼寧寺兒堡等地靑銅短劍與大伙房石棺墓」, 『考古』 1964年 6期;
   B. 沈陽市故宮博物館, 沈陽市文物管理辦公室, 「鄭家洼子的兩座靑銅時代墓葬」, 『考古學報』 1975年 1期;
   C. 烏恩, 「關於我國北方的靑銅短劍」, 『考古』 1978年 5期.

지 않는다. 아키야마 신고는 이 유형의 청동 도끼를 '요녕식동부(遼寧式銅斧)'
로 명명한 바 있다.

이 유형 도끼의 분포 지역은 아주 넓은 편인데, 현재 확인된 지역으로는, 여
대(旅大), 요양(遼陽), 금서(錦西), 조양(朝陽), 영성(寧城), 무순(撫順), 심양(沈陽),
건평(建平), 능원(凌源), 길림(吉林), 영길(永吉), 교하(蛟河) 등이 있다.

동북계 동검의 분포 지역과 '선형동부'의 분포 지역을 비교해 보면 다음과
같은 두 가지 문제점을 발견할 수 있다.

1) 동북계 동검이 발견된 한반도 지역에서 현재에 이르기까지 '선형동부'
가 나타나고 있지 않다. 또한 한반도에서 전국시대 초기보다 이른 시기의 청
동기가 동북계 동검과 함께 발굴된 경우가 없다. 한반도 지역의 동북계 C형Ⅲ
식 동검 및 '세형검'과 함께 등장하는 청동무기류, 동전, 동경, 마구, 철기 등
은 대부분 한대(漢代)의 것이므로, 완전히 다른 형태의 띠고 있다. 따라서 동북
계 동검 중 A형이 한반도에서 발견된다는 점은 단지 개별문화요소의 전파로
이해될 뿐, 전국시대 이전에 이미 중국 동북 지역과 한반도에 걸쳐 통일된 청
동기 문화권이 형성되어 있었다고 보기 어렵다.

2) '선형동부'의 분포 지역은 서쪽으로 열하(熱河) 산지(山地)의 동쪽에 이
른다고는 하지만, 이 지역에서 등장하는 유일한 도끼 형태는 아니다. 열하(熱
河) 산지(山地)에서는 다양한 형태의 청동도끼가 발견되고 있는데, '선형동부'
와 유사한 형태의 날이 넓은 도끼는 양측이 갈고리 모양으로 휘어 있다.[76] 그
외에도 '선형동부'와 확연히 구분되는 날이 좁은 도끼,[77] 쌍이(雙耳)가 달린
것과[78] 용공(筩銎),[79] 횡향천공(橫向穿孔)[80] 등 다양한 형태의 도끼가 발견되고

---

[76] 遼寧省昭烏達盟文物工作站, 中國科學院考古硏究所東北工作隊,「寧成南山根的石槨墓」,『考古學報』 1973년 2期, 사진 8: 3.
[77] 濱田耕作, 水野淸一,『赤峰紅山後』, 第24圖: 23.
[78]『考古學上より見る熱河』第19圖: 2.
[79] 遼寧省昭烏達盟文物工作站, 中國科學院考古硏究所東北工作隊,「寧成南山根的石槨墓」,『考古學報』 1973년 2期, 사진 8: 8.
[80] 遼寧省昭烏達盟文物工作站, 中國科學院考古硏究所東北工作隊,「寧成南山根的石槨墓」,『考古學報』 1973년 2期, 사진 8: 11.

있다. 동주(東周)시기 열하(熱河) 산지(山地) 지역의 청동기는 대개 다양하고도 혼잡스럽게 나타난다. 청동검의 경우에는 놓고 봐도, 춘추시대에서 전국시대 초기까지 북방계 동검이 대표적이었으나, 춘추 전국시대 교체기를 전후하여 중원식 동검이 점차 유입되기 시작한다. 따라서 열하(熱河) 산지(山地)에서 동북계 동검은 점차 검신과 손잡이가 연주(連鑄)된 형태로 변형되어 나타난다. 이는 이 지역이 문화 융합이 발생한 특정 지역임을 말해 줄 뿐, 동북계 동검의 주요 분포 지역으로 귀결시킬 수 없음을 말해준다. 열하(熱河) 산지(山地) 이남의 하북(河北) 경내에서 발견된 동북계 동검은 대개 후대의 것들이다. 이 지역이 훨씬 이른 시기에 이미 연나라 문화권으로 편입되었으므로, 동북계 동검의 발견을 단지 개별적 문화요소의 등장으로밖에 이해할 수 없다.

종합해 봤을 때, '선형동부'의 분포상황을 참조해 동북계 동검이 핵심 문화를 형성하고 있었던 구역을 나누어 보면, 대략 노노아호산맥(努魯兒虎山脈)의 동쪽, 압록강(鴨綠江)의 서쪽, 제2송화강(松花江)의 남쪽에 이르는 지역이라 할 수 있다. 현재 확보하고 있는 자료를 토대로 하여, 함께 발견된 청동기의 차별성에 주목해 위의 지역을 대소능하구(大小凌河區), 요하구(遼河區), 송화강구(松花江區), 요동반도구(遼東半島區) 등으로 나눌 수 있다. 이들 네 구역 중, 앞 세 구역은 B형 검신이 분포된 지역이기도 한데, 그 중에 송화강구(松花江區) 청동기의 특징이 두드러진다. 이곳 청동기의 특징은 다음과 같다.

1) 여타 구역에서는 일반적으로 청동 창(銅矛)이 등장하지 않았다. 동북계 동검 분포 지역에서 송화강구(松花江區)를 제외하고 A형 검신이 청동 창과 함께 발견된 경우가 없다. 최근 1970년 대에 관전(寬甸)에서는 B형Ⅱ식 검신과 함께 나뭇잎 모양의 창이 함께 출토된바 있고, 집안(集安) 지역에서는 B형Ⅲ식 검신과 나뭇잎 모양의 창이 발견된 바 있다. 그에 비해 송화강구(松花江區)에서는 동북계 동검과 유사한 형태의 청동 창이 함께 출토되고 있다.[81]

---

81) 吉林市郊長蛇山遺址57FⅡ에서 출토된 銅矛는 中國歷史博物館 전시품 참조; 吉林市 郊外에서 수습한 銅矛는 吉林省出土文物展覽會 전시품 참조; 永吉星星哨水庫石棺墓에서 출토된 銅矛는 『考古』 1978年 3期, p.147, 그림 6: 5 참조.

2) 이 지역에서 출토된 청동 칼(銅刀)은 도신(刀身)만 있고, 뒷부분에 구멍이 뚫려있을 뿐이다.[82] 또한 같은 지역 유적에서 돌을 갈아 만든 동일 형태의 석제 칼이 발견되기도 하는데, 다른 구역에서는 나타나지 않는다.

3) 다른 구역에서는 '선형동부'가 동착(銅鑿)과 함께 출토되는 것이 일반적이다. 그러나 이 구역에서는 아직 발견된 바 없다.

4) 청동 마구 내지는 동제가 아닌 마구도 발견되지 않는다.

요하구(遼河區)와 대소능하구(大小凌河區)는 비교적 근접해 있으며, 두 구역 모두 청동기 기술이 발달돼 있다. 따라서 마구는 물론 다양한 짐승 모양 청동 장식품 등이 발견되고 있다. 그 중에 뱀,[83] 물고기,[84] 새우,[85] 개구리[86] 등이 나왔고, 이런 예술적 모티프는 기타 구역에서는 찾아 볼 수 없다는 것이다. 요하구(遼河區)와 대소능하구(大小凌河區)의 차이점이라면, 중원식 과(戈), 검(劍), 환수도(環首刀),[87] 청동 예기(禮器), 청동 투구(盔) 등은 대소능하구(大小凌河區)에서만 나타나고, 그 동쪽 지역에서는 발견되지 않는다는 점이다. 북방 초원 지역의 '야수풍(野獸風)' 장식품 또한 대소능하구(大小凌河區)에서만 등장할 뿐이고,[88] 그보다 동쪽에 있는 구역들에서는 나타나지 않는다.

전체적으로 보면, 대소능하구(大小凌河區), 요하구(遼河區), 송화강구(松花江區)의 청동기에는 일부 공통된 특징들이 있다. 예를 들면, 손잡이 아래 변두리에 치아 모양으로 돌출된 부분이 있는 소형 동도(銅刀)는 길림시(吉林市) 소달구(騷達溝) 산정대관(山頂大棺),[89] 심양(瀋陽) 정가와자(鄭家洼子) M6512, 능원(凌源) 삼관전자(三官甸子)에서 모두 발견되었다. 이것은 이 세 구역에서 공유하고

---

[82] 吉林市郊長蛇山遺址 묘장 및 주거지 유적에서 출토된 銅刀, 中國歷史博物館 전시품 참조.
[83] 정가와자(鄭家洼子) M6512에서 출토된 재갈(馬鑣), 십이대영자에서 출토된 청동패식(靑銅牌飾)
[84] 객좌 남동구(客左 南洞溝)에서 출토된 청동패식
[85] 정가와자(鄭家洼子) M6512에서 출토
[86] 능원 삼관전자(凌源 三官甸子)에서 출토된 청동장식
[87] 환수도(環首刀) : 혹은 환두도(環頭刀)
[88] 예를 들면, 십이대영자(十二臺營子)에서 출토된 삼수(三獸) 청동패식, 삼관전자(三官甸子)에서 출토된 호형(虎形) 장식품 등이 있다.
[89] 佟柱臣,「吉林的新石器時代文化」,『考古通訊』1955年 2期, 그림 2: 3.

있는 유물이기도 하다. 이 유형의 동도(銅刀)는 열하산지(熱河山地)에서 가장 많이 나타나는 데 비해, 요동반도(遼東半島)에서는 발견되지 않는다. 또한, 투겁식 삼익족(三翼鏃)이 대소능하구(大小凌河區)와 요하구(遼河區)에서 발견되고, 연주동식(連珠銅飾)이 송화강구(松花江區)에서 나타나고 있다.[90] 이것은 서쪽의 초원 유목구역과의 문화적 연관성을 시사해주고 있다. 그에 반해, 요동반도에서는 유사한 형태의 청동기가 발견되지 않고 있다.

요동반도구(遼東半島區)는 C형 검신이 유행한 지역이다. 이 구역 청동기의 특징은 앞에서 언급했듯이, 마구가 발견되지 않는다는 점인데, 이 문제에 대해 유념해둘 필요가 있다.

토기는 고고학 문화권을 구분하는 하나의 중요한 근거이다. 따라서 동북계 동검의 주요 분포 지역내의 문화구역 구분을 위해서는 토기유형을 살펴보지 않을 수 없다. 하지만 이와 관련된 연구 성과들이 있었음에도, 아직 동북계 동검의 주요 분포 지역내의 계통구분 분석에 이용하기에 미흡하다는 점이 아쉬움으로 남는다. 따라서 현재까지의 인식으로는 단지 다음과 같은 두 가지 문제가 주목될 뿐이다.

1) 토기의 전체적인 특징으로 봤을 때, B형 검신이 유행한 지역과 C형 검신이 보편적으로 사용된 지역 사이에 중요한 차이점이 있다. B형 검신이 유행한 지역에서는 정(鼎), 격(鬲) 등 삼족기(三足器)가 보편적으로 발견되고 있다. 예를 들면, 심양(沈陽) 정가와자(鄭家洼子) M6512에서 출토된 토기 중에는 삼족기가 없으나, 그 인근 유적에서는 동일 재질의 삼족토기가 발견된바 있다.[91] 또한 심양(沈陽) 신락유지상층(新樂遺址上層)에서 수습된 정(鼎), 격(鬲) 등은 길림시(吉林市) 교외에서 발견된 청동기시대 토기와 유사한 형태이다.[92] C형 검신이 유행한 지역인 요동반도 남부에서는 비록 신석기시대에 산동반도(山東半島) 지역의 것과 유사한 형태의 삼족기는 발견되었다. 그러나 청동기시대에는

---

90) 康家興,「吉林江北土城子文化遺址及石棺墓」,『考古學報』1957年 1期, 사진 4, 7.
91) 沈陽故宮沈陽地區出土文物展覽會 전시품.
92) 沈陽故宮沈陽地區出土文物展覽會 전시품.

삼족기가 그리 보편적으로 사용되지 않았으며, 격(鬲)은 이 지역 토착 문화에서 찾아 볼 수 없다. 이는 청동기 시대 요동반도 문화의 특수성을 시사해주는 부분이기도 하다. 따라서 동북계 동검의 발전을 남 북 두 갈래로 나누어 보고자 하는 접근은 결코 우연한 발상이 아니다.

2) 토기의 형태로 봤을 때, 동북계 동검의 분포 지역에는 다양한 문화가 존재했음을 알 수 있다. 이는 앞서 언급한 네 개의 하위 구역뿐만이 아니라, 그보다 훨씬 많다고 볼 수 있다. 그 외에 토기에 반영되어 나타나는 문화구역은 시간의 흐름에 따라 그 경계가 변화되어 나타난다. 이와 관련해서 현재 연구된 자료가 지극히 제한적이므로, 본 논문에서도 자세히 다루지 않겠다.

여하튼, 동북계 동검의 주요 분포 지역내에는 청동검과 동시대의 다양한 문화유물들이 존재한다. 따라서 아키야마가 제시한 "요녕식동검을 중심으로 한 요녕문화"라는 개념은 수긍하기 어렵다. 또한 범위를 축소하여 "'T(T)' 자형 청동 손잡이가 달린 곡인검(曲刃劍)으로 대표되는 청동문화"라는 식의 표현도 성립되기 어렵다. 이는 단순한 문화유물 형태상의 문제가 아니다. 예를 들면, 마구(馬具)의 유무는 당시 생활풍속의 차이를 말해주며, 또한 장해(長海)의 패구(貝丘, 패총)유적과 길림시 교외의 계단식 구강(丘崗)유적이 반영하고 있는 경계유형의 차이점 등은 모두 주목해볼 필요 있는 요소들이다. 따라서 동북계 청동검의 주요 분포 지대에서 동검과 함께 발견되고 있는 선형동부, 대원동패식, 다뉴동경과 같은 청동기는 단지 문화적 친근성을 나타내줄 뿐, 특정한 통일 문화권의 대표적 유물로 보기는 어렵다.

5. 족속(族屬) 문제

앞 절에서 언급했듯이, 동북계 청동검을 동일 문화권의 상징으로 보기 어려운 만큼, 아키야마 신고가 모호하게 제시했던 "과연 어떤 민족이 요녕식동검을 사용했던 것일까?"라는 질문은 의미가 없어지게 된다. 하지만 동북계 동검을 사용한 족속에 관한 문제는 줄곧 학계의 주목을 받아 왔다. 특히 동북민족사 전공자들 사이에서 큰 관심꺼리가 되고 있다. 이 문제와 관련해 우선 다음과 같은 두 가지 사항에 유념해야 할 것이다. 1) 동북계 동검의 분포지역에는 다양한 문화권이 존재하고 있기는 하다. 하지만 그 구체적인 수와 각자의 분포 지역에 대해서는 알려진 바가 없으며, 현재로서는 확단하기 어렵다. 2) 선진(先秦) 시기 동북 지역 족속에 관해 언급하고 있는 고대 문헌이 적지 않게 있으나, 자세하고 구체적인 기술이 결여되어 있다. 따라서 그 구체적인 활동연대와 지역에 대해 확단하기 어렵다.

그러므로 고고학상의 발견과 문헌기록을 연관시켜 동북 지역의 고대민족 문제를 복합적으로 접근하는 것이 바람직하다. 문헌에 등장하는 특정 민족을 어느 특정 고고학 유적과 일대일로 비정하고자 하는 시도는 결국 끼워 맞추기식 결론으로 이어질 수밖에 없다. 그에 비해, 일부 친연적(親緣的) 관계가 발견되는 여러 문화권을 역사적으로 고증 가능한 고대민족집단에 비정하는 작업은 가능성 있을 뿐만 아니라, 바람직한 시도라 할 수 있다. 동북계 동검과 같이, 넓은 지역에 걸쳐 분포되어 있고, 7세기 이상 지속되어온 문화유물을 역사 기록의 어느 특정 종족 혹은 민족 집단과 연관시켜 볼 것인가에 대한 문제는 동북민족사연구에서 중요한 의미를 지닌다.

현재 중국 고고학계에서는 동북계 동검의 사용자 집단과 관련해 다양한 주장이 제기되고 있다. 그 중에 동호설(東胡說)이 유력하게 받아들여지고 있다. 이 주장은 60년대 초, 조양(朝陽) 십이대영자묘(十二臺營子墓) 발굴보고에서 처음으로 제기되었으며, 그 뒤『신중국고고수확(新中國考古收穫)』을 통해 학계의 보편적 인정을 받게 되었다. 이 주장은 중국 학계에 큰 영향을 미치게 되고, 심지어 일본의 아키야마 신고 역시 '동호설'을 취하게 된다. 이 설은 동주(東周) 시기 길림(吉林), 요녕(遼寧) 경내의 민족분포와 연관될 뿐만 아니라, 내몽골(內蒙古) 장성 일대의 선진(先秦)시기 민족분포와도 연관되어 있다. 만약 동북계 동검을 동호의 유물이라고 할 경우, 이 유형 동검의 분포 지역 서쪽을 '초기 흉노'의 분포구역으로 보아야 할 것이다. 그러므로 필자의 견해는, 동북계 동검을 동호의 유물로 보기 어려우며, 이러한 주장은 자료에 대한 잘못된 해석에서 비롯된 것으로 본다. '동호설'에 내포된 오류를 크게 세 가지로 나눌 수 있다.

1) 1960년대, 중국 연구자들은 이 유형 동검에 대해 자세히 파악하고 있지 못했다. 뿐만 아니라 선진시기 유물에 대한 편년의 기준도 지금 확보한 것처럼 자세하고 명확하지 못했다. 따라서 대부분 연구자들은 이 유형 동검의 연대가 서주 말기 혹은 춘추 초기까지 소급될 수 있다는 점을 인식하지 못하고 있었다. 예를 들면, 십이대영자묘(十二臺營子墓)를 춘추 말기 혹은 전국시대로 편년했으며, 오금당묘(烏金塘墓)는 전국시대의 것으로 보았다. 그리고 동호와 연결하게 된 주된 계기는 당시 동북계 동검의 출토 지역이 모두 요서(遼西) 지역이었다. 따라서 이를 동호와 연관시키게 되었던 것이다. 『신중국고고수확(新中國考古收穫)』에서도 전국시대(戰國時代) 부분에서 이 유형의 검에 대해 언급하고 있다. 여하튼 초기 연구의 한계로 인해 동북계 동검의 연대를 낮춰 잡게 되었으며, 그러한 결론은 지금에 이르러서도 여전히 일부 학자들의 연구에 영향을 미치고 있다.

십이대영자묘(十二臺營子墓) 발굴보고서에서는 고분의 위치에 대해 연(燕), 산융(山戎), 동호(東胡)가 잡거(雜居)한 지역이라고 했다. 만약 당시 이 유형 동검의 연대가 춘추 초기까지 소급된다는 점을 인지하고 있었다면, 춘추시대 문헌기록에 등장하는 산융에 우선 주목했을 것이며, 전국시대에 이르러서야 등장하는 동호와의 연관성은 내버려 두었을 것이다. 다시 말해, 동북계 동검의 연대를 지나치게 낮춰 잡음으로 인해 이른바 '동호설'이 제기되었다는 것이다. 연대를 정확히 파악했을 경우, 이러한 주장은 애초부터 차단됐을 것이다.

2) 당시 동북계 동검의 주요 분포지에 대한 파악이 미흡한 상태였다. 일찍이 이 유형 동검이 여순(旅順) 지역에서 발견된 바 있으며, 장해현(長海縣) 상마석패총(上馬石貝塚)에서는 동일 형태의 각질(角質) 모조품이 출토되었다.[93] 이를 동호의 유물로 보기에는, 비단 문헌기록상의 동호의 활동 영역에서 크게 벗어나고 있을 뿐만 아니라 초원지대의 유목민이라는 동호에 대한 전통 인식에도 어긋난다.

그럼에도 불구하고 그러한 주장이 가능했던 것은 당시 요서 지역의 북방계 동검이 요동 지역의 것보다 이른 시기의 것이라는 주장이 있었기 때문이다. 초기에 일본 연구자들은 여대(旅大) 지역의 동북계 동검을 한대(漢代)의 유물로 오판했다가, 새롭게 후목성역(后牧城驛) 누상(樓上) 묘지에서 명도전과 철기가 함께 발견되면서 전국시대 후기로 조정하게 된다. 그 뒤에 많은 연구자들은 이 유형의 동검이 유서 지역에서 기원되어 요동 지역으로 전파되었다고 믿게 되었다. 따라서 유목민족의 거주지가 아닌 지역에 이 유형 동검이 등장하게 된 것은 후기 문화 전파의 결과로 보았던 것이다.

사실상, "서쪽에서 동쪽으로의 전파설"이 제기되었던 것도 역시 자료가 충분치 못했기 때문이라 할 수 있다. 현재까지 확보하고 있는 자료를 분석해보면, A형Ⅰ식 검은 단지 요서 지역에서만 나타나는 것이 아니라, 동북계 동검 분포 지역 전역에 걸쳐 광범위하게 발견되고 있다. 또한 A형Ⅰ식 검의 최초 형태는 요양에서 발견되었지만, 요서 지역에서 출토된 것이 아니다. 함께 발견된 유물을 분석해봤을 때, 유가동석묘(劉家疃石墓)에서 출토된 동족(銅鏃)은 남산근(南山根) M101과 오금당(烏金塘)에서 출토된 동과(銅戈)보다 늦은 시기의 것으로 나타난다. 그렇다면 과연 어떤 자료를 근거로 동북계 동검이 요서 지역에서 동쪽으로 전파되었다고 할 수 있단 말인가? 이렇게 "서쪽에서 동쪽으로의 전파설" 자체가 성립되지 않는 이상, 동북계 동검의 분포 지역은 문헌에 등장하는 동호의 활동영역과 크게 어긋난다고 볼 수밖에 없다.

---

93) 島田貞彦, 「大長山貝塚發掘記」, 『鷄冠壺』, 1944.

3) 남산근(南山根) M101 유적이 새롭게 발견되면서 동북계 동검의 연대가 서주에서 춘추시대 과도기로 명확히 밝혀지게 되었다. 따라서 '동호설'에 대한 비판이 제기될 법도 한데, 오히려 "서쪽에서 동쪽으로의 전파설"의 근거로 이용되기도 했다. 또한 이는 새로운 오해를 가져오게 된다. 동북계 A형 검을 "하가점상층문화(夏家店上層文化)" 유물로 인식하게 되었다는 것이다.[94] 일각에서는 하가점상층문화(夏家店上層文化)를 산융의 문화로 보기도 하나,[95] 적지 않은 학자들은 이를 동호(東胡)와 연관시키고 있다. 따라서 동북계 동검을 동호의 유물로 보려는 시각이 더 많아지게 되었던 것 같다.

사실상, 남산근(南山根) M101 발굴보고서에 따르면, 이 고분에서 출토된 기물을 다음과 같은 세 유형으로 나누어 볼 수 있다고 한다. (1) 하가점상층문화(夏家店上層文化) 토기와 동일한 형태의 철기처럼 지역적 특징이 뚜렷한 유물, (2) 동북계 A형 검신처럼 인근 지역의 유물과 유사한 형태의 유물, (3)전형적인 중원문화 유물.

이들 중에서 첫 번째 유형이 가장 중요한 위치에 있으며, 두 번째 유형이 다음으로 많고, 세 번째 유형은 아주 적게 나타나고 있다. 즉, 발굴보고서에서는 남산근(南山根) M101 유적을 하가점상층문화(夏家店上層文化) 고분으로 이해하였다. 반면, A형 검신은 이 문화권에 속하지 않는 문화적 요소로 보았던 것이다. 지금은 이 고분에서 출토된 동검에 대해 다시 분석해볼 필요가 있다. 수습된 동검 7점 중, 4점이 '북방계 청동단검'이며,[96] 한 점에서는 전형적인 중원 문양이 확인되고 있고,[97] 고작 한 점만이 동북계 A형 검신으로 확인된다. 나머지 한 점의 검신은 A형 양식이나 검신과 북방계 동검의 손잡이가 연주(連鑄)된 형태이다. 즉, 이 고분에서 출토된 동검 중, '북방계 청동단검'이 대부분이므로, 하가점상층문화(夏家店上層文化)의 특징이 두드러진다고 할 수 있다. 그

---

94) 烏恩,「關於我國北方的靑銅短劍」,『考古』1978年 5期.
95) 河北省博物館, 文物管理處,「河北平泉東南溝夏家店上層文化墓葬」,『考古』1977年 1期, p.55.
96) 遼寧省昭烏達盟文物工作站, 中國科學院考古研究所東北工作隊,「寧成南山根의石槨墓」,『考古學報』 1973年 2期, 사진 6: 2~5.
97) 遼寧省昭烏達盟文物工作站, 中國科學院考古研究所東北工作隊,「寧成南山根의石槨墓」,『考古學報』 1973年 2期, 사진 6: 6.

에 비해 동북계 동검은 차등한 위치에 있으며, 원유의 문화적 요소가 아닐 가능성이 많다. 따라서 발굴보고서에서도 이를 인근 지역의 영향으로 보았다.

앞서 언급했듯이, 하가점상층문화의 주요 분포 지역인 열하(熱河) 산지(山地)를 동북계 동검의 주요 분포 지역에 포함시키기는 어렵다. 그러므로 동북계 동검을 하가점상층문화(夏家店上層文化) 유물로 볼 수 없으며, 설사 하가점상층문화(夏家店上層文化)가 동호와 연관이 있다 하더라도, 동북계 동검이 일부 동호 지역으로 유입되어 다양하게 변화되었다고 밖에 볼 수 없다. 동북계 동검의 주요 분포 지역은 열하(熱河) 산지(山地)의 동쪽이다. 이것은 결국 이 유형의 동검이 동호의 유물이 아님을 말해준다.

종합해 보자면, 1) 동북계 동검의 연대 상한은 서주(西周) 말기까지 소급될 수 있다. 2) 동북계 동검의 주요 분포 지역은 노노아호산(奴魯兒虎山) 이동의 넓은 지역이다. 3) 열하산지(熱河山地)를 동북계 동검의 분포 지역 내지는 기원지로 볼 수 없다. 그러므로 이른바 '동호설(東胡說)'은 성립되기 어렵다.

동북계 동검을 사용한 족속을 밝혀내기 위해서는 우선 한대(漢代) 이래 동북 지역의 여러 종족에 관한 기록을 꼼꼼히 따져볼 필요가 있다. 전국시대 후기에 이미 설치되었던 요동군의 북쪽과 동쪽 지역은 대개 예(濊 혹은 '예(穢)'), '예(薉), 맥(貊 혹은 '맥(貃)'), 진번(眞番), 조선(朝鮮)이 차지하고 있었다.

> 『사기(史記)』 화식열전(貨殖列傳) "연(燕)나라는……북쪽으로 오환(烏桓), 부여(夫餘)에 인접해 있으며, 동쪽으로 예맥(濊貊), 조선(朝鮮), 진번(眞番)의 이익을 장관한다."
>
> 『사기(史記)』 흉노열전(匈奴列傳) "(흉노의) 여러 좌방 왕(左方 王)과 장(將)들은 동쪽에 살며 상곡(上谷)에서부터 동으로 예맥(濊貊)과 조선(朝鮮)에 접해 있었다."
>
> 『한서(漢書)』 무제기(武帝紀) "원삭원년(元朔元年), 동이 예(東夷 薉)의 임금 남려(南閭) 등이 28만 명을 이끌고 항복해 오므로, (그로써) 창해군(蒼海郡)

을 설치했다."

　『한서(漢書)』 식화지(食貨志) "팽오(彭吳)가 길을 뚫어 예맥(薉貊), 조선(朝鮮)과 통하고, 창해군(滄海郡)을 설치하자, 연(燕)과 제(齊) 사이의 지역에 미연(靡然) 움직임이 일기 시작했다."

　『한서(漢書)』 흉노전(匈奴傳) "한(漢)나라가 동쪽으로 예맥(濊貊), 조선(朝鮮)을 제거하고 (그 땅을)군(郡)으로 삼았다."

　『한서(漢書)』 지리지(地理志) "현토군(玄菟郡), 낙랑군(樂浪郡)은 무제(武帝)때에 설치한 것으로, 모두 조선(朝鮮), 예맥 구려(濊貊 句麗)와 같은 오랑캐의 족속이다."

　『사기(史記)』 조선열전 색은(朝鮮列傳 索隱)에서 응소(應劭)의 주석 인용 "현토군(玄菟郡)의 땅은 원래 진번국(眞番國)이다."

　『후한서(後漢書)』 동이전(東夷傳) "구려(句驪)는 일명(一名) '맥(貊)' 이라 부른다. 별종(別種)이 있어, 소수(小水)에 의지하여 사는 까닭에 이를 '소수맥(小水貊)' 이라 부른다. 좋은 활이 나니, 이른바 '맥궁(貊弓)' 이 그것이다."

　『삼국지(三國志)』 오환선비동이전(烏桓鮮卑東夷傳) "(부여)의 도장에 '예왕지인(濊王之印)' 이란 글귀가 있고, 나라에 옛 성이 있으니 '예성(濊城)' 으로 불린다. 아마도 본래 예맥(濊貊)의 땅이었는데, 부여가 그 가운데에서 왕(王)이 되었기 때문인 것 같다. 자기들 스스로 '망명해 온 사람' 이라고 말하는 이유가 여기에 있는 듯 하다."

　강성해진 흉노에 밀려 동쪽으로 이동한 동호는 위에서 살펴본 사료에 등장하는 종족들 서쪽에 위치했으며, 한대(漢代)에 이르러 대개 오환(烏桓/烏丸)과 선비(鮮卑) 두 갈래로 나뉘게 된다.

　한대(漢代) 여러 종족들의 분포상황은 그 역사적 연원(淵源)을 가지고 있다. 동북계 동검의 분포 지역은 예맥 등의 종족 분포구역과 상당 부분 일치하고 있다. 따라서 이 유형 동검은 예맥(고구려, 부여), 진번, 조선(朝鮮) 등 족속의 조상들이 공유하고 있었던 유물이었을 것으로 판단된다.

1958년, 북한의 평안남도 평양시 정백리(貞柏里) 토갱묘(土坑墓)[98]에서 '세형검'과 함께 '부조예군(夫租薉君)'이라는 문구가 새겨진 은제(銀製) 도장이 발견되었다.[99] 또한, 1977년, 중국 길림성 집안현(시) 태평대대(太平大隊)에서 발견된 고구려 초기 방단적석총(方壇積石塚)에서 동북계 B형Ⅲ식 검신이 출토되었다. 이는 동북계 동검과 한대(漢代)의 예맥 등 종족과의 관계를 진일보 입증해주는 중요한 근거자료이기도 하다.

그에 반해, 현재 고고학계에서 한대(漢代) 혹은 한(漢) 이후의 오환과 선비의 것으로 판단하고 있는 유적에서는 동북계 동검과 관련유물 내지는 양자의 연관관계를 설명할 수 있는 어떠한 단서도 발견된바 없다. 그러므로 동북계 동검을 동호의 유물로 보기에는 지역상의 모순점이 있을뿐만 아니라 문화적 연원관계로 결여되어 있다.

중국 고대 문헌에서는 일반적으로 주변의 종족을 다음과 같이 분류하고 있다. 즉 흉노, 오환, 선비를 '북적(北狄)'으로 구분하고, 예맥(고구려, 부여) 등 족속을 '동이(東夷)'로 지칭한다. 이러한 분류법은 오래된 역사적 인식의 뿌리를 갖고 있다. 선진(先秦)시기, 중국 북부 지역에는 대개 두 계열의 동검이 존재했는데, 동쪽 지역은 본 논문에서 다룬 동북계 동검의 분포 지역이고, 서쪽 지역에서는 '북방계 청동단검'이 유행했다. 이 두 계열 동검의 분포가 인접한 지역은 곧 고대 두 종족의 경계 지역으로 이해된다. 이는 중국 고대 북방종족을 이해하는 중요한 단서가 될 수 있다.

1979년 11월 修訂

---

98) 토갱묘(土坑墓) : 토광묘(土壙墓)
99) 岡崎敬, 「關御夫租薉君銀印諸問題」, 『朝鮮學報』 第46輯.

중국 동북계(東北系) 동검(銅劍) 재론

졸고, 「중국동북계동검초론(中國東北系銅劍初論)」[1]이 발표된 지 어언 10년이 지났다. 지난 10년 동안, 이 유형 동검에 관한 자료가 지속적으로 축적되었다. 또한 일부 학자들이 필자의 주장을 검토하고 다양한 조언을 해줌으로써,[2] 관련 연구를 한층 더 발전시킬 수 있는 계기가 마련되었다.

동북계(東北系) 동검은 동북 지역의 중요한 고고학 유물로 손꼽을 수 있다. 이 유형 동검은 넓은 지역에 분포되어 있는 다양한 고고학 유적들을 하나로 연결하는 연결고리와도 같은 존재이다. 또한 청동기시대에서 초기철기시대에 이르는 시기의 편년과 관련된 연대학적 척도와도 같은 역할을 한다. 따라서 필자는 그동안 새롭게 발표된 자료와 여러 학자들의 비판을 겸허히 수용해서, 「초론(初論)」에 대해 재검토해보고자 한다. 또한 새로운 작업을 통해 동북계 동검의 몇몇 중요한 문제에 대해 필자의 새로운 견해를 제시함으로써, 관련연구의 지속적인 발전에 일조하고자 한다.

---

1) 임운,「중국동북계동검초론(中國東北系銅劍初論)」,『고고학보』1980-1기, : 이하 「초론(初論)」이라고 한다.
2) A. 王成生,「遼河流域及隣近地區短鋌曲刃劍硏究」,『遼寧省考古博物館學會成立大會會刊』1981;
   B. 遲雷,「關於曲刃靑銅短劍的若干問題」,『考古』1982年 1期;
   C. 靳楓毅,「論中國東北地區含曲刃靑銅短劍的文化遺存」,『考古學報』1982年 4期, 1983年 1期;
   D. 張錫瑛,「試論我國北方和東北地區的"觸角式"劍」,『考古』1984年 8期;
   E. 翟德芳,「中國北方地區靑銅短劍分群硏究」,『考古學報』,1988年 3期.

1.

「초론(初論)」에서 필자는 유형학적 접근법을 사용했다. 요양(遼陽) 이도하자(二道河子)에서 출토된 검신을 당시 발표된 자료 중에서 가장 이른 시기의 것으로 분류하였다. 그것을 근거로 동북계 동검이 "서쪽에서 동쪽으로 전파되었다"는 주장을 비판했다. 필자의 이러한 견해는 곧 지뢰(遲雷)의 반박을 받게 되었으며, 이어서 근풍의(靳楓毅) 역시 반대 의견을 제시했다. 그들에 따르면, 이도하자(二道河子) 유형의 검은 요동 지역의 지역적 특징을 뚜렷하게 띠고 있는 검으로, "길이가 짧고 작은" 것이 특징이라고 한다. 따라서 그는 이 유형을 새롭게 'BS형'[3]으로 분류하고, 이 유형의 검의 연대에 대해 "이른 시기의 것으로 보이기는 하나……연대의 상한을 춘추시대 초기 이상으로 소급해 보기 어렵다."고 결론지었다. 또한 요서(遼西) 지역에서 발견된 가장 오래된 형태의 동북계 동검[4]은 서주 말기의 것이므로, "곡인청동검(曲刃靑銅劍)이 요서 지역에서 기원되었음"을 주장하고 있다.

근풍의(靳楓毅)의 글에서는 '단형(短型)'이라는 유형을 새롭게 정립했는데, 그 근거로 검신이 짧고, 무게가 가벼우며, 재질이 조악(粗惡)하다는 등 특징을 제시하고 있다. 하지만 검신이 짧고 작으면 당연히 무게가 가벼울 수밖에 없다. 하지만 재질이 조악하다는 특징은 모든 '단형(短型)'에서 나타나는 특징으로 보기 어렵다. 근풍의(靳楓毅)의 분류법에 따르면 검신의 형태 여하를 떠나서 길이 30cm 이하의 것을 모두 '단형'이라고 한다. 여기서 기준치를 왜 30cm로 설정하였는가에 대해서는 확실한 근거를 제시하지 않았다. 설사 30cm를 기준으로 한다고 해도 요동(遼東), 길림(吉林), 장춘(長春) 및 한반도(韓半島) 등 지역에서 '단형' 검신이 확인된다. 뿐만 아니라 심지어 요서(遼西) 지역에서도 '단형' 검신이 발견되고 있다. 예를 들어, 금서(錦西) 오금당(烏金塘)에서 출토된 검은 29cm에 불과한데,[5] 요양(遼陽) 이도하자(二道河子)에서 출토

---

[3] 여기서 'S'는 'short'의 약자이므로, 본 논문에서는 '단형(短型)'으로 표현하고자 한다.
[4] 즉 그의 분류에 따르면 BⅠ식

된 동검보다 0.2cm 길다.⁶⁾ 객좌(客左) 화상구(和尙溝) M13에서 출토된 검신은 29.1cm이며,⁷⁾ 하북 승덕(河北 承德)에서도 26.3cm 길이의 검신이 발견된 바 있다.⁸⁾ 그러므로 '단형'을 어느 특정 지역의 지역적 특성을 가진 변형으로 보기 어렵다. 따라서 검신의 길이를 분류의 기준으로 삼는 것은 그다지 바람직하지 않다.

 필자의 초기 연구에서 이도하자(二道河子)에서 출토된 동검의 형태를 가장 이른 시기의 것으로 추정했던 것은, 검신의 '후부(後部)와 전부(前部) 비율', 즉 검신 후반부와 전반부의 길이 비율의 숫자가 가장 크게(1.49) 나타났다. 또한 '길이와 넓이의 비율', 즉 검신의 길이와 가장 넓은 부분의 넓이 비율이 가장 작게(4.07)게 나타났기 때문이다. 근풍의(靳楓毅)의 글에서는 동북계 동검 검신⁹⁾의 변화와 관련해서, 초기의 것일수록 첨돌(尖突)¹⁰⁾ 부분이 앞쪽에 위치하며, 후대의 것일수록 중간 혹은 뒤쪽에 위치한다고 보았다. 이는 저자의 주장과 비슷하다. 즉 검신의 '후부와 전부 비율'이 점차 작아지는 방향으로 발전된다는 것이다. 또한 그가 배열한 BⅠ에서 BⅩ까지의 순서로 봤을 때, 사실상 길이와 넓이의 비율이 점차 증가하고 있음을 나타내준다. 하지만 아쉽게도 그는 단지 검신의 길이에만 연연하여, 초기 검신의 형태는 "길고 크며" 후대의 것일수록 "상대적으로 짧게 나타난다."라고만 결론짓고 있다.

 물론, 새로운 자료의 축적과 함께, 필자 역시 검신의 길이와 넓이 비율이 작을수록, 후부와 전부 비율이 반드시 크게 나타난다고 할 수 없음을 인지하게 되었다. 필자가 분류한 AⅠ 검신 중, 길이가 30cm 미만인 것들을 후부와 전부 비율 값의 대소 순서로 정리해보면 다음과 같다.(표1) 결과 이들 검신의 길이와 넓이의 비율이 일정치 않게 나타나고 있음을 알 수 있었다.(그림1 참조)

---

5) 錦州市博物館,「遼寧錦西烏金塘東周墓調査記」,『考古』1960年 5期.
6) 遼陽市文物管理所,「遼陽二道河子石棺墓」,『考古』1977年 5期.
7) 遼寧省文物考古研究所 等,「喀左和尙溝墓地」,『遼海文物學刊』1989年 2期.
8) 鄭紹宗,「河北省發現的靑銅短劍」,『考古』1975年 4期.
9) 즉 그의 분류에 따르면 'B형 검신'
10) 첨돌(尖突) : 혹은 절첨(節尖), 뾰족하게 튀어나온 부분이다.

【표1】

출토지	길이(cm)	후부 대 전부 비율	길이 대 넓이 비율	자료 출처
新金 雙房	26.7	2.95	5.14	11)
永吉 星星哨	24.5	1.82	4.77	12)
撫順 甲帮	25.3	1.68	3.94	13)
旅大 雙砣子	27	1.60	3.96	14)
遼陽 二道河子	28.8	1.49	4.07	15)
淸原 門臉	21.8	1.44	3.73	16)
淸原 李家堡	21.9	1.38	3.58	17)
旅大 崗上M3	28.7	1.35	4.67	18)
旅大 樓上M3	28.4	1.27	4.31	19)
延安郡 金谷洞	24.2	1.26	4.42	20)
旅大 樓上M3	25.5	1.21	3.94	21)
錦西 烏金塘	29	1.16	5.1	22)
盤石 小西山	28.4	1.14	4.46	23)
旅大 劉家瞳	28.2	1.13	4.5	24)
客左 和尙溝	29.1	1.10	5.68	25)
旅大 樓上M3	25.2	0.93	4.51	26)
阜新 胡頭溝M2	27	0.92	5.65	27)
承德	26.3	0.87	4.46	28)
(傳)平壤出土	27.8	0.75	6.06	29)

11) 許明綱 等,「遼寧新金縣雙房石蓋石棺墓」,『考古』1983年 4期.
12) 吉林市博物館 等,「吉林永吉星星哨石棺墓第3次發掘」,『考古學集刊』第3集.
13) 徐家國,「遼寧撫順市甲帮發現石棺墓」,『文物』1983年 5期.
14) 日本東北亞考古學硏究會譯,『崗上 樓上』, 六興出版, 1986.
15) 遼寧市文物管理所,「遼陽二道河子石棺墓」,『考古』1977年 5期.
16) 淸原縣文化局,「遼寧淸原縣門臉石棺墓」,『考古』1981年 2期.
17) 淸原縣文化局 等,「遼寧淸原縣近年發現一批石棺墓」,『考古』1982年 2期.
18) 日本東北亞考古學硏究會譯,『崗上 樓上』, 六興出版, 1986.
19) 旅順博物館,「旅順口區後牧城驛國墓淸理」,『考古』1960年 8期.
20)『考古學資料集』4 (平壤), 1974.
21) 旅順博物館,「旅順口區後牧城驛國墓淸理」,『考古』1960年 8期.
22) 錦圭市博物館,「遼寧錦西烏金塘東周墓調査記」,『考古』1960年 5期.
23) 吉林省文物工作隊,「吉林盤石吉昌小西山石棺墓」,『高古』1984年 1期.
24) 原田淑人,『牧羊城』1931, 그림 24: 4.
25) 遼寧省文物考古硏究所 等,「喀左和尙溝墓地」,『遼海文物學刊』1989年 2期.
26) 旅順博物館,「旅順口區後牧城驛國墓淸理」,『考古』1960年 8期.

위의 표를 통해 알 수 있듯이, 후부와 전부 비율이나, 길이와 넓이 비율을 검신의 연대를 판단하는 절대적인 기준으로 삼을 수 없다. 특히나 신금(新金) 쌍방(雙房)에서 출토된 동검은 후부 대 전부 비율이 크게 나타나고 있으나, 길이와 넓이 비율도 마찬가지로 크게 나타난다. 또한 첨돌(尖突)은 둥글고 무딘 모양을 하고 있는데, 가장 이른 시기 형태로 보기 어렵다. 하지만 전체적인 경향으로 봤을 때, 길이 대 넓이의 비율이 작은 검신은 후부 대 전부 비율이 크게 나타나는데, 기형(器形)의 발전 논리관계로 미루어, 비교적 이른 시기의 것으로 추정된다.

요서 지역의 오금당(烏金塘)에서 출토된 동검과 함께 발견된 동과(銅戈)의 형태로 미루어 그 연대를 서주 말기에서 춘추 초기로 추정해 볼 수 있다. 그에 비해, 남산근(南山根) M101에서 출토된 AⅠ형[30] 동검은 오금당(烏金塘)의 것에 비해, 2.9cm 길며, 검신 후부 대 전부 비율이 1.2이고, 길이 대 넓이의 비율이 4.98로 오금당(烏金塘)의 것에 근접해 있다. 함께 출토된 동과(銅戈) 또한 오금당(烏金塘)의 것과 동일한 형태이다. 따라서 남산근(南山根) M101에서 출토된 동검의 연대는 서주 말기보다 이르지 않을 것이다. 또한 지금까지 이 지역에서 발견된 것 중에서 이 두 점의 동검보다 후부 대 전부 이율이 더 크고, 길이 대 넓이 비율이 더 작게 나타나는 AⅠ형 검신이 발견된 바 없다.

요동반도(遼東半島) 지역의 여대(旅大) 유가동(劉家疃)에서 서주식(西周式) 동족(銅鏃)과 함께 출토된 AⅠ 검신은 후부 대 전부 비율이 오금당(烏金塘)에서 출토된 동검과 거의 비슷하며, 길이 대 넓이 비율은 조금 작다. 검신의 형태로 보나, 함께 출토된 유물로 보나, 유가동(劉家疃)에서 출토된 동검을 오금당(烏金塘)이나 남산근(南山根)에서 출토된 것보다 늦은 시기의 것이라고 확단하기는 어렵다. 지뢰(遲雷) 연구에서는 필자가 유가동(劉家疃)에서 출토된 동검 두 점 중, 하나를 AⅠ로, 다른 하나를 CⅠ로 달리 구분했다는 점을 비판한 바 있

---

27) 方殿春 等,「遼寧阜新縣胡頭溝紅山文化玉器墓的發現」,『文物』1984年 6期.
28) 鄭紹宗,「河北省發現的青銅短劍」,『考古』1975年 4期.
29) 岡內三眞,「朝鮮銅劍の始終」,『小林行雄博士古稀記念論文集 －考古學論考』, 平凡社(東京), 1982.
30) 근풍의(靳楓毅)의 분류에 따르면 BⅠ.

다. "동일 고분에서 출토된 두 점의 동검을 서로 다른 시대의 것으로 구분했다."는 것이다. 그러나 삼수(森修)의 발굴보고서에 따르면, 이들 유물은 현지 농민들이 경작과정에서 우연하게 습득한 것이라고 한다.[31] 따라서 이 유물들을 동일 고분의 부장품으로 단정 지을 수 없다. 필자는 「초론」에서 AⅠ식 동검과 서주 동족(銅鏃)을 "유가동석묘(劉家瞳石墓) A"의 부장품으로 보고, CⅠ식(본 논문에서는 B형으로 개칭(改稱)) 동검을 "유가동석묘(劉家瞳石墓) B"의 유물로 보았다. 따라서 필자는 양자가 동일 무덤에서 출토되지 않았음을 분명히 밝힌 바 있다. 물론 엄밀히 따져 보면, 유가동(劉家瞳) AⅠ식 검과 서주식 동촉을 동일 무덤의 부장품이라고 추정하였다. 이것에 대해서는 앞으로 새로운 자료가 발견되어야 정확한 판단을 내릴 수 있을 것이다. 기존 확보하고 있는 자료로도 유가동(劉家瞳)에서 출토된 동검의 연대 상한을 충분히 서주 시기로 올려 잡을 수 있다고 본다.

길림(吉林), 장춘(長春) 지역의 반석 소서산(盤石 小西山)에서 출토된 동검의 형태는 오금당(烏金塘), 남산근(南山根) M101 및 유가동석묘(劉家瞳石墓)A의 것과 흡사하다. 초기 연구에서는 서단산 석관묘(西團山 石棺墓) 발굴보고서에서 관련 연대를 "춘추-전국시대 교체기"[32]로 추정함에 따라, 길림(吉林), 장춘(長春) 지역 석관묘를 비교적 늦은 시기의 것으로 보았다. 하지만 1981년, 영길(永吉) 성성초(星星哨) CM21 유적에서 수습된 인골의 C^{14} 측정 연대는 서기 전 1105±100년이었고, 나이테 교정을 걸친 결과 1275±160년으로 밝혀짐에 따라 길림(吉林), 장춘(長春) 지역 석관묘의 연대 상한을 서주(西周) 이전으로 볼 수 있게 되었다. 그러므로 길림(吉林), 장춘(長春) 지역에서 발견된 AⅠ식 동검의 연대를 요서 지역의 것보다 늦게 보아야 할 아무런 근거도 없다.

이어서, 〈표1〉에 정리된 첫 일곱 점의 동검에 대해 살펴보도록 하자. 이들은 길이 대 넓이 비율이 4보다 작거나, 혹은 후부 대 전부 비율이 1.4보다 크거나, 혹은 두 가지 조건을 다 갖춘 형태의 검신이다. 형태적으로 서주 말기에서

---

31) 森修, 「南滿洲發見の漢代靑銅遺物」, 『考古學』, 8卷 7號.
32) 東北高古發掘團, 「吉林西團山石棺墓發掘報告」, 『考古學報』 1964年 1期.

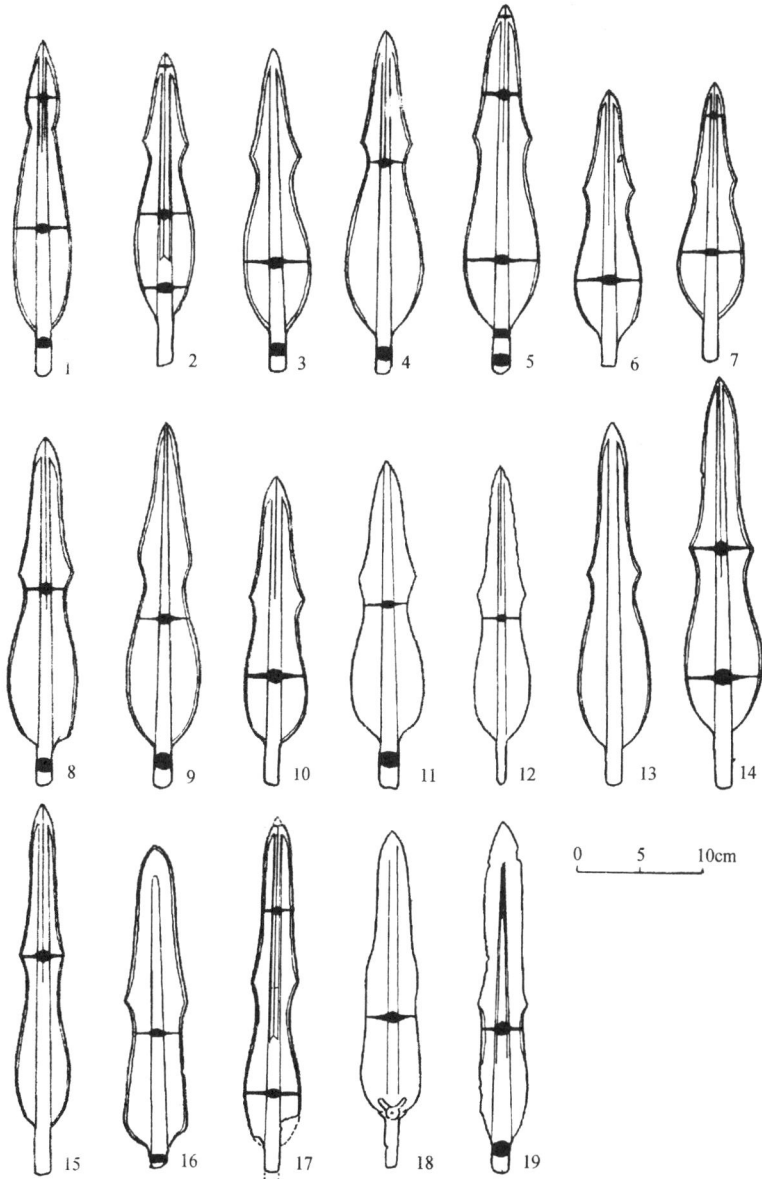

그림 1. 短型 AⅠ 劍身 비교
1. 新金 雙房; 2. 永吉 星星哨; 3. 撫順 甲邦; 4. 旅大 雙砣子; 5. 遼陽 二道河子; 6. 淸原 門瞼; 7. 淸原 李家堡; 8. 旅大 崗上M3; 9. 旅大 樓上M3; 10. 延安郡 金谷洞; 11. 旅大 樓上M3; 12. 錦西 烏金塘; 13. 盤石 小西山; 14. 旅大 劉家瞳; 15. 客左 和尙溝; 16. 旅大 樓上M3; 17. 阜新 胡頭溝M2; 18. 承德; 19. (傳)平壤出土

춘추 초기의 것으로 추정되는 AⅠ식 동검에 비해 더 이른 시기의 것으로 판단된다. 또한 함께 수습된 유물들로 봤을 때, 쌍방(雙房), 갑방(甲帮), 이도하자(二道河子), 문검(門瞼)에서는 동검과 함께 일종 수복(垂腹)형태의 '인(人)'자 형태의 장식용 귀[耳]가 붙어 있는 반구호(盤口壺)가 출토되었다. 그밖에도, 쌍타자(雙砣子) 유적에서도 동검과 함께 동일한 형태의 귀[耳]가 달린 도관(陶罐)이 발견되었다. 근풍의(靳楓毅)의 글에서도 이 유형 토기에 주목하여 "여순(旅順) 우가타두 적석묘(于家砣頭 積石墓)에서 이미 나타나고 있다."고 지적했다. 우가타두(于家砣頭) 고분 발굴보고서에서는 이 무덤을 상말주초(商末周初)로 편년하였으며, 그 근거로 출토된 동족(銅鏃)이 상대(商代)의 특징을 띠고 있다는 점을 제시했다.33) 물론 박진욱(朴晉煜)의 주장처럼 쌍방묘(雙房墓)를 우가타두(于家砣頭) 고분과 마찬가지로 서기 전 12세기로 올려 잡는 것은34) 수긍하기 어렵다. 왜냐하면 두 고분에서 출토된 토기는 형태상 큰 차이가 있기 때문이다. 비록, 양자의 계승관계를 논할 수 있을 지라도, 결코 동시대의 것으로 보기는 어렵기 때문이다. 하지만 근풍의(靳楓毅)의 주장처럼 이른바 '쌍방유형(雙房類型)'을 춘추시대로 편년하고, 하한을 춘추시대 말기로 보는 것 또한 시기를 지나치게 낮춰 잡은 것이라 하겠다. 우선, 강상적석묘(崗上積石墓)에서 출토된 AⅠ식 동검의 형태는 서주 말기에서 춘추시대 초기의 것으로 추정되는 오금당(烏金塘)에서 출토된 동검과 유사하다. 그러나 이 고분에서는 수복반구호(垂腹盤口壺)가 발견되지 않고, 유견도호(有肩陶壺)만 출토되었다.35) 이것으로 미루어보면, 수복반구호(垂腹盤口壺)는 춘추시대 초기 이전 혹은 서주 말기 이전에 유행했음을 짐작할 수 있다. 다음으로, 길림(吉林), 장춘(長春) 지역의 서단산문화 토기(西團山文化土器) 역시 수복(垂腹)형태에서 고복유견(鼓腹有肩)형태로 발전되는 경향이 나타나고 있다. ^{14}C 연대 측정 결과 아주 오래된 것으로 판명된 성성초(星星哨)CM21에서 출토된 토기가 바로, 둘레의 가장 긴 부분이 아래쪽

---

33) 旅順博物館 等,「大連于家村砣斗積石墓地」,『文物』1983年 9期.
34) 朴晉煜,「關於琵琶形短劍相關文化的發源地及其創造者」,『歷史科學』1984年 4期(李雲鐸 譯,『東北亞歷史與考古信息』1985年 1期).
35) 日本東北亞考古學研究會譯,『崗上 樓上』, 六興出版, 1986, 그림 57.

에 치우쳐 있는 형태이다.36) 이는 수복호(垂腹壺)의 연대가 서주(西周) 이전일 가능성을 시사해준다. 이상의 내용을 종합해 보면, 수복호(垂腹壺)와 함께 발견된 AⅠ식 동검의 연대를 서주 말기 이전으로 소급해도 무리는 없다.

근풍의(靳楓毅)의 연구에서 이도하자(二道河子)에서 출토된 동검의 연대 상한을 춘추 초기 내지는 중기 이전으로 소급해 보기어렵다고 한 것은, 동일 고분에서 화살촉 거푸집(족범, 鏃范)이 함께 출토되었기 때문이다. "양측 날개가 가늘고 아래로 늘어져 있으며, 바깥쪽 각도가 작은데, 서주시기 보편적으로 사용된 동족(銅鏃)이 아니다. 이것은 십이대영자1호묘(十二臺營子1號墓)에서 출토된 쌍익동족(雙翼銅鏃)보다 오래된 형태로 보기 어렵다."는 것이다. 이 문제에 대해, 적덕방(翟德芳)은 "이 유형의 동족(銅鏃)은 중원 지역에서 상대(商代)부터 춘추시대에 이르는 시기 보편적으로 사용된 동족(銅鏃)과 서로 다른 계열의 것이다. 그러므로 단순히 중원식 화살촉과 비교하는 것은 바람직하지 않다."고 한다. 필자 역시 이러한 주장에 공감하는데, 이도하자(二道河子)에서 발견된 이 유형의 화살촉은 상대(商代) 중원식 화살 촉의 영향을 받아 형성된 지역적 특성을 지닌 형태의 것으로 추정된다. 그 분포 지역 또한 광범위하다. 예를 들어 청원(淸原) 문검(門臉)과 반석(盤石) 소서산(小西山)에서 동검과 함께 출토된 화살촉이 바로 이 유형이다. 요녕(遼寧) 서풍(西豊) 부풍둔(阜豊屯) 남산 양가분 석관묘(南山 梁家墳 石棺墓)37)와 길림(吉林) 교하(蛟河) 소남구(小南溝) 2호 석관묘(石棺墓)38)에서도 동일 유형의 석족(石鏃)이 발견된 바 있다. 그러므로 십이대영자(十二臺營子)에서 출토된 동족(銅鏃), 특히나 양쪽 날개가 좁고 긴 형태의 화살촉은 위의 지방적 특성을 지닌 화살촉의 영향을 받았던 것 같다. 필자는 「초론」에서 이들 동족(銅鏃)을 단순히 중원식(中原式)과 비교하는데 그쳤다. 하지만 이는 그다지 바람직한 접근이 아니었다.

여하튼, 지금까지 발견된 초기 형태 동북계 동검 중에서, 함께 출토된 유물

---

36) 宋玉彬,「試論星星哨墓葬的分期」,『博物館研究』1989年 3期, 그림 1: 10.
37) 裵輝軍,「西豊和隆的兩座石棺墓」,『遼海文物學刊』1986年 創刊號.
38) 匡瑜,「吉林蛟河縣石棺墓淸理」,『考古』1964年 2期.

의 연대는 서주 말기보다 이른 시기의 것은 오직 요동과 길림, 장춘 지역에서 확인되고 있을 뿐이다. 요서 지역에서 출토된 동북계 동검은 그 양이 많을 뿐만 아니라, 대개 크고 정교하다. 이것은 이는 이 지역에서 동검 제조가 상당히 발달돼 있었음을 시사해줄 뿐, 동북계 동검의 발원지였음을 의미하지는 않는다. 그러므로 동북계 동검이 "서쪽에서 동쪽으로 전파되었다."는 주장은 확실한 근거가 없는 꾸며 낸 이론에 불과하다.

2.

필자는 「초론」에서 동북계 동검의 검신을 A, B, C 세 유형으로 나누어 그들의 변화 발전 순서에 대해 살폈다. 지금 와서 다시 검토해봤을 때, 이러한 주장의 큰 틀은 별 문제 없었다. 그러나 최근 자료를 참조해봤을 때 다음과 같은 두 가지 세부적인 문제점들을 확인 할 수 있었다. 1) 형(型)과 식(式)의 구분 기준이 명확하지 않으며, 일부 기준은 아직 분류법에 도입하기 어렵다. 2) 지나치게 도식적으로 형식 사이의 선후관계를 열거하여, 문제를 단순화시켜 이해하고자 했다. 따라서 형식 분류 문제와 여러 형식들 사이의 시공간적 분포문제에 대해 새롭게 조명해볼 필요가 있다.

「초론」에서 필자는 절첨(節尖)[39]과 척돌(脊突)[40]이 함께 나타나는 동검을 A형으로 구분했다. 그러나 실제 표본 중에서, 이 두 가지 특징이 모두 나타나는 경우가 드물다. 따라서 분류의 보편성을 위해서, 본 논문에서는 A형의 범위를 확대하여, 절첨(節尖)과 척돌(脊突)이 있는, 혹은 둘 중에 하나만이라도 있는 동검을 모두 A형으로 구분하고자 한다. 이 기준에 따르면, 근풍의(靳楓毅)가 분류한 BⅠ, BⅡ, BⅢ, BⅣ, BⅤ, BⅦ, BSⅡ, BSⅢ, BSKⅠ, BKSⅢ 형식의 동검을 모두 A형으로 볼 수 있다.

---

39) 절첨(節尖): 「초론」에서는 '첨돌(尖突)'로 표현
40) 척돌(脊突): 「초론」에서는 '융절(融節)'로 표현

근풍의(靳楓毅)의 연구에서는 필자가 구분한 A형을 다시 11개 유형으로 세분했다. 단지 샘플만 들고 있을 뿐이며, 그렇게 세분한 구체적인 기준은 제시하지 않고 있다. A형 검신은 다양한 특징을 갖고 있을뿐더러 변화 또한 다양하므로, 어느 특정 샘플만을 가지고 유형을 논하기는 어렵다.

필자는「초론」에서 A형 동검을 두 가지 형식으로 구분한 바 있다. 그 기준은 대개 세 가지인데, 첫째, '첨돌(尖突)'과 '융절(融節)'의 선명 정도, 둘째, 길이 대 넓이의 비율, 셋째, '봉(鋒)'의 유무와 장단(長短)이 그것이다. 하지만 이러한 기준을 실제 샘플에 적용해본 결과 일부 모순점들이 발견되었다. 필자로서도 곤혹스러운 일이었다. 따라서 여러 요소들을 종합적으로 살펴, 새롭게 기준을 마련해보고자 한다. 즉, 칼날 뒷부분 [인미(刃尾)] 형태가 둥글게 휜 것인지 [원수(圓收)] 아니면 꺾인(절수(折收)) 것인지를 기준으로 삼으려는 것이다. 이 기준은 직관적(直觀的)이고, 명확하며, 쉽게 파악할 수 있다. 뿐만 아니라 A형 검의 발전 형태에 대해 크게 두 단계로 나누어 그려 볼 수 있다.(그림2 참조)

일반적으로 검신 뒷부분이 둥글게 휜 AⅠ 검신 대부분이 봉(鋒)이 없거나 단봉(短鋒)형태이다. 길이 대 넓이 비율이 4~5로 나타나고,[41] 절첨(節尖)과 척돌(脊突)이 뚜렷하며, 후부 대 전부 비율이 1이상이다. 현재 확보하고 있는 샘플 중, 최소치로 나타나는 것은 무순(撫順) 갑방(甲帮)에서 출토된 동검으로, 3.94이며, 최대치는 이민하 광구(伊敏河 鑛區)에서 발견된 것으로 약 7이다. 물론 예외의 경우도 적지 않다. 검신의 뒷부분이 꺾인 AⅠ 검신은 대부분 봉(鋒)이 있고, 길이 대 넓이 비율이 5~6이며 미각(尾角)이 작다. 최소치는 4.89로, 조양(朝陽) 십이대영자(十二臺營子) M1에서 출토된 동검이며,[42] 최대치는 7.32로, 북표 하가구자(北票 何家溝子)에서 출토된 동검이다.[43] 검의 절첨각은 크게 나타나며, 척돌이 뚜렷하지 않거나 없고, 후부 대 전부 비율이 축소되어 나타난다. 최대치는 1.2로, 심양(沈陽) 정가와자(鄭家洼子) M6512: 33이며,[44] 최소치

---

41) 이 유물은 1982년 이전, 呼盟伊敏河鑛區 노동자가 습득한 것임.
42) 朱貴,「遼寧朝陽十二臺營子青銅短劍墓」,『考古學報』1960年 1期.
43) 靳楓毅,「朝陽地區發現的劍柄端加重器及其相關遺物」,『考古』1983年 2期.
44) 沈陽故宮博物院 等,「沈陽鄭家洼子的兩座青銅時代墓葬」,『考古學報』1975年 1期.

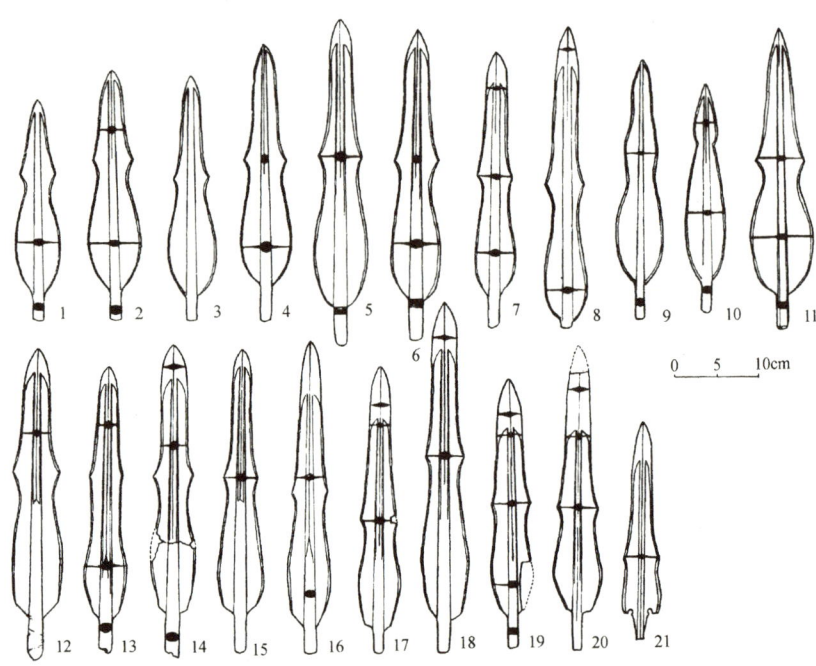

그림 2. A型 劍身 열거

ＡⅠ : 1. 撫順 甲帮; 2. 遼陽 二道河子; 3.; 盤石 小西山; 4. 旅大 劉家疃; 5. 朝陽 十二臺營子; 6. 建平 大拉罕溝; 7. 建平 採集1號; 8. 伊敏可鑛區; 9. 旅大 樓上M6; 10. 新金 雙房; 11. 淸道郡 禮田河;
ＡⅡ : 12. 朝陽 十二臺營子; 13. 沈陽 鄭家洼子; 14. 沈陽 鄭家洼子; 15. 客左 桃花池; 16. 客左 南洞溝; 17. 凌源(20號); 18. 北票 何家溝; 19.建平 老窩卜; 20. 凌源 三道河子; 21. 海蔘威(블라디보스토크) 박물관

는 0.64로 능원(凌源) 삼도하자(三道河子)에서 출토된 동검이다.[45] 물론 이 형식에도 예외적인 경우가 있다.

이상의 여러 특징 변화로 봤을 때, AⅡ 검신은 대체적으로 AⅠ 검신보다 늦은 시기의 것임을 알 수 있다. 단, AⅡ 검신이 등장한 다음에 AⅠ 검신이 사라진다고 보기는 어렵다. AⅡ 형식보다 늦은 시기의 B, C형 검신 샘플에서도 여전히 검신 아랫부분이 둥글게 휘어 있는 형태가 발견되기 때문이다. 따라서 검신 뒷부분이 꺾인 형태의 검신이 늦은 시기의 것이라 볼 수 있을지라도, 둥글게 휘어 있는 형태의 검신이 반드시 그보다 이른 시기의 것이라고 확단하기는 어렵다.

---

45) 靳楓毅,「論中國東北地區含曲刃靑銅短劍的文化遺存」,『考古學報』1982年 4期, 1983年 1期, 그림 11: 7.

ＡⅠ식 검신의 분포 지역은 가장 넓게 나타난다. 서남쪽으로 하북(河北) 승덕(承德)에, 서북쪽으로 내몽골(內蒙古) 이민하 광구(伊敏河 鑛區)에, 동북쪽으로 길림시(吉林市)에, 동남쪽으로는 한반도 남부의 청도군(淸道郡) 예전동(禮田洞)[46]과 부여군(夫餘郡) 송국리(松菊里),[47] 여천시(麗川市) 적양동(積良洞)[48] 등지에 이른다. ＡⅠ식 검신의 등장 시기는 서주(西周) 중기 혹은 그보다 이른 시기로 추정된다. 서주 말기에서 춘추 초기에 유행했다는 점은 거의 확실하다. 십이대영자(十二臺營子) M2에서 출토된 동검은 춘추시대 중기의 것으로 추정해 볼 수 있다.

ＡⅡ식 검신의 분포 지역은 제한적이다. 현재로는 ＡⅠ식 검신 분포 지역의 서남쪽에서만 발견되고 있을 뿐이다. 즉 심양(沈陽), 북표(北票), 영성(寧城) 라인을 따라 분포되어있다. 그 외에 도리이 류죠(鳥居龍藏)가 기술한 해삼위(海蔘威, 블라디보스토크) 박물관에 소장되어 있는 동검 한 점 역시 ＡⅡ식으로 분류할 수 있으나,[49] 그 구체적인 출토지에 대해서는 알 수 없다. 십이대영자(十二臺營子)에서 출토된 ＡⅡ식 검신의 길이 대 넓이 비율은 5에 미치지 못하고 있으며, 후부 대 전부 비율은 1.2인데, 이 유형 검신의 초기형태로, 춘추시대 중기의 것으로 추정된다. 객좌(客左) 남동구(南洞溝)에서 출토된 동검의 길이 대 넓이 비율은 6.62이고, 후부 대 전부 비율은 0.83으로 나타난다. 이것은 이 유형 동검 중 비교적 늦은 시기의 것이다. 함께 발견된 중원식(中原式) 동과(銅戈), 굴대(軎), 궤(簋) 등 유물 형태로 미루어, 춘추·전국 교체기의 것으로 추정된다.[50]

ＡⅠ식 검신 분포 지역의 북부와 동부에서 ＡⅡ식 검신이 나타나고 있지 않다. 그러므로 이 지역에서 ＡⅠ식 검신은 전국시대 초기까지 지속되었을 것으

---

46) 金鐘徹,「慶尙北道淸道郡禮田洞出土の遼寧式銅劍」,『東亞考古與歷史』(岡崎敬先生退官記念論集) 上, 同朋社, 1987.
47) 岡內三眞,「朝鮮銅劍の始終」,『小林行雄博士古稀記念論文集 -考古學論考』, 平凡社(東京), 1982.
48) 全南大學校博物館,『發掘遺物特別展』1989, 그림 25~27.
49) 鳥居龍藏,「西比利亞から蒙古へ」,『鳥居龍藏全集』第10卷, 朝日新聞社, 1976.
50) 遼寧省博物館 等,「遼寧喀左南洞溝石槨墓」,『考古』1977年 6期.

로 추정된다. 따라서 이민하 광구(伊敏河 鑛區)와 교하 양리지(蛟河 洋犁地)에서 출토된 것[51]과 같이 날이 좁고 길며, 봉(鋒) 또한 긴 형태의 A I 식 검신이 등장하게 되었던 것이다. 물론 이러한 결론은 아직 더 많은 근거자료가 뒷받침 되어야 한다.

필자가 앞선 연구에서 제시했던 A형 검신이 남과 북이라는 두 지역 계열로 분화된다는 가설은, 그 뒤 10여 년 동안 축적된 자료로도 충분히 입증 가능하다. 단, 앞선 연구에서 B, C 두 유형을 분류한 것은 그다지 정확하지 못하므로, 본 논문에서는 A형 외의 검신을 다시 B, C, D 세 유형으로 나누어 보고자 한다.(그림 3, 4, 5 참조)

새롭게 나눈 B형의 특징은 척돌(脊突)이 사라지고, 첨절(尖節)은 둥글게 변화되었으며, 검신의 폭이 좁게 나타난다. 이 유형에는 필자가 「초론」에서 분류한 B I , C I , CII식과, 근풍의(靳楓毅)의 연구에서 분류한 B VI, BS IV, BS V 등이 포함된다. 그 외에도 많은 다른 형식이 포함된다. 일부 칼날의 굴곡은 일정하지 않으며, 좌우도 대칭되지 않았다. 이것 역시 B형으로 구분해 볼 수 있다. B형의 일부 샘플은 AII식으로부터 변화·발전되었다는 점이 뚜렷하게 드러나나, 또 일부는 A I 식을 계승한 것으로 추정되는데, 관련 자료가 지속적으로 축적되어야 정확하게 판단할 수 있을 것 같다. B형 동검은 형태가 다양할 뿐만 아니라, 그 구체적인 흐름을 정리해내기가 쉽지 않으므로 식(式)을 세분하는 것은 유보하려 한다. B형 검신은 일반적으로 봉(鋒)이 길게 나타나지만, 일부는 짧거나 없는 경우도 있다. 길이 대 넓이 비율이 가장 작은 것은 5.33 [장해(長海) 상마석(上馬石) M2[52]]이며, 가장 큰 것은 7.1 [신성(新城) 고비점(高碑店)[53]]이다. 이 유형 검신의 출토 지역을 열거해보자면, 무순(撫順),[54] 심양(沈陽),[55] 조양(朝陽),[56] 건평(建平),[57] 금서(錦西),[58] 능원(凌源),[59] 요양(遼陽),[60] 해

---

51) 董學增, 「吉林蛟河發現"對頭雙鳥首"銅劍」, 『北方文物』1987年 3期.
52) 遼寧省博物館 等, 「遼寧長海縣上馬石青銅時代墓葬」, 『考古』1982年 6期.
53) 鄭紹宗, 「河北省發現的青銅短劍」, 『考古』1975年 4期.
54) A. 梅原末治, 「劍柄形銅器の新例」, 『考古學雜誌』(일본) 27卷 11號;
  B. 撫順市博物館, 「遼寧撫順市發現青銅短劍」, 『考古』1981年 5期.

성(海城),⁶¹⁾ 금현(金縣),⁶²⁾ 여대(旅大),⁶³⁾ 장해(長海),⁶⁴⁾ 탁현(涿縣), 신성(新城), 망도(望都)⁶⁵⁾ 등 이다. 즉 이는 AII 검신의 분포 지역과 대체적으로 일치한다.

B형 검신의 연대와 관련해서, 현재 능원(凌源) 삼관전자(三官甸子)고분에서 함께 출토된 동과(銅戈), 동정(銅鼎)이 가장 확실한 근거를 제공해주고 있다. 필자는 「초론」에서 이미 이 형태의 과(戈)를 연후재과(燕侯載, 서기 전 358~서기 전 330)와 흡사한 것으로 판단한 바 있다. 삼관전자(三官甸子)에서 출토된 동검은

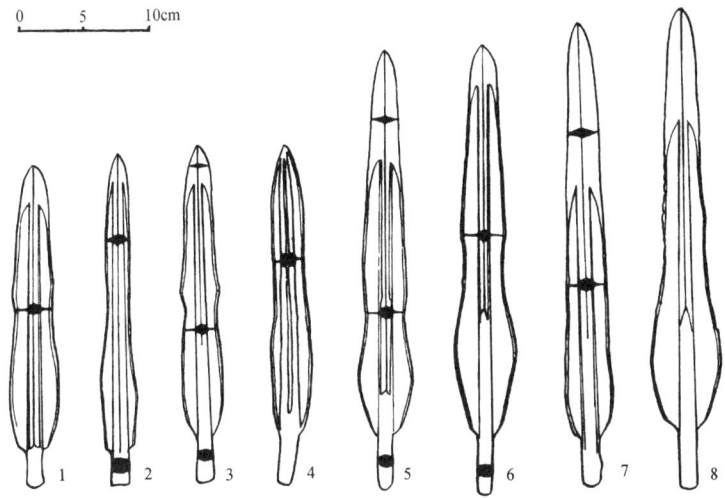

그림 3. B型 劍身 열거
1. 金縣 臥龍泉; 2. 長海 上馬石 M2; 3. 撫順 針織一廠; 4. 旅順 樓上 M1; 5. 建平採集2號; 6. 錦西 寺兒堡; 7. 新城 高碑店; 8. 凌源 三官甸子

---

55) 沈陽市文物工作組, 「沈陽地區出土的靑銅短劍資料」, 『考古』 1964年 1期, 사진 7: 3.
56) 靳楓毅, 「論中國東北地區含曲刃青銅短劍的文化遺存」, 『考古學報』 1982年 4期, 1983年 1期, 그림 5: 28; 그림 17: 右2.
57) 建平縣文化館 等, 「遼寧建平縣的靑銅時代墓葬及相關遺物」, 『考古』 1983年 8期, 사진 2: 5.
58) 孫守道 等, 「遼寧寺兒堡等地靑銅短劍與大伙房石棺墓」, 『考古』 1964年 6期, 사진 5: 6.
59) 遼寧省博物館, 「遼寧凌源縣三官甸子靑銅短劍墓」, 『考古』 1985年 2期.
60) 孫守道 等, 「遼寧寺兒堡等地靑銅短劍與大伙房石棺墓」, 『考古』 1964年 6期, 사진 5: 4.
61) 孫守道 等, 「遼寧寺兒堡等地靑銅短劍與大伙房石棺墓」, 『考古』 1964年 6期, 사진 5: 7.
62) 日本東北亞考古學研究會譯, 『崗上 樓上』, 六興出版, 1986, 그림 78: 1-3.
63) A. 原田淑人, 『牧羊城』 1931, 그림 24: 5; 그림 30: 1;
    B. 旅順博物館, 「旅順口區後牧城驛戰國墓淸理」, 『考古』 1960年 8期, 그림 3.
64) 遼寧省博物館 等, 「遼寧長海縣上馬石靑銅時代墓葬」, 『考古』 1982年 6期, 사진 8: 6.
65) 鄭紹宗, 「河北省發現的靑銅短劍」, 『考古』 1975年 4期, 그림 1: 4 7.

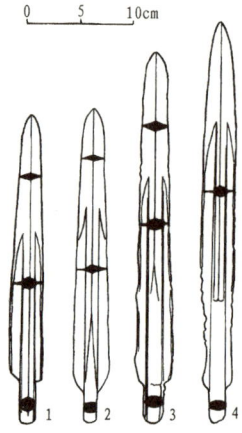
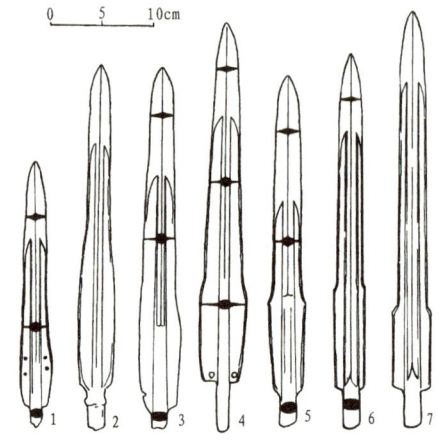

그림 4. C型 劍身 열거
1. 新城 高碑店; 2. 本溪 梁家村;
3. 旅大 尹家村; 4. 鳳城 小陳家

그림 5. D型 劍身 열거
DⅠ: 1. 樺甸 西荒山屯; 2. 雙遼 吉祥屯; 3. 寬甸 趙家堡; 4. 懷德 大靑山
DⅡ: 5. 東溝 大房身; 6. 集安 五道溝門; 7. 昌圖 翟家村

봉(鋒)의 길이로 보거나, 길이 대 넓이 비율로 보아도, 이 동검이 B형 검신 중에서 이른 시기의 것임이 틀림없다. 따라서 B형 검신이 등장하는 시기를 대체적으로 전국시대 중기 혹은 그보다 이른 시기, 또는 전국시대 중 후기로 볼 수 있다.

B형 검신의 분포구역 내에서 검신 양측이 평평하고 곧은 형태의 검이 발견되기도 하는데, 이를 C형으로 구분해보고자 한다. 이 형태의 검에 대해서, 필자는 「초론」에서 CⅢ식으로, 근풍의(靳楓毅)의 연구에서는 BⅧ로 분류한 바 있다. 이 유형의 검은 B형 검신의 칼날 곡선이 축소된 형태로, 중원식 검의 영향을 받은 것으로 추정되기도 한다.

C형 검신의 봉(鋒)은 일반적으로 긴 편이며, 심지어 검신 길이의 반 정도 되는 것도 있다. [신성(新城) 고비점(高碑店)[66]] 길이 대 넓이 비율이 10 이상 되는 것도 있다. [봉성(鳳城) 소진가(小陳家)[67]] 주목할 필요가 있는 부분은, 이 유형 동검은 B형 검신 분포지의 동쪽에서 발견된다는 점이다. 요서 지역에서는 이

---

[66] 鄭紹宗,「河北省發現的靑銅短劍」,『考古』1975年 4期, 그림 1: 8.
[67] 許玉林 等,「丹東地區出土的靑銅短劍」,『考古』1984年 8期, 그림 1: 1.

유형 검신이 나타나지 않으나, 심양(沈陽),[68] 본계(本溪),[69] 봉성(鳳城), 여대(旅大),[70] 신성(新城) 및 그 동쪽인 한반도[71]에서 발견되고 있다. C형 검신의 편년과 관련해서, 신금 후원대(新金 後元臺) 유적에서 그 단서를 찾아 볼 수 있다.[72] 이 지역에서 C형 검신의 앞부분이 수습되었는데, 동일 고분에서 과(戈)와 모(矛)도 한 점씩 출토되었다고 한다. 과(戈)에 새겨진 명문(銘文)에 따르면, 전국시대 위(魏)나라 도읍 계봉(啓封)[73]에서 주조한 것이라고 한다. 2차적으로 추가 조각된 '계봉(啓封)'이라는 두 글자는 진대(秦代) 예서(隷書) 형식을 갖추고 있다. 이로 미루어, 이 과(戈)는 진(秦)나라에서 노획한 것으로, 연(燕)나라에 대한 정벌과 함께 요동으로 유입되었던 것 같다. 즉 C형 동검의 연대는 진대까지 소급된다. 오카우찌 미찌자네(岡內三眞)의 견해에 따르면, 한반도에서 직인 동검(A Ⅵ형)이 최초로 등장하는 시기는 전국시대 말기에서 서한(西漢) 초기라고 한다.[74] 이는 C형 동검의 연대 비정에 참조할 가치가 있다.

동북 지역인 길림(吉林), 장춘(長春) 지역과 장백(長白)지구에서 또 다른 형태의 검신이 발견되고 있다. 그 특징은 날의 앞부분은 평평하고 곧으며, 뒷부분에는 뚜렷한 돌출부가 있어, 앞부분이 좁고, 뒷부분이 넓은 형태를 하고 있다. 필자는 이런 형태의 검신을 D형으로 분류하고자 한다. 이 형태의 검에 대해, 필자는 「초론」에서는 BⅡ, BⅢ으로 구분했으며, 근풍의(靳楓毅)의 연구에서는 BⅨ, BⅩ, BSⅥ로 분류했다. 현재 D형 검신이 발견된 지역들은 쌍료(雙遼),[75] 영길(永吉),[76] 회덕(懷德),[77] 집안(集安),[78] 화전(樺甸),[79] 창도(昌圖),[80] 신빈

---

[68] 中國社會科學院 考古研究所 東北工作隊, 「沈陽肇工街和鄭家漥子遺址的發掘」, 『考古』 1989年 10期, 그림 9: 1.
[69] 魏海波, 「遼寧本溪發現靑銅短劍墓」, 『考古』 1987年 2期, 그림 2: 2.
[70] 日本東北亞考古學硏究會譯, 『崗上 樓上』, 六興出版, 1986, 그림 93.
[71] 鄭白雲, 「關於朝鮮金屬文化起源的考古資料」 1957, 사진 20:4~6.
[72] 許明綱 等, 「遼寧新金縣後元臺發現銅器」, 『考古』 1980年 5期.
[73] '개봉(開封)'으로 개칭
[74] 岡內三眞, 「朝鮮銅劍の始終」, 『小林行雄博士古稀記念論文集 −考古學論考』, 平凡社(東京), 1982.
[75] 顧鐵民, 『雙遼縣文物志』, p.96.
[76] 陳家槐, 「吉林永吉烏拉街出土"觸角式劍柄"銅劍」, 『考古』 1984年 2期.
[77] 吉林省文物管理委員會, 「吉林懷德大靑山發現靑銅劍」, 『考古』 1974年 4期.
[78] 集安縣文物管理所, 「集安發現靑銅短劍墓」, 『考古』 1981年 5期.
[79] 吉林省文物工作隊 等, 「吉林樺甸西荒山屯靑銅短劍墓」, 『東北考古與歷史』 第1輯, 1982, 그림 6: 3, 4.

(新賓),[81] 관전(寬甸), 동구(東溝)[82] 등이며, 일부 요서 지역[83]에서도 발견되고 있다. 이 형태의 검신은 B형 검신의 날 앞부분 만곡이 완전히 사라진 결과로 볼 수 있다. 그 외에 직접 A형 검신으로부터 발전된 형태로도 추정해볼 수 있다.

D형 검신은 돌출부의 전각(轉角)에 따라 두 가지 양식으로 세분해 볼 수 있다. 전각(轉角)이 둥근 것을 Ⅰ식으로, 꺾인 것을 Ⅱ식으로 보고자 한다. 형태변화 논리에 따르면, Ⅰ식은 Ⅱ식보다 이른 시기의 것으로 추정된다. Ⅰ식의 길이 대 넓이의 비율은 7.25[화전(樺甸) 서황산둔(西荒山屯) M6]에서 9.14[쌍요(雙遼) 길상둔(吉祥屯)]으로 나타난다. Ⅱ식의 길이 대 넓이의 비율은 8.8[동구(東溝) 대방신(大房身)]에서 11.4[창도(昌圖) 적가촌(翟家村)]이다. 이로 미루어보아도, Ⅱ식이 Ⅰ식보다 늦은 시기의 것임을 알 수 있다. 서황산둔(西荒山屯) M6에서는 DⅠ식 검신과 함께 중원식 철렴(鐵鐮), 철분(鐵錛), 철도(鐵刀) 등 유물이 출토되기도 했는데, 발굴보고서에 따르면 이 고분 연대의 상한은 전국시대 말기이며, 하한은 한(漢) 초기 혹은 그보다 늦은 시기라고 한다. 1987년, 이수(梨樹) 이용호(二龍湖) 인근 지역에서 전국시대 연나라에서 축조한 성터가 발견되었으며, 함께 중원식 철기가 다수 출토되었다.[84] 이는 대략 연소왕(燕昭王) 시기(서기 전 311~서기 전 279) 연나라에서 이미 길림성(吉林省) 경내로 진출했으며, 이 지역에 철기문화를 전파했음을 시사해준다. 따라서 서황산둔(西荒山屯) 고분의 축조연대를 대개 전국시대 중 후기로 볼 수 있으며, DⅡ식 검신은 진·한(秦·漢) 교체기에 유행했을 것으로 추정된다.

---

80) 裵輝軍,「遼寧昌圖縣發現戰國漢代青銅器及鐵器」,『考古』1989年 4期.
81) 撫順市博物館考古對,「撫順地區早晚兩類青銅文化遺存」,『文物』1983年 9期, 그림 9: 1.
82) 許玉林 等,「丹東地區出土的青銅短劍」,『考古』1984年 8期, 그림 1: 2, 3.
83) 王成生,「遼河流域及隣近地區短鋋曲刃劍研究」,『遼寧省考古博物館學會成立大會會刊』1981, 그림 2: 5.

3.

「초론」에서 다룬 동검 손잡이[劍柄]와 가중기(加重器) 유형에 대한 분석은 지나치게 엉성했던 것 같다. 당시 발표된 관련 자료가 지극히 제한적인데다가, 필자가 직접 확인한 것도 그다지 많지 않았기 때문이다. 심지어 일부 손잡이 유형에 대한 묘사에서 잘못된 기술도 있었다. 예를 들면, B Ⅳ와 B Ⅴ식 손잡이는 '반(盤)'에서 '대(臺)' 형태로 변화된다고 했다. 이것은 실물을 직접 확인하지 못한 데서 비롯된 잘못이다. 근풍의(靳楓毅)는 실제로 대량의 샘플을 직접 관찰하고 측정하여 새로운 자료를 발표함으로써, 이 분야 연구의 발전에 큰 기여를 한 바 있다.

지금 와서 돌이켜 보면, 필자의 앞선 연구에서 제시한 손잡이 유형 분류에는 큰 오류가 있었다. 즉 손잡이 끝머리 부분의 반저(盤底)가 평평하고 곧은 것에서 점차 양측이 아래로 드리우게 되며, 위에서 내려다본 형태도 아라비아숫자 8자 모양에서 마름모꼴로 변화된다고 보았던 것이다. 사실 샘플을 실제로 분석해보면, 반저(盤底)가 평평하고 곧으면서, 위에서 내려다본 형태가 마름모꼴인 것과, 양측이 아래로 드리운 형태를 띠면서, 위에서 내려다본 형태가 8자 모양인 것도 확인되고 있다. 특히, 근풍의(靳楓毅)는 조양(朝陽) 목두구(木頭溝) M1에서 출토된 동검에 주목했다. 이 동검은 동(銅)과 목재(木材)가 복합적으로 사용된 손잡이가 달렸고,[85] 검신은 A Ⅰ식이다. 베개모양(枕狀) 가중기 역시 초기 형식이나, 손잡이 끝머리를 위에서 내려다보면 타원형이다. 필자의 초기 연구에서는 적은 양의 샘플을 가지고 분석하여 위에서 내려다본 손잡이 끝머리 형태가 아라비아숫자 8자 모양에서 마름모꼴로 변한다고 보았는데, 이는 잘못된 판단이다. 지금 확보하고 있는 자료에 따르면 타원형, 마름모꼴, 8자 모양 등이 있다. 손잡이 끝머리 형태 변화는 시기(?시대)와는 상관없으며, 병존했던 형식으로 이해할 수 있다.

---

84) 四平地區博物館 等,「吉林省梨樹縣二龍湖古城址調査間報」,『考古』1988年 6期.
85) 靳楓毅,「論中國東北地區含曲刃青銅短劍的文化遺存」,『考古學報』1982年 4期, 1983年 1期, 그림 17: 左2.

근풍의(靳楓毅)는 동검 손잡이의 유형을 여덟 가지 유형으로 분류했다. 하지만 이러한 분류법에도 문제점들은 여전히 존재하는 것 같다. 이들 여덟 가지 유형으로는 기존의 모든 동검 손잡이 형태를 포괄적으로 다룰 수 없다. 뿐만 아니라, 손잡이 형태의 흐름에 대해서도 자세히 짚을 수 없다.

또한 근풍의(靳楓毅)는 동검 손잡이 변화의 흐름에 대해 다음과 같이 귀결했었다. 우선은 내려다 본 반(盤)의 형태가 잘록(束腰)한 것에서, 점차 파인 부분의 곡선이 점차 완만해지다가, 완전히 사라져 마름모꼴 모양으로 변한다고 보았다. 이것은 필자와 똑같은 오류를 범한 셈이다. 다음 네 가지는 1) 측면 형태는 반저(盤底) 양측이 위로 쳐들린 형태에서 평평하고 곧은 형태로 바뀌었다가, 다시 아래로 늘어진 형태로 변형된다고 보았다. 2) 손잡이 길이 대 반저(盤底) 길이의 비율이 점차 커진다고 보았다. 측정결과 0.8에서 1보다 크게 변화되었다. 3) 문식문양이 단순화되었다. 4) 손잡이 중앙의 돌절(突節)이 후기에 이르면 점차 퇴화되어 나타나는 경향이 있다.

필자의 판단으로는, 위의 네 가지 변화 경향은 대체적으로 정확한 지적인 것 같다. 단 짚고 넘어가야 부분은, 그가 서황산둔(西荒山屯)에서 출토된 동검 손잡이를 가장 늦은 시기의 형태로 분류하고 있다는 점이다. 이것은 잘못된 판단일 가능성이 많다. 서황산둔(西荒山屯)에서 출토된 동검은 짧고 넓은 DⅠ식 검신으로, D형 검신 중 비교적 이른 시기의 것이다. 쌍료(雙遼) 길상둔(吉祥屯)에서 출토된 좁고 긴 DⅠ식 검신 및 창도(昌圖) 적가촌(翟家村)에서 출토된 DⅡ 검신은 모두 서황산둔(西荒山屯)의 것보다 후대의 것이다. 길상둔(吉祥屯)과 적가촌(翟家村)에서 출토된 동검의 손잡이는 동일한 형태인데, 반(盤)의 변두리가 비교적 깊고, 사다리모양을 하고 있다. 이런 형태의 동검 손잡이야말로 가장 늦은 시기의 것으로 판단된다.

현재 확보하고 있는 자료를 토대로 동북계 동검이 손잡이 유형을 다음과 같은 몇 가지로 나누어 볼 수 있다. A형: 동제(銅製)가 아닌(목제와 혼합재료 포함) 손잡이다. AB형: 동과 목재가 혼합된 손잡이다. B형: 검신과 분리된 형태의 손잡이다. C형: 검신과 연결된 형태로 주조된 동제 손잡이다.

B형 손잡이에 대해 다시 다음과 같이 두 가지 형식으로 세분해 볼 수 있다. 즉 위에서 내려다 본 형태가 8자 모양인 것을 Ba형으로, 타원-마름모꼴 모양인 것을 Bb형으로 구분하려는 것이다. 이들 두 세부 형태를 다시 네 가지 식으로 나눠볼 수 있다. Ⅰ식: 반저(盤底)의 양측이 위로 치켜 있다. Ⅱ식 : 반저(盤底)가 평평하고 곧다. Ⅲ식: 반저(盤底)의 양측이 아래로 늘어져 있다. Ⅳ식: 반저(盤底)의 양측이 아래로 늘어져 있으며, 변두리가 깊고, 사다리모양을 하고 있다.

그렇다면 아래 이상의 분류법에 따라 Ba Ⅰ, Ba Ⅱ, Ba Ⅲ, Bb Ⅰ, Bb Ⅱ, Bb Ⅲ, Bb Ⅳ 이 일곱 가지 유형에 상응하는 예를 표로 정리해보도록 하겠다.

【表2】

型式	샘플 출처	劍身	加重器	자료출처
Ba Ⅰ	京都大學 文學部博物館 No.3396	無	尖底枕狀	86)
	沈陽 鄭家洼子 第1地點	B	無	87)
	錦西 寺兒堡	B	尖底枕狀	88)
Ba Ⅱ	客左 南洞溝	AⅡ	平底枕狀	89)
	北票 何家溝 M7771	AⅡ	尖底枕狀	90)
	凌源 何湯溝 M7401	無	平底枕狀	91)
Ba Ⅲ	旅大 樓上 M1	B	平底枕狀	92)
	長海 上馬石 M3	AⅡ	平底枕狀	93)
	樺甸 西荒山屯	DⅠ	雙乳	94)
Bb Ⅰ	프랑스인 비네(比奈氏) 소장	無	無	95)
Bb Ⅱ	建平 十二家子	無	無	96)
Bb Ⅲ	京都大學((傳)撫順 출토)	B	無	97)
	旅大 官屯子 '聖周墓'	B	平底枕狀	98)
	海城 大屯	B	無	99)
	北票 楊樹溝	無	四乳	100)
Bb Ⅳ	法庫 尚志水庫	無	雙乳	101)
	雙遼 吉祥屯	DⅠ	多乳	102)
	昌圖 翟家村	DⅡ	多乳	103)

이제 이어지는 발굴조사를 통해 Ba Ⅳ식 동검 손잡이가 새롭게 발견될지 여부는 아주 흥미롭다. Ⅰ식이 Ⅱ식보다 이른 시기의 것인지 문제 또한 지속적인 연구를 통해 가려내야 할 것이다.

4.

필자는 「초론」에서 검신과 손잡이가 이어진 형태(連鑄)의 이른바 '촉각식검병(触角式劍柄)', 이를 동북계 동검의 고유한 손잡이 형태의 일종으로 보아서, C형 손잡이로 분류한 바 있다. 즉 필자는 이런 형태의 동검에 대해 "T(丁)자형 손잡이가 스키타이식의 영향을 받아 변형된 형태로 보아야지, 이것을 직접 스키타이계통으로 분류하기는 어렵다."[104]고 보았던 것이다. 이에 대해 장석영(張錫瑛)은 비판적인 입장이다.

장석영(張錫瑛)이 제시한 비판의 핵심을 다음과 같은 두 가지로 요약해 볼 수 있다. 첫째, 이 유형의 촉각식검병(触角式劍柄)과 '오르도스 청동검' 손잡이

---

86) 秋山進午, 「中國東北地方의 初期金屬文化의 樣相」, 『考古學雜誌』 53卷 4號·54卷 1, 4號, 그림 2: 1.
87) 沈陽市文物工作組, 「沈陽地區出土的靑銅短劍資料」, 『考古』 1964年 1期, 그림 1: 11.
88) 孫守道 等, 「遼寧寺兒堡等地靑銅短劍與大伙房石棺墓」, 『考古』 1964年 6期, 사진 5: 6.
89) 靳楓毅, 「論中國東北地區含曲刃靑銅短劍的文化遺存」, 『考古學報』 1982年 4期, 1983年 1期, 그림 17: 中.
90) 靳楓毅, 「朝陽地區發現的劍柄端加重器及其相關遺物」, 『考古』 1983年 2期, 그림 6: 2.
91) 靳楓毅, 「朝陽地區發現的劍柄端加重器及其相關遺物」, 『考古』 1983年 2期, 그림 7: 1.
92) 旅順博物館, 「旅順口區後牧城驛戰國墓淸理」, 『考古』 1960年 8期, 그림 3.
93) 遼寧省博物館 等, 「遼寧長海縣上馬石靑銅時代墓葬」, 『考古』 1982年 6期, 그림 6: 1, 2.
94) 吉林省文物工作隊 等, 「吉林樺甸西荒山屯靑銅短劍墓」, 『東北考古與歷史』 第1輯, 1982, 그림 6.
95) 原田淑人, 『牧羊城』 1931, 그림 34: 2.
96) 建平縣文化館 等, 「遼寧建平縣的靑銅時代墓葬及相關遺物」, 『考古』 1983年 8期, 그림 12: 3.
97) 秋山進午, 「中國東北地方의 初期金屬文化의 樣相」, 『考古學雜誌』 53卷 4號·54卷 1, 4號, 그림 4: 8.
98) 原田淑人, 『牧羊城』 1931, 그림 30.
99) 孫守道 等, 「遼寧寺兒堡等地靑銅短劍與大伙房石棺墓」, 『考古』 1964年 6期, 그림 2.
100) 靳楓毅, 「朝陽地區發現的劍柄端加重器及其相關遺物」, 『考古』 1983年 2期, 그림 10: 4.
101) 沈陽市文物工作組, 「沈陽地區出土的靑銅短劍資料」, 『考古』 1964年 1期, 사진 7: 19.
102) 顧鐵民, 『雙遼縣文物志』, p.96.
103) 裴輝軍, 「遼寧昌圖縣發現戰國漢代靑銅器及鐵器」, 『考古』 1989年 4期.
104) '스키타이식'의 이라는 표현상의 문제 때문에 본 논문에서는 '북방계'로 바꾸어 표현하고자 한다.

끝머리 부분은 유사한 특징들이 발견된다. 둘째, 검신(劍身)과 손잡이가 붙은 (連鑄) 형태의 동검은 동북계 동검의 일반 제조법과 다르다.

이 문제와 관련해, 본질적인 부분에 대한 파악이 우선이라고 생각한다. 하지만 필자 역시 촉각식검병(觸角式劍柄)이 외형상 북방계 청동검과 유사하다는 점을 부정하려는 것은 아니다. 다만 이 유형 동검의 손잡이 형태가 조립식 동검의 T(丁)자형 손잡이와 많은 부분 닮아 있어, 양자의 연관성을 부정하기 어렵다는 것이다. 1) 손잡이 끝머리 가로 길이가 자루 길이와 비슷하거나, 더 긴데,105) 이는 T(丁)자형 손잡이가 달린 동검의 형태와 일치한다. 그에 비해, 북방계 동검은 손잡이 끝머리 가로 부분이 그다지 길지 않다. 2) 손잡이 단면은 마름모꼴 혹은 타원형인데, 이 역시 정자형 동검 손잡이와 일치한다. 반면에 북방계 동검 손잡이 단면은 방형(方形)이다. 3) 손잡이가 두 마디로 되어 있는데, 이 역시 정자형 동검 손잡이와 닮아 있다. 북방계 동검 손잡이에도 마디가 있는 것이 있으나, 보편적이지 않다. 4) 호수(護手)의 형태가 정자형 동검의 것과 유사하나, 북방계 동검과는 일치하지 않는다. 5) 장식문양이 T(丁)자형 동검 손잡이의 삼엽문(杉葉紋)과 연관관계가 있으나, 북방계 동검과는 아무런 연관성도 발견되지 않는다.

그 외에도, 촉각식검병(觸角式劍柄)의 끝머리 부분은 두껍고 무겁다. T(丁)자형 동검 손잡이 끝머리 부분의 가중기(加重器)와 흡사하다. 만약 촉각식검병(觸角式劍柄)이 T(丁)자형 손잡이와 아무런 연관관계도 존재하지 않고, 단지 북방계 동검과 유사하다고만 판단할 경우에는 주의해야할 것이 있다. 그러한 형태의 손잡이가 동북계 동검의 검신에 부착되었다는 것은 결국 북방계 동검이 동북계 동검의 검신 형태를 수용했다고 밖에 해석할 수 없다. 하지만 사실상 동북계 동검 손잡이의 여러 특징들을 갖춘 손잡이가 순수 동북계 형태의 검신에 부착되어 나타나는데, 이는 결국 이 형태의 동검은 북방계의 영향을 받아 형성된 동북계 동검의 한 유형임을 의미한다.

---

105) 陳家槐,「吉林永吉烏拉街出土"觸角式劍柄"銅劍」,『考古』1984年 2期.

또한 주목할 필요가 있는 부분은 촉각식(觸角式)과 북방계동검 손잡이의 외형상 유사점은 단지 '쌍환(雙環)'이라는 대략적인 형태에서만 나타나고 있을 뿐, 양자는 기원 자체를 달리하고 있는 점이다. 후기 북방계동검의 쌍환식(雙環式) 손잡이 머리는 대개 한 쌍의 매(鷹) 머리 혹은 귀[耳]가 달린 '그리폰(Griffon)' 조형신물(鳥形神物)의 머리 모양을 단순화 시킨 형상을 하고 있다. 매나 그리폰은 초원지대에서 보편적으로 등장하는 모티프이기도 하다. 그와 달리 '촉각식검병(觸角式劍柄)'의 머리 장식은 달리 나타난다. 장석영(張錫瑛)의 연구에 따르면, "머리를 돌려 부리로 깃털을 정리하고 있는 학(鶴) 한 쌍을 대칭시켜 놓은 것"이라고 한다. 일찍이 카야모토(榧本龜生)는 평양(平壤) 인근에서 발견된 동검 손잡이 잔편(殘片)[106]에 대한 연구에서 그 형상을 기러기나 물오리와 같은 물새의 부리가 등에 닿아 있는 모습으로 해석했다. 이러한 형태는 '촉각식검병(觸角式劍柄)'의 머리 장식과 흡사하다.

1986년, 길림성(吉林省) 교하(蛟河) 신농향(新農鄉) 양리지(洋梨地) 북쪽 비탈에서 검신과 손잡이가 연주(連鑄)된 형태의 동북계 동검이 출토되었는데, 손잡이부분은 T(丁)자형 동검의 손잡이와 완전히 일치하고 있다. 손잡이의 머리 부분은 한 쌍의 '후투티(戴勝鳥/hoopoe)'가 장식되어 있는데, 머리, 목과 몸통뿐만 아니라, 다리부분까지 자세히 묘사되어 있다.[107] 이로부터 알 수 있듯이, 동북계 동검과 북방계 동검은 장식에 등장하는 모티프 자체가 서로 구별되며, 표현기법에 있어서도, 북방계 동검에서 새의 머리 부분만 등장한다. 이에 반해, 동북계 동검에서는 머리와 더불어 몸통도 함께 묘사하고 있다.

장석영(張錫瑛)이 제기한 두 번째 비판 역시 지나치게 자의적이다. 한 유형의 특징은 다양한 샘플에 대한 분석을 통해 추상적으로 종합해낸 것이다. 따라서 해당 유형 개체의 새로운 발견과 함께 그와 관련된 인식이 지속적으로 축적되고, 나아가 그 특징이 새롭게 정의 내려지기 마련이다. 그러므로 앞서 발견된 동북계 동검이 조립식이라 하여, 그 뒤 발견된 똑같은 형태의 연주(連

---

106) 榧本龜生,「靑銅柄鐵劍及靑銅制柄端飾」,『考古學』7卷 9號(日本), 그림 5.
107) 董學增,「吉林蛟河發現"對頭雙鳥首"銅劍」,『北方文物』1987年 3期.

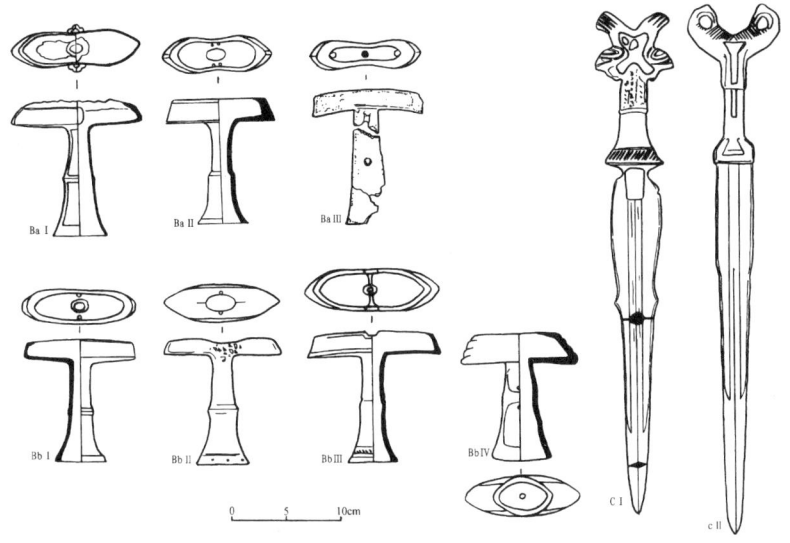

그림 6. B, C형 손잡이(劍柄) 열거
BaⅠ: 錦西 寺兒堡; BaⅡ: 北票 何家溝; BaⅢ: 樺甸 西荒山屯; BbⅠ: 프랑스인 비네(比奈氏) 소장; BbⅡ: 建平 十二家子; BbⅢ: 旅大 塱周墓; BbⅣ: 昌圖 翟家村; CⅠ: 蛟河 洋梨地; CⅡ: 永吉 烏拉街

鑄)된 동검을 다른 계열의 것으로 취급하는 것은 잘못된 생각이다. 만약 양리지에서 출토된 동검과 같은 형태의 유물이 단지 연주(連鑄)되었다는 점 하나만으로 동북계 동검이 아닌, 북방계 동검으로 분류해야 한단 말인가?

따라서 필자는 동북계 동검의 특징을 갖춘 연주(連鑄)된 형태의 동검 역시 동북계로 분류해야 한다고 본다. 이 유형 검의 손잡이를 C형 검병으로 볼 수 있다. 현재까지 발견된 C형 손잡이는 다시 두 가지 세부 형식으로 나뉜다. Ⅰ식 손잡이는 T(丁)자형 동검 손잡이와 완전히 일치하는데, 현재로서는 교하(蛟河) 양리지(洋梨地)에서 출토된 동검이 유일하게 이 형식에 속한다. 이 동검의 검신은 AⅠ식으로, 비교적 이른 시기의 것으로 추정되는데, 대개 전국시대 초기의 것일 가능성이 많다. Ⅱ식 손잡이의 일부는 단면이 6각형이다. 그중에 야마모토(山本梯二郎)가 소장하고 있는 동검의 검신은[108] DⅠ식으로, 화전(樺甸) 서황산둔(西荒山屯) M1, M6에서 출토된 동검의 검신과 흡사하다. 서황산둔(西荒山屯) M1, M3에서 CⅡ식 손잡이가 달린 검이 출토되기도 했으나, 부식이 심해 검신의 유형에 대해 판별하기 어렵다. 이들 동검의 연대는 전국시대 말기보다 이른 시기로 추정된다. 영길(永吉) 오랍가(烏拉街)에서 출토된 동검의 검신은 DII식으로 연대는 전국시대 말기에서 한(漢) 초기로 추정된다. 이 유형이 진일보 발전된 형태가 바로 서풍(西豊) 서차구(西岔溝),[109] 요동(遼東) 석역(石驛),[110] 유하(柳河) 대천안(大泉眼),[111] 길림(吉林) 양반산(兩半山)[112] 등지에서 출토된 촉각식동병철검(觸角式銅柄鐵劍)이다. 그 검신은 중원 철검과 동일하나, 손잡이는 CII식 형태를 유지하고 있다. 다만 자루가 납작하고 평평하게 변모되었는데, 대략 서한(西漢) 중기 혹은 더 늦은 시기의 것으로 추정된다. 이상 살펴본 내용을 종합해 보면, C형 손잡이의 발원지 내지는 주요 분포 지역은 길림성(吉林省) 동부의 송화강(松花江)유역으로 짐작된다.

    CII식 손잡이는 중국에서만 발견되는 것은 아니다. 일본의 비전(肥前) 동송포군(東松浦郡) 옥도촌(玉島村)에서 이미 CII식 손잡이가 발견된바 있는데, 아쉽게도 검신은 훼손이 심해 유형을 판별하기 어렵다.[113] 그 뒤, 대마도(對馬島) 삼근(三根) 지역에서도 CII 손잡이의 끝머리가 발견되기도 했다.[114] 런던의 Eumorfopoulos가 소장하고 있는 동검[115]도 중국에서 출토된 것이라고 전해졌다. 하지만 이 동검에는 하나, 검신에 두 쌍의 첨절(尖節)이 있는데, 이런 형태의 동검은 아직까지 중국 경내에서 발견된 바 없다. 이러한 형태의 동검은 한반도에서 흔히 찾아 볼 수 있는 이른바 '세형검'으로,[116] 한반도에서 출토되었을 가능성이 많으며, 그 제조 연대는 대개 전국시대 말기에서 서한(西漢)시기일 것으로 추정된다.

---

108) 楊原末治, 「支那出土の有柄銅劍」, 『人類學雜誌』 48卷 2號(日本), p.115.
109) 中國科學院考古硏究所, 『新中國的考古收穫』, 文物出版社, 1961, 그림 43: 右.
110) 劉升雁, 「東遼縣石驛公社古代墓群出土文物」, 『博物館研究』 1983年 3期, 그림 4: 1.
111) 1980년, 吉林省文物考古硏究所의 王洪峰, 張志立이 柳河縣 聖水公社 大泉眼大隊에서 觸角式銅劍柄 鐵劍 한 점을 수습.
112) 吉林市博物館 소장.
113) 高橋健自, 「銅鉾銅劍考」, 『考古學雜誌』 6卷 12號(日本), p.712, 그림 22.
114) 對馬遺跡調査會, 「長崎縣對馬調査報告」, 『考古學雜誌』 49卷 1號(日本)
115) Koop Albert J, *Early Chinese Bronzes*, London, 1924, 사진 65: B.
116) 오카우끼 미찌자네는 BII식으로 분류함

1990년 9월, 大連에서 개최된 第3屆環渤海考古學術討論會 발표문;
『考古學文化論集』4, 文物出版社, 1997年, 수록.

단결문화(團結文化)에 대한 논의

고고학자와 민족사연구자들의 공동의 염원은 발굴한 고고학 유적과 문헌 기록에 등장하는 특정 종족의 연결고리를 찾아내는 것이다. 하지만 세상에 나온 자료는 매우 단편적인 경우가 대부분이고, 그 자료들을 연구하는 방법도 매우 다양하다. 다양한 연구 방법에 따라서 제각기 다른 주장들만 난립하게 되고, 과학적인 결론에 이르지 못하는 경우가 많다.

서진(西晉)의 진수(陳壽)가 지은 『삼국지(三國志)』에는 동북아시아의 고대 민족과 관련한 기록들이 수록되어 있다. 그 중에서 동이(東夷)와 관련된 기술은 해당 민족들의 상대적인 지리상의 위치, 분포 및 문화적 특징에 대해 자세히 언급한 가장 이른 시기의 기록이라 할 수 있다. 이 문헌은 중국의 위(魏), 촉(蜀), 오(吳)의 삼국시대(三國時代)에 대해 기술하였다. 또한 중원(中原)인들이 동북지역 여러 민족과 실제 접촉을 통해 입수한 지식과 정보도 함께 있지만, 그 시기는 진(秦)과 한(漢) 사이로 제한되어 있다.

그런데 지금까지 중국의 동북지역에서 고고학 발굴을 통해 문화적 특징과 분포 범위가 밝혀진 고고학적 문화유적들의 대부분은 서한(西漢) 이전의 것들이다. 동한(東漢)에서 위진(魏晉)시기로 편년되는 유적들은 요양(遼陽)을 중심으로 한 한족(漢族)들이 남긴 유적과 더불어, 환인(桓仁), 집안(集安)을 중심으로 한 고구려족 유적을 제외하고는 넓은 지역에 산견되어 나타날 뿐이어서, 고고학적인 접근이 공백상태에 머물러 있다.

이처럼 문헌상으로 확인되는 체계적인 기술과 고고학상으로 발견된 문화유적 사이에 큰 격차가 존재하기 때문에, 어떠한 유형의 고고학유적을 어느 특정 종족의 유적으로 비정하고자 하는 시도는 항상 확실한 기준점이 결여되어 있으며, 지나치게 자의적일 수밖에 없다. 따라서 동북지역 고대 민족문제를 자세히 다루기 위해서는 동한에서 위진시기에 이르는 특정 시기 고고학유적에 대한 연구, 즉 이 시기 고고학 문화권의 구분과 그 범위를 확정하는 작업이 급선무로 대두되고 있다. 이와 관련해서 새롭게 제기되고 있는 '단결문화(團結文化)'는 그 하한이 동한 시기까지 소급되어 있으므로 마땅히 충분한 관심과 주목을 받아야 할 것이다.

역사적인 문제로 인해, 현재 '단결문화'에 대한 정의마저도 서로 다른 의견이 존재하며, 그 분포지역과 시작 연대 등에 대한 다양한 견해가 제시되고 있다. 따라서 본 논문에서는 단결문화 구분법에 관한 논의를 이어나가고자 한다. 또한 이 문화에 소속된 족속(?민족)들에 대해, 기존학설 재검토를 토대로 새로운 견해를 밝혀보고자 한다.

1

'단결문화'라는 정의는 1979년에 발표된 논문에서 처음 등장하였다.[1] 1953년 길림성(吉林省) 왕청현(汪淸縣) 백초구(百草溝) 신안려(新安閭) 유적이 첫 발견이다.[2] 신안려 유적 발굴에 참여한 왕아주(王亞洲) 등의 학자들은 이 유적을 두 문화층으로 구분했다. 이 발굴조사는 겨우 45㎡ 소규모로 진행되었다. 하지만 발표된 자료(보고서)로 봤을 때, 상층(즉 "제2문화층")에서 출토된 토기는 단결문화의 특징을 띠고 있었다. 비록 상·하층 토기의 구분에 대해 언급하고 있으나, 여전히 유적 전체를 신안려의 석관묘 유적과 '동일한 시기'이며,

---

1) 楊虎, 譚英杰, 張泰湘, 「黑龍江古代文化初論」, 『中國考古學會第一次年會論文集』, 文物出版社, 1979.
2) 王亞洲, 「吉林省汪淸縣百草溝遺址發掘簡報」, 『考古』 1961年 8期.

'동일한 마을'의 것으로 구분했다. 또한 연길(延吉) 소영자(小營子) 석관묘와도 연관시켜, 이 유적들을 모두 "동북고대 북옥저족(北沃沮族)의 문화유적"일 것으로 추정했다. 그 연대 또한 뭉뚱그려 이해하였고, 하한을 동한 초기로 편년하기도 했다.

1972년에 단결문화와 관련된 중요한 유적 2기가 새롭게 발견된다. 먼저, 그 해 봄에 길림성박물관(吉林省博物館) 주관으로 혼춘현(琿春縣) 일송정(一松亭) 유적에 대한 시굴조사를 진행하게 되었다.[3] 비록 41.1㎡에 달하는 소규모 조사였으나, 주거지 유적 1기와 완형에 가까운 토기 및 기타 유물들을 수습했다. 다만 아쉽게도 발굴조사 진행자는 왕아주와 마찬가지로 이 유적에 대해서 "왕청현 백초구 유적은 연길 소영자 유적과 흡사하다"라고 결론을 모호하게 내리고 있다.

다음으로, 그 해 가을에 이르러 흑룡강성(黑龍江省)박물관 주관으로 동녕현(東寧縣) 대성자(大城子) 유적을 두 차례에 걸쳐 165㎡ 규모로 시굴조사를 진행했다.[4] 특히 가을 발굴을 통해 거의 완정한 형태의 주거지(F2)를 발견하였으며, 이로써 일송정 유적에 비해 더욱 자세한 기초자료가 마련되었다. 하지만 발굴 당시, 조사 참여자들은 이 자료와 신안려 상층, 일송정 유적과의 유사성에 주목하지 못했던 것 같다. 당시의 관련 보도 자료에 따르면, "대성자 유적의 문화적 특징으로 보아, 중국의 목단강(牡丹江) 유역의 동강 유적과 흡사함을 발견할 수 있었다." 또한 "동강(東康) 유적은 우장(牛場), 대모단(大牡丹), 앵가령(鶯歌嶺) 상층 유적과 여러 유사한 특징들이 많이 발견되며, 따라서 우장유형문화의 후기유적으로 구분해볼 수 있다"고 했다.

1977년 흑룡강성 문물고고공작대(文物考古工作隊)와 길림대학(吉林大學) 고고학 전공자들이 공동으로 동녕현 대두천공사단결대대(肚川公社團結大隊)에 위치해 있는 단결촌(團結村)에서 총 면적이 1,300여 ㎡에 달하는 대규모 발굴 조사를 진행했다. 유적 상층부는 발해시대 퇴적층이었고, 하층부는 단결문화층으로

---

[3] 李雲鐸,「吉林琿春南團山, 一松亭遺址調査」,『文物』1973年 8期.
[4] 黑龍江省博物館,「黑龍江東寧大城子新石器時代居住址」,『考古』1979年 第1期.

확인되었다. 하층부에서 주거지 12기와 화덕유적 2기가 발견되었으며, 철기를 포함한 대량의 유물을 수습했다.[5] 이로써 이 유형의 유적은 점차 독립적인 고고학문화로 보편적으로 주목받게 되었다. 초기에는 "대성자-단결유형(大城子-團結類型)"으로 지칭되었으나,[6] 점차 "단결문화(團結文化)"로 부르게되었다. 그 뒤, 유물 조사와 구제발굴과정을 통해, 다양한 지역에서 이 유형의 문화유적이 다수 발견되기도 했다.

위에서 언급한 고고학적 발견들과 역사에 대한 인식의 차이로 인해, 현재까지 '단결문화'에 대한 개념에 대해서 각 연구자들마다 각기 다른 정의를 내렸다. 그들 중 한 부류는 도문강(圖們江) 유역의 원시문화를 모호하게 뭉뚱그려 하나의 문화로 이해한다. 그런데 이 지역에서 발굴된 단결문화와 앞선 시기의 문화 사이를 구분하는 명확한 기준을 발견할 수 없다. 다음 부류는 수분하(綏芬河) 유역의 단결문화유적과 목단강 유역의 같은 시기의 문화를 동일한 문화로 이해기도 한다. 예를 들면, 양호(楊虎) 등은 목단강 유역을 중심으로 별도로 '앵가령상층유형(鶯歌嶺上層類型)', '동강유형(東康類型)'을 설정함으로써, 단결문화와 달리 보고자 한다. 또한 왕청현 백초구 유적과 연길 소영자 유적을 단결문화의 대표적 유적으로 이해하고 있다.[7]

그 외, 양지군(楊志軍)은 "우장, 대모단, 동강, 동승(東升), 대성자, 단결 등 유적은 모두 동일한 문화유형으로 분류"되므로, 단결문화로 통칭된다고 한다.[8] 광유(匡瑜)는 단결문화를 '북옥저문화(北沃沮文化)'와 동일시하여, 우장, 목단강, 백초구 신안려 하층문화 및 신화려 묘지(新華閭墓地) 유적은 물론, 심지어 혼춘(琿春) 대육도구(大六道溝), 동녕대행촌(東寧大杏村) 등 지역의 신석기시대 유적도 이 문화권에 포함시키고 있다.[9]

---

5) 黑龍江省文物考古工作隊, 吉林大學歷史系考古學專業, 『東寧團結遺址發掘簡報』(吉林省考古學會第一次年會會議材料), 1979.
6) 黑龍江省博物館, 黑龍江省文物考古工作隊, 「黑龍江文物考古三十年主要收穫」, 『文物考古工作三十年』, 文物出版社, 1979.
7) 楊虎, 譚英杰, 張泰湘, 앞의 논문, 1979.
8) 楊志軍, 「牡丹江地區原始文化試論」, 『黑龍江文物叢從刊』 1982年 第3期.
9) 匡瑜, 「戰國至兩漢的北沃沮文化」, 『黑龍江文物叢從刊』 1982年 第1期.

따라서 '단결문화'에 대한 개념을 정의하거나 그 구분 기준을 마련하기 위해서는 구체적인 자료를 분석하는 것뿐만 아니라, 고고학적 문화 구분 이론이 전제되어야 한다. 따라서 그에 대한 자세한 논의가 필요하다.

2

도문강 유역의 원시문화 유형에 대해, 동주신(佟柱臣) 선생의 선행연구에서는 "연길 소영자를 대표로 하는 묘장(墓葬) 형식" 및 "왕청 백초구를 대표로 하는 묘장과 유적" 등 두 가지로 구분해 볼 수 있다고 했다.[10] 그는 전자의 연대가 후자에 비해 앞서고 있다는 점을 강조하였다. 그는 비록 백초구 신안려 상·하층과 신화려묘지를 동일 유형으로 구분하기는 했으나, 신안려 상층과 하층에서 발견된 토기, 골기(骨器)와 석기(石器) 등의 유물에 나타난 차이에 대해 집중 분석했다. 하지만 후대 학자들은 이러한 구체적인 사항에 대한 연구에는 주목하지 않은 채, 단지 백초구 묘장과 주거지를 동일 문화유적으로 구분했다는 내용만 수용하게 된다. 따라서 그 뒤 많은 연구와 문헌들에서 모두 신안려 상·하층 및 신화려 묘지문화에 대해 구별 없이 '백초구유지(百草溝遺址)'로 통칭하게 된다.

사실상, 그 이후의 고고학 발견으로 봤을 때, 신화려 묘지와 신안려 하층 문화는 연길 유정동(柳庭洞) 유적,[11] 연길 금곡(金谷) 묘지,[12] 왕청(汪淸) 금성(金城) 묘지[13]에 나타난 문화적 양상과 일치하고 있다. 토기로는 오직 원통형 관(罐), 분(盆), 완(碗), 배(杯) 등 단순한 형태의 기물들만 발견되었다. 일부 유물에서만 돌출된 귀[耳] 혹은 한쪽 귀[偏耳]가 나타나고 있으며, 일부 완에는 권족(圈足)이 달려 있는데, 권족이 높은 것을 두(豆)로 분류하기도 한다. 극히 일부

---

10) 佟柱臣, 「東北原始文化的分布與分期」, 『考古』 1961年 10期.
11) 延邊博物館, 「吉林延吉柳庭洞發現的原始文化遺存」, 『考古』 1983年 10期.
12) 延邊博物館, 「延吉德新金谷古墓葬淸理簡報」, 『東北考古與歷史』 第一輯, 1982.
13) 劉法祥, 何明, 『金城墓葬發掘簡報』(吉林省考古學會第二次年會會議材料), 1980.

유물의 구연부(口沿部)만이 조금 굽어있을 뿐이다.(그림1)

　신안려 상층은 혼춘(琿春) 일송정 유적, 혼춘 원교사진수학교원내(原教師進修學校院內) 유적,14) 연길 대소(大蘇) 유적,15) 연길전와창(延吉磚瓦廠) 유적16)의 문화적 특성과 일치하고 있다. 손잡이가 달린 원통형 대옹(大甕), 고족두(高足豆), 증(甑) 등 복잡한 형태의 기물이 출토되었는데, 앞 유형 유물과 큰 차이를 보이고 있다.(그림4)

　또한 유정동(柳庭洞) F1 구역 내에서 발견된 목탄을 ^{14}C 탄소측정연대는 서기전 1405±155년으로 판명되었다. 금곡석관묘(金谷石棺墓) 내에서 발견된 부식된 목재의 ^{14}C 탄소측정연대는 서기전 1545±200년으로 밝혀졌다.17) 이것은 대략 중국의 상대(商代 : 서기전 1600?~서기전 1200년 전)에 해당한다. 또한 대소 유적 주거지에서 출토된 목탄의 ^{14}C 측정연대는 서기 전 340±80로, 대개 전국시대(戰國時代)에 해당한다.

　위의 두 유형 유적의 편년에 큰 차이가 존재하는 만큼, '백초구유지(百草溝遺址)'라는 모호한 개념범주로 뭉뚱그려 동일 문화유형으로 구분하는 것은 바람직하지 않다. 그러므로 신안려 상층 및 동일 문화유형은 '단결문화'로 분류되어야 마땅하다. 그리고 신안려 하층 및 신화려 묘지 유형의 유적에서 출토된 토기군은 단결문화의 것과 확연히 구분되므로, 별개의 고고문화 유형으로 보아야 할 것이다. 다만 아직은 그 분포지역을 단정하기 어려우므로, 현재로서는 잠정적으로 '유정동유형(柳庭洞類型)'으로 명명하고자 한다.

　신안려 지층형태와 앞에서 언급했던 ^{14}C 연대측정수치로 미루어 보면, 유정동 유형 문화는 연변(延邊)지역에 위치한 단결문화보다 앞선 시기의 문화형태임을 짐작할 수 있다. 왕아주는 앞선 연구에서 신화려 묘지에서 수습한 쌍량동구(雙梁銅扣)와 철기(鐵器)를 석관(石棺)에서 출토된 다른 유물과 함께 뭉뚱그려

---

14) A. 鄭永振,「琿春鎭內發見一處原始社會遺址」,『延邊文物資料匯編』, 1983;
　　B. 李正風,「琿春原始文化遺址中出土一件鐵钁」,『延邊文物資料匯編』1983.
15) 朴龍淵, 嚴長祿,「延邊歷史沿革和遺迹槪述」,『延邊文物資料匯編』, 1983.
16) 楊再林,「淺談延吉市近郊原始文化」,『延邊文物資料匯編』, 1983.
17) 본 논문에서 인용하고 있는 모든 ^{14}C 연대측정수치는 모두『中國考古學中碳十四年代數據集)』의 목재 연륜 측정연대 대조 수정치를 기준으로 삼았다.

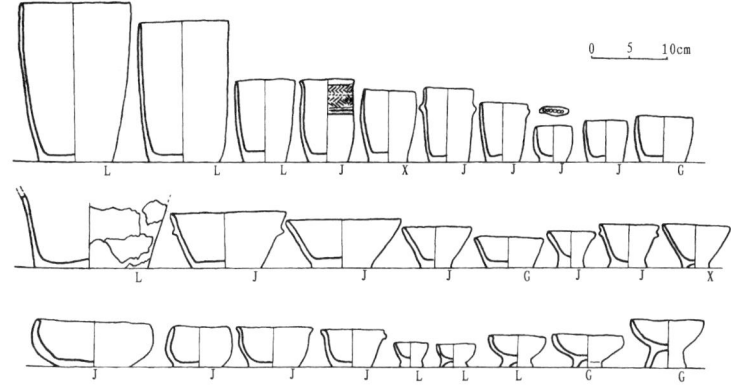

그림 1. 유정동유형(柳庭洞類型) 토기
L. 유정동(柳庭洞) X. 신안려(新安閭) 하층 J. 금성묘지(金城墓地) G. 금곡묘지(金谷墓地)

발표하였다. 그것으로 인해 유정동 유형 문화권에서 철기시대로 진입한 시기는 한대 이후가 아니라는 착각을 주고 있다. 그리고 그는 쌍량동구를 한대의 유물로 추정하고 있고, 필자도 그 견해에 공감하고 있다. 다만 그 뒤에 유정동 유형 석관묘에서는 그와 유사한 형태의 동구가 발견되지 않았을 뿐만 아니라, 철기 또한 나타나지 않는다. 따라서 석관묘에서 수습한 유물이 아닌 쌍량동구와 철기를 유정동 유형 문화유물로 구분해야할 근거가 없다. 단, 금곡 M2, 금성 80 M20에서 모두 원형 단량동구(單梁銅扣)가 나왔고, 금곡 M1에서 동제(銅製) 장식구 잔편(殘片)이 수습되었으므로, 유정동 유형 문화는 이미 청동기시대에 진입해 있었음을 알 수 있다.

동주신 선생은 연길 소영자 묘장에 관해서, 이미 신화려 무덤보다 이른 시기의 것으로 결론 내린 바 있다. 소영자 유적 부장품의 특징은 흑요석기(黑曜石器)의 수가 많고, 감석인골단검(嵌石刃骨短劍)과 소량의 마광홍의(磨光紅衣) 토기가 발견되고 있다는 점이다.[18] 현재까지 연변지역에서 이와 동일한 문화유적이 아직 발견된 바 없다.

북한의 함경북도 웅기 굴포리(雄基屈浦里)의 서포항(西浦項), 무산(茂山)의 호곡동(虎谷洞), 회녕(會寧)의 오동(五洞) 등의 유적에 관한 연구가 있다. 그 연구

---

18) 藤田亮策, 『延吉小營子遺迹調查報告』, 1942.

에 따르면, 신석기시대 후기로 편년되는 서포항 제5기 및 호곡동 제1기 문화 유적에서 흑요석기가 아주 발달된 모습을 보이고 있다고 한다. 하지만 청동기시대 초기의 서포항 제6기와 오동 1기에서도 여전히 대량의 흑요석기가 발견되고 있으나, 앞선 시기에 비해 뚜렷한 감소세를 보이고 있다.(서포항제6기 유적에서는 소영자 유적에서 발굴된 것과 동일 유형의 감석인골단검이 발견되고 있다.) 호곡동 2기 유적에서는 흑요석기가 크게 감소되어 나타나는데, 흑요석 화살촉(黑曜石鏃)은 판암족(板巖鏃)의 절반 정도이다. 호곡동 3기와 오동 2기에 이르러, 흑요석기물의 양은 아주 적게 나타난다. 신석기 후기부터 유행하기 시작한 마광홍의 토기는 호곡동 3기 및 오동 2기에 이르러 사라진다.[19]

소영자 유적 A구역의 52기 무덤에서 흑요석기 300여 점이 수습되었다. 그 중, 흑요석촉이 20점 이상 발견된 무덤으로는 M13, M22, M35, M41, M48 등이 있다. M13 무덤은 사실상 두 기의 고분이며, 이 유적에서 흑요석 창[矛] 3점, 화살촉[鏃] 67점, 돌조각[石片] 22점이 수습되었다. 하지만, 신화려 묘지의 고분 수는 왕아주가 발굴·정리한 12기보다 훨씬 많을 것으로 추정되며, 수습 유물들 중 흑요석기는 고작 20점에 불과하다.(그중 15점은 2차 가공을 거치지 않은 석편상태로 수습되었다.)

금곡 묘지의 14기 고분 중, M4와 M12 두 무덤에서만 흑요석기 한 점씩 발견되었다. 금성 묘지의 33기 고분에서는 흑요석기가 발견된 것이 없다. 또한 이상의 세 고분군에서는 홍의(紅衣)토기가 나타나지 않고 있다. 비록 소영자에서 수습된 토기 무늬가 발표되지 않아서, 홍의토기 외에 어떤 형태의 토기들이 나타나고 있는지에 대해 자세히 확인할 수는 없다. 따라서 유정동유형의 토기와 어떠한 차이가 있는지 정확히 알 수 없다. 하지만 적어도 단정할 수 있는 부분은, 소영자 유적은 유정동유형의 여러 묘지와 유적들에 비해 시기가 앞서고 있다는 점 및 단결문화와 동류로 구분할 수도 없다는 점이다.

앞선 연구에서는 연변지역의 소영자부터 일송정 유적에 이르는 일련의 원

---

19) 朝鮮民主主義人民共和國 社會科學院 考古研究所, 『朝鮮考古學槪要』(李雲鐸 번역본, 1983), 黑龍江省文物出版編輯室.

시문화유적을 모두 동일 고고문화권으로 이해하는 경우가 많았다. 이들 유적에서 발견된 창[矛], 화살촉[鏃], 도끼[斧] 등 마제석기 중 일부 샘플이 유사한 형태를 띠고 있다는 점을 근거로 들고 있다. 하지만 사실상 고고학 유물 중 석기의 종류와 형태의 변화는 토기의 변화보다 훨씬 느릴 뿐더러, 지역적 차별성도 뚜렷하게 드러나지 않는다. 일부 특정 형태의 석기는 다양한 지역과 시대에 걸쳐 폭 넓게 나타나고 있다. 중원지역을 예를 들면, 돌낫, 돌도끼나 돌대패 등을 근거로 단순히 분류한다면, 용산문화(龍山文化)에서 주대(周代)에 이르는 다양한 고고문화 시대를 혼동할 수밖에 없게 된다.

　물론 문화유적 분기와 편년에 있어 석기가 중요한 근거가 되고 있다는 점을 부정하려는 것은 아니다. 하지만 적어도 어떠한 특정(혹은 몇 가지) 유형 석기의 유무를 고고학 문화권 구분의 절대적 기준으로 삼을 수 없으며, 그러한 석기의 세부적 차별성을 주의 깊게 살펴야 할 것이다. 또한 여타 종류의 석기에 대해서도 포괄적으로 검토해야 하며, 석기와 기타 유물들 사이의 상관관계상의 특징에 주목해야 할 필요가 있다. 예를 들면, 연변지역의 소영자, 신안려 하층 및 일송정 유적에서 모두 접합부가 특이한 형태의 돌창이 발견되었다. 비록 현재까지 수습된 유물의 양도 많지 않을 뿐만 아니라, 자세한 연구가 이루어지지 않은 상태이다. 따라서 아직 이들 유물의 세부적인 차이가 분류학적으로 어떤 의미가 있는지 확단하기 어렵다. 다만 적어도 주목해야 할 점이 몇 가지 있다. 소영자묘지에서 이러한 접합부가 특이한 형태의 돌창은 대량의 흑요석 타제 돌창과 뼈창[骨矛]과 함께 타나나고 있다. 이에 반해, 신안려 하층 및 유정동 유형의 기타 유적, 묘지에서도 이러한 접합부[鋌部]가 특이한 형태의 돌창이 비교적 보편적으로 나타나고 있으나, 흑요석제 돌창은 단 한 점도 발견되지 않았다. 그리고 신안려 하층유적에서는 뼈 창 한 점만 발견되었다. 일송정 및 기타 단결문화유적에서는 뼈창이 전혀 나타나고 있지 않으며, 마제 돌창 또한 지극히 드물게 발견된다.

　주변의 여타 문화적 요소들, 특히 앞서 언급한 토기상의 차별성과 연관시켜 보면, 외견상으로만 유사해 보이는 유정석모(有鋌石矛)들은 사실상 서로 다른 문화그룹에 소속된 것들로 이해된다. 따라서 단순히 한 가지 혹은 몇 가지 유사한 형태를 띠고 있는 석기만을 근거로 삼아서 연변지역에서 천여 년에 걸쳐 다양하게 존재해온 문화를 하나의 문화유형으로 통합해 이해하는 것은 바람직하지 않다.

3

　대성자 유적을 발굴하면서 수분하(綏芬河) 유역의 단결문화 유적을 모단강 유역의 앵가령 상층, 우장, 대모단, 동강, 동승 등 유적과 동일문화권으로 분류하였다고 볼 수 있다. 이것은 당시 흑룡강성 경내에서 발견된 여러 유적들 중에, 모단강 유역의 문화유적 형태가 대성자 유적과 근접해 있기 때문이었다. 이곳에서 발견된 것의 특징은 수제(手製) 소면(素面) 갈색토기와 생산도구 및 마제석기에 집중적으로 나타나고 있다. 이것은 각 지역이 서로 근접하고 있기 때문에 한층 더 유사한 면이 많이 드러나는 것이라고 볼 수 있다.

　하지만 중국 동북 지역과 및 그 인근 지역에서 소면수제조갈(素面手製粗褐)토기와 마제석기는 신석기시대 후기에서 청동기, 철기시대 초기에 이르기까지 오랜 기간 동안 지속되었고, 넓은 지역에 걸쳐 다양하게 존재해 온 문화적 양대 문화요소라 할 수 있다. 잘 알려져 있듯이, 서단산문화(西團山文化)와 유정동 유형 문화는 이 두 가지 특징이 모두 나타나고 있다. 최근 흑룡강성 합강(合江)지역에 대한 조사과정에서 역시 이 두 가지 특징을 띤 원시문화유적이 발견된 바 있다.[20] 그러므로 이 두 가지 문화요소의 유무는 고고학 문화권 구분의 절대적 기준이 될 수 없다. 따라서 토기와 마제석기의 구체적 종류와 형태 및 그 상관관계에 대한 자세한 비교 검토가 선행되어야 한다.

　목단강 유역 앵가령 상층 F1 유구에서 수습한 목탄과 자작나무껍질에 대해서 ^{14}C 연대 측정한 결과 각각 서기전 1240±155년과 서기전 1190±145년이었다. 이것은 대략 상(商)나라 말기에서 주(周)나라 초기에 해당되는 시기의 것으로 밝혀졌다. 앵가령 상층에서 발견된 토기들로는 소면토기 외에, 불규칙 빗금무늬(劃紋) 토기 및 빗금무늬가 서로 엇갈려 나타난 네모무늬(大方格紋) 토기가 있다. 또한 항아리의 아가리(口緣部)가 쐐기모양(齒狀)의 장식 띠(花邊)가 있는 경우가 많다. 석기로는 마제석기 외에, 흑요석 타제석기가 많이 나타나고 있으며,[21] 시기적으로나 문화적 특성상으로나 모두 단결, 대성자의 것과 큰 차이를 보이고 있다. 양호(楊虎)와 다른 연구자들은 이를 별도로 '앵가령상층유형(鶯歌嶺上層類型)'으로 구분하고 있고, 필자 역시 이것에 충분히 공감하는 바이다. 1958년에 발굴 조사한 우장 유적[22]과 1960년에 발굴 조사한 대모단 유적[23]은 당시 조사기법상의 한계 때문에 서로 다른 시기의 유물들로 뭉뚱그려 다루었을 가능성이 많다. 일부 유물은 아마 앵가령상층유형일 가능성이 있으나, 다른 일부는 훨씬 후대의 것일 가능성이 많은데, 그에 대해 일일이 확인하기는 어렵다.

일목요연한 논지 전개를 위해, 본 논문에서는 1964년과 1973년에 진행된 동강유지에 대한 두 차례 발굴조사와,[24] 1972년의 동승유적 발굴조사[25] 결과를 주요 연구대상으로 하고 편의상 '동강조(東康組)'로 부른다. 이것과 단결 하층 및 대성자유적 자료를 '단결조(團結組)'로 부르며 양자가 동일 고고학 문화유적으로 분류될 수 없는 이유에 대해 설명해보고자 한다.

'동강조'와 '단결조' 토기의 유형과 형식상의 유사점은 다음과 같다.

첫째, 원통식 관(罐), 완(碗), 배(杯)가 나왔다는 점이다. 둘째, 일부 토기에서 젖꼭지형(乳突狀)의 귀[耳]가 발견된다는 점이다.

'동강조'와 '단결조'의 차이점은 '단결조' 유적에서 보편적으로 나타나는

---

20) 雙鴨山市文物管理站,「雙鴨山市部分地區考古調査」,『黑龍江文物叢刊』1982年 2期.
21) 黑龍江省文物考古工作隊,「黑龍江寧安縣鶯歌嶺遺址」,『考古』1981年 6期.
22) 黑龍江省博物館,「黑龍江寧安牛場新石器時代遺物淸理」,『考古』1960年 4期.
23) 黑龍江省博物館,「黑龍江寧安大牡丹屯發掘報告」,『考古』1961年 10期.
24) A. 黑龍江省博物館,「東康原始社會遺址發掘報告」,『考古』1975年 3期;
    B. 黑龍江省博物館考古部, 哈爾濱師範大學歷史系,「寧安縣東康遺址第二次發掘報告」,『黑龍江文物叢刊』1983年 3期.
25) 寧安縣文物管理所,「黑龍江省寧安縣東升新石器時代遺址調査」,『考古』1977年 3期.

절연(折沿) 혹은 짧은목에 바닥이 평평한 대형 옹기(甕器)는 '동강조' 유적에서 거의 발견되지 않고 있다. '단결조' 유적에서 아주 발달된 양상을 보이고 있는 두(豆) 역시 '동강조' 유적에서는 드물다. 또한 '단결조' 유적에서 발견되는 시루 역시 동강과 동승유적에서는 발견된 바 없으며, 대모단 유적에서 단 한 점이 수습됐을 뿐이다.(각주 8, 양지군 논문의 그림3: 5를 참조)

'동강조' 유적에서 발견되고 있는 타원형 발(鉢)[우장, 대모단 유적에서도 확인되고 있음]과 소구단경관(小口短頸罐)은 '단결조' 유적에 나타나지 않았다. 뿐만 아니라 '단결조' 유적의 옹(甕)과 관은 대개 바닥이 아가리부분보다 좁은 형태를 띠고 있다. 높이가 70cm에 달하는 대형 옹기라 할지라도, 기저부 직경은 겨우 20cm에 불과하다. 그에 비해, '동강조' 유적에서 발견된 관은 아가리부분이 작으며, 바닥이 넓다. 대형 토기의 경우에 기저부 직경이 30cm 이상에 달하는 것도 있다. '단결조' 유적 유물에서 자주 등장하는 원주형(圓柱形) 귀는 '동강조' 유적 유물에서는 발달되어 있지 않다. 따라서 두 유형의 유적에서 발견된 토기는 사실상 큰 차이가 있다고 봐야 할 것이다.(그림2, 그림4 참조)

'동강조'와 '단결조' 유적의 마제석기는 유사한 형태를 띠고 있다고 볼 수 있다. 그러나 돌칼에 나타난 특징은 매우 다르다. '동강조' 유적에서는 철호인(凸弧刃)이 많이 등장하고, 두 개 혹은 그 이상의 구멍이 뚫려 있다. 대모단 유적에서 수습된 돌칼 역시 마찬가지이다. 그리고 서단산문화 유적에서 나타나는 돌칼의 형태와 흡사하다. '단결조' 유적의 돌칼은 직인(直刃) 혹은 요호인(凹弧刃) 형태가 많다. 구멍이 하나만 있거나, 아예 없기도 하다. 유정동유형 유적에서 자주 등장하는 석도형태와 닮아 있다.(그림3)

그 외에도, 예를 들면, '동강조' 유적의 골기는 '단결조' 유적의 것에 비해 발달되어 있다는 점이 확연히 드러날 뿐더러, 특이한 형태의 골구(骨鉤) 혹은 '골망기(骨罔器)'[대모단 유적에서도 발견됨]가 발견되고 있다. '단결조'의 주거지 유적에는 난방용 '화장(火墻)'이 있으나, '동강조' 유적에서는 찾아볼 수 없다. 이점도 양자 사이의 뚜렷한 구별점이라 할 수 있다.

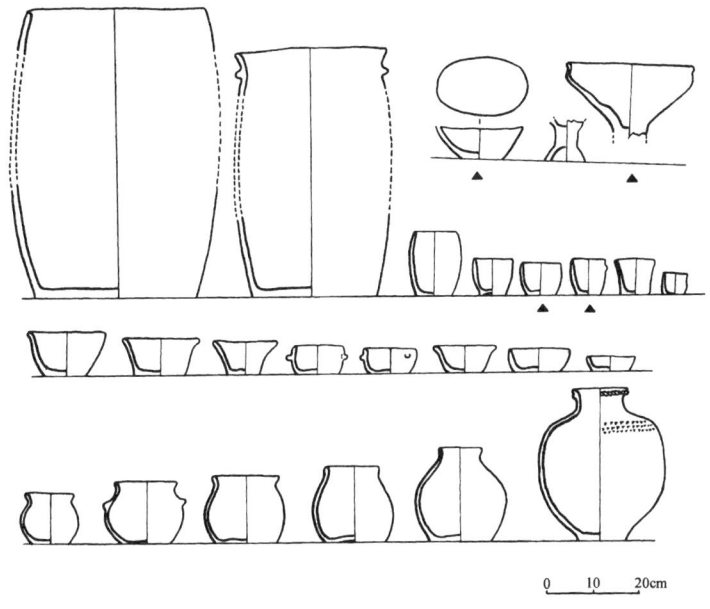

그림 2. 동강유형(東康類型) 토기
(동승(東升)유적에서 수습한 유물은 '▲' 기호로 별도 표기, 그 외는 모두 동강(東康)유적에서 출토)

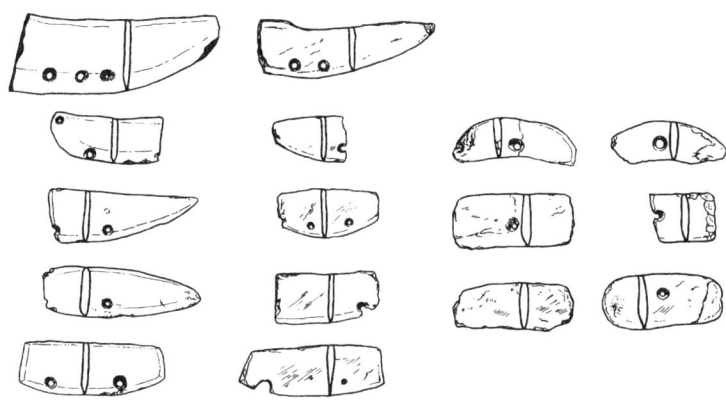

그림 3. '동강조'와 '단결조' 유적 돌 칼 비교
왼쪽 첫째 줄 : 동강 출토; 왼쪽 둘째 줄: 동승(1~3), 대모단(4~5) 출토; 오른쪽 첫째 줄: 단결 출토; 오른쪽 둘째 줄: 대성자 출토.

'동강조'와 '단결조' 유적을 동일 고고문화권으로 구분하고자 하는 연구자들도 역시 이런 차이에 대해 전혀 주목하지 못했던 것은 아니다. 일부 학자들은 그 차이를 동일 문화권의 시대별 발전과 연관시켜 이해하고자 한다. 앞서 발표한 동강유적의 ^{14}C 연대측정 결과 255±85년[26](나이테 측정연대를 참조한 교정치는 315±95년)으로 밝혀졌다. 이것은 단결문화 유적에 대한 ^{14}C 측정연대보다 훨씬 후대이다.(이것은 뒤에서 자세히 언급할 부분이다.) 동강 유적의 ^{14}C 측정연대는 F2유구의 질그릇[陶甕]에서 나온 '조와 기장[속직(粟稷)]'을 샘플로 측정한 수치인데, 곡물과 목탄의 탄소동위원소 구성이 서로 다르다. 따라서 반드시 조정을 거친 다음에야 목재나 목탄을 샘플로 측정한 수치와 비교할 수 있다. 동강 유적에서 출토된 샘플로 연대를 측정하고 δ13 교정을 거쳐 서기전 70±105년이었다. 이것은 단결문화의 F1 주거지유적에서 채취한 목탄의 ^{14}C 연대측정치에 근접하고 있다. 또한 앞서 살펴봤듯이 두 문화유적 사이의 차이는 동일문화의 변화발전으로 해석하기 어려운 부분이 있다. 비록 '동강조' 유적에서 역시 철기(鐵器)가 발견되었다고는 하지만 토기 기물 형태가 비교적 단순하고, 골기가 발달된 것을 볼 수 있다. 오히려 '동강조'가 '단결조' 유적에 비해 더 원시적인 양상을 띠고 있다.

양지군(楊志軍) 선생 역시 '동강조'와 '단결조' 유적의 차별성에 주목하였다. 하지만 그럼에도 불구하고 양자를 동일 '단결문화' 내의 목단강유형과 수분하유형으로 구분하였다. 물론 '동강조'와 '단결조' 유적 사이에는 공유하는 특징들이 일부 나타나고 있다. 그러나 과연 얼마만큼의 유사성이 인정되어야 동일 고고문화권으로 구분할 수 있는가에 대해서는 명확한 구분기준을 마련하기 어려운 것도 사실이다. 그렇다면 고고학 유적에 대한 분류 개념으로 "고고학문화권" 구분을 정의하면 다음과 같다. 고고문화란 "일정한 시기, 일정한 지역에 분포되어 있으며, 서로 동일한 문화적 특징을 가지고 있는 유적군을 지칭한다."라고 정의한다.

'시기'와 '지역'에 대한 범위 및 '문화적 특징'에 포함되어 있는 문화적 요소를 판단하는 기준의 폭이 넓은 것은 사실이다. 따라서 현재 중국 학계에서

---

26) 中國科學院考古硏究所實驗室,「放射性炭素測定年代報告」3, 『考古』1974年 5期.

명명한 '고고학문화권 구분'의 기준에는 큰 차이가 존재하고 있다. 그렇지만 초기 연구에서는 문화권 구분과 명명 기준이 모호하고 대략적인데 비해, 최근에는 비교적 자세한 기준이 마련되고 있다.

'유형' 역시 일종의 고고학 유적에 대한 분류개념이다. 중국 고고학 발전사상, 사실상 '유형'은 지나치게 모호한 문화권역 구분법에 대한 보완 차원에서 도입되었다고 할 수 있다. 예를 들면, 앙소문화(仰韶文化)를 반파유형(半坡類型)과 묘저구유형(廟底溝類型)으로 나눌 수 있다. 여기서 '유형'은 '문화'의 하위범주라 할 수 있다. 하지만 만약 원류의 '문화'권이 새롭게 분류되고 학계의 공인을 이끌어낼 경우, 그 하위의 '유형'은 새롭게 독자적 성격이 부여되어 '문화'로 승격될 수도 있다. 예를 들면, 반파유형에서 반파문화(半坡文化)로 개칭될 수도 있다. 때로는 기원이 되는 문화가 세분화되기도 하는데, 예를 들면, 용산문화(龍山文化)는 산동용산문화(山東龍山文化), 하남용산문화(河南龍山文化) 등으로 나누어지며, 적봉2기문화(赤峰二期文化)는 다시 하가점하층문화(夏家店下層文化)와 하가점상층문화(夏家店上層文化)로 구분된다.

그 외에 문화적 특징이 명확하지 않고, 분포범위가 확실치 않은 일부 소규모 문화유적 역시 '유형'으로 명명하기도 한다. 예를 들면, 동간구유형(東干溝類型), 위영자유형(魏營子類型) 등이 그것이다. 이 경우, '유형'은 상위 '문화'에서 갈라져 나온 것이 아니며, '문화'와 동격의 문화구분 개념이다. 이러한 '유형'은 지속적인 발굴을 통해서, 구체적인 문화적 특징과 지역적 분포 등이 자세히 밝혀지면 '문화'로 확대될 수도 있다. 예를 들면, 동간구유형은 이리두유형문화(二里頭類型文化)로, 다시 이리두문화(二里頭文化)로 개칭되었다.

특정 고고학 유적을 '유형' 혹은 '문화'로 명명하는 것은 당시 역사적 상황과 무관하지 않다. 사실상 '유형' 역시 일정 시기, 일정 지역에 분포되어, 동일한 문화적 특징을 가지고 있는 유적군을 말한다. '동강조'와 '단결조' 두 유적의 문화적 특징은 확연히 구분될 뿐만 아니라, 주요 분포지역 역시 다르게 나타나고 있다. 그러므로 각각 동강문화와 단결문화로 명명해도 무난해 보인다. 다만, 현재까지 발견된 '동강조' 유적이 그리 많지 않을 뿐만 아니라, 대규모 발굴조사가 이루어지지 않았다. 그렇기 때문에 그 문화적 특징에 대한 인식과 그 분포범위에 대한 판단이 단결유적에 비해 미흡한 수준이다. 따라서 관례에 따라 현재로서는 잠정 '동강유형'으로 명명하고자 한다. 양지군 선생은 '동강조'와 '단결조' 유적을 동일 문화권의 서로 다른 유형으로 구분했다. 하지만 사실상 두 유형 유적에서 나타나는 차별화된 문화요소들 사이에 유사성이 존재하거나 혹은 비교적 친근한 관계가 발견되고 있다는데 불과하다.

한 문화를 '유형'으로 세분하는 것은 인식상의 발전을 의미한다. 그에 반해, 구별되는 몇몇 문화-혹은 각자 독립적인 유형-사이에서 일부 유사성이 발견된다고 해서, 그것을 하나의 문화권으로 뭉뚱그리는 것은 그다지 바람직하지 않다. 대체로 구체적인 고고학문화는 그 선행 문화와 후속 문화 사이에 발전관계를 가지고 있으며, 따라서 모종의 문화적 특징을 공유하고 있다. 또한 동일한 시기의 인근 문화와의 상호작용과 관계를 통해서 각 문화 사이에 공통된 특징들을 띠게 된다. 예를 들면, 왕만3기문화(王灣三期文化)는 동일 시기의 인근 문화인 후강2기문화(後岡2期文化) 등과 일부분 특징이 겹친다고 하여 '하남용산문화'로 통칭되기도 했다. 하지만 또한 왕만3기문화는 이리두문화와 연원관계가 존재하고 있어, 두 문화 사이에도 문화적 동질성이 일부 나타나기도 한다. 따라서 60년대 초기에 일부 학자들은 왕만3기문화와 이리두문화를 구분 없이 '하문화(夏文化)'로 지칭하기도 했다. 후에 왕만3기문화를 독립적인 고고학문화권역으로 구분하고 난 뒤에, 학계에서는 점차 기타 문화유적들과의 유사성과 차별성에 비로소 주목하기 시작했다. 우리는 고고학문화권 사이의 공통된 특징들에 대해 "A문화가 B문화로 발전되었다" 혹은 "C문화와 D문화는 상호작용과 영향을 주고받으며 공통된 특징을 띠게 된다"라는 등 해석을 통해 구체적인 접근을 시도해볼 수 있다.

하지만 여러 문화유형을 하나의 큰 묶음으로 뭉뚱그려 그들 사이의 공통된 특징에만 집중하는 논법은 그다지 바람직하지 않다. 예를 들면, 왕만3기문화와 후강2기문화 동일시하는 것이 좋을까, 아니면 이리두문화와 병합시켜 이해해야 마땅할까? 필자가 봤을 때, 이들 두 경우 모두 각 문화에 대한 인식에 도움이 되지 않는다. 특히 어떠한 고고학문화권이 처음으로 밝혀질 때에는 해당 문화의 선행 문화와 후속 문화 그리고 주변 문화와의 복잡한 연관관계는 자세히 밝혀지지 않았을 것인데, 다른 고고학문화권과의 공통된 특징에만 주목하여, 각 문화권은 하나의 문화권으로 뭉뚱그리는 것은 새롭게 발견된 문화의 원류와 친연관계를 밝히는 데 방해가 될 뿐이다.

따라서 이미 확인된바 있는 '동강조'와 '단결조' 두 유적을 하나의 문화권으로 이해하여, 양자의 공통된 문화적 특징만을 해석하기는 것보다는, 두 유적을 서로 다른 고고학문화권으로 인정하고, 그것을 전제로 양 문화권 사이의 유사성 정도와 어떠한 성격이 서로 동일한가에 대해 살펴볼 필요가 있다.

4

앞의 내용을 종합하면, 도문강 유역의 유정동 유형과 그보다 이른 시기의 유적, 모단강 유역의 앵가령상층 유형 및 동강 유형을 이른바 '단결문화'로 아우르는 것은 바람직하지 못하다. 따라서 단결하층(團結下層), 대성자, 일송정 및 신안려하층(新安閭下層) 유적을 대표로 하는 단결문화의 전형적 특징들을 정리해보자면 다음과 같다.

1. 토기는 두께가 비교적 두꺼우며, 태토(胎土)에 모래 알갱이가 섞여 있다. 모두 수작업으로 제작되었으며, 원형의 진흙을 층층이 접합하여 만들었으므로, 그 접합부가 단열된 상태로 발견되는 경우가 많다. 토기를 구울 때 온도가 높지 않아, 적갈색, 회갈색 내지는 흑갈색을 띠고 있다. 습기가 있는 상태에서 표면은 조금 광택이 나지만, 대부분 매끄럽지 못하며, 소면토기가 대부분을 차지한다. 높이가 70~80cm에 달하는 대형 저장용기가 발견된다. 가장 특징적인 기물로는 다음과 같은 것들을 들 수 있다. 1) 소평저(小平底) 형태의 대형 옹(甕)과 관(罐)으로, 크고 거친 원주형 귀[耳]가 있는 형태. 2) 원대형(圓臺形) 고권족(高圈足) 두(豆) 혹은 주파두(柱把豆). 3) 다공(多孔) 혹은 단공(單孔) 증

(甑). 4) 창구(敞口) 혹은 오므라진 아가리(微斂口) 형태의 단지(罐), 접시(盆), 대접(碗), 보시기(缽), 잔(杯)가 많이 나타난다. 일부 기물들은 구연부가 굴곡된 형태를 띠고 있다. 원주형 귀[耳]가 흔하며, 작은 젖꼭지형(乳突形) 귀[耳]도 많이 발견되고 있다.(그림4)

   2. 마제석기(도구)가 지속적으로 등장하는데, 도끼[斧], 대패[錛], 칼[刀], 낫[鎌], 화살촉[鏃], 창[矛] 등이 있다. 단, 압박법(壓剝法)으로 제작한 흑요석 석기는 더 이상 나타나지 않는다.[27] 평인(平刃) 혹은 미요인(微凹刃) 형태의 돌칼과 사다리형태 단면의 긴 자루 돌도끼[長身石斧]가 특징적이다. 골기는 매우 드문 편이다. 철기도 나타난다. 형태를 확인할 수 있는 기물들로는 혼춘 원교사진수학교원내유지에서 나온 도끼[斧]와, 단결하층에서 나온 낫[鎌]과 화살촉[錐] 등이 있다. 또한 구멍을 뚫어 휴대가 편이하게 만든 작은 숫돌[礪石]이 대량 발견되었는데, 금속도구의 날을 세우는 데 사용되었을 것으로 추정된다.

   3. 현재까지 발견된 주거지유적은 모두 장방형(長方形) 혹은 방형(方形)에 가까운 반지혈식(半地穴式)이다. 일부에는 비스듬한 문도(門道)가 있으며, 일부에서는 나타나지 않고 있다. 또한 일부 주거지의 북벽 하부에는 흙이나 석판으로 조성한 'ㄱ'자형 혹은 'ㄷ'자형의 '연도-화장식(煙道-火墻式)' 난방시설이 되어 있다는 점이 특징이다.

   위에서 나열한 것과 같은 문화적 특징들이 종합적으로 나타나는 유적이라면 단결문화로 구분해볼 수 있다. 현재까지 이미 알려진 단결문화 유적들로는 앞서 언급한 연길, 왕청, 혼춘, 동녕(東寧) 지역 이외에, 그보다 훨씬 북쪽의 목릉(穆棱)[28], 계동(鷄東)[29] 경내에서도 발견되고 있다.(그림5)

---

27) 단결유적 천여 평방미터에 대한 발굴조사에서 단 한 점도 발견된 바 없는데, 이로 미루어, 신안려상층(新安閭上層) 유적에서 발견된 흑요석기 역시 하층 퇴적물에서 상층으로 혼입된 것으로 추정된다.
28) 「我省文物普查取得新成果」, 『黑龍江文物叢刊』 1982년 1期.
29) 1982년 鷄東縣文物普查記錄(牡丹江地區文物站 연구자의 협조를 얻어 관련 자료를 참조할 수 있었음).

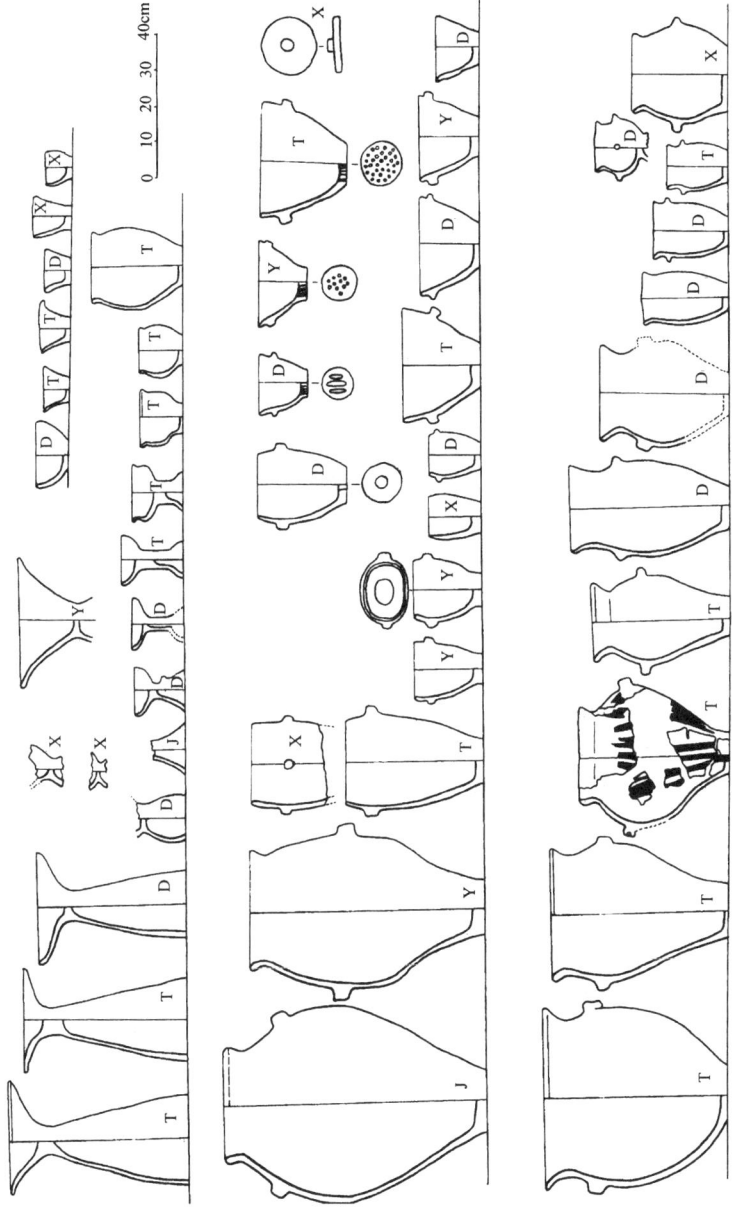

그림 4. 단결문화(團結文化) 토기
(T. 단결하층 D. 대성자 X. 서단량산층 J. 춘초교사전수학원 Y. 일송정)

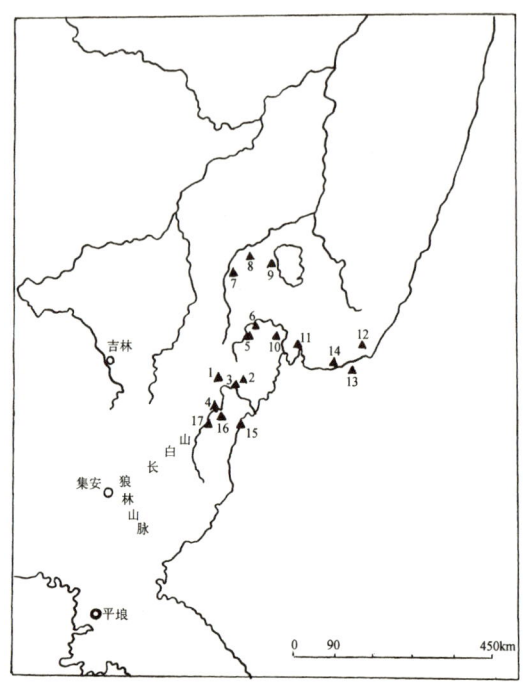

그림 5. 단결(團結) 크로우노프카(克羅烏諾夫卡) 문화 분포도
1.汪淸 新安閭 2.琿春 一松亭 3.琿春鎭內 4.延吉 大蘇 5.東寧 團結 6.東寧 大城子
7.穆棱 小四方山 8.鷄東 保安 9.謝米皮亞特納雅谷 10.크로우노프카(夾皮溝) 11.奧列尼
12.索科里奇 13.彼得羅娃島 14.布洛奇卡崗 15.羅津 草島 16.會寧 五洞 17.茂山 虎谷洞

이 문화유적 여섯 곳에 대한 ^{14}C 연대 측정이 이루어졌다.

단결하층 F5(문턱)	- 서기전 420±105
대소제이층(大蘇第二層) 주거지(목탄)	- 서기전 340±80
대성자 F2(건축물 목재)	- 서기전 205±100
단결하층 F6(목탄)	- 서기전 150±100
단결하층 F9(목탄)	- 서기전 110±105
단결하층 F1(목탄)	- 서기 65±85

단결하층유적에서 수습된 서한 시기의 오수전(五銖錢)도 편년을 추정하는 중요한 근거가 되었다.

5

    1957년 소련 고고학자들은 수분하 하류의 우수리스크(Ussuriysk) 쌍성자(雙城子) 인근의 피협구(皮夾溝)에서 다층 문화유적을 발견하였다.[30] 하층은 석질래문화(錫迭來文化)-당시는 '패구문화(貝丘文化)'-로 불렸으나, 지금은 얀코부스키문화로 부른다. 상층은 당시로서는 새롭게 발견된 문화유적이었다. 1956년 홍개호(興凱湖) 서안의 낙옥잡흡림사극촌(諾沃卡恰林斯克村, Новокачалинск) 인근의 사미피아특납아곡(謝米皮亞特納亞谷)에서 발견된 건물지[31]에서 출토된 유물과 동일한 형태를 띠고 있다. 이 유형 유적에 대해 초기에는 '협피구문화(夾皮溝文化)'로 지칭했으나, 협피구(夾皮溝)를 크로우노프카강으로 개칭하면서 '크로우노프카문화'로 일컬어지고 있다. 이 문화권에 속하는 이미 발굴된 유적들로는 우수리만 지역의 오옐니(奧列尼) I 상층(上層),[32] 투하(套河) 왼쪽 기슭[左岸]의 색과리기(索科里奇, Сокольчи) 중층(中層)[33] 나홋카(納霍德卡, Находка) 인근의 포락기잡강(布洛奇卡崗) 중층,[34] 피득라왜도(彼得羅娃島) 상층[35] 등이 있다. 1977년에 이르기까지의 통계에 따르면, 20여 곳[36]에 이른다.(그림 5)

    소련 고고학자들의 발표 자료로 미루어봤을 때, 이른바 '크로우노프카문화'란 곧 단결문화임이 틀림없다. 안드레예바[安德列耶娃 / Андреева]는 색

---

30) А. П. Окладников,(오크라드니코프 / 奧克拉德尼科夫), 『濱海遙遠的過去: 濱海邊疆區古代史與中古史綱要』(莫潤先, 田大畏 譯) 商務印書館, 1982, pp.192~193.
31) 『濱海遙遠的過去』, p.193.
    А. П. Окладников, А. П. Деревенко. Далекое прошлое Приамурья и Приморья. Владивосток, 1973, pp.257~289.
32) А. П. Окладников, Д. Л. Бродянский. Многослойное поселение Олений I в Приморье — Археологические открытия 1967 года. М., 1968, pp.155~1956.
33) Г. И. Андреев, Ж. В. Андреева. Работы Приобрежного отряда Дальневосточной экспедиций в Приморье в 1959г.— КСИИМК. вып. 88, 1962.
34) А. П. Окладников, С. В. Глинский, В. Е. Медведев. Раскопки древнего поселения Булочка у г. Находка в Сучанской долине.— Иэв. Сиб. отд. АН СССР, 1972, No 6.
35) Д. Л. Бродянский. Укрепленное поселение культуры раковинных куч на острове Петрова.— Восьмая конференция молодых ученых Дальнего Востока. Владивоток, 1965.
36) Ж. В. Андреева. Приморье в эпоху первобытнообщиного строя. М., 1976, p.101.

과리기 중층의 발굴 자료를 근거로 크로우노프카문화 토기의 특징에 대해 다음과 같이 설명하고 있다. "적색, 황색 혹은 갈색을 띠고, 벽이 두꺼우며, 표면이 조금 광택이 있다. 토기에 대량의 거친 석영(石英)과 규석(硅石) 알갱이가 섞여 있다. 용기들은 모두 수제품이며, 소평저(小平底) 계란형태의 대형용기, 돌기형태의 손잡이가 달린 관형(罐形) 기물, 소완(小碗), 좌대가 달린 배(杯)[고권족두(高圈足豆)를 일컬음] 등 유물이 특징적이다." 또한 "무늬가 있는 기물은 매우 드물며 토기는 진흙 테두리의 접합부가 파열된 경우가 많다"[37]고 하였다.

발라강사기(勃羅强斯基, Бродянский)의 연구에서는 크로우노프카문화 토기를 그 형태를 기준으로 열 한 가지 유형으로 나누었다. 첫째는 원주형(圓柱形) 귀[耳]가 달린 원통형 관(罐)이고, 열 번째 유형은 고족두(高足豆)이며, 열한 번

그림 6. 크로우노프카(克羅烏諾夫卡) 문화 토기

째 유형은 증(甑)[38]이다.(그림 6 참조)

크로우노프카문화 유적에서 발굴된 각종 마제석기, 돌칼 역시 단공 직인(直刃) 형태이다. 크로우노프카 유적에서 쇠도끼[鐵斧], 쇠대패[鐵錛], 쇠칼[鐵刀]가 수습되었다. 오열니 I 유적에서는 쇠낫[鐵銍] 2점이 발견되었다. 사미피아특곡(謝米皮亞特谷) 유적에서도 쇠칼[鐵刀]이 발견되었으며, 크로우노프카, 피

---

37) Ж. В. Андреева. Приморье в эпоху первобытнообщиного строя. М,. 1976, pp.105~108.
38) Д. Л. Броянский. О соотношений двух культур раннего железа в Приморье.— Бронзовый и железный век Сибири. Новосибирск, 1974, p.115.

득라왜도(彼得羅娃島), 오열니 I 등의 주거지 유적에서 흙과 석판으로 조성한 '연도-화장식(煙道-火墻式)' 난방시설이 확인되고 있다.

이와 같이, 크로우노프카문화와 단결문화(團結文化)가 동일 유형의 유적을 지칭하고 있음을 알 수 있는데, 비교적 이른 시기에 이미 소련학자들에 의해 '크로우노프카문화' 라고 명명되었던 만큼, '단결-크로우노프카문화' 로 지칭하는 것도 무방할 것이다.

오열니 I, 피득라왜도 유적에서 모두 청동용기 파편이 발견되었으며, 오열니 I 유적에서는 청동 창 조각이 발견되기도 했다. 피득라왜도 유적 1호의 주거지유적에서 청동기 주조시설이 발견되었다. 그곳은 둘레를 돌로 쌓고 그 위에 흙을 바른 구덩이 모양의 지로(地爐)로, 돌 사이에 도자기 풀무시설이 설치되어 있다. 또한 그 옆에 목탄 흑토가 들어 있는 원형 구덩이 두 개가 발견되었으며, 청동 용광로가 응고되어 있는 도자기 도가니 두 점을 수습하였다.[39] 오열니 유적에서는 주석 조각이 발견되었다.[40] 크로우노프카와 색과리기 유적에서 발견된 가축 뼈는 돼지, 소, 개와 말로 판명되었다.[41] 이런 것들은 단결-크로우노프카문화에 대한 심도 있는 인식에 중요한 단서를 제공해주고 있다. 오클라드니코프(Окладников)는 초기 연구에서 이 문화의 연대를 "서기전 6~3세기, 전국시대(戰國時代)"로 추정했다.[42] 그 근거로 이 문화 유적에서 발견되는 고권족두(高圈足豆)가 여순(旅順), 대련(大連) 지역에서 출토된 전국시대의 것으로 추정되는 두(豆)의 형태와 유사하다는 점을 들고 있다. 1961년에 발표한 사미피아특곡(謝米皮亞特谷) 주거지유적에서 수습한 목탄의 ^{14}C 측정연대는 서기 전 910±80년이었다.(나이테 연대측정치와 비교해 교정을 거치지 않음)[43] 이

---

39) А. П. Деревянко. Приамурье — I тысячелетие до нашей эры. Новосибирск, 1976, p.176.
40) А. П. Деревянко. Приамурье — I тысячелетие до нашей эры. Новосибирск, 1976, p.174.
41) Ж. В. Андреева. Приморье в эпоху первобытнообщиного строя. М,. 1976, p.107.
42) А. П. Окладников,(奧克拉德尼科夫), 『濱海遙遠的過去 : 濱海邊疆區古代史與中古史綱要』(莫潤先, 田大畏 譯) 商務印書館, 1982, p.197.
43) В. В. Артемьев, С. В. Бутомо, В. М. Дрожжин, Е. Н. Романова. Результаты определения абсолютного возраста археологических и геологических образцов по радиоуглероду (C^{14})—CA, 1961, No 2.

발표로 인해 소련학자들은 한동안 크로우노프카문화의 연대를 상당히 이른 시기부터 시작하는 것으로 이해했다. 발라강사기는 크로우노프카문화 초기를 서기전 1000년 경으로 보았다.[44] 데레비얀코[А.П. Деревянко / 첩열유양과 (捷列維揚科)] 역시 처음에는 서기전 8~7년경으로 편년했으나,[45] 이어지는 연구에서는 "^{14}C 연대 측정에 오류가 있었을 것으로 추정되는 만큼, 편년의 근거로 활용하기 어렵다"라고 하면서, 연대를 서기전 6~1세기경으로 조정했다.[46] 이는 안드레예바의 편년과 비슷하다.[47]

하지만 이렇듯 멀리 떨어져 있는 지역의 유적에서 출토된 토기 편년을 근거로 문화권의 연대를 추정하는 것은 조심스러울 수밖에 없다. 따라서 현재 크로우노프카문화가 곧 단결문화임이 확실한 이상, 중국 고고학계에서 새롭게 획득한 자료를 근거로, 단결-크로우노프카문화의 연대를 잠정 서기전 5세기에서 서기 1세기로 잡아 볼 수 있을 것이다.

1949년에 발굴된, 북한의 함경북도(咸鏡北道) 나진(羅津) 초도유적(草島遺迹)[48]에서 다양한 시대의 흔적이 있는 유구가 발견되었다. 이른바 '마광홍도' 층이 큰 비중을 차지하고 있는데, 이는 소련 고고학자들이 구분한 석질래문화와 거의 일치하고 있다. 또한 일부 유물은 단결-크로우노프카문화와 비슷한 양상을 띠고 있다. 1954~1955년에 발굴한 회령(會寧) 오동유적(五洞遺迹)[49]의 F6을 중심으로 하는 후기 퇴적측 중에서도 단결-크로우노프카문화의 토기와 공수철부(空首鐵斧)가 발견되었다. 1959~1961년에 발굴한 무산(茂山) 호곡동유적(虎谷洞遺迹)[50]의 제6기 유구는 의심할 나위 없이 단결-크로우노프카문화적 특징들을 간직하고 있다. 호곡동 제6기 유구에서 수습된 철기는 중요한 고

---

44) Д. Л. Бродянскижной. Южное Приморье в эпоху освоения металла. Автореф. канд. дисс. Новосибирск, 1969, pp. 18~19.
45) А. П. Деревянко. Ранный железный век Приамурье. Новосибрнск, 1973, p. 270.
46) А. П. Деревянко. Приамурье — I тысячелетие до нашей эры. Новосибирск, 1976, p. 181.
47) Ж. В. Андреева. Древнее Приморье. М., 1970, p. 78.
48) 『羅津草島原始遺迹發掘報告書』, 평양, 1956.
49) 『會寧五洞原始遺址發掘報告』, 평양, 1959.
50) 黃基德, 「茂山虎谷遺址發掘報告」, 『考古民俗論文集』6, 평양, 1975.

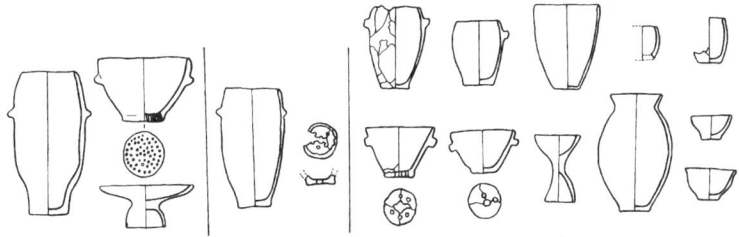

그림 7. 북한에서 발견된 단결문화(團結文化) 토기
(왼쪽:초도(草島) 출토, 가운데:오동(五洞) 출토, 오른쪽:호곡동(虎谷洞) 출토)

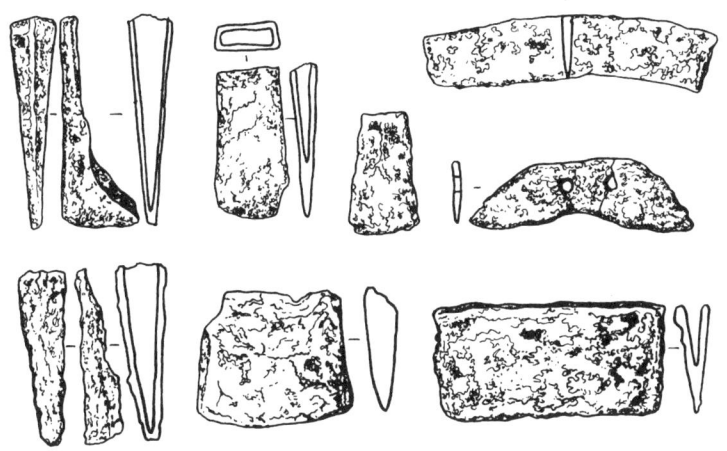

그림 8. 호곡동(虎谷洞) 제6기 유적에서 출토된 철기

고학 자료이기도 하다.(그림8)

   북한의 고고학자들은 한국역사에서 철기 출현 연대를 서기전 7~5세기로 보고 있다. 따라서 많은 학자들은 대부분 앞에서 살펴본 세 유적의 편년 역시 서기전 3세기보다 늦은 시기는 아닐 것이라고 본다. 하지만 도문강 남북 양쪽 언덕에 위치한 동일 문화유적의 연대가 이처럼 편차가 크게 나타날 수 없는 것이다. 그러므로 도문강 이남 지역의 단결-크로우노프카문화 역시 서기 1세기, 혹은 그보다 늦은 시기까지 이어진다고 보아야 마땅하다.

6

　단결 크로우노프카문화의 문화권 연구와 관련해서, 시급히 해결해야 할 두 가지 문제가 있다.
　첫 번째 문제점은 이 문화권의 대표적인 묘제가 아직 밝혀진 바가 없다는 점이다. 따라서 그 문화적 특징에 대한 이해에 큰 걸림돌이 되고 있다. 안드레예바의 연구에서는 오열니 유적 인근의 합강(鴿岡)에서 발견된 석관묘(石棺墓)[51]를 크로우노프카문화의 묘제로 보았다. 이 무덤에서 출토된 청동 '세형검(細形劍)'은 일본 학자 오가우치 마츠자네(岡內三眞)의 분류법에 따르면 BII형 이다. 이런 형태의 동검은 조선에서 진한 시기(서기전 221년~서기 8년)에 등장하여 서한 중기(서기 1세기 무렵)까지 이어진다.[52] 따라서 이 무덤의 연대는 단결-크로우노프카문화권 편년의 범주에서 벗어나지 않는다. 하지만 무덤에서 나온 토기가 없어, 아직 확단하기는 어렵다. 광유(匡瑜) 선생은 왕청 백초구 북쪽에 위치한 부흥려(復興閭) '석실묘(石室墓)'[53]를 단결문화 묘제로 보고 있다. 하지만 이 고분군에서는 문화권 식별에 직접적 근거가 될 만한 유물이 발견되지 않아서, 그 주장에 수긍하기 어렵다. 따라서 이 문화권의 대표적 묘제를 밝히는 작업은 필드 고고학의 중요한 과제로 손꼽을 수 있다.
　두 번째 문제는 이 문화에 대한 편년 작업이 이미 상당 부분 진척되었다고는 하지만, 아직은 만족스러운 결과에 이르지 못하고 있다는 점이다. 발라강사기는 앞선 연구에서 크로우노프카문화를 3기로 구분한 것에 대한 가설[54]을 제기한바 있다. 그러나 문화층 분기법에 관한 확실한 근거를 갖고 있지 못하고, 단지 인류학적 견지에서 추론을 제시하는 것에 불과했다. 그는 이 문화에

---

51) А. П. Окладников, Э. В. Шавкунов. Погребение с бронзовыми кинжалами на реке Майхэ, 1960, No 3.
52) 岡內三眞,「朝鮮銅劍の始終」,『小林行雄博士古稀紀念論文集』, 平凡社, 1982.
53) 王亞洲,「吉林汪清縣百草溝古墓葬發掘」,『考古』1961年 8期.
54) Д. Л. Бродянскижной. Южное Приморье в эпоху освоения металла. Автореф. канд. дисс. Новосибирск, 1969, pp. 18~19.

서 난방시설의 출현하였으며, 또한 원시적 단계부터 성숙된 단계로 발전되는 모습들이 나타난다고 보았다. 예를 들면, 고권족두는 제2기에, 원주형 귀[耳]는 제3기에 등장한다는 것이다. 이 가설은 안드레예바의 비판을 받게 된다.[55]

그 이후에 중국 소재 단결유적에 대한 발굴조사와 함께 처음으로 문화층에 대한 학문적 근거가 마련되었다. 단결문화 하층유적은 다시 두 개 문화층으로 나뉘는데, 그것은 발굴 당시에 구분하였던 제3층과 제4층이다. 이 두 문화층은 혼란스럽게 뒤섞여 나타나고 있어서, 많은 학자들은 이를 무시하고 단결문화를 단순히 1기와 2기로 구분하기도 한다. 그럼에도 불구하고 이 구분에 대한 다양한 견해가 제기되고 있다. 그 주요 문제점들로는 다음과 같은 세 가지가 있다.

1) 발굴기록에 따르면, 제2층 아래에 있으며, 제3층을 벗어나고 은는 주거지 유구들로는 F3, F5, F7, F11, F14 등이 있다. 제3층 아래에 있으며 제4층을 벗어나고 있는 유구들로는 F1, F2, F6, F9, F12, F13 등이 있다. 발굴보고서에서는 F1에서 수습한 토기가 F6, F9의 것과 큰 차이가 있다는 점을 근거로 삼아, F1, 제3층 및 3층을 벗어나고 있는 F5, F7을 제2기로 통합해 설정하고 있다. 이것을 층위학(層位學)적으로 구분하면, 문제되지 않는다. 하지만 F5의 ^{14}C 측정연대가 F6, F9보다 이른 시기로 나타나고 있다는 점은 모순이다. 발굴을 담당했던 장태상(張泰湘)과 광유 두 사람은 이어지는 연구에서[56] 모두 ^{14}C 연대측정을 신뢰하여 F5를 제1기로 분류했는데, 이는 사실상 층위판단에 저촉되는 내용이다. 따라서 단결하층에 대한 발굴자료를 분기(分期)의 근거로 삼고자 했을 때, 과연 층위판단을 기준으로 해야 할지, 아니면 ^{14}C 측정연대를 신뢰해야 할지 혼돈스러울 수밖에 없다. 결국 어떤 설을 택하든, 연구의 시작점 자체를 달리하는 것이며, 기물(器物)의 발전순서 배열법 또한 달라질 수밖에 없게 된다.

---

55) Ж. В. Андреева. Приморье в эпоху первобытнообщиного строя. М,. 1976, pp.105~106.
56) A. 楊虎, 譚英杰, 張泰湘, 「黑龍江古代文化初論」, 『中國考古學會第一次年會論文集』, 文物出版社, 1979;
   B. 匡瑜, 「戰國至兩漢的北沃沮文化」, 『黑龍江文物叢從刊』1982年 第1期.

2) 토기류가 많이 나온 유구는 F1, F6, F9이고, 다음은 F7, F5 순이다. 하지만 F5의 분기 또한 애매한 것이 사실이다. 따라서 비록 많은 연구자들이 F6과 F9를 제1기의 대표적 유구로, F1을 제2기의 대표적 유구로 보고 있으나, 근거자료의 부족으로 인해서, 두 유구에서 출토된 토기 사이의 차이점을 명확히 밝혀내기 어렵다. 다시 말해, 토기에 나타난 어떤 요소들이 시대적인 변화 때문인지 아니면, 시대적 발전과 상관없이 우연하게 나타나는 현상들인지 정확히 알아낼 방법이 없다는 것이다. 그 외에도, 한 유형의 기물이 어떤 유형으로부터 변형, 발전된 것인지에 대한 문제 역시 다양한 가설을 제기해볼 여지가 있다. 예를 들면, 「흑룡강고대문화초론(黑龍江古代文化初論)」에서는 직구통식관(直口筒式罐)을 초기 대표적 유물로, 치구통식관(侈口筒式罐)을 후기 대표적 유물로 보았다. 하지만 초기 대표적 유물로 판단한 샘플은 사실상 F1에서 출토되었으며(논문의 그림6: 5), 후기 대표적 유물의 샘플 역시 F1에서 수습된 것이다.(논문의 그림6: 2) 또한 직구통식관은 F1 지역에서 여러 점 발견되었으며, 제3층을 벗어난 F7과 제3층을 벗어나고 있을 뿐만 아니라, 또한 ^{14}C 측연연대가 가장 이른 F5에서도 나타나고 있다. 제3층 아래에 있으면서 4층을 벗어나고 있는 F4에서도 발견되고 있다. 물론 F1에서 출토된 치구통식관은 직구에 비해 그 수가 많다고는 하지만, 초기의 F6에서도 치구통식관이 발견되고 있다. 그렇다면 과연 치구(侈口)식은 직구식에서 변화 발전되었으며, 후기에 상당히 유행한 형태로 추정해야 할 것인지, 아니면 치구식과 직구식을 독립된 형태로 보아서, 각자 별개의 발전과정이 있었다고 봐야 할 것인지, 현재 확보하고 있는 자료로는 쉽사리 판단하기 어렵다.

3) 이상에서 살펴봤듯이, 기물 분기 기준이 명확하지 못하기 때문에, 다른 유적자료와 비교시 엇갈린 주장이 제기될 수 있다. 양호(楊虎)의 연구에서는 대성자 유적과 비교를 통해, 대성자 F2와 "제2기의 요소들이 상당부분 일치하고 있다"고 보았다. 하지만 장태상의 연구[57]에서는 대성자 유적 F2의 ^{14}C 측정

---

57) 張泰湘, 「綏芬河流域原始文化初探」, 『社會科學戰線』 1982年 2期.

연대가 단결1기와 근접하고 있어, 제1기로 분류할 수 있다고 보았다. 그에 비해, 양지군(楊志軍)의 연구에서는 대성자 유적에서 발굴된 토기류는 "모두 단결 1기에서 발견된 기물과 동일한 형식이다"라고 하여, 대성자 유적 전체를 단결1기로 분류하였다.[58]

이상에서 살펴봤듯이, 단결문화의 분기 문제는 아직 해결되지 못한 과제로 남아 있다. 필자는 분기 문제를 해결하기 위해서는 그 기준의 초점을 층위학과 토기 유형학에 맞춰야 할 것이다. 그렇지 않고 실험상의 오류나, 결과의 편차가 심하게 나타나는 ^{14}C 측정연대에 의존하는 것은 바람직하지 않다고 본다. 현재 보유하고 있는 자료들 중에서, 대성자 F1의 토기유형과 단결 F6의 것이 유사하게 나타나고 있다. 대성자 F2의 토기유형과 단결 F1의 것에는 유사성이 있다. 이는 문화 분기를 위한 중요한 단서를 제공해주고 있다. 그럼에도 확실한 분기의 기준을 마련하기 위해서는 더 많은 층위학적 근거자료와 다양한 토기 자료가 보완되어야 할 것이다. 또한 한 유적의 편년은 해당 문화권 전체에 대한 시기 확정의 기준이 될 수 없으며, 동일 문화권내의 다양한 유적에 대한 분기연구를 통해서만이 전체 문화권의 시기를 최종 확정지을 수 있다.

7

앞의 내용을 종합해봤을 때, 단결·크로우노프카문화는 춘추시대(春秋時代 : 서기전 770년~403년)에서 전국시대(戰國時代 : 서기전 403년~221년)로 이행할 무렵에서 동한(東漢 : 서기전 206년~서기 8년)에 이르는 고고학 문화권이라 할 수 있다. 현재 알려진 분포범위는 도문강 유역, 수분하 유역, 목릉하(穆稜河) 상류 및 주변의 연해지역이다.(그림 5)

『삼국지(三國志)』「동이전(東夷傳)」에 다음과 같은 기록이 있다.

---

58) 楊志軍, 「牡丹江地區原始文化試論」, 『黑龍江文物叢從刊』 1982年 第3期.

"동옥저(東沃沮)는 고구려(高句麗) 개마대산(蓋馬大山)의 동쪽에 있고, 대해(大海)에 인접하여 거주한다. 그 지형은 동북이 좁고, 서남이 길며, 대략 천리에 달한다. 북쪽으로는 읍루(挹婁), 부여(夫餘)와 접하고 남쪽으로는 예맥(濊貊)과 접한다. ……한(漢)나라 초, 연(燕)나라의 망인(亡人) 위만(衛滿)이 조선(朝鮮)에서 왕이 되니, 이때에 옥저(沃沮)가 모두 (조선에) 복속하였다. 한 무제(漢武帝) 원봉(元封) 2년(서기 전 109년)에 조선을 정벌하여 (위)만의 손자인 우거(右渠)를 죽이고, 그 땅을 나누어 사군(四郡)을 설치하였고 옥저성(沃沮城)을 현도군(玄菟郡)으로 삼았다. 뒤에 이맥(夷貊)의 침입을 받아 [고구려([高]句麗) 서북쪽으로 (현도)군을 옮겼으니……다시 악랑군(樂浪郡)에 속했다. 한나라는 (그곳의) 땅이 넓고 멀리 떨어져 있으므로 단단대령(單單大領) 동쪽 땅을 나누어 동부도위(東部都尉)를 설치하고, 불내성(不耐城)을 치소(治所)로 삼아 영동칠현(領東七縣)을 따로 다스리게 했다. 이때 옥저 또한 모두 (낙랑군 동부도위 소속의) 현(縣)이 되었다. [후]한([後]漢) 건무(建武) 6년(서기 30)에 변군(邊郡)을 정리했는데, 이때 도위(都尉)도 따라 폐지되었다. 그 뒤 현의 거수(渠帥)를 모두 현후(縣侯)로 삼으니, 불내(不耐), 화려(華麗), 옥저 등이 모두 후국(侯國)이 되었다. ……나라가 작아 대국(大國) 사이에서 핍박받더니, 마침내 [고구려에 신속(臣屬)되었다."

위의 기록에서 알 수 있듯이, 적어도 서한(西漢) 초기(서기전 206년~서기 8년)에서 동한(25년~220년)에 이르는 기간 동안, 장백산(長白山) 동쪽의 연해지역에 독자적인 민족 집단-옥저가 존재하고 있었던 것 같다. [혹은 '동옥저'로 지칭되기도 하나, 집단 내부에서의 방위 관념이 가미된 표현으로, 마치 '예(濊)'를 '동예(東濊)'로 칭하는 것과 마찬가지이다.] 이 집단은 위씨조선(衛氏朝鮮)의 지배를 받다가 한의 군으로 편제되었으며, 군에서 다시 현으로 격하되었다가, 현이 폐지되고 후국으로 되었다가 최종 고구려에 복속된다.

1961년 평양시(平壤市) 정백동(貞柏洞) 고상현묘(高常賢墓)에서 '부조장인(夫租長印)'이 발견되었는데, 이는 옥저 지역에 현이 설치되었었다는 증거이기도 하다. [이 고분에서 출토된 차개병(車盖柄)에서 '영시(永始) 3년(서기전 14년)' 기년이 발견되었는데, 건무(建武) 6년(서기 30년) 현을 철폐하기 44년 전에 해당한다.59) 이러한 역사적 흐름으로 미루어 보아, 중원인들은 서한 시대에 이미 옥저에 대해 자세히 인지하고 있었던 것 같다. 특히 『삼국지』의 찬술연대는 관구검(毌丘儉)이 고구려를 공격하여 옥저지역에 이른 이후이므로, 옥저 관련 내용은 확실한 근거자료를 토대로 기술되었을 가능성이 많다.

단결-크로우노프카문화는 시기적으로나 지역적으로 모두 옥저와의 연관성을 배제할 수 없다. 현재 이 문화권의 범위는 남북으로 400km에 달하므로, '천리에 이른다'는 문헌 기록과 대체적으로 일치하고 있다. [위진(魏晉)시기 리(里)의 단위는 지금의 것보다 짧은데, 현재 확인되고 있는 위진대의 자에 따르면 1척(尺)에 해당한다.] 그러므로 필자는 단결-크로우노프카문화가 바로 옥저의 문화유적으로 판단하고자 한다.

장태상(張泰湘)과 양보융(楊保隆)의 선행 연구에서는 흑룡강 경내의 단결문화와 동강유형 문화를 읍루인(挹婁人)의 유적으로 비정한 바 있다.60) 하지만 광유의 「戰國至兩漢的北沃沮文化」가 발표된 이후, 단결문화를 옥저와 연관시키려는 움직임이 본격화되기 시작한다. 필자와 광유의 주장에는 두 가지 차이점이 있다.

첫째, 광유는 앞에서 살펴본 『삼국지』의 내용을 남옥저(南沃沮)에 관한 것으로 보아, 단결문화는 그 북쪽 8백여 리 떨어져 있는 북옥저의 문화라고 했는데, 이는 필자의 견해와 다르다. 남북 두 옥저와 관련해, 『삼국지』「동이전」의 기술에 따르면 다음과 같다.

"관구검(毌丘儉)이 [고구려를 쳐서 [고]구려왕 궁(宮)이 옥저(沃沮)로 달아나자 뒤쫓아 쳤다. 옥저(沃沮)의 읍락(邑落)을 모두 깨뜨리고 3천여 급을 죽이

---

59) 岡崎敬, 「有關"夫租薉君"銀印的諸問題」, 『朝鮮學報』 第46輯, 1968.
60) A. 張泰湘, 「關於黑龍江省考古學研究中的若干問題」, 吉林省考古學會第一屆年會論文, 1979.
　 B. 楊保隆, 「肅愼考略」, 『民族史論叢』, 吉林人民出版社, 1980.

거나 사로잡자, 궁(宮)이 북옥저(北沃沮)로 달아났다. 북옥저는 일명 치구루(置溝婁)로 남옥저(南沃沮)로부터 8백여 리 떨어져 있고, 그 풍속은 남(옥저)와 북(옥저)가 모두 같으며 읍루(挹婁)와 접해 있다."

이 기록에 대해, 일반적으로 '동옥저'는 곧 '남옥저'와 같으며, 그 외 별도로 북옥저가 존재했다고 이해하고 있다. 광유 역시 이와 같은 이해를 전제로, 북옥저 사람의 활동 중심지인 훈춘 팔련성(八連城)의 남쪽 8백리 떨어진 지역에 남옥저가 존재했을 것이라고 추정하고 있다.

하지만 필자는 『삼국지』 기록을 달리 해석해보고자 한다. 즉 옥저 자체가 동방에 위치하고 있었으므로 '동옥저'로 지칭되었으며, 그 남부를 '남옥저'로, 그 북부의 특정 지역을 '북옥저'로 칭했다고 본다. 북옥저는 "남옥저로부터 8백여 리 떨어져" 있었다고 하는데, 이는 옥저 전체가 남북으로 "천리에 달한다"고 한 기술과도 일치한다. 『삼국지』 「관구검전(毌丘儉傳)」에 따르면 관구검이 왕기(王頎)를 보내 고구려의 왕 궁(宮)을 뒤쫓았다고 한 부분에서 남북 옥저의 구분이 없이 단지 "옥저를 천여 리를 지나, 숙신씨(肅愼氏)[즉 읍루(挹婁)]의 남쪽 경계에 이르렀다"고 했을 뿐이다. 다시 말해, 옥저의 남부로부터 북부까지 추격했다는 것이다. 그러므로 남북 길이가 천리에 달하는 동옥저의 북쪽 8백리 되는 지역에 별도로 '북옥저'가 존재했던 것은 아니다. 또한 "그 풍속은 남(옥저)와 북(옥저)가 모두 같다"고 한 만큼, 고고학유적에 반영되어 나타나는 문화적 특징 역시 거의 유사하다고 볼 수 있다.

광유의 연구에서는 이른바 '북옥저문화' 유적에 대해 다루면서 북한 내에 있는 동일문화유적에 대해서는 언급하지 않고 있다. 또한 동옥저(그는 '남옥저'로 보고 있음)는 "고구려 개마대산의 동쪽, 즉 지금의 백두산 동쪽, 대체적으로 함경북도 지역에 해당한다"고 보았다. 북한에 있는 단결-크로우노프카문화를 남옥저 문화에 비정하려 했던 것이다. 하지만 현재 북한에서 발견된 이 문화 유적은 단지 도문강유역에 한정되어 있고, 훈춘 지역과 가까이 위치하고 있으므로, '8백리'에 이르지 못하고 있다. 다시 말해, 훈춘에서 남쪽으로 8백리 떨어져 있고, 남북의 길이가 천리에 달하는 이른바 남옥저가 존재했다면, 그 위치는 장백산의 동쪽이나 함경북도일 수가 없다. 그 지역은 적어도 낭림산맥(狼林山脈) 이동 지역의 해안지역 전체에 해당된다고 봐야 할 것이다. 하지만 『삼국지』 기록에 따르면 단단대령(單單大嶺)[즉 낭림산맥] 이동의 일곱 개 현(縣)은 "모두 예인(濊人)의 땅"이라고 하는데, 그 북쪽 지역이야말로 옥저이다. 따라서 혼춘 이남 8백리 떨어진 지역에 남북이 천리에 달하는 남옥저를 비정한 다는 것은 불가능하다.

그러므로 필자는 현재 발견된 단결-크로우노프카문화 유적을 옥저인 전체의 문화유적으로 보는 것이 타당하다고 생각한다. 이들 문화유적 중 어떤 부분이 남옥저에 해당하고, 어떤 부분이 북옥저 문화인가에 대한 여부는 문화권 전체에 대한 남북 구분의 명확한 기준이 마련되고, 문화의 지역적 특성이 소상히 밝혀진 다음에야 다시 논해할 문제이다. 물론 단순히 『삼국지』 기록을 근거로 해석해봤을 때, 낭림산맥(狼林山脈) 동쪽지역은 예인(濊人)의 활동지역이었던 만큼, 옥저의 남쪽 경계는 도문강에서 그리 멀리 떨어져 있지 않았을 것이다. 따라서 필자는 도문강 유역의 단결-크로우노프카문화를 남옥저 유적에 비정해 보고자 한다. 또한 가장 이른 시기 설치되었던 현도군치(玄菟郡治) - 옥저성(沃沮城) 역시 이 일대에 존재했을 것으로 추정된다.

둘째로, 필자는 단결-크로우노프카문화가 옥저의 유적으로 추정된다고 하여, 문화권 내의 초기문화유적도 '옥저문화'로 취급하는 것은 바람직하지 못하다고 생각한다. 이론적으로 봤을 때, 민족집단의 성격과 구체적 관념은 역사의 흐름과 함께 지속적으로 변화된다. 문헌기록상 한대(漢代 : 서기전 206년~서기 220년)에 이른바 '옥저' 집단이 존재하고 있었다 하여, 상대(商代 : 서기전 1600년 경~서기전 1046년) 내지는 신석기시대에도 존재했을 것이라는 보장은 없다. 중원지역에 대한 고고학 연구에서 우리는 신석기시대문화를 상문화(商文化) 내지는 주문화(周文化)로 칭하지 않는데, 당시에 아직 '상(商)'이나 '주(周)'라는 관념이 존재하지 않았기 때문이다. 물론 해당 선사시대 고고문화를 '한문화(漢文化)'로도 지칭할 수 없다. 후대에 형성된 민족집단에 대해 체질적 문화적 기원을 추정해 볼 수 있는데, 따라서 이른바 '선상문화(先商文化)', '선주문화(先周文化)'에 대한 논의가 바로 그것이다. 하지만 유념해야 할 부분은, 역사적으로 민족집단은 항상 단선적으로 계승 발전되지는 않으며, 복잡한 융합과정을 거친다는 점이다. 후대에 형성된 민족집단 일수록 복잡한 기원을 가지고 있으며, 일부 민족집단은 완전히 소멸되기도 한다. 또한 고대사회에서 인구집단의 이동 또한 간과할 수 없는 것이므로, 민족집단의 기원에 관한 논의의 범주는 넓어질 수밖에 없다. 따라서 동북지역에 비해 상대적으로 많은 고고학 접근이 이루어진 중원지역 역시 선주문화, 선상문화를 과연 어떻게 규정지을지에 대한 논의가 여전히 미결과제로 남아 있다. 이로부터 알 수 있듯이, 단결문화권 내의 전기문화유적 역시 단순히 '선옥저문화(先沃沮文化)'로 지칭하기에는 석연치 않은 부분이 있다.

현재에 이르기까지 단결-크로우노프카문화 및 그 인근문화권의 초기문화 형태가 자세히 밝혀진 바가 없다. 이미 알려진 일부 문화 혹은 유형 사이의 상호관계 연구도 결여되어 있다. 단결 크로우노프카문화의 원류 문제와 관련해서 아직 확실한 근거가 마련되고 있지 않고 있으며, 단지 일부 추측과 가설이 제기되고 있을 뿐이다. 중국경내의 동녕(東寧) 대행수(大杏樹),[61] 연길(延吉) 금곡서산강(金谷西山崗),[62] 북한의 무산(茂山) 호곡동(虎谷洞)1기,[63] 소련의 격랍덕잡아(格拉德卡亞) II[찰이상낙부잡(札伊桑諾夫卡)][64]의 신석기시대 유적에서는 동일 문화적 특성이 나타나고 있으나, 청동기시대로 접어들면서 다양한 고고문화적 특징들이 등장하고 있다. 북부 홍개호 인근의 합림곡(哈林谷) 유적[65] 토기, 동부연해지역의 사적반도(砂磧半島) 유적[66]을 대표로 하는 석질미문화

---

[61] 張泰湘, 「綏芬河流域原始文化初探」, 『社會科學戰線』 1982年 2期.
[62] 朴龍淵, 「延吉縣金谷原始遺址簡介」, 『延邊文物資料匯編』, 1983.
[63] 黃基德, 「茂山虎谷遺址發掘報告」, 『考古民俗論文集』 6, 평양, 1975.
[64] А. П. Окладников,(奧克拉德尼科夫), 『濱海遙遠的過去 : 濱海邊疆區古代史與中古史綱要』 (莫潤先, 田大畏 譯) 商務印書館, 1982, pp.74~79.
[65] А. П. Окладников, В. И. Дьяков. Поселение эпохи бронзы в пади Харинской.— Новое в археологии Сибири и Дальнего Востока. Новосибирск, 1979.
[66] А. П. Окладников, Древнее поселение на полуострове Песчаном у Владивостока.— МИА, 1963.

토기, 연변지역의 유정동유형 토기군 사이에는 큰 차이점이 확인된다. 이들 유적의 기원과 관련해 아직 자세히 밝혀진 바가 없으며, 단결-크로우노프카문화와의 연관관계에 대해서도 다양한 주장이 난립하고 있다.

오클라드니코프는 크로우노프카문화가 석질미문화로부터 발전되었을 가능성을 제시했으며, 그러한 견해는 안드레예바의 연구에 의해 진일보 보완 발전되었다.[67] 하지만 발라강사기는 크로우노프카문화의 원류를 합림곡(哈林谷)유형문화로 보아, 초기에는 석질미문화와 공존했으나, 후대에 이르러 남쪽으로 발전하여 최종 석질미문화를 배제하게 된다고 했다.[68] 데레비얀코는 이 문화가 소련 동부지역 현지에 뿌리를 두고 있지 않으며, 남쪽지역의 외래 이주민의 문화일 것으로 추정하고 있다.[69] 광유는 단결문화의 직접적 전신을 유정동유형(柳庭洞類型) 문화로 보았다. 이러한 주장에는 경청할 부분이 많다고는 하나, 여전히 실증적 논거가 부족하다. 연변지역만 놓고 보더라도, 현재 유정동유형과 단결문화 사이의 연결고리가 확인되고 있지 않다. 북한의 호곡동4기, 5기유적을 과도기적 단서로 제시할 수도 있으나, 다양한 지역에 걸쳐 나타나는 단결문화가 모두 유정동유형으로부터 파생되었다고 보기에는 아직 해결해야할 문제들이 많이 남아 있다. 또한 장태상은 '대행수유형(大杏樹類型) → 석질미문화 → 단결문화' 라는 발전 가설을 제시한 바 있다.[70] 여하튼 단결-크로우노프카문화의 기원을 자세히 밝혀내기 위해서는 더 많은 연구가 지속적으로 이루어져야 할 것이다. 또한 옥저의 종족적 기원 역시 아직 미결문제로 남아 있다.

따라서 고고학문화권에 대한 구체적인 구분과 연구가 미흡한 상태에서 단순히 문헌상으로 확인되는 고대 민족과 연관시켜, 서로 다른 시기와 계열의 다양한 유적을 하나로 뭉뚱그려 이해하려는 시도는 결코 바람직하지 않다.

---

[67] Ж. В. Андреева. Древнее Приморье. М., 1970, pp.80~82
[68] Д. Л. Бродянскижной. Южное Приморье в эпоху освоения металла. Автореф. канд. дисс. Новосибирск, 1969, pp.18~19.
[69] А. П. Деревянко. Ранный железный век Приамурье. Новосибирск, 1973, p.276.
[70] 張泰湘,「綏芬河流域原始文化初探」,『社會科學戰線』1982年 2期.

예를 들면, 광유의 연구에서 제시된 바 있는 이른바 '북옥저문화(北沃沮文化)'라는 표현은 개인적 견해로는 나름 의미를 가지고 있다고 할 수 있겠으나, 하나의 거대한 고고학 문화권을 지칭하는 전문 학술용어로 사용되기는 어렵다.

   종합해 봤을 때, 단결문화권 확정 문제는 단지 이 문화 연구 분야의 새로운 기점에 불과하다. 그 외에도 지속적인 유적조사 작업과 자세한 분석 연구를 통해 해결해야 할 수많은 과제들이 남아 있다. 단결문화권 확정은 주변의 여러 문화유적을 연구하는 기준점이 될 수 있는데, 문헌에 등장하는 옥저족(沃沮族)의 실체와 그 종족 기원을 밝힐 수 있는 단서가 되기도 한다. 이 문화권의 북방, 서방, 남방 지역의 동시기 유적에 대한 연구가 착실히 진척되고 있어, 읍루, 부여 및 예맥의 고고학유적 비정 문제 또한 머지않아 밝혀질 것으로 기대된다.

(『北方文物』1985年 創刊號에 수록)

2장
장성남북의 고대문화교류

현재 중국 고문자학계에서 가장 영향력있는 학자라면 당연히 임운교수이다. 임교수는 고문자를 연구하는 과정에서 황하중류유역에 대한 많은 유적과 유물들을 접하였고, 그 유물들과 관련된 다른 지역을 고찰하는 과정에서 장성남북의 문화교류가 빈번함을 알게되었다. 그 바탕으로 장성남북의 문화교류에 대한 본인의 관점을 정리한 것 중 몇 편을 선정하였다.

1) 하대(夏代)의 중국 북방청동기
2) 상문화 청동기와 북방 지역 청동기의 상관관계에 대한 재론
3) 활모양(弓形器) 청동기와 관련된 몇 가지 문제에 대해
4) 중국 북방 장성 지대 유목문화 벨트의 형성 과정

하대(夏代)의 중국 북방청동기

중국 북방청동기란 청동기시대 중국 북방 지역에서 보편적으로 사용된 청동기를 일컫는 말이다. 중국 북방 지역의 청동기시대 문화유적들에서는 서로 다른 문화적 특징들이 나타난다. 중국 고고학계에서는 이들을 여러 고고학 문화권역으로 구분해보고 있다. 하지만 이들 유적에서 발견된 청동기는 많은 특징들을 공유하고 있다. 이들 청동기는 중원(中原) 지역의 청동기와 구분될 뿐만 아니라, 중국 동북(東北) 지역과 신강(新疆) 지역의 청동기와도 다르다. 중국 북방 지역 청동기가 지니고 있는 공통된 특징은 동일한 기원을 가지고 있다는 것이 아니다. 그것은 다양한 문화에서 기원된 요소들이 지리적으로 근접한 특정 자연환경에서 서로 융합되어 형성된 것이라 할 수 있다. 이 유형의 청동기를 유라시아 대초원문화가 남쪽으로 전파된 형태로 보거나, 혹은 중국 중원문화가 북쪽으로 영향을 미친 결과로 보는 것은 모두 역사사실에 부합하지 않는다. 이 지역에는 적어도 신석기시대에 이미 인간이 거주하고 있었으며, 그들은 스스로 자신들 문화와 전통을 형성하고 있었다. 따라서 이 지역의 청동기시대 여러 문화는 현지문화를 바탕으로, 북방 및 남방의 문화적 요소를 수용해 형성되었다고 보는 것이 타당하다.

앞선 시기에 많은 고고학자들은 북방청동기는 상대(商代)를 기점으로 등장하기 시작한다고 보았다. 즉 지금으로부터 3500년 전을 전후한 시기인 중원지역의 이리강문화시기(二里岡文化時期)[1]에 해당하는 시점부터 등장하기 시작한다고 주장하였다. 하지만 필자는 1982년 호놀룰루에서 개최된 「상문화(商文化) 국제학술회의」에서 반대 견해를 제시한 바 있다. 그 요지는 다음과 같다. "중국 북방 지역의 청동기는 이리강문화 청동기와 동시대적으로 발전되었을 뿐만 아니라, 심지어 그보다 더 이른 시기로 소급해 볼 여지가 있다. ……북방계 청동기는 이리두문화 말기에 이미 존재하고 있었으며, 이리강문화 청동기의 형성에 영향을 미쳤다."[2]고 하였다. 이어서 1994년 필자는 다른 한편의 논문을 통해 이러한 견해를 재차 천명했다.[3] 그 뒤, 속속 발표된 새로운 발굴 자료들은 필자의 관점을 한층 더 입증해주었다. 그리고 전광금(田廣金) 선생 역시 필자의 견해를 수긍하여, 북방계 청동기의 등장 연대를 하대(夏代)로 재조정하였다.[4] 따라서 본 논문에서는 하대의 중국 북방청동기에 대해 살펴보고자 한다.

북방 지역의 서부에서 발견된 가장 오래된 금속제품은 마가요문화유적(馬家窯文化遺蹟)에서 출토된 직병청동도(直柄靑銅刀)이며, 지금으로부터 5천 년 전의 것으로 판명되었다. 그 뒤, 마창문화(馬廠文化)와 제가문화유적(齊家文化遺蹟)에서도 적동(赤銅)과 청동(靑銅) 기물이 발견되었다.[5] 북방 지역 동부의 경우에 일부 자료로 미루어 봤을 때, 지금으로부터 5천 년 전의 홍산문화(紅山文化)에서 이미 동 제련기술을 갖고 있었을 가능성이 충분하다.[6] 다만 이와 관련해서는 더 많은 고고학 자료가 뒷받침 되어야 할 것이다.

하대(夏代, 서기전 2070~서기전 1600)에 해당하는 시기, 감숙(甘肅) 하서주랑

---

1) 田廣金,「中國北方系靑銅器文化和類型的初步硏究」,『考古學文化論集』4, 文物出版社, 1997.
2) Lin Yun, A Re-examination of Relationship between Bronzes of the Shang Culture and of the Northern Zone, *Studies of Shang Archaeology*, Yale University Press, 1986.
3) 林澐,「早期北方系靑銅器的几個年代問題」,『內蒙古文物考古文集』1, 中國大百科全書出版社, 1994.
4) 田廣金,「中國長城地帶農耕-畜牧-遊牧三階段發展說試論」,『遊牧騎馬民族文化의生成與發展의考古學硏究』(日本), 大手前女子大學, 1998.
5) 孫淑雲, 韓汝玢,「甘肅早期靑銅의發展與冶煉, 製造技術」,『文物』1997年 7期.
6) A.「中國文明起源座談紀要」,『考古』1989년 12기.
   B. 韓汝玢,「近年來冶金考古의一些進展」, 北京科技大學考古系國際會議論文, 1993.
   단, 牛河梁 轉山子 정상에서 발견된 紅山文化시기의 것으로 추정돼왔던 爐壁 파편에 대한 열어기 루미네선스(thermoluminescence / 熱釋光) 연대 측정 결과 夏家店下層文化시기의 것으로 판명되었다. 관련내용은 李延祥 等,「牛河梁冶金爐壁殘片硏究」,『文物』1999年 12期, 참조.

(河西走廊) 지역의 사패문화(四坝文化), 황하(黃河) 유역의 하투(河套) 및 그 동부, 북부 지역에 분포된 주개구문화(朱開溝文化), 내몽골(內蒙古) 동남부의 하가점하층문화(夏家店下層文化)와 하북(河北) 북부의 대타두문화(大坨頭文化) 유적에서는 서로 다른 종류의 동기(銅器)가 발견되고 있다.

사패문화 동기는 옥문시(玉門市)의 화소구(火燒溝), 안서현(安西縣) 응와수(鷹窩樹), 민락(民樂) 동휘산(東輝山), 주천(酒泉) 간골구(干骨溝) 등의 지역에서 발견되었는데, 도합 270여 점에 달한다. 종류로는 칼(刀), 삭(削), 추(錐), 모(矛), 비수(匕首), 화살촉(鏃), 귀걸이(耳環), 반지(指環), 팔찌(手鐲), 구(扣), 포(泡), 구슬장식(連珠飾), 동제(銅製) 사양수권장두(四羊首權杖頭) 등이 있다.(그림1 참조)[7] 그 외에 화살촉 주조용 석제 거푸집(鎔范)이 발견되기도 했는데, 그 표면에는 사용한 흔적이 남아 있다.[8] 화소구문화(火燒溝文化) 연대는 대체적으로 이리두문화와 비슷하다. 동기가 가장 많이 출토된 화소구고분의 ^{14}C 연대측정 결과(나이테 교정) 모두 하대 범주로 판명되었다.

주개구문화의 제2단계에서 제4단계에 이르는 시기는 대개 이리두문화시기와 비슷하다. 제4단계 유적에 대한 ^{14}C 연대 측정 결과 하대 말기로 판명되었다. 주개구문화 제3단계 고분에서 동제(銅製) 천(釧), 동환(銅環), 동지환(銅指環)이 출토되었다. 제3단계 주거유적에서 동착(銅鑿), 동추(銅錐)와 동침(銅針) 등 유물이 발견되었다. 제4단계 고분에서 역시 동지환이 출토되었으며, 회갱(灰坑) 유적에서는 동추가 발견되었다.(그림2 참조)[9]

하가점하층문화의 동기는 내몽골(內蒙古) 오한기(敖漢旗) 대전자(大甸子),[10] 요녕(遼寧) 홍성(興城) 선령사(仙靈寺),[11] 요녕 금현[錦縣;능해시(凌海市)] 수수영자(水手營子),[12] 요녕 부신(阜新) 평정산(平頂山),[13] 내몽골 객라심기(喀喇沁旗)

---

7) 李水城, 水濤, 「四坝文化銅器硏究」, 『文物』 2000年 3期.
8) 孫淑雲, 韓汝玢, 「甘肅早期靑銅的發展與冶煉, 製造技術」, 『文物』 1997年 7期, 그림 8.
9) 內蒙古自治區文物考古硏究所 等, 『朱開溝』, 文物出版社, 2000, 그림 63: 3, 4; 그림 215: 7, 13, 15, 17; 그림 216.
10) 中國社會科學院考古硏究所, 『大甸子』, 科學出版社, 1996, 그림 86: 4, 5, 6.
11) 高美璇, 「興城縣仙靈寺夏家店下層文化遺址」, 『中國考古學年鑑』(1985), 文物出版社, 1985.

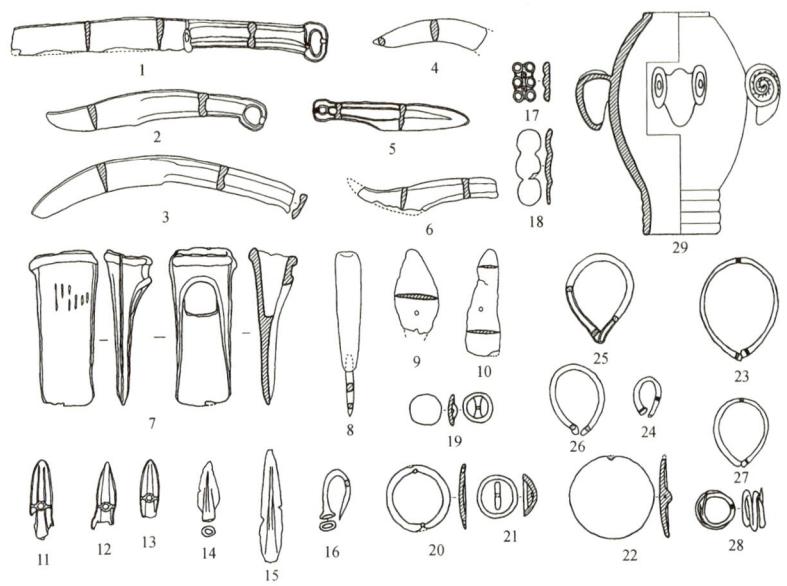

그림 1. 四坝文化 銅器
1~6. 刀; 7. 鋸; 8. 錐(骨制 손잡이); 9, 10. 削; 11~15. 鏃; 16, 24~27. 耳環; 17, 18. 連珠形飾; 19, 21. 扣飾; 20, 22. 泡; 23. 手鐲; 28. 指環; 29. 四羊首權杖頭

대산전(大山前),[14] 요녕 북표(北票) 강가둔(康家屯) 및 조양(朝陽) 나과지(羅鍋地)[15] 등 유적에서 발견되었다. 발견된 동기는 손잡이가 달린 과[戈, 연병과(連柄戈)], 지팡이 머리(杖首), 병대(柄鐓), 칼(刀子), 조각칼(刻刀), 화살촉(鏃), 귀걸이, 반지 등이 있다.(그림3 참조) 적봉(赤峰) 사분지(四分地)유적 H7에서 동기 제련용 토기 거푸집이 발견되기도 했다.[16] 하가점하층문화 연대는 이리두문화에서 이리강문화기에 해당한다. 현재 확보하고 있는 20여 개 ^{14}C 연대측정치 역시 대부분 하대 및 상대 전기 범위 내이다. 대산전(大山前) 유적에서 출토된

---

12) 齊亞珍 等, 「錦縣水手營子早期靑銅時代墓葬」, 『遼海文物學刊』 1991年 1期.
13) 遼寧省文物考古硏究所, 吉林大學考古學系, 「遼寧阜新平頂山石城址發掘報告」, 『考古』 1992年 5期.
14) 中國社會科學院考古硏究所, 內蒙古文物考古硏究所, 吉林大學考古學系의 연구자들로 구성된 '赤峰考古隊' 합동조사단의 최근 발굴 자료에 따르면, 환수도, 나팔모양 귀걸이 등 유물이 발견되었다고 한다.
15) 遼寧省考古所의 최근 발굴 자료에 따르면, 이들 유적에서 모두 칼(刀)이 발견되었다고 한다.
16) A. 遼寧省博物館 等, 「內蒙古赤峰縣四分地東山嘴遺址試掘簡報」, 『考古』 1983年 5期, 그림 11, 右.
    B. 郭大順, 「赤峰地區早期冶銅考古隨想」, 『內蒙古文物考古文集』 1, 中國大百科全書出版社, 1994.

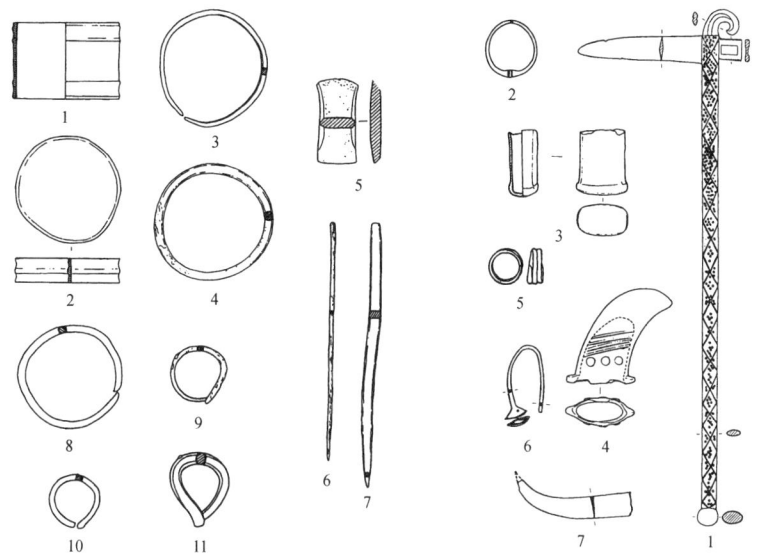

그림 2. 朱開溝文化 동기
1~4. 臂釧; 5.鑿; 6. 針; 7. 錐; 8. 環; 9~11. 指環
(1~6, 8, 9. 朱開溝 第3段; 7, 10, 11. 朱開溝 第4段)

그림 3. 夏家店下層文化 및 大坨頭文化 동기
1. 連柄戈; 2. 指環; 3. 鏃; 4. 杖首; 5. 指環; 6. 耳環; 7. 刀 (1. 錦縣 水手營子; 2~4. 敖漢旗 大甸子; 5. 北京 琉璃河; 6, 7. 薊縣 圍坊)

칼 두 점과, 나팔모양 귀걸이 한 점, 수수영자(水手營子) 유적에서 발견된 연병과(連柄戈), 대전자 유적에서 출토된 장수(杖首), 병대(柄鏃), 반지 등 유물들은 출토된 지층, 혹은 함께 발견된 토기의 형태로 미루어 보아, 상대 이전 시기의 것임이 틀림없다.

대타두문화(大坨頭文化) 청동기는 하북(河北) 대창(大廠) 대타두(大坨頭),[17] 천진(天津) 계현(薊縣) 장가원(張家園),[18] 계현 위방(圍坊),[19] 하북(河北) 당산(唐山) 소관장(小官),[20] 북경 유리하,[21] 창평(昌平) 설산(雪山),[22] 하북, 울현(蔚縣), 삼관(三關)[23] 등의 유적에서 발견되었다. 그 종류는 칼, 화살 촉, 귀걸이, 반지(그림

---

17) 天津市文化局考古發掘隊, 「河北大廠回族自治縣大坨頭遺址試掘簡報」, 『考古』 1966年 1期.
18) 天津市文物管理處, 「天津薊縣張家園遺址試掘簡報」, 『文物資料叢刊』 1, 文物出版社, 1977.
19) 天津市文物管理處考古隊, 「天津薊縣圍坊遺址發掘報告」, 『考古』 1983年 10期.
20) 安志敏, 「唐山石棺墓及其相關的遺物」, 『考古學報』 7, 1954年.
21) 琉璃河考古工作隊, 「北京琉璃河夏家店下層文化墓葬」, 『考古』 1976年 1期.
22) 北京大學歷史系考古教硏室商周組, 『商周考古』, 文物出版社, 1979, p.139.

3) 등이 있다. 대타두문화의 연대는 하가점하층문화와 비슷하다. 이백겸(李伯謙)의 연구에 따르면, 위방(圍坊)에서 출토된 동제 칼, 귀걸이, 장가원(張家園)과 삼관에서 출토된 귀걸이는 모두 상대 이전의 것이라고 한다.24)

사패문화 유적에서 발견된 동기 성분을 분석해본 결과, 적동, 신동(砷銅), 청동(靑銅) 등이 다양하게 나타나고 있다. 전반적으로, 사패문화의 청동기 수량이 제가문화보다 증가되는 추세이며 "장신구뿐만 아니라, 생산도구, 특별히 소모용 무기류가 출토되었다. 제작 관련한 거푸집도 함께 발견되었는데, 복합 소재 토기 거푸집을 이용하여 이차 주조법(分鑄法)으로 기물을 주조하기 시작했다. 이는 사패문화가 이미 청동기시대에 진입해 있었음을 말해준다."25)고 하였다. 제4단계이전 주개구문화(朱開溝文化)에서는 동기가 그리 많이 발견되지 않는다. 3단계 유물로 추정되는 동기 5점에 대해 감정해본 결과, 3점이 순동(純銅)이었고,26) 그중에 한 점은 비소가 1.6% 함유되었다. 그리고 석청동(錫靑銅) 한 점, 연석청동(鉛錫靑銅) 한 점으로 판명되었다. 4단계 유물로 추정되는 동기 8점 중, 순동 2점, 석청동 4점, 연석청동 2점으로 나타난다. 이 역시 청동의 비율이 증가하고 있음을 보여준다. 하가점하층문화와 대타두문화 유적에서 발견된 동기에 대한 체계적인 분석이 아직 이루어지지 않고 있다. 하지만 발굴보고서에 따르면, 하가점하층문화 대전자묘지에서 출토된 동기는 전부 청동 재질이라고 한다.27) 또한 복합 거푸집을 사용해야 제조 가능한 지팡이머리(杖首), 대(鐓), 정교한 꽃무늬장식이 있었다. 또한 동 사용량이 많은 연병과(連柄戈)가 발견되고 있다는 점으로 미루어 봤을 때, 하대에 중국 북방 지역은 이미 청동기시대에 진입해 있었다고 봐도 무리가 아니다.

북방 지역 청동기가 이리두문화(二里頭文化)에 영향을 미쳤을 것이라는 추

---

23) A. 張家口考古隊, 「薊縣考古紀略」, 『考古與文物』 1982年 4期.
　　B. 張家口考古隊, 「薊縣夏商時期考古的主要收穫」, 『考古與文物』 1984年 1期.
24) 李伯謙, 「論夏家店下層文化」, 『紀念北京大學考古專業三十週年論文集』, 文物出版社, 1990.
25) 內蒙古自治區文物考古硏究所 等, 『朱開溝』, 文物出版社, 2000, p.85.
26)
27) 中國社會科學院考古硏究所, 『大甸子』, 科學出版社, 1996, pp.188~190.

론을 뒷받침하는 실증 자료가 점차 축적되어 가고 있다. 예를 들면, 필자는 일찍이 1982년에 발표한 논문에서 이리두유적 III구역 M2에서 출토된 환수도(環首刀, 1980)를[28] 북방문화의 영향을 받았을 것으로 추정한 바 있다. 하지만 이러한 판단은 단지 칼의 형태가 쎄이마(Seima) - 뚜르비노 문화(Turbino)의 것과 유사하고, 중원 전통양식과 다르다는 점을 근거로 추론한데 불과했다. 그에 비해, 지금에 이르러서는 사패문화와 하가점하층문화 유적에서 출토된 환수도를 실제 근거자료로 제시할 수 있다.

이어서 하대 북방 청동기에 대한 남방과 북방의 영향에 대해 살펴보도록 하겠다. 앞에서 언급했던 금현(錦縣) 수수영자(水手營子) 하가점하층문화 유적에서 출토된 손잡이가 달린 과(戈)[연병과(連柄戈)](그림4, 1)는 중원계 청동기의 영향을 받아 제조된 기물임이 틀림없다. 다만 중원의 과는 과두(戈頭)만 청동재질이고, 손잡이 부분은 나무로 만드는 것이 일반적이다. 비록 목제 손잡이는 부식되어 실물을 확인하기 어렵다고는 하나, 상대 청동기에 명기(銘記)된 상형문자에서(그림4, 5) 연병과와 동일한 형태의 과를 확인할 수 있다. 윗부분이 갈고리모양으로 휘어 있고, 손잡이 밑 부분에 원형 대(鐓)이 있는 형태이다. 또한 수수영자 유적에서 출토된 과에는 마름모꼴형 장식문양이 있는데, 이는 하남(河南) 나산현(羅山縣) 천호(天湖) 상(商)·주(周) 교체기 고분에서 출토된 칠비병(漆秘柄)의 마름모꼴문식과 유사하다[29](그림4, 6) 이 역시 남방 지역으로부터의 영향을 시사해주고 있다.

날 부분(援部)의 길이 대 넓이의 비율로 미루어 보아, 수수영자에서 출토된 과(戈)는 이리두문화시기의 것으로 추정된다. 이리두문화 제3기 유적에서 발견된 동과(그림4, 2)와 대체적으로 비슷하기 때문이다. 상대 초기의 이리강문화(二里崗文化) 시기의 동과는 비교적 짧고 넓은 편이다.(그림4, 3) 상대 말기의 은허유적에서 출토된 과는 더 짧고 넓게 변해 있다.(그림4, 4) 이는 중원 지역의

---

[28] 中國社會科學院考古硏究所二里頭隊,「1980年河南偃師二里頭遺址發掘簡報」,『考古』1983年 3期, 그림 10: 9.
[29] 歐潭生,「河南羅山縣天湖出土商代漆木器」,『考古』1986年 9期.

과는 하대에 이미 북방의 동부 지역에 영향을 미치고 있었음을 시사해준다. 대전자 M43 유적에서 동제 지팡이머리(杖首) 한 점이 출토되었는데,(그림3, 4) 수수영자에서 출토된 과의 윗부분과 마찬가지로 갈고리모양으로 휘어있다. 일본 도쿄의 등정제성회(藤井齊成會) 유린관(有鄰館)에 소장되어 있는 연병과는 수수영자에서 출토된 것과 동일 유형으로,30) 다만 손잡이 부분의 마름모꼴 격자문양이 수수영자의 것보다 좀 더 세밀할 뿐이다.(그림4, 7)31) 이로부터 알 수 있듯이, 수수영자에서 발견된 과는 특이하고도 독자적인 형태가 아니며, 향후의 발굴 조사를 통해 지속적으로 발견될 것으로 추정된다.

하가점하층문화는 당시 중국 북방 지역에서 중원문화의 영향을 많이 받은

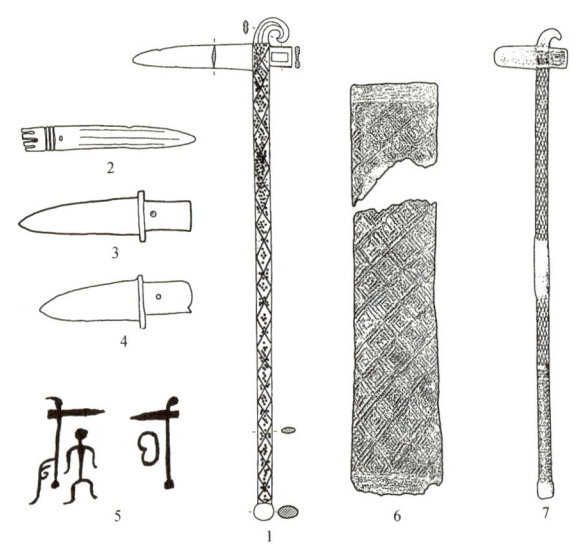

그림 4. 戈의 형태 비교
1. 水手營子 고분 출토; 2. 二里頭文化 3期; 3. 二里崗文化; 4. 殷墟文化; 5. 商代 靑銅器 銘文; 6. 羅山縣 天湖墓地; 7. 일본 도쿄 藤井齊成會 有鄰館 소장

---

30) 유린관(有鄰館)에 소장되어 있는 과는 날 부분의 훼손이 심해, 장인(匠人)에게 의뢰해 수선했는데, 함께 위조한 명문(銘文)을 새겨 넣기도 했다.
31) 『大草原の騎馬民族 – 中國北方の靑銅器』, 東京國立博物館, 1997, 그림 3.
32) 당시 필자는 대타두문화(大坨頭文化) 역시 하가점하층문화 범주에 포함시켜 이해했다.
33) A. 林澐, 「東胡與山戎的考古探索」, 『環渤海考古國際學術討論會論文集』, 知識出版社, 1996.

문화의 한 갈래이다. 이리두문화의 것을 모방한 토기 예기(禮器)인 작(爵), 규(鬹)의 형태는 물론이고, 심지어 분(盆)과 같은 일상용 토기의 변화 발전 순서도 이리두문화의 것과 일치한다. 따라서 청동기에 역시 중원문화의 영향을 받은 흔적이 뚜렷이 나타난다.

중국 북방의 서부 지역에서는 유라시아 대초원 지역문화의 영향을 많이 받게 되는데, 하대 북방청동기에서 그러한 흔적들을 발견할 수 있다. 필자는 1992년 석가장(石家庄)에서 개최된 환발해고고국제학술토론회(環渤海考古國際學術討論會)에서 다음과 같은 견해를 제시한 바 있다. "하가점하층문화32) 유적에서 출토된 귀걸이는 한 쪽이 나팔모양을 하고 있다. 이러한 형태의 귀걸이는 예니세이강 서쪽의 안드로보문화유적에서 나타나는 동환(銅環)의 형태와 놀라울 정도로 닮아 있다. 지리적으로 멀리 떨어져 있는 두 정착인 집단 사이에 교류를 한 흔적이 나타나고 있다는 것은, 그들 사이에서 매개체 역할을 한 유동적인 집단의 존재를 짐작케 한다."33)고 하였다.

1994년 서울에서 개최된 동아청동기문화국제학술회의(東亞靑銅器文化國際學術會議)에서 필자는 「중국동북지구청동시대고고적신진전(中國東北地區靑銅時代考古的新進展)」이라는 글을 통해 이 유형의 귀걸이에 대해 재차 언급하였다. 이 회의에서 이를 중국 동북 지역에서 유라시아대륙 초원지대문화의 영향을 받았다는 중요한 근거로 제시했다.34) 이어지는 연구에서는 몽골(蒙古) 중앙국립박물관에 소장되어 있는 나팔모양 귀걸이(그림5)에 대한 분석을 통해 재차 위에서 말한 것과 같은 주장을 논증했다.35) 한편 1998년 엠마 벙커(Emma C. Bunker)가 발표한 논문에서는 비록 필자의 선행연구를 참조하지 않았으나,

---

B. 안드로보문화 유적에서 발견된 귀걸이와 관련해, 다음 논저를 참조. Н. А. Аванесова: Сериги и височиные подвески андроновской культуры. —Первбытная археогия Сибири. Л. 1975.
34) 林澐, 「中國東北地區靑銅時代考古的新進展(提要)」, 『東亞靑銅器文化(1994년 제3차 문화재연구 국제학술대회 논문집)』(한국), 文化財硏究所, 1994.
35) 林澐, 「中國東北和北亞草原初期文化交流的一些現象」, 『博物館紀要』12(한국), 단국대학 중앙박물관, 1997.
蒙古에서 발견된 나팔모양 귀걸이에 대해, 다음과 같은 자료 참조. В. В. Волков: Бронзовый и ранный железный век сеарной Монголии Уланбатор 1976, 그림16: 6.

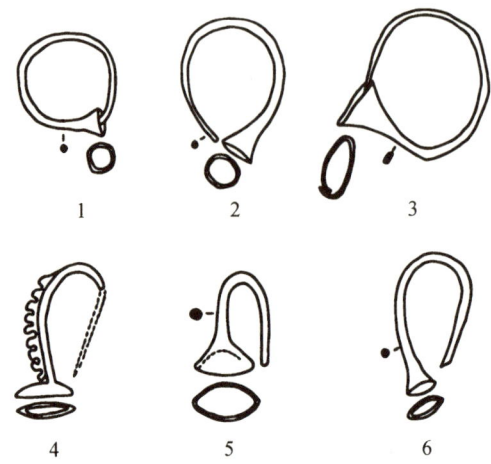

그림 5. 나팔모양 귀걸이 비교
1~3. 안드로노프문화 (왼쪽에서 오른쪽 순으로, 黑湖 I M76; 洛夫卡 II M3; 姆米納巴德 M3) 4. 蒙古 중앙박물관 소장; 5. 唐山 小官庄; 6. 阜新 平頂山

대체적으로 비슷한 주장을 하고 있다.(그림6)[36] 그녀는 다양한 지역에 걸쳐 출토된 유물을 표준샘플로 삼았다. 서쪽으로는 아랄해(Aral Sea) 지역의 아무다리야강(Amu Darya River) 유역에서 출토된 것,(그림6. 1),[37] 북쪽으로 탐스크 인근에서 출토된 것(그림6, 3),[38] 그리고 최남단에서는 알타이 지역에서 출토된 것(그림 6, 5)[39]을 연구대상으로 하였다. 엠마 벙커가 알타이에서 출토된 유물을 선택한 이유는 아마도 그것이 금박(金箔)으로 감싸져 있었기 때문인 것 같다. 아와열색왜(阿瓦涅索娃)의 연구에 따르면, 안드로노프문화에서 이 유형 귀걸이는 동제(銅製)뿐만 아니라, 금제(金製)도 있으며, 금박으로 감싼 형태도 확인된다고 하였다.[40] 평곡(平谷) 유가하(劉家河) 고분에서 출토된 나팔모양 금제 귀걸이는 함께 발견된 상대(商代) 청동예기(靑銅禮器)로 미루어, 은허 초기, 즉 상대 중기의 것으로 판단된다. 사실상 대타두문화(大坨頭文化)의 창평 설산 고분에서도 나팔모양 금제 귀걸이가 출토되었다.[41] 필자는 이 유물을 북경대학 고고

---

36) Emma C. Bunker, Cultural Diversity in the Tarim Basin Vicinity and Its Impact on Ancient Chinese Culture, *The Bronzer Age and Early Iron Age Peoples of Eastern Central Asia* Volume II, 1998, p.611, 그림 11~16.
37) P. Yankova L, "Central Asia in the Bronze Age : sedentary and nomadic cultures" Antiquity 68, 1994, p.336.
38) М. Н. Комарова: Томский могильник(МИА No.24) M. 1952, p.18, 그림8: 6.
39) Jettmar, Karl: The Altai Before the Turks. *Bulletin of the Museum of the Far Eastern*, Antiquities 23, 1951, pp.135~223.
40) 『大草原の騎馬民族 - 中國北方の靑銅器』, 東京國立博物館, 1997, 인용문에서 재인용.

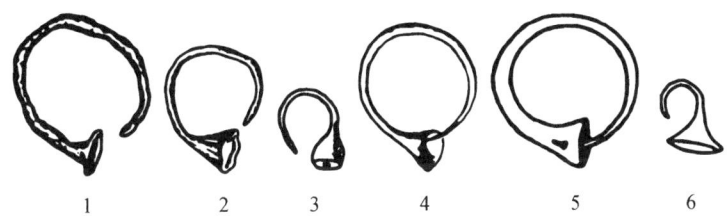

그림 6. 나팔모양 귀걸이 비교 (엠마 벙커의 논문에 실린 도판)
1~3. 塔吉爾門 塞; 2. 西 시베리아의 안드로노프문화; 3. 탐스크 인근의 小臺地; 4. 중앙아시아 서부 지역의 안드로노프문화; 5. 알타이(赤銅 재질에 金箔을 덧씌움); 6. 北京 平谷 劉家河

학과 유물보존고에서 직접 확인하였다. 단, 비록 하가점하층문화 및 대타두문화 유적에서 출토된 귀걸이와 안드로보문화 유적에서 발견된 귀걸이가 형태나 재질에서 유사한 특징들이 확인된다. 하지만 이들 사이의 지리적 간격이 지나치게 멀어, 문화 전파의 가능성에 대해 많은 학자들의 공감을 이끌어내기 어려운 것이 사실이다.

화소구(火燒溝) 고분에서 나팔모양 귀걸이가 출토되면서, 이 유형 귀걸이 전파경로의 중간 지점이 확인됨 셈이다. 주목할 필요가 있는 부분은, 안드로노프문화에서 이 유형 귀걸이는 원형 나팔모양인데 비해, 하가점하층문화와 대타두문화에서는 납작한 형태를 하고 있다는 점이다. 이러한 형태 차이는 양자의 연관성 자체를 의심하게 만드는 이유이기도 하다. 현재 화소구(火燒溝)에서 발견된 귀걸이는 납작한 나팔모양인데,(그림1, 16) 최근 러시아에서 발표한 카자흐스탄의 알마아타(alma-ata)주에 대한 고고학 자료에 따르면, 1997~1998에 발굴한 구택이포랍극(寇澤爾布拉克) I호묘와 II호묘에서 출토된 나팔모양 귀걸이는 타원형이거나 납작한 모양이라고 한다.(그림7 참조)[42] 이는 나팔모양 귀걸이는 카자흐스탄 동부에서 이리하(伊犁河) 계곡을 거쳐, 신강(新疆) 지역에서 다시 사패문화로 전파되었음을 잘 나타내주고 있다.

---

41) 北京大學歷史系考古教硏室商周組, 『商周考古』, 文物出版社, 1979.
42) А. Н. Марьяшев А. А. Горячев: Памятники кулсайского типа э рохи поздней и Финальной бронзы Семиречья—История и археология Семиречья, Алматы, 1999, 그림9, 1~4, 11, 12, 16.

1997년에 고빈수(高浜水)는 도쿄국립박물관에 소장되어 있는, 중국 북방 지역에서 출토된 것으로 알려진 입양(立羊) 장식 나팔모양 '이식(耳飾)'에 대해, 안드로보문화에서 기원된 귀걸이로 해석하였다. 그러면서 몽골중앙박물관에 소장되어 있는 나팔모양 귀걸이를 근거자료로 제시했다.[43] 도쿄국립박물관에 소장되어 있는 이 장신구는(그림8, 1)[44] 사실상 주개구유적에서 수습된 '동환형기(銅環形器)'의[45] 형태와 유사하다.(그림8, 3) 그에 비해, 몽골중앙박물관에 소장되어 있는 나팔모양 장신구는(그림8, 2) 몽골 전항애성(前杭愛省, Өвөрхангай아ймаг) 남부의 대부십(臺夫什) 오이(烏爾) 고분에서 출토된 금제 '머리장신구(髮飾)'에 가깝다.(그림8, 4; 5)[46] 사실상 이들 두 금제 장식의 머리 부분은 나팔모양이라기보다는 '카라수크식' 권각양두(圈角羊頭)일 것으로 추정된다. 대부십 오이고분 발굴에 직접 참여한 낙부가라왜(諾芙哥羅多娃)는 이 고분의 축조연대를 서기 전 천년 대 후반기로 보았다.[47] 또한 이 금제 장신구가 수습된 위치로 보아, 이는 아마도 머리가 흘러내리지 않도록 고정시켜주는 소품인 것 같다.(그림9 참조) 이로 미루어, 중국에서 출토된 나팔모양 '귀걸이' 중에도 일부 두발용 장신구가 있을 것으로 추정된다. 발굴 과정에서 유물의 위치에 주목하여 꼼꼼히 식별해야 할 필요가 있다. 주개구유적에서 수습된 것도 아마 귀걸이가 아니라 두발용 장신구일 가능성이 많다. 유물의 그 연대는 주개구 제5단, 즉 서기 전 1300년 이후의 것으로 추정된다. 그 형태는 나팔모양이 간소화된 양식인데, 이는 나팔모양 귀걸이(혹은 머리 장신구)가 동쪽으로 전파되었다는 근거 자료이기도 하다.

그러므로 중국 북방 지역의 나팔모양 귀걸이(혹은 머리 장신구)는 서쪽의 안드로노프문화에서 기원되었다고 볼 수 있는데, 이는 현재 학계의 보편적 인식이기도 하다.

---

[43] 歐潭生,「河南羅山縣天湖出土商代漆木器」,『考古』1986年 9期, p.156.
[44] 歐潭生,「河南羅山縣天湖出土商代漆木器」,『考古』1986年 9期, 그림 4.
[45] 內蒙古自治區文物考古硏究所 等,『朱開溝』, 文物出版社, 2000, 그림 88, 1.
[46] 藤川繁彦 編,『中央ユーラシアの考古學』, 同成社, 1999, 그림17.
[47] Э. А. Новгородова: Древняя Монголия М., 1989, p.138.

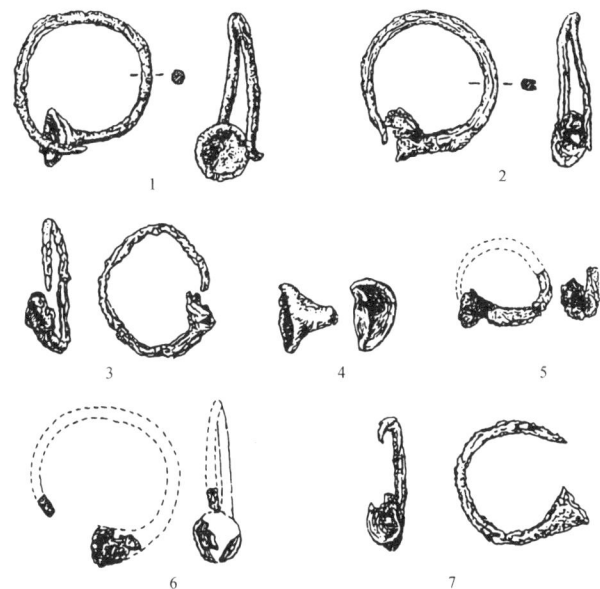

그림 7. 나팔모양 귀걸이 비교
1~5. 寂澤爾布拉克 I고분에서 출토된 귀걸이
6, 7. 寂澤爾布拉克 II고분에서 출토된 귀걸이

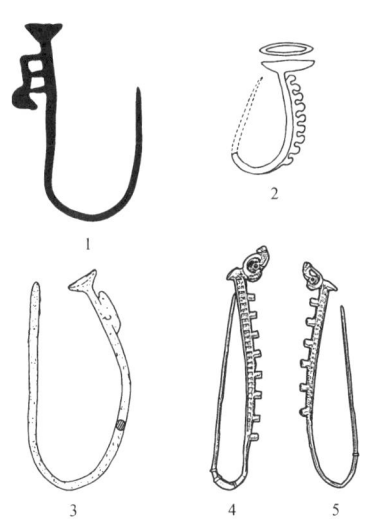

그림 8. 나팔모양 귀걸이 비교
1. 도쿄 국립박물관 소장; 2. 몽골 중앙박물관 소장;
3. 주개구 출토; 4, 5. 臺夫什 烏爾 고분 출토

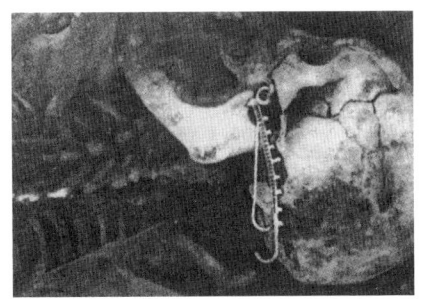

그림 9. 나팔모양 귀걸이 비교
臺夫什 烏爾 고분 金製 머리 장신구 발견 당시 상황

중국 북방 지역의 청동기에 대한 북방 청동기의 영향을 잘 드러내주고 있는 또 다른 유물은 바로 이른바 '투겁식(套管式)'으로 불리는 동분(銅錛)이다. 주천(酒泉) 간골애(干骨崖)유적에서 이 유형 동분(銅錛)이 발견되었는데(그림10, 8), 형태상 쎄이마 - 뚜르비노문화와 연관성이 있을 것으로 추정된다. 세이마고분과 레신스키(列申斯基)고분에서 모두 이 유형의 분이 출토된 바 있다.(그림10, 1; 2)⁴⁸⁾ 남부시베리아의 카라수크문화유적에서도 이 유형의 분이 확인되고 있다.(그림10, 3)⁴⁹⁾ 그 외에 탐스크 이북의 초뢰모하(楚雷姆河) 지역(그림10, 4),⁵⁰⁾ 몽골의 헨티(Hentiy)주(그림10, 5)⁵¹⁾ 및 동카자흐스탄(그림10, 6)⁵²⁾ 등 지역에서도 발견되고 있다. 중국과 카자흐스탄 접경 지역에 위치한 탑성(塔城)에서도 이와 유사한 형태의 동분이 발견된 바 있다.(그림10, 7)⁵³⁾ 이러한 분포 양상으로 미루어 보아, 이 형태의 동분 역시 나팔모양 귀걸이와 마찬가지로 카자흐스탄을 경유해 신강(新疆) 지역으로 유입되었을 가능성이 많다. 과거에 중국 북방 지역에서도 투겁식 분이 일부 발견되었다. 예를 들면, 교토대학에 소장되어 있는 『경도대학문학부박물관고고학자료목록(京都大學文學部博物館考古學資料目錄)』(1963)에 따르면, 하마다 고사쿠(濱田耕作)가 1935년에 기증한 것이 한 점 있다고 한다. 이 분(錛)에 관한 내용은 미즈노 세이치(水野清一), 에가미 나미오(江上波夫)의 『수원청동기(綏遠青銅器)』에도 언급되어 있다.⁵⁴⁾ 더불어 안특생(安特生)이 북경(北京) 지역에서 매입한 것으로 알려진 다른 한 점에 대한 언급도 있다. 올해 필자는 교토대학을 방문하여, 모리시타 쇼지(森下章司)선생의 협조를 얻어, 이 동분에 대한 실측작업을 진행한 바 있다.(그림10, 9) 단, 이 동분의 출토

---

48) О. Н. Бадер, Д. А. Крайнов, М. Ф. Косарев: Эпоха бронзы лесной полосы СССР М. 1987, 그림 42, 21; 그림44, 38.
49) Э. Б. Бадецкая: Археологические памятники в степях среднего Енисея. Ленинглад, 1980. 도판 V, 22.
50) А. И. Мартынов: Десостепеая тагарская культура. Новосиирск, 1979, 사진 31: 18.
51) 『大草原の騎馬民族 - 中國北方の青銅器』, 東京國立博物館, 1997, 그림 6: 2.
52) Jian jun Mei. "Copper and Bronze Metallurgy in Late Prehistory Xinjiang" Oxford, 2000, 그림 2, 25:1
 (C. C. Черников Восгочно-Казахстан в бронзовом веке М. ,1960, 그림 64, 재인용).
53) 龔國強, 「新疆地區早期銅器略論」, 『考古』 1997年 9期, 그림 2, 15.
54) 원서 사진 36, 14

지는 확실치 않아 아쉬움이 남는다. 전광금(田廣金)과 곽소신(郭素新)의 저서 『악이다사식 청동기(鄂爾多斯式靑銅器)』에도 오르도스 지역에서 발견된 투겁식 동분이 언급되어 있다.(그림10, 10)[55] 여하튼 향후 연구에서 이 형태의 동분에 대해 주목할 필요가 있다. 화소구 발굴 자료에 따르면, 그 연대는 하대로 소급될 수 있으며, 하대 중국 북방계 청동기의 대표적 유물의 하나라고 한다.

위에서 살펴봤듯이, 하대에 중국 북방 지역의 동부는 중원의 영향을 많이 받았고, 서부는 유라시아초원 지역의 영향을 많이 받았던 것 같다. 그렇다면 중국 북방 지역 청동기 자체에도 지역에 따른 차별성이 존재했다고 볼 수 있다. 그러면서도 한편으로는 하대 중국 북방 지역 청동기들만이 공유하고 있는 공통된 특징들이 나타나며, 또 한편으로는 타 지역 청동기와는 다른 특성을 갖고 있다.

현재 확보하고 있는 자료로 보자면, 장신구에서 일치성이 가장 두드러지게 나타난다. 예를 들면, 나팔모양 귀걸이(혹은 머리 장신구)의 경우, 사패문화에서

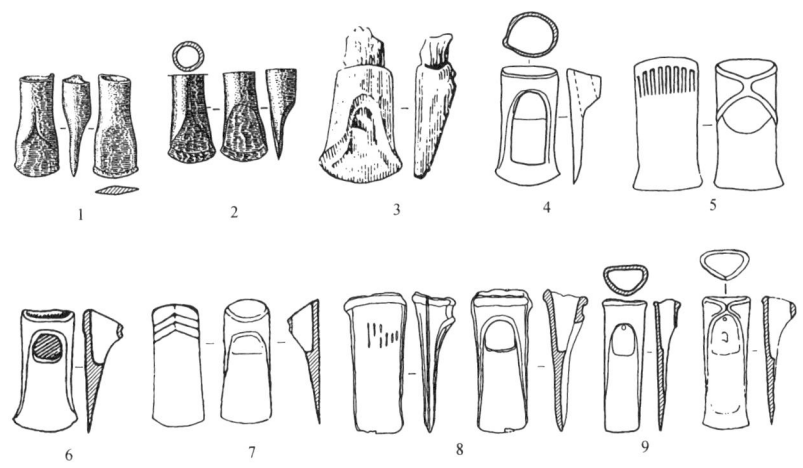

그림 10. 투겁식 銎 비교
1. 세이마 고분; 2. 레신스키 고분; 3. 카라수크문화; 4. 楚雷姆河; 5. 몽골 헨티州 박물관 소장;
6.동 카자스스탄; 7. 新疆 塔城; 8. 酒泉 干骨崖; 9. 京都大學文學部博物館 소장; 10. 오르도스 지역

---

55) 田廣金, 郭素新, 『鄂爾多斯式靑銅器』, 文物出版社, 1986, 그림 21, 3.

하가점하층문화, 대타두문화에서 모두 유사한 형태로 발견되고 있다. 하지만 나팔구 부분은 납작한 원형 혹은 대추씨 모양이다. 이것은 안드로노프문화의 나팔모양 귀걸이는 둥근 모양인 것과는 다른 모양이다. 또한 중국 북방 지역의 전체적인 형태가 U자형 혹은 물방울 모양으로 휘어 있으나(그림1, 16; 그림3, 6; 그림5, 5; 6) 즉 중국 북방 지역은 외래문화인 안드로보문화의 둥근 모양 귀걸이를 받아들였고, 그것을 나팔모양 귀걸이로 변형하였다. 다시 말해, 수용한 외래문화에 대한 변형을 거쳐 중국 북방계 청동기만의 독특한 형태를 형성했다는 것이다. 그러한 독특한 형태의 나팔모양 귀걸이는 중국 북방 지역만의 문화전통으로 이해된다. 상대 중기의 것으로 추정되는 북경 평곡(平谷) 유가하(劉家河)고분에서 나팔 모양의 형태의 금제 귀걸이(그림11, 1)가 발견되었다. 그리고 요녕(遼寧) 창무(彰武) 평안보(平安堡)유적 T106③에서 서도 동일 양식의 동제 귀걸이(그림11, 2)가 출토되었다. 그 연대는 고태산문화(高臺山文) 3기, 즉 상대 말기에 해당한다.[56] 서주(西周) 초기로 편년되는 하북(河北) 천안(遷安) 소산동장(小山東庄)고분에서도 여전히 이 형태의 동제 귀걸이가 발견되고 있다. 발굴보고서에서는 이 유물을 녹송석(綠松石) 재질이라고 했으나, 사실상 녹송석을 가지고 그러한 형태의 장신구를 만들기는 어렵다.(그림11, 3)[57]

또 다른 예를 들어 보면, 사패문화에서 일종의 특이한 형태의 귀걸이가 발견되었다. 그 모양은 한쪽은 납작하고, 다른 한쪽은 뾰족한 형태이다.(그림1, 24) 주개구 제3단 유적에서도 이 유형의 귀걸이가 발견되었다.(그림2, 5) 하가점하층문화와 대타두문화에서 역시 이 유형 귀걸이가 출토된 바 있으며, 대전자 M516에서는 금제(金製)가 발견되었다.(그림12, 1) 이 형태의 귀걸이도 역시 북방 지역에서 일종의 전통양식으로 자리매김하였다. 예를 들면, 위영자문화(魏營子文化)에 속하는 요녕(遼寧) 객좌현(客左縣) 도호구토갱묘(道虎溝土坑墓)에서 출토된 이 유형 귀걸이의 제조 연대는 이미 상, 주(商周) 교체기까지 내려와 있다.[58] 서주 초기로 편년되며, 장가원상층문화(張家園上層文化)에 속하는 하

---

56) 遼寧省文物管理硏究所 等,「遼寧彰武平安堡遺址」,『考古學報』1992年 4期.
57) 唐山市文物管理處 等,「河北遷安縣小山東庄西周時期墓葬」,『考古』1997年 4期.

북(河北) 천안(遷安) 소산동장(小山東庄) 고분에서도 같은 형태의 금제 귀걸이가 출토되었다.(그림12, 3) 그 외에 서주지역에서 춘추시대 초기의 것으로 추정되는 연경(延慶) 서발자촌 교장기물(西撥子村 窖藏器物) 중에서도 여전히 이 유형 동제 귀걸이가 확인되고 있다.(그림12, 4)[59]

그 밖에도 사패문화 유적에서는 양쪽 끝이 납작한 형태의 팔찌가(그림1, 23) 발견되었다. 비록 하가점하층문화나 대타두문화에서는 아직 발견되지는 않았으나, 동일 지역에서 후대에 등장하게 되는 '금제 팔찌(金臂釧)'와 동일한 형태이다. 예를 들면, 상대 중기의 평곡 유가하(平谷 劉家河)고분에서 이 유형의 팔찌 한 쌍이 출토된 바 있다.(그림13, 1) 그 외에 상말주초(商末周初)의 요녕(遼寧) 객좌현(客左縣) 화상구(和尙溝) M1(그림13, 2),[60] 하북(河北) 천안(遷安) 소산동장(小山東庄)고분(그림13, 3), 계현(薊縣) 장가원(張家園)의 M3, M4[61] 등 유적에서도 동일 형태의 금제 팔찌가 발견되었다. 일찍이 1963년에 발굴된 영성(寧城) 남산근(南山根) M101 석곽묘는 하가점상층문화에 속하며, 그 축조시기는 대개 서주 말기에서 춘추 초기로 추정된다. 이 고분에서 역시 이 유형 금제 팔찌가 발견되었는데, 이는 현재까지 알려진 동일 유형 유물 중 가장 늦은 시기의 것이기도 하다.[62]

이상에서 살펴보았듯이, 중국 북방 지역의 일부 문화적 요소는 하대의 북방계 청동기까지 소급되어 나타나고 있다. 유적조사 작업의 끊임없는 발전과 함께, 북방계 청동기의 전개 과정이 서서히 밝혀지고 있다. 예를 들면, 사패문화 청동기가 발표되면서, 구슬(聯珠) 모양 장식, 양(梁)이 있는 동제(銅製) 포(泡), 짐승무늬 장식 등, 북방계 청동기의 여러 대표적 요소의 등장 시기가 앞당겨지게 되었다. 그리고 한쪽에 갈고리가 달린 화살촉의 등장한 것도 주목할 만하다. 다만 유감스러운 점이 몇 가지 있다. 우선, 이미 발견된 하대의 중국 북

---

58) 郭大順,「試論魏營子類型」,『考古學論文集』 1, 文物出版社, 1987.
59) 北京市文物管理處,「北京延慶縣西撥子村窖藏銅器」,『考古』 1979年 3期.
60) 遼寧省文物管理研究所 等,「客左和尙溝墓」,『遼海文物學刊』 1989年 2期.
61) 天津市歷史博物館考古部,「天津薊縣張家園遺址第3次發掘」,『考古』 1993年 4期.
62) 遼寧省昭烏達盟文物工作站 等,「寧城南山根的石槨墓」,『考古學報』 1973年 2期.

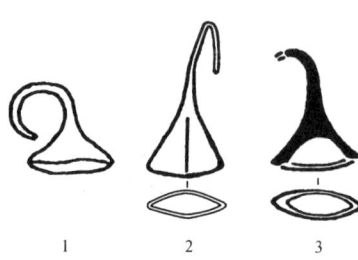

그림 11. 나팔모양 귀걸이의 변형
1.平谷 劉家河; 2. 彰武 平安堡; 3. 遷安 小山東庄

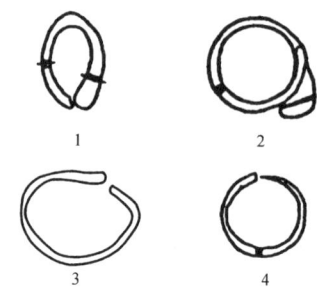

그림 12. 끝이 납작한 귀걸이(扁端耳環) 형태
1. 敖漢旗 大甸子; 2. 喀左 道虎溝; 3. 遷安 小山東庄; 4. 延慶 西撥子

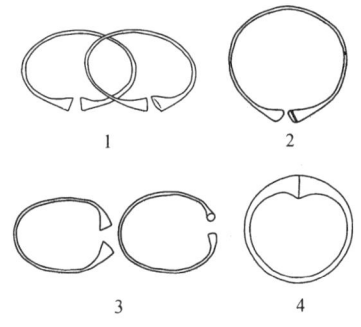

그림 13. 금제 팔찌(金臂釧)의 형태
1.平谷 劉家河; 2. 喀左縣 和尙溝 ; 3. 遷安 小山東庄; 4.寧城 南山根

방계청동기의 상당 부분이 현재 실측 작업 중에 있어서 외부에 공개되지 않고 있다는 점이다. 다음으로, 비교 연구할 수 있는 주변 지역의 비슷한 시기의 유물이 매우 제한적이라는 점이다. 특히나 신강(新疆) 지역의 유적과 유물에 대한 편년의 기준이 마련되어 있지 않아 연구에 어려움을 겪고 있다. 그러므로 하대의 중국 북방계 청동기들 중에서, 어떤 것들이 중국 북방 지역의 고유한 것인지를 확단하기에는 아직 이른 감이 있다. 새로운 자료가 더 많이 축적되고, 심도 있는 논의가 진행되고 나서야 결론지을 수 있을 것이다.

마지막으로 짚고 넘어갈 필요가 있는 부분은, 중국 북방계 청동기의 등장 시기는 결코 북방 지역이 유목민족에 의해 점거된 이후가 아니라는 점이다. 하가점하층문화, 대타두문화, 주개구문화 등은 모두 농경에 종사한 정착민의 문화이다. 사패문화 역시 축목, 수렵과 더불어 농경에 경제적 기반을 두고 있었다. 그 근거는 동회산(東灰山)유적의 사패문화지층에서 탄화된 밀(小麥), 보리

(大麥), 흑맥(黑麥), 기장(黍), 기장(稷), 수수(高粱) 등의 입자가 대량 발견되고 있다[63]는 점이다. 북방 지역이 본격적으로 유목화되기 시작한 것은 동주(東周) 후기, 즉 지금으로부터 2500년 전부터이다. 그러므로 북방계 청동기와 유목문화를 필연처럼 연관시켰던 잘못된 인식과 편견을 과감히 떨쳐버려야 할 것이다.

이상의 내용을 종합해보면, 북방계 청동기는 하대부터 등장하기 시작하며, 북방 지역 주민들이 남, 북의 두 문화권의 영향을 수용하여 발전시켜나갔다고 할 수 있다. 따라서 연구자들은 이 유형 청동기의 고유한 특징에 주목해야 할 뿐만 아니라, 다른 한 면으로, 그것에 내포되어 나타나는 남, 북 두 문화권과의 연관성에도 관심을 가져야 한다. 여하튼 인류사회는 아득히 먼 과거부터 주변의 서로 다른 문화권과의 교류를 통해 새로운 발전의 계기를 마련하며 발전해 왔다고 할 수 있다.

2001년 4월, 長春에서 개최된 '中國北方地帶靑銅時代考古國際學術硏討會' 학술회의 발표문

『邊疆考古硏究』第1輯, 社會科學出版社, 2002, 수록

---

[63] A. 李曙 等,「甘肅省民樂縣東灰山新石器遺址農業遺存新發見」,『農業考古』1989年 1期.
B.『民樂東灰山考古』, 科學出版社, 1998, 결론부분 '4. 生産與社會發展階段'

상문화 청동기와 북방 지역 청동기의 상관관계에 대한 재론

　상(商)나라의 청동기문화와 북방 지역과의 상관관계는 일찍부터 중국과 여러 나라 학계의 관심을 끌어왔다. 1950년대 이전에 이 주제에 관한 다양한 주장에 대해서는 중국학자 고거심(高去尋)의 연구에 자세히 정리되어 있다.[1] 남부 시베리아와 몽골 지역 발굴 작업에 종사해온 소련 학자 길사열부(吉謝列夫)(С.В., Киселёв)는 소련 국경 내에 있는 청동기문화와 중국 은문화의 연관성에 대해 언급한 바 있다. 1959년 중국 방문 당시 그러한 견해를 밝힘으로써[2] 중국 고고학계에 큰 영향을 주었다.

　1960년대 이후, 남부 시베리아에서 황하 유역에 해당되는 지역에 대한 다양한 발굴 조사가 이루어졌고, 그 결과 많은 연구 자료가 축적되었다. 특별히 상문화 이북 지역에 대한 발굴 작업이 활발하게 전개되면서 주목할 만한 새로운 자료가 발견되기도 했다. 이는 상나라의 청동기문화와 아시아 북방 여러 지역의 청동기문화와의 관계를 밝히는데 더없이 중요한 근거 자료가 되었다. 본 논문에서는 새롭게 축적된 중국 상대 고고학 연구 성과를 토대로, 이 문제를 새롭게 조명해보고자 한다.

---

1) 高去尋,「殷代的一面銅鏡及其相關之問題」,『歷史語言研究所集刊』29下, 1958.
2) С.В. 吉謝列夫,「蘇聯境內的靑銅文化與中國商文化的關係」,『考古』1960年 2期.

1. 상문화(商文化)의 북방 경계

『죽서기년(竹書紀年)』의 기록에 따르면, 상나라는 496년간 존속했다고 한다. 하지만 상나라의 실체에 대한 현대 고고학적 인식은 은허(殷墟) 발굴을 기점으로 한다. 하지만 사실상 은허문화(殷墟文化) 시기는 단지 273년에 불과하므로 상문화 전체를 대표하지는 못한다. 정주(鄭州)에서 이리강(二里岡) 유적이 발견되었다. 점차 은허문화의 전신(前身)이라고 할 수 있는 이리강 문화도 역시 상문화 유적임이 밝혀졌다. 또한 이리강의 상문화와 은허 상문화 토기의 특징과 편년에 관해서도 체계적이고도 정확한 인식체계가 마련되었다.

잘 알려져 있는 하북(河北) 호성현(蒿城縣) 대서(臺西)유적에서는 이리강문화 말기에서 은허문화 초기에 이르는 다양한 지층이 발견되고 있다.[3] 하지만 이 유적은 이리강문화의 최북단이 아니다. 정소종(鄭紹宗)의 발표에 따르면 만성현(滿城縣) 요장(要庄)에서도 '초기 상문화층'이 발견된다고 한다.[4] 추형(鄒衡)은 "1980년대까지의 조사 자료로 미루어보아, 그 최북단은 거마하(拒馬河) 일대에 이르고 있다."고 보고 있다.[5] 사실상 그보다 더 북쪽인 장가구(張家口) 지역에서도 이리강식 토기가 발견된 바 있다.[6] 또한 이리강식 청동기는 만성현 요장(滿城縣 要庄)[7] 뿐만 아니라, 평곡(平谷)의 유가하(劉家河),[8] 심지어 요녕 조양(遼寧 朝陽) 지역[9]에서도 나타나고 있다. 이리강문화유적은 서북쪽으로 산서성(山西省) 진(晉) 동남과 서남 지역에서 걸쳐 분포되어 있는데, 장자현(長子縣) 북쪽 교외에서 전형적인 이리강 말기 청동기묘(靑銅器墓)가 발견되었다.[10] 또한 하현(夏縣)의 동하풍(東下馮)에서 이리강문화의 건축유적과 성벽이 발견되

---

3) 臺西考古隊,「河北盛蒿城臺西商代遺址發掘簡報」,『文物』1979年 6期.
4) 河北省博物館, 文物管理處 編,『河北省出土文物選集』, 文物出版社, 1980, p.26.
5) 鄒衡,『夏商周考古學論文集』, 文物出版社, 1980, p.126.
6) 張家口考古隊,「蔚縣考古紀略」,『考古與文物』1982年 4期.
7) 河北省博物館, 文物管理處 編,『河北省出土文物選集』, 文物出版社, 1980, 사진 45.
8) 北京市文物管理處,「北京市平谷縣發現商代墓葬」,『文物』1977年 11期.
9) 文物編輯委員會 編,『文物考古工作三十年』, 文物出版社, 1979, p.89, 그림 6.
10) 郭勇,「山西長子縣北郊發現商代銅器」,『文物資料叢刊』3, 1980.

기도 했다.[11] 1980년까지 산서성(山西省) 중부 지역의 태곡현(太谷縣)에서 이리강식 토기와 현지에서 토기가 동일 문화층에서 발견되었다. 이리강문화는 서쪽으로 위하(渭河)계곡을 따라 분포되어 나타나고, 화현 남사촌(華縣 南沙村),[12] 남전현 회진방(藍田縣 懷珍坊)[13] 등 지역에서 이리강 유적이 발견되고 있다. 더 서쪽으로 나가, 부풍(扶風)의 백가요수고(白家窯水庫) 인근에서도 이리강문화 토기와 유사한 형태의 토기군이 발견되었다.[14] 단순히 청동기만 놓고 보자면, 비단 황토고원(黃土高原) 남부의 동천(銅川)에서 이리강식 동정(銅鼎)이[15] 발견되었을 뿐만 아니라, 황토고원 북부의 장자(長子) 지역에서도 이리강 말기의 동고(銅瓿)가 출토되었다.[16]

여하튼, 이리강 상문화는 태행산(太行山) 동쪽 비탈을 따라 북상하여, 다시 황하(黃河), 위수(渭水)를 거슬러 서쪽에 이른다. 다시 말해 황토고원의 동쪽과 남쪽 두 지역을 아우르고 있으며, 여러 하천의 계곡을 따라 황토고원 동남부에 이르며, 적어도 산서성 중부 지역에까지 미치고 있다.

하지만, 은허문화 시기에 이르면, 서북쪽으로 뻗어나가던 상문화의 추세가 현저히 누그러진다. 비록 은허식 청동기가 황토고원을 중심으로 혼현(忻縣),[17] 보덕(保德),[18] 수덕(綏德),[19] 청순(淸澗)[20] 등 지역에서 나타나고 있으며, 서쪽으로 보계(寶鷄)에,[21] 북쪽으로 내몽골(內蒙古)의 극십극등기(克什克騰旗)에[22] 이

---

11) 東下馮考古隊,「山西夏縣東下馮遺址東區, 中區發掘簡報」,『考古』1980年 2期.
12) 鄒衡,『夏商周考古學論文集』, 文物出版社, 1980, p.126.
13) A. 安志敏,「西周的兩件異形兵器 -略說我國商周與北方靑銅文明的連繫」,『文物集刊』2, 1980;
    B. 半坡博物館 等,「陝西藍田懷珍坊商代遺址試掘簡報」,『考古與文物』1981年 3期.
14) 羅西章,「扶風白家窯水庫出土的商周文物」,『文物』1977年 12期.
15) A. 銅川市文化館,「陝西銅川發現商周靑銅器」,『考古』1982年 1期.
    B. 陝西省考古硏究所 等,『陝西出土商周靑銅器』1, 文物出版社, 1979, 사진 3.
16) 陝西省考古硏究所 等,『陝西出土商周靑銅器』1, 文物出版社, 1979, 사진 4.
17) 沈振中,「忻縣連寺溝出土的靑銅器」,『文物』1972年 4期.
18) 吳振祿,「保德縣新發現的殷代靑銅器」,『文物』1972年 4期.
19) 朱捷元 等,「陝西綏德(土+弓)頭村發現一批窖藏商代器」,『文物』1975年 2期; 陝西省考古硏究所 等,
    『陝西出土商周靑銅器』1, 文物出版社, 1979, 사진 79~92; 93~98.
20) 戴應新,「陝西淸澗, 米脂, 佳縣出土古代銅器」,『考古』1980年 1期; 陝西省考古硏究所 等,『陝西出土商周靑銅器』1, 文物出版社, 1979, 사진 61~66; 67~68.
21) 王光永,「陝西省寶鷄市탑泉生産隊發現西周早期墓葬」,『文物』1975年 3期.
22) 克什克騰旗文化館,「遼寧克什克騰旗天寶同發現商代銅器」,『考古』1977年 5期.

르는 넓은 지역에서 발견되고 있다. 그렇지만 하나, 은허문화 토기군과 별도로 개별적으로 나타나는 일부 청동기만을 근거로 은허문화의 분포범위를 단정 짓기는 어렵다. 위하(渭河)유역에 대한 자세한 연구를 통해 현지 토기군과 더불어 은문화와 구별되는 선주문화(先周文化)가 발견되었다. 이 문화는 시기적으로 은허 대사공촌2기(大司空村2期) 후기에 해당하며, 독립적인 문화를 형성하고 있었다. 이 문화유적에서 출토된 청동기 중에서, 일부는 은허식으로 나타났다. 일부는 독자적인 양식의 것이다.[23] 또한 위하유역에서 발견된 은허식 청동기 중 많은 것들은 주나라 무왕이 상을 무너뜨리고 노획한 것으로 추정해 볼 수 있다. 1973년에 기산 하가촌(岐山 賀家村) M1에서 출토된 청동기가 있다. 그것을 예로 들면,[24] 가(斝)와 부(瓿)는 이리강식에서 은허식으로 과도되는 초기 양식이며, 궤(簋)와 유(卣)는 은허식 말기식이다. 부, 궤, 유에는 서로 다른 세 명의 상나라 사람 씨족 칭호가 명기(銘記)되어 있다. 서로 다른 상나라 사람 가문의 기물이며, 시대 또한 다르게 나타나는 청동기가 동일한 주(周)나라 고분에서 발견되었다는 점을 보면, 이들 기물을 전리품으로 노획한 것일 가능성을 시사해준다. 위하(渭河) 유역에서 나타나는 이러한 양상은 은허식 청동기가 출토되는 다른 지역 고고학 연구에 중요한 단서를 제공해주고 있다.

산서(山西)의 석루(石樓),[25] 영화(永和)[26] 일대에서 대량으로 발견된 은허식 청동기의 대부분은 묘지 속 부장품이었던 것으로 판단된다. 묘주(墓主)가 착용한 특이한 형태의 금(金) 귀걸이와 활모양(弓形) 머리장식품(頭飾)으로 봤을 때, 상나라 사람이 아닌 것이 분명하다. 함께 출토된 청동기의 종류나, 형태와 문

---

23) 鄒衡,『夏商周考古學論文集』, 文物出版社, 1980, p.126.
24) A. 陝西省博物館,「陝西岐山賀家村西周墓葬」,『考古』1976年 1期;
　　B. 鄒衡,「夏商周考古學論文集」, 文物出版社, 1980, 사진 20~40.
25) A. 山西省文管會保管組,「山西石樓縣二郞坡出土商周靑銅器」,『文物參考資料』1958年 1期;
　　B. 楊紹舜,「石樓縣發現古代銅器」,『文物』1959年 3期;
　　C. 謝靑山 等,「山西呂梁縣石樓鎭又發現銅器」,『文物』1960年 7期;
　　D. 郭勇,「石樓後蘭家溝發現商周銅器簡報」,『文物』1962年 4-5期;
　　E. 石樓縣人民文化館,「山西石樓義牒發現的商代銅器」,『考古』1972年 4期;
　　F. 楊紹舜,「山西石樓褚家峪, 曹家垣發現商代銅器」,『文物』1981年 8期.
26) 石樓縣文化館,「山西永和發現殷代銅器」,『考古』1977年 5期.

식에서 은허식 청동기의 특징이 나타나고 있다. 또한 이리강문화 분포 지역인 산서성 남부 지역에서는 은허문화 토기 유적이 발견되지 않고 있다는 점에 주목할 필요가 있다. 『좌전(左傳)』의 기록에 따르면, 주나라 초기, 당숙(唐叔)이 진(晉)에 분봉되자, "하(夏)나라의 정치에 따라 백성을 가르쳤으며, 오랑캐(戎)의 법도로써 다스렸다."27)고 하는데, 이는 상대 말기, 이 지역은 상나라 사람의 지역이 아니었음을 말해준다. 1976년 영석현(靈石縣)에서 발견된 고분에서 은허 말기 청동기가 대략 출토되었는데,28) 서로 다른 네 씨족의 칭호가 확인되고 있다. 따라서 이들 청동기는 상나라 정벌에 참여한 군사 연맹 세력에 의해 노획된 전리품일 가능성이 많으며, 은허 말기 상나라의 세력이 산서성 남부 지역에 미치고 있었다고 보기는 어렵다.

하북성(河北省) 북부 및 요서(遼西), 적봉(赤峰) 지역에서 발견된 은허식 청동기 역시 은허식 토기와 함께 발견된 경우가 없다. 북경 곡현 유가하 고분에서 출토된 청동기 중에서, 일부는 전형적인 이리강 말기 형태이나, 대부분 이리강 - 은허 과도기 양식이라고 한다. 하지만 고분의 축조 연대와 관련해, 출토 유물 중, 가장 후대의 것으로 추정되는 작(爵)으로 미루어 봤을 때,29) 대사공촌 2기보다 늦은 시기로 짐작된다. 이 고분의 묘주가 착용한 깔때기 모양의 금 귀걸이와 접합처가 부채모양으로 된 팔찌(臂釧)로 미루어 보아, 상나라 사람이 아니었을 것으로 짐작된다. 1972년에 노룡현(盧龍縣) 동알각장(東闗各庄)에서 은허 말기식 동정(銅鼎)과 활모양 청동기(弓形器)가 발견되었는데,30) 이 지역에서도 동일 형태의 금 팔찌가 출토되었다. 그 외 1973년에 석가장시(石家庄市)에서 개최한 "하북성출토문물전람(河北省出土文物展覽)"에 이 지역에서 발견된 뇌문유정궤(雷紋乳釘簋)가 전시된 바도 있다. 그리고 이 유형의 금팔찌는 객좌현(客左縣) 화상구(和尙溝)의 이른바 '위영자유형(魏營子類型)' 고분에서도 나타나고 있다. 동일 유형의 청동 귀걸이는 하가점하층문화(夏家店下層文化) 유적

---

27) 啓以夏政, 疆以戎索
28) 戴尊德, 「山西靈石縣旄介村商代墓和靑銅器」, 『文物資料叢刊』 3, 1980.
29) 北京市文物管理處, 「北京市平谷縣發現商代墓葬」, 『文物』 1977年 11期, 그림 28.
30) 河北省博物館, 文物管理處 編, 『河北省出土文物選集』, 文物出版社, 1980, 사진 79~80.

에서 다수 발견된 바 있다.31) 1961년에 북경대학(北京大學) 고고학과에서 진행한 창평현(昌平縣) 설산(雪山) 지역의 고분 발굴 과정에서 이 유형의 금 귀걸이를 발견하기도 했다.32) 하지만 현재 하북성 국경 내에서 대사공촌2기 이후의 토기가 발견되는 은허문화유적은 형대(邢臺) 및 그 이남 지역에 집중되어 나타난다는 점에 유념할 필요가 있다. 원씨현(元氏縣)에서 발견된 주나라 초기 청동기 명문에 따르면, 주나라 초기 형후(邢侯)가 이 일대에서 융(戎)과 전쟁을 수행했다고 새겨져 있다.33) 이것은 상나라 말기 이 지역 세력의 성격을 이해하는 중요한 단서가 된다.

이상으로 미루어 보아, 상문화의 분포 지역은 은허 시기에 이르러 서쪽으로 선주문화의 압박을 받아 동쪽으로 밀려났을 뿐만 아니라, 북쪽경계 역시 남쪽으로 위축된다. 이러한 현상과 동시에 나타나는 또 다른 현상은 바로 북방 지역에서 북방계 청동기의 광범위한 전파이다.

2. 중국의 북방계 청동기

만약 단순하게 청동기만을 기준으로 지역과 계열을 구분해보자면, 상주(商周)시대의 상주식(商周式) 청동기 즉 중원식(中原式) 청동기 분포 지역의 북쪽에는 두 갈래 서로 다른 청동기문화가 존재했는데, 하나는 북방계 청동기이고, 또 다른 계열은 동북계 청동기라고 할 수 있다.

동북계 청동기는 서주 후기에 이르러서야 서서히 흥기하기 시작한다. 이에 비해, 북방계 청동기는 일찍이 상대의 은허문화 시기에 이미 상당히 발달돼 있었다. 중국 국경 내에서 발견되는 이 계열 청동기에 대해 앞선 시기에는 '수

---

31) A. 安志敏,「唐山石棺墓及其相關的遺物」,『考古學報』7, 1954, p.77;
    B. 琉璃河考古隊,「北京琉璃河夏家店下層文化墓葬」,『考古』1976年 1期, 그림 4: 2;
    C. 天津市文管處,「天津薊縣張家園遺址試掘簡報」,『文物資料叢刊』1, 1977, 그림 17: 3.
32) 北京大學歷史系考古教研室商周組,『商周考古』, 文物出版社, 1979, p.135.
33) 河北省文管處,「河北元氏縣西張村的西周遺址和墓葬」,『考古』1979年 1期.

원(綏遠) 청동기' 혹은 '오르도스식 청동기'로 지칭했다. 하지만 그 분포 지역이 오르도스 일대를 훨씬 벗어나고 있을 뿐만 아니라, 오랜 기간에 걸쳐 존속되었으므로, 이를 다시 세 시기로 나누어 볼 수 있다. 제1기의 상한에 대해서는 아직 정확히 알 수 없으나, 하한은 대개 서주 전기로 잡을 수 있다. 북경시(北京市) 창평현(昌平縣) 백부촌(白浮村) 서주 초기 고분에서 출토된 이 계열 청동기를[34] 제1기의 후기 형태로 분류할 수 있다. 북방계 청동기 제1기의 대표적 유물로는 단검(短劍), 도끼(戰斧), 칼(小刀) 등 세 가지가 있다.(그림1 참조)

1) 단검(短劍)

상문화 유적에서는 청동단검이 나타나지 않는다. 주나라 초기의 유엽형편경단검(柳葉形扁莖短劍)은 숙백(宿白)선생의 견해에 따르면 서쪽의 이란고원에서 기원되었을 것이라고 한다. 이곳의 청동 단검은 손잡이를 장착하는 방식이다. 북방계 단검은 손잡이와 검신을 연주(連鑄)하는 것이 특징인데, 제1기의 단검에서는 폭이 좁은 '一'자형 격자무늬가 확인된다. 보덕현(保德縣) 임차욕(林遮峪)[35]과 유림현(柳林縣) 고홍(高紅)[36]에서 출토된 단검은 함께 발견된 은허식 청동기로 미루어 상대의 것으로 추정된다. 창평(昌平)현 백부목곽묘(白浮木槨墓)에서 출토된 단검 여섯 점은 함께 발견된 기물들로 미루어 주대 초기의 것으로 추정된다. 창평현 목곽에 대한 ^{14}C 연대 측정결과 서기 전 1122±90년으로 밝혀졌다. 이 고분에서 출토된 단검 중, 격자 문양이 없는 한 점을 제외하고, 나머지 격자문이 있는 단검의 검신은 앞부분에 뚜렷한 홈이 파여 있다. 또한 이들 여섯 점 모두 손잡이 속이 비어 있고, 누공(鏤孔)이 있는데, 이는 후기의 특징이기도 하다. 이 시기 단검 손잡이 끝머리 형태는 다양하게 나타난다. 방울 모양의 것들로는 임차욕, 고홍각(高紅各)에서 출토된 것 외에도, 1967년

---

34) 北京市文管處, 「北京地區的又一重要考古收穫」, 『考古』 1976年 4期.
35) 吳振祿, 「保德縣新發現的殷代青銅器」, 『文物』 1972年 4期, 사진 6: 5.
36) 楊紹舜, 「山西柳林縣高紅發現商代銅器」, 『考古』 1981年 3期, 사진 5: 1.

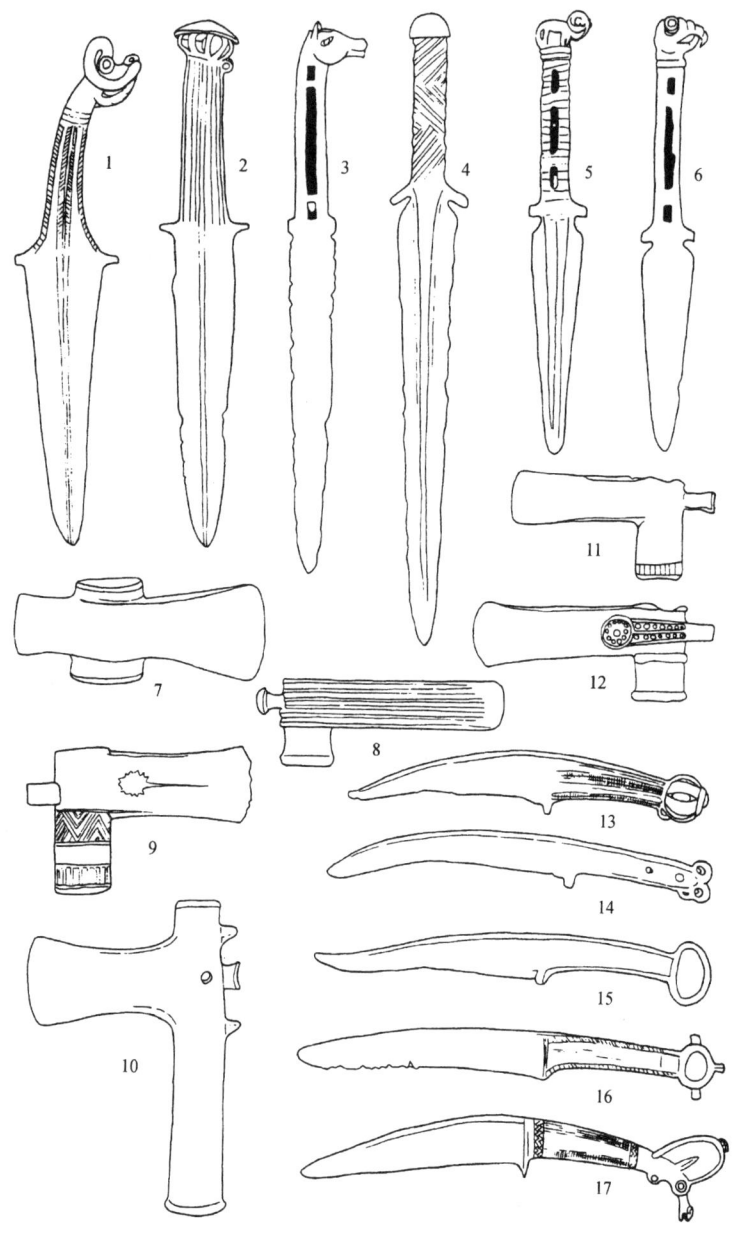

그림 1. 중국 北方系 청동기 세 가지 대표적 유물
1~6. 短劍. 7~12. 도끼(戰斧) 13~17. 칼(小刀) (1, 11, 13, 15, 17. 河北 靑龍抄道溝; 2. 山西 保德林遮峪; 3, 4, 6. 北京 昌平 白浮; 5. (傳)山西; 7, 14. 柳林 高紅; 8, 9. 遼寧 新民大紅旗; 10. 山西 石樓 曹家垣; 12. 遼寧 興城楊河; 16. 山西 石樓二郞坡

에 하북(河北) 장북현(張北縣)에서도 한 점 수습되었다.[37] 또한 내몽골(內蒙古) 이금곽락기(伊金霍洛旗)에서 한 점 발견되었고,[38] 스웨덴 원동박물관(遠東博物館)에 소장되어 있는 북경(北京)에서 구입한 것으로 알려진 동검도 이 유형이다.[39] 그 외에『수원청동기(綏遠靑銅器)』에 따르면, 북평산중상회(北平山中商會)에서도 한 점[40] 발견되었다고 한다. 염소 머리 장식 단검으로는, 1966년 장가구시(張家口市)에서 발견된 한 점,[41] 최근 북경시(北京市) 인근 지역에서 수습된 것이 한 점,[42] 스웨덴 원동박물관에서 소장하고 있는 안양(安陽)에서 출토된 한 점이 있다.[43] 면양(綿羊) 머리 장식 단검으로는, 1961년 하북 청용현(靑龍縣) 초도구(抄道溝)에서 한 점 출토된 바 있다.[44] 환수(環首) 형태로는『수원청동기(綏遠靑銅器)』에 수록되어 있는 두 점이 있는데,[45] 출처가 확실치 않다. 단 이극소맹(伊克昭盟) 지역에서 한 점이 발견된 바 있다. 버섯 모양 장식이 있는 것은 백부(白浮) 지역에서 네 점이 출토되었다.[46] 그리고 나월(羅越)의 발표문에 따르면 오르도스 지역에서도 두 점 수습된 바 있다고 한다.[47] 매 머리(鷹首)와 말 머리(馬首) 장식이 있는 것은 백부 지역에서 각각 한 점씩 수습되었는데,[48] 이것은 후기 형태로 추정된다. 왓슨(Watson)이 발표한 산서(山西)에서 출토된 것으로 전해지고 있는 북방계 단검의 형태는 백부에서 발견된 것과 동일하나, 손잡이 끝머리가 서 있는 양의 형상으로 되어 있는데,[49] 이 역시 늦은 시기의 것으로 추측된다.

---

37) 하북성출토문물전람(河北省出土文物展覽) 전시품
38) 내몽골박물관 소장
39) J.G. Andersson, Hunting Magic in the Animal Style. MFEAB No.4, 1932, 사진 5: 3.
40) 水野淸一, 江上波夫,「綏遠靑銅器」,『內蒙古・長城地帶』, 1935, 集成그림 2: 1.
41) 河北省博物館, 文物管理處 編,『河北省出土文物選集』, 文物出版社, 1980, 사진 87.
42) 北京市文管處,「北京市新征集的商周靑銅器」,『文物資料叢刊』 2, 1978, 그림 13.
43) J.G. Andersson, Hunting Magic in the Animal Style. MFEAB No.4, 1932, 사진 32: 182.
44) 河北省文化局文物工作隊,「河北靑龍縣抄道口發現一批靑銅器」,『考古』 1962年 12期, 사진 5: 5.
45) 水野淸一, 江上波夫,「綏遠靑銅器」,『內蒙古・長城地帶』, 1935, 集成그림 2: 2, 4.
46) 北京市文管處,「北京地區的又一重要考古收穫」,『考古』 1976年 4期, 사진 3: 6~7, 9, 11.
47) M. Loehr, Weapons and Tools from Anyan and Siberian Analogies. American Journel of Archaeology L III No.2, 1949.
48) 北京市文管處,「北京地區的又一重要考古收穫」,『考古』 1976年 4期, 사진 3: 8, 10.

2) 투겁식 도끼(管銎戰斧)

이 유형 도끼는 날이 좁고 몸통이 두꺼우며, 단면이 타원형인 경우도 있다. 이는 상문화에서 나타나는 얇고 부채 모양 날을 가진 월(鉞)과 확연히 구별된다. 제1기 도끼는 몸통이 가늘고 긴 것이 특징인데, 투겁부분의 길이가 도끼날의 폭보다 긴 경우가 많다. 이 유형 도끼는 기산(岐山) 왕가취(王家嘴)에서 두 점,[50] 임차욕에서 두 점,[51] 고홍에서 한 점이 출토되었는데,[52] 함께 발견된 은허식 청동기로 미루어 상대의 것으로 추정된다. 미국 프리어 갤러리(Freer Gallery of Art, Washington, D.C.)에 소장되어 있는 하남성(河南省) 동북부 지역에서 출토된 것으로 알려진 주대 초기 유물 중에서도 이 유형 도끼가 한 점 확인되고 있다.[53] 백부묘(白浮墓)에서 출토된 한 점은[54] 외형적으로 월의 영향을 받았을 것으로 추정되므로, 전형적인 북방계 도끼로 보기는 어렵다. 그 외, 제1기 투겁식 도끼는 석루현(石樓縣) 조가원(曹家垣),[55] 청룡현(青龍縣) 초도구(抄道溝),[56] 승덕(承德) 지역,[57] 요녕(遼寧) 신민현(新民縣) 대홍기(大紅旗),[58] 요녕(遼寧) 홍성현(興城縣) 양하(楊河)[59] 등 지역에서도 발견된 바 있다. 화이트(W. White)의 연구에 따르면 안양(安陽) 지역에서도 한 점이 출토되었다고 한다.[60]

---

49) W. Watson, Cultural Frontiers in Ancient East Asia Edinburgh 1971, 사진 82.
50) 陝西省考古研究所 等,『陝西出土商周青銅器』1, 文物出版社, 1979, 사진 12~13.
51) 吳振祿,「保德縣新發現的殷代青銅器」,『文物』1972年 4期, 封底里사진 1.
52) 楊紹舜,「山西柳林縣高紅發現商代銅器」,『考古』1981年 3期, 사진 4: 1.
53) Freer Gallery of Art, A Descriptive and Illustrative Catalogue of Chinese Bronzes Acquired during the Administration of John Euerton Lodge, 1946, 編號34~13.
54) 北京市文管處,「北京地區的又一重要考古收穫」,『考古』1976年 4期, 사진 3: 4.
55) 楊紹舜,「山西石樓褚家峪, 曹家垣發現商代銅器」,『文物』1981年 8期, 그림 26, 28.
56) 河北省文化局文物工作隊,「河北青龍縣抄道口發現一批青銅器」,『考古』1962年 12期, 사진 5: 2.
57) 하북성출토문물전람(河北省出土文物展覽) 전시품
58) 喀左文化館 等,「遼寧省喀左縣山灣子出土商周青銅器」,『文物』1977年 12期, 그림 8.
59) 錦州市博物館,「遼寧興城縣楊河發現青銅器」,『考古』1978年 6期, 사진 9: 2上.
60) W. White, Bronze Cultue of Ancient China, Toronto, 1956.

3) 칼(小刀)

이리강시기 상문화 청동 칼은 모두 단경(短頸)식이다. 은허시기 유적에서도 여전히 이 유형 칼이 대량 발견되고 있다. 이 유형의 칼은 직접 손으로 잡고 사용하는 것이 아니라, 다른 재질의 손잡이에 장착해 고정시키는 작용을 한다.[61] 제1기 북방계 청동 칼은 손잡이와 검신이 이어진 형태이며, 손잡이가 평평하거나 누공(鏤孔)이 있다. 손잡이 단면은 타원형인 경우가 많으며, 늦은 시기의 것은 단검의 손잡이와 마찬가지로 속이 비고, 누공이 있다.

칼 등에는 뚜렷이 돌출된 모(凸稜)가 있다. 손잡이 끝머리는 제1기 단검과 유사한 형태의 장식이 있다. 칼날 뒷부분의 넓이가 손잡이 부분보다 넓으며, 칼날과 손잡이가 이어지는 부분에 칼날 밖으로 돌출된 첨돌(尖突) 혹은 설형(舌形) 돌기가 있다. 이 유형의 북방계 청동 칼은 은허에서 여러 차례 발견된 바 있으며,[62] 최근 부호묘(婦好墓)에서 또 한 점이 발견되었다.[63] 그 외에 석루현(石樓縣) 이랑파(二郎坡)에서 출토된 한 점,[64] 저가욕(褚家峪)에서 출토된 한 점,[65] 후란가구(後蘭家溝)에서 출토된 한 점,[66] 수덕현(綏德縣) (토+언)두촌(土+焉)頭村)에서 출토된 한 점은[67] 은허식 청동기와 함께 발견되었으므로, 이들은 상대의 것으로 추정된다. 백부 목곽묘에서 출토된 한 점은[68] 함께 발견된 유물로 미루어, 주대 초기의 것으로 판명되었다. 그 외에도 제1기 북방계 청동 칼은 북경 지역,[69] 하북의 청룡현 초도구(抄道溝)에서 나왔다.[70] 승덕(承

---

61) 高去尋, 「刀斧葬中的銅刀」, 『歷史語言研究所集刊』37上, 1967, 그림 1.
62) A. 李濟, 「記小屯出土之青銅器」中篇, 『中國考古學報』4, 1950, 사진 22: 29; 사진 32: 1;
   B. 高去尋, 「刀斧葬中的銅刀」, 『歷史語言研究所集刊』37上, 1967, 사진 7: 2; 사진 2: 2.
63) 中國社會科學院考古研究所, 『殷墟婦好墓』, 文物出版社, 1980, 사진 66: 1.
64) 山西省文管會保管組, 「山西石樓縣二郎坡出土商周青銅器」, 『文物參考資料』1958年 1期, 그림 5.
65) 楊紹舜, 「山西石樓褚家峪, 曹家垣發現商代銅器」, 『文物』1981年 8期, 그림 5, 12.
66) 山西省文物工作委員會 編, 『山西出土文物』, 文物出版社, 1980, 사진 47.
67) 陝西省考古研究所 等, 『陝西出土商周青銅器』1, 文物出版社, 1979, 사진 90.
68) 北京市文管處, 「北京地區的又一重要考古收穫」, 『考古』1976年 4期, 그림 8: 5.
69) 北京市文管處, 「北京市新徵集的商周青銅器」, 『文物資料叢刊』2, 1978, 그림 15.
70) 河北省文化局文物工作隊, 「河北青龍縣抄道口發現一批青銅器」, 『考古』1962年 12期, 사진 5: 1, 3.

德)지구에서 양 머리 장식 칼 한 점,[71] 장가구시(張家口市)에서 말머리 장식 칼 한 점, 숭례현(崇禮縣)에서 환수도(環首刀) 한 점, 고원현(沽源縣)에서 버섯모양 장식이 달린 칼 한 점이 나왔다.[72] 내몽골(內蒙古)의 적봉(赤峰) 지역에서 나온 쌍환수(雙環首) 장식 칼 한 점,[73] 내만기(奈曼旗) 백음창(白音昌)에서 염소머리 장식 칼 한 점,[74] 요녕(遼寧)의 무순시(撫順市),[75] 홍성현(興城縣) 양하(楊河)[76] 등의 지역에서 발견되었다. 오르도스 지역에서 수습된 것들 중에는 손잡이 머리 장식이 매우 다양했다. 그 중에는 쌍환수, 각탱가형(角撐架形)이 있고, 단환(單環)으로는 류정(鉚釘) 모양의 꼭지(鈕)가 달린 형태 등 다양하게 나타나고 있다. 청동 칼 손잡이의 머리 모양은 청동 단검의 것에 비해 다양한 편이며, 특히나 단환삼뉴(單環三鈕)식이 독특하다.

위에서 살펴본 세 가지 기물을 종합해보면 다음과 같은 몇 가지 공통된 특징이 있다. 1) 기물 표면의 장식 문양들은 대개 작은 네모, 삼각형 톱니모양, 평행선 혹은 평행선과 그 사이의 짧은 사선(斜線)으로 구성된 보리 이삭 모양(麥穗形), 파절선(波折線), 원형, 속점(粟點) 등과 같은 단순한 기하 문양이다. 2) 입체 짐승 장식에서 일부 고정된 표현법들이 확인되는데, 예를 들면, 눈은 일반적으로 튀어나온 원통(圓筒)모양으로 묘사된다. 여러 쪽으로 나누어진 구형(球形) 방울과 압정 모양 장식도 많이 등장한다. 3) 기물을 걸어 놓을 수 있도록 고리(環) 혹은 작은 꼭지(鈕)가 있는 경우가 많다.

앞에서 살펴본 이들 세 기물의 구체적인 발견 지점으로 미루어 보면, 북방계 청동기는 상대 후기에 이미 남쪽으로 위하(渭河) 유역과 하남성(河南省) 북부 지역의 은허문화 및 선주문화영역에까지 미치고 있었다. 또한 동쪽으로 요동(遼東) 연해 지역에 이르고 있었음을 알 수 있다. 또한 북쪽으로 현재 중국

---

71) 승덕박물관(承德博物館) 소장
72) 이상의 세 점은 "하북성출토문물전람(河北省出土文物展覽)"의 전시품이다.
73) 적봉박물관(赤峰博物館) 소장
74) 길림성박물관(吉林省博物館) 전시품
75) 撫順市博物館, 「遼寧撫順市發現殷代靑銅環首刀」, 『考古』1981年 2期, 그림 1: 1.
76) 錦州市博物館, 「遼寧興城縣楊河發現靑銅器」, 『考古』1978年 6期, 사진 9: 2上.

국경을 넘어, 몽골(蒙古),[77] 외 바이칼호수,[78] 투바(Tuva),[79] 미누신스크(Минусинск) 분지(盆地),[80] 크라스노야르스크(Krasnoyarsk) 지역[81]과 알타이 지역[82]에 이르고 있다. 서쪽으로는 키르기스초원에 이르며,[83] 오비강 중하류[84]에서 흑해 연안[85]에 이르는 지역에서도 일부 확인된다. 그 외에 이란 고원의 고대 청동기에서도 유사한 형태의 샘플들이 발견되고 있다.[86] 제1기 발전단계에서 북방계 청동기의 주요 분포 지역은 러시아 학자 체르네흐가 구분한 후기 청동기시대의 '중앙아시아구역'[87]과 일치한다. 이렇듯 넓은 지역에 걸쳐 분포되어 나타나는, 앞서 언급한 세 가지 대표적 청동기의 형태는 지역에 따라 차이가 있다.(그림2 참조)

중국 국경 내에 있는 것만 놓고 보더라도, 이들 세 가지 청동기와 함께 발견되는 뱀 머리 모양(蛇首形) 비수[88]는 황토고원 지역에서만 나타난다. 칼날의 횡

---

77) В. В. Волков. Бронзовый кинжал из гоби.— СА, 1961, No.3, 그림 1.
78) A. A. Salmony, Sino=Siberian Art. Paris, 1933, 사진 36: 1;
    В. Ю. С. Грищин, Бронзовый и ранний железный век Восточного Забайкалья. М., 1975, 사진 13: 8.
79) Л. Р. Кызласов. Этапы древней истории Тувы.— Вестник МТУ серия историко - филологигеское No4, 1958, 사진 2: 25; 사진 4: 36.
80) А. Н. Л. Членова. Происхождение и ранняя истоия племен тагарской культуры. М., 1967, 사진 8: 1; 사진 6: 4~6;
    В. С. В. Киселев. Древняя исгория Южной Сибири. М., 1951, 사진 12: 62; 사진 11: 2, 5.
81) Г. А. Максимевков. Новые данные по археологии района Красноярска.— Вопросы истории Сибири и Дальнего Востока. Новосибирск, 1961, 그림 1: 1~4.
82) М. П. Грязнов. Памятники майэмирского этапа эпохи ранних кочевиченего на Алтае.— КСИ ИМК, 1947.
83) Н. Л. Членова. Происхождение и ранняя истоия племен тагарской культуры. М., 1967, 사진 10: 26.
84) М. Н. Комарова. Томский Могильнк, памятник историн древних племен лесной полосы Западной Сибири.—МИА No.24, 1952, 그림 20: 2.
85) А. И. Тереножкин. Киммерийские мечи и кинжалы.— Скифский мир. Киев, 1975, 그림 1: 5, 6.
86) 주75)와 같음, 사진 15, 17.
87) Е. Н. Черных. Металлурчнгеские провинчии и периодизация зпохи раннего метала на территории СССР.— СА, 1978, No.4, 그림 9.
88) А. 山西省文物工作委員會 編, 『山西出土文物』, 文物出版社, 1980, 사진 47.
    B. 石樓縣人民文化館, 「山西石樓義牒發現的商代銅器」, 『考古』 1972年 4期, 그림 6.
    C. 楊紹舜, 「山西石樓褚家峪, 曹家垣發現商代銅器」, 『文物』 1981年 8期, 그림 14.
    D. 陝西省考古研究所 等, 『陝西出土商周青銅器』 1, 文物出版社, 1979, 사진 89.

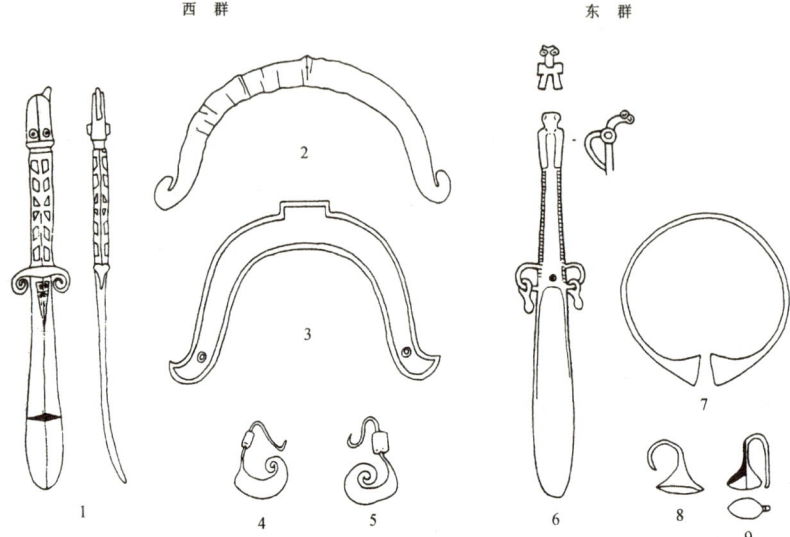

그림 2. 중국 北方系 청동기의 지역적 차이
1. 뱀 머리 모양(蛇首形) 비수; 2, 3. 머리 장신구(頭飾); 4, 5. 귀걸이(石樓 後蘭家溝, 永和 下辛角村); 6. 양머리 비수(羊首匕); 7. 팔찌(臂釧)(平谷 劉家河); 8, 9. 귀걸이(平谷 劉家河, 唐山 小官庄);
1, 3, 6, 9. 青銅; 2, 4, 5, 7, 8. 金

단면은 삼각형이며, 곧은 형태이다. 그에 비해, 대서(臺西)에서 출토된 '양머리 비수(羊首匕)'[89]는 얕게 파인 '숟가락(匙)' 모양 이다. 승덕박물관(承德博物館)에 이와 동일 형태의 방울 모양 장식이 달린 비수(鈴首匕)가 소장되어 있으나, 황토고원 지역에서는 발견된 바 없다. 초도구(抄道溝) 발굴보고서에 따르면, 이 지역에서 출토된 북방계 청동기 중에는 '곡병비형동기(曲柄匕形銅器)'로 명명된 무기류가 있다.[90] 이것은 은허문화의 투겁식 과(戈)와 조금 닮아 있으나, 당기는 부분에 굵은 기둥모양 척(脊)이 있다. 그 용도는 학 부리 모양의 호미(鶴嘴鋤)와 동일할 것으로 추정되므로, '공내탁(銎內啄)' 명명하고자 한다. 양하(楊河)에서 발견된 북방계 청동기에서도 이 무기를 확인 할 수 있다.[91] 압록강(鴨綠江) 하구(河口)의 동구현(東溝縣) 연해 지역에서도 발견되었다.[92] 그 외에 대

---

[89] 河北省博物館, 文物管理處 編, 『河北省出土文物選集』, 文物出版社, 1980, 사진 52.
[90] 河北省文化局文物工作隊, 「河北青龍縣抄道口發現一批青銅器」, 『考古』 1962年 12期, 사진 5: 6.
[91] 錦州市博物館, 「遼寧興城縣楊河發現青銅器」, 『考古』 1978年 6期, 사진 9: 1下.

서(臺西)유적에서도 한 점 출토되었다. 하지만 황토고원 지역에서는 발견된 바 없다. 황토고원에서 흔히 나오는 다정장도(多釘長刀)는[93] 북경 지역에서 한 점만 발견되었고,[94] 북경 동쪽 지역에서는 전혀 나타나지 않는다. 또한 활모양 청동장신구나[95] 금식(金飾)[96]과 같은 장식품은 황토고원에서만 발견된다. 이에 반해, 깔때기 모양의 귀걸이 혹은 금 귀걸이는 황토고원의 동쪽 지역에서만 확인된다. 그러므로 태행산(太行山)을 경계로 북방계 청동기를 일컫한 차이가 존재하는 동 서 두 그룹으로 구분해 볼 수 있다. 내몽골 지역에서 북방계 제1기 청동기가 군집형태로 대량 발견된 바는 없다. 오르도스 지역과 같이 산발적으로 나타나는 지역에서도 위에서 언급한 여섯 가지 청동기가 확인되지 않는다. 따라서 적어도 북쪽 지역에 별도로 또 다른 한 그룹이 존재했을 가능성을 가정해 볼 수도 있을 것이다. 그러므로 북방계 청동기에 대한 현재적 인식을 기준으로 한다면, '오르도스'와 같이 지역색이 짙은 표현으로 중국 북방계 청동기를 지칭하는 것은 적절치 못하다.

중국 국경 내에 있는 북방계 청동기가 언제부터 등장하기 시작하는지에 대한 해답을 찾기 위해서는 자세한 논의가 더 진행되어야 할 것이다. 대서(臺西)에서 출토된 양머리 장식 비수는 전형적인 북방계 청동기이다. 양머리 장식은 단검이나 칼의 것과 일치하며, 고리에 달린 둥근 꼭지(環紐)는 석루(石樓)에서 출토된 뱀머리 장식 비수의 것과 동일하다.[97] 함께 출토된 은허식 청동기 중에서 대사공촌1기(大司空村1期)보다 늦은 시기의 것은 발견되지 않고 있다.[98]

---

92) 동구현문화관(東溝縣文化館) 소장.
93) A. 山西省文管會保管組,「山西石樓縣二郞坡出土商周靑銅器」,『文物參考資料』1958年 1期, 그림 36;
 B. 石樓縣人民文化館,「山西石樓義牒發現的商代銅器」,『考古』1972年 4期, 그림 7;
 C. 楊紹舜,「山西石樓新征集到的几件商代靑銅器」,『文物』1976年 2期, 그림 4;
 D. 陝西省考古硏究所 等,『陝西出土商周靑銅器』1, 文物出版社, 1979, 사진 79.
94) 北京市文管處,「北京市新征集的商周靑銅器」,『文物資料叢刊』2, 1978, 그림 17.
95) A. 謝靑山 等,「山西呂梁縣石樓鎭又發現銅器」,『文物』1960年 7期, 그림 4;
 B. 郭勇,「石樓後蘭家溝發現商周銅器簡報」,『文物』1962年 4-5期, 그림 2;
 C. 楊紹舜,「山西石樓褚家峪, 曹家垣發現商代銅器」,『文物』1981年 8期, 그림 26.
96) 吳振祿,「保德縣新發現的殷代靑銅器」,『文物』1972年 4期, 그림 16.
97) A. 楊紹舜,「山西石樓新征集到的几件商代靑銅器」,『文物』1976年 2期, 그림 3;
 B. 楊紹舜,「山西石樓褚家峪, 曹家垣發現商代銅器」,『文物』1981年 8期, 그림 23.

따라서 이 양머리 장식 비수의 제조 연대는 적어도 대사공촌1기에 해당한다고 할 수 있다. 하지만 그 제작 기술로 보아, 이미 상당히 완성된 수준에 도달된 것으로 판단되는 만큼, 그보다 앞선 시기의 북방식 청동기는 이미 독자적으로 발전돼 왔던 것으로 짐작된다. 하북 울현 지역에 대한 하북성문물관리처(河北省文物管理處)와 길림대학(吉林大學) 고고학과의 합동조사를 통해, 오한기(敖漢旗) 대전자묘(大甸子墓)에서 출토된 하가점하층문화 토기의 연대가 이리강문화보다 늦지 않는다는 사실이 밝혀진 바 있다.[99] 따라서 이 고분에서 출토된 청동기 역시 이리강문화 청동기보다 늦은 시기의 것은 아니다.

그 외에 내몽골문물대(內蒙古文物隊)가 이금곽락기(伊金霍洛旗) 주개구(朱開溝)에서 다층(多層) 유적에 대해 발굴 조사를 진행했는데, 이 유적의 제5기 퇴적물에 대한 ^{14}C 연대를 측정한 결과 3420±70년으로 판명되었다. 제4기 퇴적물에서는 청동기가 발견되었다. 이런 자료들로 미루어 보아, 중국 북방 지역의 청동기는 이리강문화 청동기와 동시대적으로 발전해왔을 것으로 추정되며, 심지어 더 이른 시기에 등장했을 가능성도 있다. 이리두문화 말기의 청동기에서 북방계 고유의 환수병도(環首柄刀)가 나타났다.[100] 더불어 특이한 형태의 투겁식 무기류가 북방계 도끼와 유사한 형태의 '내(內)'에 의해 대체되게 된다.[101] 이러한 현상은 북방계 청동기가 이리두문화 말기에 이미 존재하고 있었을 뿐만 아니라, 이리두문화 청동기에 영향을 미쳤음을 시사해준다.

앞선 시기, 국내외 학계에서는 일반적으로 중국의 북방계 청동기를 비교적 늦은 시기의 것으로 이해해 왔다. 다시 말하면 중국 국경 내에 있는 북방계 청동기를 중원계(中原系) 청동기의 영향으로 파생된 하위 계열 혹은 서북쪽에서 기원된 것으로만 이해해 온 것이다. 이것은 잘못된 인식이다.

---

98) 河北省博物館 等,「河北藁城臺西村的商代遺址」,『考古』1973年 5期.
99) 張家口考古隊,「蔚縣考古紀略」,『考古與文物』1982年 4期.
100) 二里頭工作隊,「1980年秋河南偃師二里頭遺址發掘簡報」,『考古』1983年 3期, 그림 10: 9.
101) 二里頭工作隊,「偃師二里頭遺址新發現的銅器和玉器」,『考古』1976年 4期, 그림 3: 2.

3. 은허문화에 대한 북방계 청동기의 영향

　청동기 종류와 형식에 따른 지역과 계열 구분은 토기군에 대한 분석을 토대로 한 문화영역 구분과 차이가 있다. 그러므로 '오르도스청동기'를 근거로 '오르도스청동문화'를 논하는 것은 바람직하지 않다. 어떤 특정 계열의 청동기라 할지라도, 다양한 문화유적에 나타날 수 있기 때문이다. 또한 은허문화 유적에서 확인되는 청동기 모두를 중원계 청동기로 보는 것 역시 바람직하지 않은데, 어느 특정 고고학 문화권에서는 항상 두 가지 이상의 서로 다른 계열의 청동기가 발견되고 있기 때문이다. 본 논문에서 사용하고 있는 '은허식(殷墟式) 청동기(靑銅器)'라는 표현은 결코 은허문화유적에서 발견된 모든 청동기를 일컫는 것이 아니라, 중원계 청동기만을 지칭한다. 왜냐하면 은허문화유적에서도 북방계 청동기가 발견되고 있기 때문이다.(그림3 참조)

　부호묘(婦好墓)에서 출토된 V식 동도(銅刀)는 전형적인 북방계의 염소 머리 장식이 달린 칼이다.[102] 하지만 염소 머리의 코 부분이 훼손되었고, 이마의 둥근 꼭지가 절반 밖에 남아 있지 않아서, 발굴보고서에서는 이를 '용(龍)에 가까운 형태'[103]로 잘못 판단했던 것 같다. HPKM1311유적에서 출토된 '수수도(獸首刀)' 역시 북방계 염소 머리 장식 칼이었음에도, 뿔과 귀가 제거된 상태였다. 이제(李濟)선생은 원통형(圓筒形)으로 튀어나온 두 눈을 귀로 잘못 판단하기도 했다. 자세히 보면 머리 부분에 뿔이 붙어 있었던 원형 흔적이 남아 있으며,[104] 그 뒷부분에 귀(耳)가 있었던 자국이 확인된다. 현재 이러한 형태의 북방계 염소머리 장식 칼이 완형으로 발견된 경우가 많이 있다. 따라서 이 칼은 상문화에서 외래적인 요소라고 할 수 있다.

　부호묘(婦好墓)에서 발견된 외래 문화적 요소로는 청동 거울(銅鏡) 네 점을 예로 들 수 있다.[105] 은허 유적에서 발견된 이 유형의 청동 거울은 이들 네 점

---

102) 中國社會科學院考古硏究所, 『殷墟婦好墓』, 文物出版社, 1980, p.103, 사진 66: 1.
103) 위와 같음.
104) 李濟, 「記小屯出土之靑銅器」中篇, 『中國考古學報』4, 1950, 사진 34: 5a.
105) 中國社會科學院考古硏究所, 『殷墟婦好墓』, 文物出版社, 1980, 彩版12: 1, 2; 사진 68: 4~5.

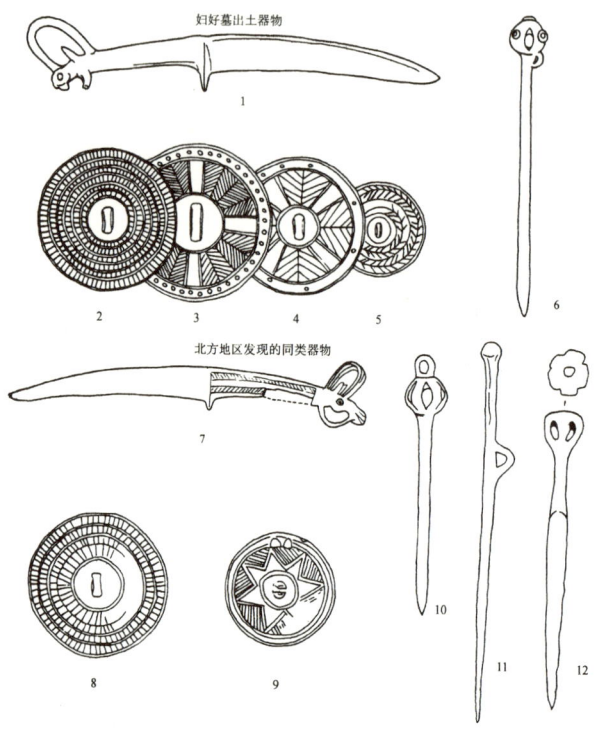

그림 3.
1~6.婦好墓 출토; 7. 綏德 (土＋焉)頭村; 8. 內蒙古; 9. 靑海 尕馬臺; 10. 保德 林遮峪; 11. 소련 외 바이칼호 동부 지역; 12. 소련 크라스노야르스크 지역의 契爾諾科沃

을 제외하고, HPKM1005유적에서도 한 점 출토되었다.[106] 고거심(高去尋)의 연구에서는 이들 청동 거울을 외래문화요소로 볼 수 없다고 했다. 그리고 문헌기록으로 미루어, 중원 지역에서 기원되었을 것이라고 추측했다. 하지만 1982년까지 나온 고고학 조사 결과, 은허 이전의 이리두(二里頭)문화와 이리강 문화에서는 모두 청동 거울이 나타나지 않는다. 선주문화와 주 초기문화유적에서도 청동 거울이 발견되는 경우가 지극히 드물다.[107] 서주 말기에서 춘추 시대 초기의 것으로 추정되는 청동 거울은 상촌령묘지(上村嶺墓地)에서 출토된

---

[106] 高去尋,「殷代的一面銅鏡及其相關之問題」,『歷史語言硏究所集刊』29下, 1958, 그림 2, 사진 2.
[107] A. 王光永 等,「寶鷄市郊區和鳳翔發現西周早期銅鏡等文物」,『文物』1979年 12期, 그림 6, 7;
　　 B. 陝西省考古硏究所 等,『陝西出土商周靑銅器』1, 文物出版社, 1979, 사진 144.

세 점과,[108] 준현(浚縣) 신촌묘지(辛村墓地)에서 출토된 한 점[109] 및 부풍(扶風) 유가수고교장(劉家水庫窖藏)에서 출토된 한 점[110] 뿐이다. 청동 거울이 중원 지역에서 보편적으로 등장하기 시작하는 시점은 춘추시대 말기 이후부터이다.

그에 비해서 북방계 청동기의 주요 분포 지역에서는 이와 같은 청동 거울이 이른 시기부터 유행하기 시작했다. 자세한 발굴조사가 이루어진 미누신스크 분지를 예로 들어보면, 카라수크문화(서기전 8세기 이전) 유적에서 이미 적지 않은 교형뉴동경(橋形鈕銅鏡)이 발견되었다. 이어지는 타가르문화 전기에도 이 유형의 청동 거울이 보편적으로 사용되었다. 기련낙왜(奇連諾娃)의 1967년 통계에 따르면,[111] 435점에 달한다고 한다.[112] 물론 필자는 은허의 청동 거울을 미누신스크에서 전래된 것으로 보지는 않는다. 이는 카라수크문화의 연대 상한이 은허문화 초기보다 이른 시기로 볼 수 없기 때문이다. 뿐만 아니라 미누신스크분지에서 발견된 청동 거울은 소면인데(素面 장식이 없는데) 반해, 은허에서 출토된 청동 거울 다섯 점은 모두 장식 문양이 있기 때문이다. 부호묘(婦好墓)에서 출토된 44호 청동 거울의 장식 문양은 내몽골 지역에서 발견된 한 점과 거의 흡사하다.[113] 나머지 세 점의 장식 문양도 역시 북방계 청동도와 청동검 손잡이 및 도끼의 장식 문양과 동일한 동일한 유형의 것으로 판단된다. 이 유형의 장식 문양이 새겨진 청동 거울은 청해(青海) 소마대(尕馬臺) 제가문화유적(齊家文化遺蹟)에서도 발견된 바 있다.[114] 이들 청동 거울의 장식 문양은 중원 지역에서 보편적으로 사용된 문양과 다르다. 예를 들면, 상촌령(上村嶺)에서 출토된 동경의 장식 문양은 서주와 동주 시기에 중원 지역에서 유행한 장식 문양과 다른 형태의 것이다. 그와 달리, 하가점상층문화의 북방계 청동

---

108) 中國科學院考古研究所,『上村嶺虢國墓地』, 科學出版社, 1959, 사진 23: 1, 2; 사진 40: 2.
109) 郭寶鈞,『浚縣辛村』, 科學出版社, 1964, p.12.
110) 羅西章,「扶風出土的商周青銅器」,『考古與文物』 1980年 4期, 사진 3: 2; 그림 11.
111) 주72) A와 같음.
112) 158점이 고부에서 출토되었다.
113) J.G. Andersson, Hunting Magic in the Animal Style. MFEAB No.4, 1932, 사진 14.
114) 安志敏,「中國早期銅器的几个問題」,『考古學報』1981年 3期, 그림 2: 11.

기의 문양과는 일치한다. 이로 미루어 보아, 부호묘(婦好墓)에서 출토된 청동 거울은 중국 북방계 청동기 분포 지역에서 전래되었을 것으로 추정된다.

부호묘에서 '동령두계형기(銅鈴頭笄形器)' 한 점이 출토되었다.[115] 손잡이 머리의 구형 방울 및 방울 아래쪽의 둥근 꼭지로 미루어 보아, 이 역시 전형적인 북방계 청동기임이 틀림없다. 보덕현(保德縣) 림차욕(林遮峪)에서 출토된 '정형기(釘形器)'[116] 역시 이 유형의 기물인 것으로 판단된다. 다만 둥근 꼭지의 위치가 다를 뿐이다. 이 유형의 청동기는 멀리 외 바이칼호수 지역과 크라스노야르스크 지역에서도 발견된 바 있다.[117] 이 청동기는 걸어 놓을 수 있는 작은 고리가 달려 있다는 점으로 미루어 보면, 아마도 칼이나 검과 같이 벨트에 착용할 수 있는 도구일 것으로 추정된다. 아마도 송곳(錐)일 가능성이 많다.

비록 부호묘에서 발견된 칼, 청동 거울, 송곳은 출토된 전체 청동기 중에서 아주 적은 비중을 차지한다. 하지만 적어도 무정(武丁)시기에 상에서 이미 적은 양이나마 북방계 청동기를 사용하고 있었음을 말해준다. 또한 이는 전쟁을 통해 상대방에게 노획한 휴대품으로 볼 수는 없다. 따라서 은허 유적에서 다양한 북방계 청동기가 발견되는 현상은 전혀 이상할 것이 없다. 그러므로 안특생(安特生)이 발표한 안양(安陽)에서 출토된 것으로 알려진 염소 머리 모양 장식 단검이나, 나월(羅越)이 발표한 안양에서 출토된 것으로 전해지는 투겁식 도끼(長管銎戰斧)의 출토지에 대해 의심할 필요가 없다고 본다. 소둔(小屯)유적 발굴 과정에서 투겁식 도끼 석제(石製) 모조품일 발견되었다.[118] 1975년에 소둔 북촌(北村)의 F10 유적에서 출토된 이른바 '방곽(蚌钁)'에 대해 안지민(安志敏)의 연구에서는 이를 투겁식 도끼의 모조품으로 보고 있다.[119]

상 문화권에서 단순히 북방계 청동기 완성품을 입수해 사용했던 것만이 아

---

115) 中國社會科學院考古研究所,『殷墟婦好墓』, 文物出版社, 1980, 사진 68: 2.
116) 吳振祿,「保德縣新發現的殷代青銅器」,『文物』1972年 4期, 封底里사진 3: 4.
117) A. 주73)과 같음, 그림 1: 6;
    В. Ю. С. Гришин. Бронзовый и ранний железный век Восточного Забайкалья. М., 1975.
118) A. 李濟,「殷墟有刃石器圖說」,『歷史語言研究所集刊』23下, 1952, pp.609~610;
    B. 李濟,「記小屯出土之青銅器」中篇,『中國考古學報』4, 1950, 사진 32: 3.
119) 安志敏,「西周的兩件異形兵器 -略說我國商周與北方青銅文明的連繫」,『文物集刊』2, 1980.

니다. 자체 제조한 청동기에서도 북방계 청동기의 영향이 나타난다. 소둔 H181유적에서 출토된 마두도(馬頭刀)[120]와 M020유적에서 출토된 마두도, 우두도(牛頭刀), 양두도(羊頭刀)는[121] 모두 상에서 북방계 짐승 머리 장식 칼을 모방하여 제작한 것으로 추정된다. 이 칼들은 전체적인 조형 상 북방계 청동 칼과 유사하다. 하지만 짐승 머리 부분의 표현에 있어서는 전형적인 북방계와 달리 나타난다. 소나 양의 뿔은 은허식 청동기 장식에 등장하는 '도철(饕餮)'의 뿔과 흡사하다. H181유적에서 출토된 마두검(馬頭刀)의 말 이마 부분에 마름모꼴 무늬가 있다. 이것 역시 '도철'의 이마 부분 도안과 동일하다. 이들 청동 칼의 짐승 머리 부분은 모두 혼원(渾圓)한데, 이 역시 북방계 청동기의 짐승 머리 형태와 구별된다. 이마 아래 부분에 긴 구멍이 있고, 작은 원형 꼭지가 달려 있지 않다는 점도 북방계 청동기 스타일과 다르다. 이러한 형태는 자신들의 전통기법과 미의식(美意識)을 바탕으로 북방계 청동기를 모방 제작하면서 나타난 것이라 할 수 있다. 그러나 단순한 모방보다 중요한 것은, 북방계 청동기의 일부 특징들을 수용하여 자체의 도구와 무기를 개량해 나갔다는 점이다.

중원계 청동기 중, 전통식 무기류인 과와 월은 이리두문화시기부터 줄곧 평평한 '內(안쪽)'에 자루를 장착하는 양식이었다. 하지만 은허문화 대사공촌2기에 이르러, 새로운 형태인 투겁식 과와 월이 등장하기 시작한다. 이는 북방계 투겁식 무기류를 접하면서 생겨난 새로운 형태로 풀이된다.(그림4 참조) 과는 일종의 '갈고리 병장기'로써 힘을 받는 방향이 도끼와 다르다. 따라서 당기는 부분과 투겁 부분의 접촉 부분이 끊어지지 않게 하기 위해, 은허식 투겁과는 당기는 부분을 두껍게 만드는 방식을 취했다. 또 다른 방법은 당기는 부분과 투겁 부분 접착 부분의 길이를 길게 만드는 것이었다.[122] 하지만 나무 자루와 연결되는 '호(胡)'에 구멍을 뚫어['천(穿)'] 묶을 수 있게 했다. 그렇게 되면서 투겁 부분이 없어도 자루에 단단히 고정시킬 수 있었다.[123] 이러한 방식

---

120) 李濟,「記小屯出土之青銅器」中篇,『中國考古學報』4, 1950, 鋒刃31, 사진 34: 1.
121) 李濟,「記小屯出土之青銅器」中篇,『中國考古學報』4, 1950, 鋒刃32~34, 사진 34: 2~4.
122) 郭沫若,「安陽圓坑墓中鼎銘考釋」,『考古學報』1960年 1期, 사진 4: 1.
123) 郭沫若,「安陽圓坑墓中鼎銘考釋」,『考古學報』1960年 1期, 사진 4: 2.

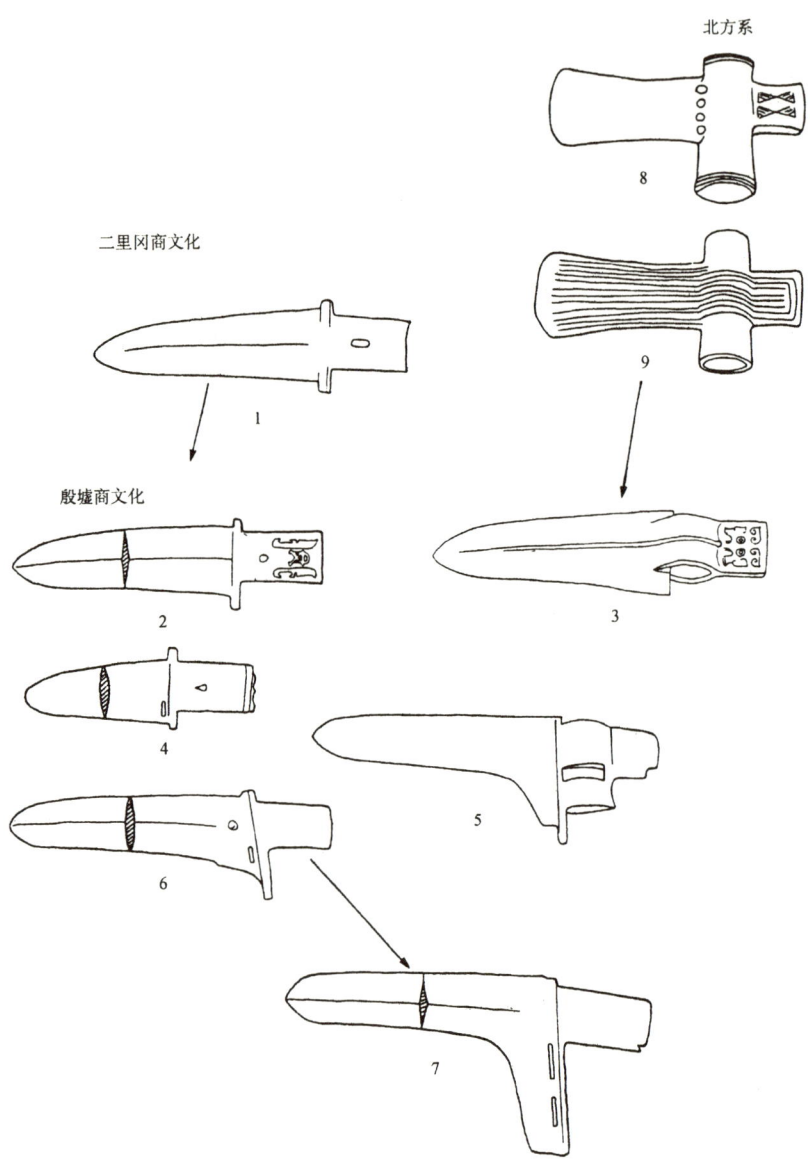

그림 4. 殷墟文化 戈에 대한 북방계 청동기의 영향
1. 輝縣 琉璃閣 M123; 2. 殷墟 西區 M629; 3. 婦好墓; 4. 殷墟 西區 M626; 5. 後崗圓葬坑; 6. 殷墟 西區 M1129; 7. 殷墟 西區 M729; 8, 9. 保德 林遮峪

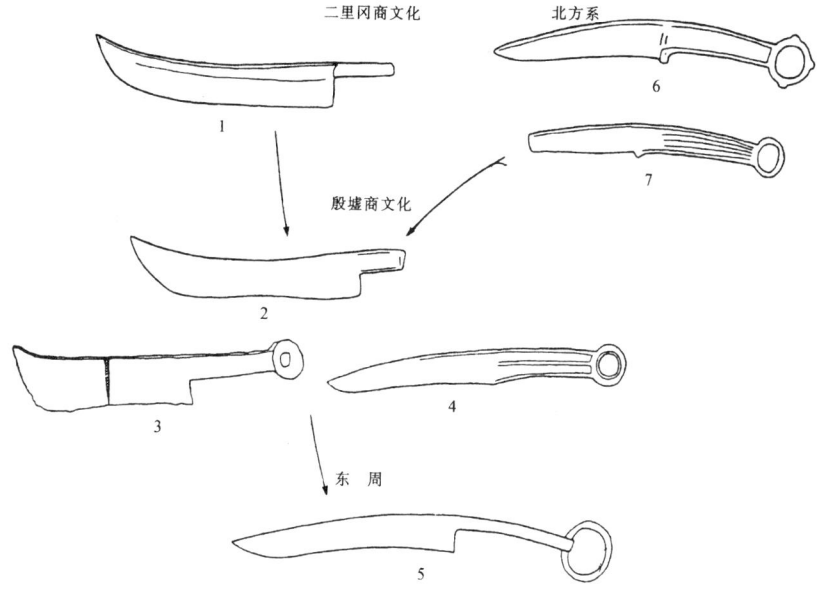

그림 5. 殷墟文化 小刀에 대한 북방계 청동기의 영향
1. 輝縣 琉璃閣 M123; 2, 3. 婦好墓; 4. 殷墟 西區 M1665;
5. 陝縣 山村嶺 M1705; 6. 靑龍 抄道溝; 7. 興城 楊河

은 무기를 제조하는 재료를 절약할 수 있다. 뿐만 아니라, 기술적으로 투겁식보다 단순하였으므로, 주대에 이르러 투겁식 무기류는 크게 유행하지 못했다. 그에 비해 구멍이 뚫린 긴 '호'가 달린 양식이 발달되었다.

중원식 청동 칼은 원래 별도로 손잡이를 장착하는 방식이었다. 하지만 주대에 이르러 손잡이와 날이 연결된 방식의 환수도(環首刀)「환수연병도(環首連柄刀)」가 크게 유행했다. 그 전환기가 바로 은허문화기였을 것으로 추정된다.(그림5 참조) 현재 이리두문화 말기 유적에서 발견된 환수연병도(環首連柄刀)를 제외하고, 이리강문화시기의 것으로 추정되는 또 다른 한 점이 발견되었을 뿐이다.[124] 그에 비해서 은허문화유적에서는 대사공촌2기 이후부터 점차 늘어나기 시작하는데, 시종 전통식 단경도(短頸刀)와 함께 병존하는 것으로 나타난다. 환수도는 제1기 북방계 청동기에서 흔히 찾아볼 수 있는 유물이다. 유일

---

124) 東下馮考古隊, 「山西省夏縣東下馮遺址東區, 中區發掘簡報」, 『考古』 1980年 2期, 그림 11: 1.

하게 이리강문화기보다 이른 시기 것으로 추정되는 환수연병도는 산서(山西) 하현(夏縣) 북쪽 지역에서 출토된 것이다. 은허문화유적에서 발견된 환수연병도 중 상당 부분은 북방계 형태이다. 예를 들면, 부호묘(婦好墓)[125]에서 출토된 것 중에 몇 점은 칼날의 형태와 손잡이 부분에 나란히 세 갈래로 돌출된 모(棱)가 있다. 모는 청룡현 초도구, 홍성현(興城縣) 양하(楊河)에서 출토된 북방계 환수도와 닮아 있다. 다만 칼날과 손잡이의 접합 부분에 칼날에서 돌출되어 나온 첨돌(尖突) 혹은 설형(舌形) 돌기가 없다. 은허문화의 다른 일부 환수도는 칼날 형태가 전통식 편경도(扁莖刀)의 특징을 유지하고 있다. 이것은 전방부가 넓고, 칼끝이 뾰족하고 쳐들려 있다.[126] 따라서 상문화의 환수도는 북방계 환수도에 대한 모방과 개조를 토대로 하여, 자신들만의 편경도를 제작하는 방식으로 만들었던 것 같다. 환수연병도는 두 가지 우월한 점을 갖고 있다. 첫째는 손잡이와 칼날이 단단하게 접합되어 있어서 만들기 쉽다는 점이다. 둘째는 휴대와 사용이 편리하다는 점이다. 따라서 중원 지역에서 환수연병도는 전통적인 편경도를 완전히 대체하여, 철기시대에 이르기까지 유행하게 되었다. 이것은 중원계의 독특한 형태가 되었다.

일부 학자들, 특히 중국학자들은 중원문화의 모든 요소를 현지 고유의 것으로만 이해하는 경향이 있다. 이제(李濟)는 소둔유적의 청동기에 관한 연구에서, 은허에서 발견된 모든 형태의 칼이 현지의 석도로부터 발전된 것이라고 보았다.[127] 사실상, 어떠한 문화이든지간에 오랜 기간에 걸쳐 끊임없이 발전할 수 있는 원동력은 결코 내재되어 있는 우수한 문화적 요소만이 아니다. 더 중요한 것은, 주변 문화로부터 끊임없이 새로운 문물을 수용하고 현실적 상황에 알맞게 개조하여 자신의 문화에 융합시켜 나가는데 있다. 앞에서 살펴본 투겁식 무기류와 환수도는 단지 이와 관련된 부분적 사례일 뿐이다.

---

125) 中國社會科學院考古硏究所, 『殷墟婦好墓』, 文物出版社, 1980, 사진 66: 2~6.
126) A. 安陽工作隊, 「1969~1977年殷墟西區墓葬發掘報告」, 『考古學報』 1979年 1期, 그림 69: 11;
B. 河南省博物館 等, 「河南靈寶出土一批商代靑銅器」, 『考古』 1979年 1期, 그림 4: 5.
127) 李濟, 「記小屯出土之靑銅器」 中篇, 『中國考古學報』 4, 1950.

4. 북방청동기에 대한 은허식(殷墟式) 청동기의 영향

상문화 분포 지역 이북의 인근 지역에서도 전형적인 은허식 청동기가 북방계 청동기가 함께 다수 발견되고 있다. 이들 지역의 고고학 문화권역을 구분해보면, 아마도 중원계 청동기와 북방계 청동기가 병행한 문화 지역으로 볼 수 있을 것이다.

황토고원(黃土高原)의 황하(黃河) 양안 지역은 은허식 청동기와 북방계 청동계의 공존관계가 뚜렷하게 나타나는 지역이다. 이 지역에서 발견된 은허식 청동기들로는 각종 예기(禮器)와 과(戈), 월(越), 화살촉 등의 무기류가 있다. 그리고 전체 청동기 중에서 상당한 비중을 차지하고 있다. 당시 이 지역민들은 단순히 완성된 상문화 청동기를 수용했던 것이 아니라, 고유문화를 토대로 은허식 청동기를 개량해 사용했다. 예를 들면, 석루(石樓) 도화장(桃花庄)과 청간(淸澗) 장가과(張家堝)에서 출토된 동궤(銅簋)는[128] 은허 유적에서 나타나지 않는 독특한 형태이다. 또한 이 지역 유물에서는 은허식 특징과 북방계 특징이 융합되어 나타나기도 한다. 두(斗)는 은문화 예기의 일종인데, 황토고원 지역에서도 은허문화 형식으로 추정되는 두가 발견되고 있다.(그림6 참조) 수덕(綏德) (토+언)두촌(土+焉)頭村)에서 출토된 한 점은[129] 완전히 은허식 두이다. 석루현(石樓縣) 후란가구(後蘭家溝)에서 출토된 한 점은[130] 형태나, 두신(斗辛)과 손잡이 표면의 문식(文飾)은 은허식과 동일하다. 하지만 손잡이 끝부분에 개구리 한 마리와 뱀 두 마리가 장식용으로 부착되어 있다. 이러한 개구리와 뱀 장식은 중국 북방계 청동기 고유한 장식용 소재이다. 황토고원 지역에서는 상대의 것으로 추정되는 사수비(蛇首匕), 와수비(蛙首匕),[131] 사수시(蛇首匙)[132]와 칼 손

---

128) A. 山西省文物工作委員會 編, 『山西出土文物』, 文物出版社, 1980, 사진 47;
　　B. 陝西省考古研究所 等, 『陝西出土商周青銅器』 1, 文物出版社, 1979, 사진 4.
129) 陝西省考古研究所, 『陝西出土商周青銅器』 1, 文物出版社, 1979, 사진 85.
130) 山西省文物工作委員會 編, 『山西出土文物』, 文物出版社, 1980, 사진 44.
131) 沈振中, 「忻縣連寺溝出土的青銅器」, 『文物』 1972年 4期, 그림 6.
132) A. 楊紹舜, 「山西石樓新征集到的几件商代青銅器」, 『文物』 1976年 2期, 그림 3;
　　B. 楊紹舜, 「山西石樓褚家峪, 曹家垣發現商代銅器」, 『文物』 1981年 8期, 그림 23.

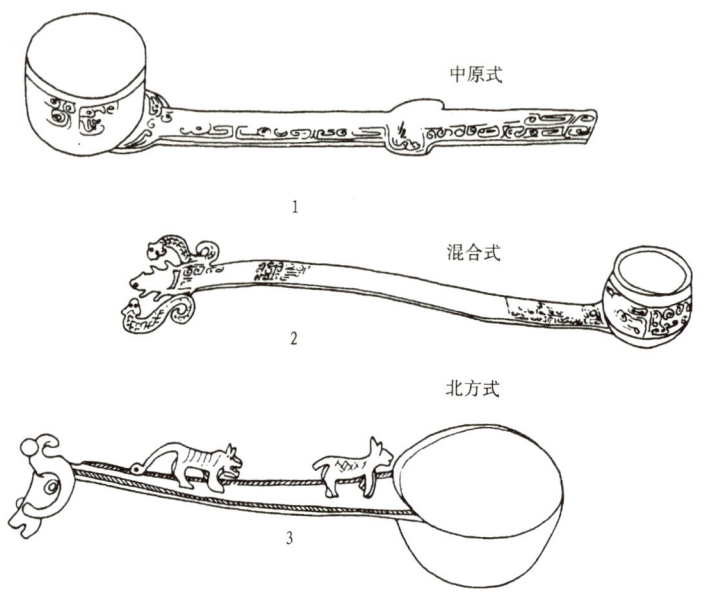

그림 6. 黃土高原에서 출토된 斗

잡이가[133] 발견되었다. 또한 북경(北京) 평곡현(平谷縣) 유가하묘(劉家河墓)에서도 와형동식(蛙形銅飾)이 출토된 바 있다.[134] 따라서 후란가구(後蘭家溝)에서 출토된 이 청동 두는 북방계 요소가 가미된 것으로 이해된다. 清澗 解家溝에서 출토된 두는[135] 길이가 후란가구(後蘭家溝)의 것과 비슷하다. 그러나 자루가 두의 구연부에 붙어 있으며, 두가 크고 얕아서, 은허식과는 확연히 구별된다. 자루에 붙여져 있는 호랑이 조각 장식은 은허식 수형(獸形)장식과 유사해 보이기도 한다. 하지만 표면의 꽃무늬나, 끝머리 부분의 양머리 장식은 순수 북방계 스타일이다. 따라서 이는 은허식 청동기의 영향을 받아 제조된 북방계 고유의 두로 이해된다. 은허식 청동기는 위에서와 같은 지역을 중간 다리로 삼아서 더 넓은 지역으로 뻗어나가게 되었던 것이다.

---

133) 郭勇,「石樓後蘭家溝發現商周銅器簡報」,『文物』1962年 4-5期, 그림 4.
134) 北京市文物管理處,「北京市平谷縣發現商代墓葬」,『文物』1977年 11期, 그림 10.

은허식 청동기의 영향으로 인한 북방계 청동기의 변화는 대체로 다음과 같은 두 가지로 귀결된다. 첫째, 북방계 청동기에 이미 존재하는 양식의 기물에 은허식 요소가 추가되면서 변화된다. 둘째, 북방계 청동기에 존재하지 않던 기물이 새롭게 등장하기 시작한다.

첫째 유형의 특징을 잘 드러내주고 있는 예로 '탁과(啄戈)'의 형성을 들 수 있다. 북방계 청동기에는 투겁식 도끼와 함께 일종의 투겁식 '탁(啄)'이 있다. 이는 뾰족한 새부리모양의 무기이며, 후대 북방계 청동기에 나타나는 '학 부리 모양 호미(鶴嘴鋤)'의 앞선 형태이기도 하다. 이란에서 서기전 2300~2100년대의 것으로 추정되는 이 유형의 무기가 발견된 바 있다.[136] 이처럼 이것은 아주 오래된 무기류임을 알 수 있다. 중국의 경우에는 1953년 대사공촌(大司空村) M24에서 한 점 출토되었는데,[137] 상대 후기 것으로 판명되었다. 또한 감숙(甘肅) 영대(靈臺) 백초파(白草坡) M1에서 출토된 것은[138] 서주 초기의 것으로 밝혀졌다. 대사공촌(大司空村) M24 발굴보고서에서는 이 무기를 '청동 도끼(銅斧)'라 했는데, 고거심(高去尋)은 이를 "장방형구공동부(長方形具銎銅斧, 즉 투겁식 도끼)와 과두(戈頭)의 혼합체"로 이해했다.[139] 하지만 이는 앞날이 전혀 없어서, 도끼로 보기 어렵다. 또한 옆 날도 없으므로 과(戈)라고도 할 수 없다. 안특생(安特生)은 하북(河北) 장가구(張家口) 용관현(龍關縣) 탕지구(湯池口)에서 이 유형의 석제 무기를 발견한 바 있다.[140] 이것은 상나라 사람의 정통식 무기와는 다른 형태의 무기류가 중국 북방 지역에 존재했음을 말해준다.

하지만 후대에 이르러 은허식 동과(銅戈)의 영향을 받은 혼합된 형태의 '탁과'가 등장하게 된다. 그 중 한 가지가 중국 북방계 청동기 동군(東群)에 나타나는 '공내탁(銎內啄)'이다. 공내탁은 자루를 장착하는 부분은 은허식 '공내과(銎內戈)'와 닮아 있다. 이 무기는 내리 찍거나 찌르는 용도로 사용된다. 백부

---

135) 陝西省考古研究所 等, 『陝西出土商周靑銅器』 1, 文物出版社, 1979, 사진 78.
136) 주72) A와 같음. p.34, 사진 10: 18~19.
137) 郭寶鈞, 「1950年春殷墟發掘報告」, 『中國考古學報』 5, 1951, 사진 13: 6.
138) 甘肅省博物館文物隊, 「甘肅靈臺白草坡西周墓」, 『考古學報』 1977年 2期, 그림 13: 2.
139) 高去尋, 「殷代的一面銅鏡及其相關之問題」, 『歷史語言硏究所集刊』 29下, 1958.
140) 李濟, 「記小屯出土之靑銅器」 中篇, 『中國考古學報』 4, 1950, 사진 38: a.

(白浮)의 서주 초기 고분에서는 자루도 없이 피장자의 손에 쥐어진 상태로 발견되기도 했다. 이것은 비수처럼 직접 찌르는 형태로 변형된 경우이다.[141] 이 '탁과'는 단지 하북성 북부와 요녕성(遼寧省) 지역에서만 발견되고 있다.

다른 한 가지는 투겁 형태를 유지한 '투겁식 탁과'가 있다. 백부의 서주 초기 고분에서 한 점이 발견되었다.[142] 이 탁과는 형태가 과와 많이 닮았다. 그러나 날의 중간에 높은 중척(中脊)이 있어서, 옆 날의 위력을 발휘하기가 어려우며, 단지 내리 찍는 용도로 사용하기 편하다. 이 형태의 탁과는 산서(山西), 수원(綏遠), 외 바이칼호수, 미누신스크분지 등 지역에 널리 분포되어 있다.[143] 이것은 북방계 청동기 제1기의 대표적 무기류의 하나이기도 하다.

앞에서 살펴본 은허문화의 영향으로 생겨난 북방계 두의 경우는 두 번째 유형의 변화라 할 수 있다. 일반적으로 제1기 북방계 청동기의 특징 중 하나는 용기나 읍취기(挹取器)가 드물게 나타난다는 점을 꼽을 수 있다. 하지만 황토고원 지역에서는 은허청동기의 두(斗)와 비(匕)[144] 등 기물의 영향을 받아 양수두(羊首頭), 사수비(蛇首匕) 등 이 등장하게 된다. 더불어 은허식과 구별되는 형태의 동궤(銅簋)가 만들어지기도 했다. 특히 필자는 석루(石樓) 도화장(桃花庄) 유적에서 출토된 전형적인 중원계 비수 한 자루를 산서성박물관(山西省博物館)에서 직접 확인하였다. 이것보다 이것 보다 조금 더 후대의 것도 발굴되었다. 요녕(遼寧) 객좌현(客左縣) 소파태구(小波汰溝)에서 상말주초(商末周初)의 것으로 추정되는 동기군(銅器群)에서 전형적 북방계 장식 문양인 삼각 톱니바퀴 문양과 속점문(粟點紋)이 있는 유물도 나왔고, 윗부분에 둥근 꼭지가 달린 기물 뚜껑도 발견되었다.[145] 또한 서주 춘추 사이 것으로 추정되는 적봉(赤峰) 지역의 하가점상층문화(夏家店上層文化)유적에서 현지 토기 양식으로 제조된 동정(銅鼎), 동두(銅斗), 동관(銅罐) 등 대형 용기가 확인되고 있다.[146]

---

141) 北京市文管處,「北京地區的又一重要考古收穫」,『考古』1976年 4期, 그림 8: 4; 사진 3: 2.
142) 北京市文管處,「北京地區的又一重要考古收穫」,『考古』1976年 4期, 그림 6: 2; 그림 7: 4; 사진 3: 1.
143) 주72)A와 같음, 사진 10: 1~4.
144) 謝青山 等,「山西呂梁縣石樓鎭又發現銅器」,『文物』1960年 7期, p.42.
145) 요녕성박물관 소장

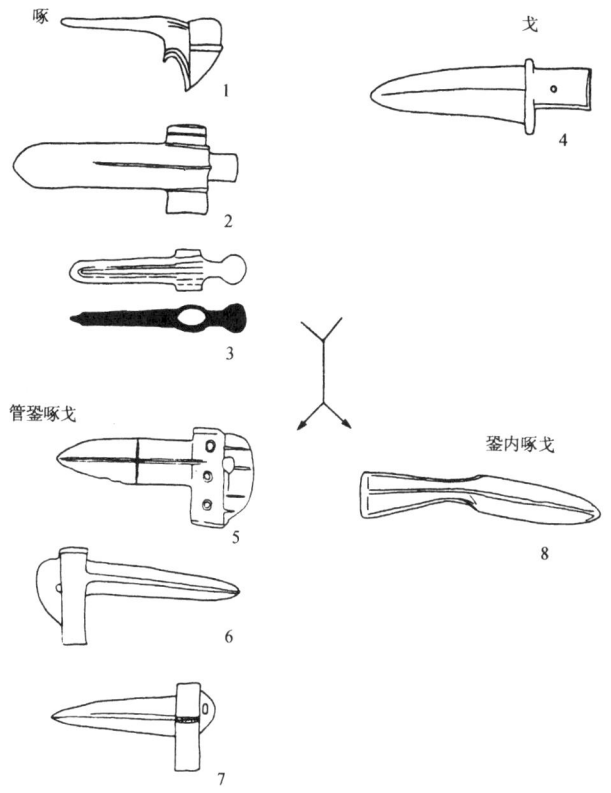

그림 7. 啄과 戈가 혼합된 형태의 무기류
1. 이란 魯里斯坦; 2, 4. 殷墟 武官村大墓; 3. 甘肅 靈臺 白草坡 西周初期墓; 5. 昌平 白浮 西周初期墓; 6. 外 바이칼호; 7. 미누신스크 분지; 8. 靑龍 抄道溝

이것으로 미루어 알 수 있듯이, 상대(商代)부터 북방계 동기(銅器) 분포 지역들 중에서 남부 지역을 중심으로 중원계 청동기의 영향을 받아 자신만의 청동용기, 읍취기가 속속 제조되기 시작했던 것 같다. 일부 유형은 그 분포 지역이 지극히 제한적이었으나, 황토고원과 연산(燕山) 지역에서는 상대에 이미 사수비, 양수비, 영수시(鈴首匙) 등이 등장하기 시작했다. 그 영향으로 북방계 청동기 제2기, 즉 서주 후기에서 춘추시대 전기에 이르러서는 동시(銅匙)가 동부 지

---

146) 昭盟文物工作站 等, 「寧城南山根的石槨墓」, 『考古學報』1973年 2期.
적봉박물관(赤峰博物館)에는 녕성(寧城) 흑산(黑山)유적에서 출토된 동제(銅製) 용기들이 전시되어 있으며, 길림대학(吉林大學) 문물진열관에는 동일 유형의 동격(銅鬲)이 전시되어 있다.

역의 대표적 유물 중 하나가 되었다. 그 지역은 중국의 내몽골 장성 일대와,[147] 더 나아가 외 바이칼호수 지역에 이른다.[148] 북방계 청동기는 동부 지역의 대표적 유물 중의 하나가 되었다.

활모양 청동기는 은허식 청동기와 북방계 청동기와의 상관관계에 관한 앞선 연구에서 주목해온 청동기 중의 하나이다. 이 청동기의 용도에 대해서는, 다양한 추측들이 제시되고 있다. 이 청동기는 은허와 시베리아 지역의 고분에서 모두 피장자의 허리부분에서 발견되었으며, 몽골 지역의 사람 모양(人形) '사슴돌(鹿石)'에 묘사된 도상에서도 벨트의 앞부분에 착용하는 것으로 나타난다.[149] 이로 미루어 이는 벨트에 착용하는 모종의 기물일 것으로 추정된다. 필자는 앞선 연구에서 이를 '괘강기(挂繮器)', 즉 수레를 몰거나 기마(騎馬) 시, 두 손으로 별도의 용무를 처리 할 수 있도록 잠시 고삐를 걸어 두기 위한 장치로 해석한 바 있다.[150] 이 유형의 청동기는 동쪽의 발해만(渤海灣)에서 서쪽의 오비강(Ob' River)에 이르는 넓은 지역에서 발견되고 있다.(그림8 참조)

현재까지 발견된 활모양 청동기들 중에서 은허문화 대사공촌2기의 무관촌대묘 E9[151] 및 부호묘에서 출토된 것이[152] 가장 이른 시기의 것으로 추정된다. 부호묘는 갑골문 복사(卜辭)로 미루어, 무정시대 말기에 축조되었을 것으로 추정된다. 무관촌대묘는 ^{14}C 연대 측정결과, 서기전 1255±160년으로 밝혀졌다. 여하튼 이들 유물의 제조 연대는 서기전 13세기보다 이른 시기까지 소급된다.

그 외에 해방(⇒1949년)전 YM238유적에서 출토된 활모양 청동기[153]는 형태

---

147) A. 昭盟文物工作站 等,「寧城南山根的石槨墓」,『考古學報』1973年 2期, 그림 11: 1~5;
　　B. 北京市文管處,「北京市延慶縣西拔子村窖藏銅器」,『考古』1979年 3期, 그림 2: 3.
148) 주70)B와 같음, 사진 23: 11.
149) А. Н. Л. Членова. Об оленьих камнях Монголии и Сибири.— Монгольский археологигеский сборник. М., 1962;
　　B. 林澐,「關於青銅弓形器的若干問題」,『吉林大學社會科學論叢』2, 1980;
　　С. Д. Г. Савинов. и Н. Л. Членова. Западные пределы распространения оленных камней и вопросы ихкультурно.— этнической принадлежности-Археология и этнография Монголии. Новосибирск, 1978.
150) 林澐,「關於青銅弓形器的若干問題」,『吉林大學社會科學論叢』2, 1980.
151) 郭寶鈞,「1950年春殷墟發掘報告」,『中國考古學報』5, 1951, 사진 2: 3.
152) 中國社會科學院考古研究所,『殷墟婦好墓』, 文物出版社, 1980, 사진 75: 1~6.

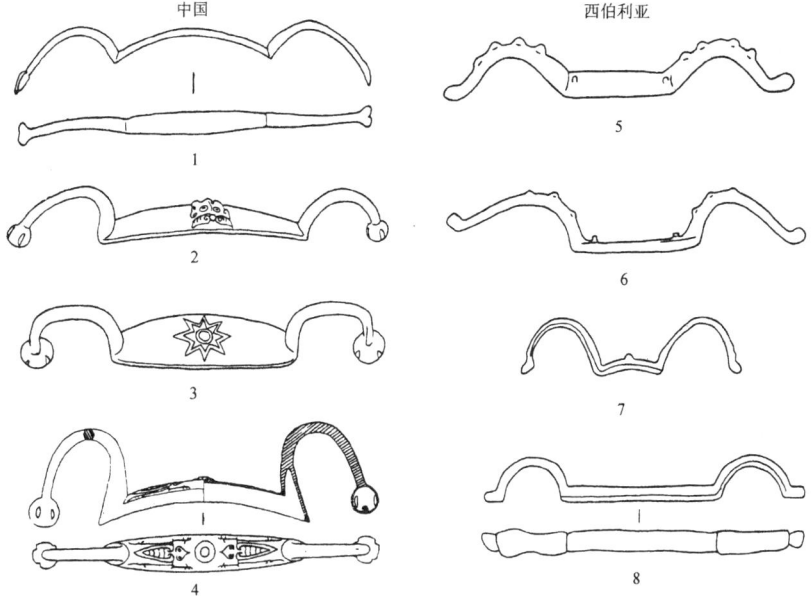

그림 8. 활모양 청동기(弓形器)
1. 安陽 YM238(殷墟前期); 2. 安陽 武官大墓 E9(殷墟前期); 3. 安陽 大司空村 M175(殷墟後期); 4. 靈臺 白草坡 M2(西周前期); 5. 阿斯寇玆3號塚; 6.톰스크 大岬28號塚; 7. 拉伊科夫古墳; 8.薩爾戈夫3號塚

상으로 보면, E9와 부호묘에서 출토된 것보다 더 오래된 것으로 추정된다. 하야시 미나오(林已奈夫)의 연구에서는 YM238유적을 대사공촌1기 것으로 구분하였다.[154] 이에 비해, 추형(鄒衡)은 "은허문화제3기" 즉 대사공총3기에 해당한다고 보았다.[155] 하지만 YM238유적을 은허문화3기의 것으로 판단한 지층 근거가 확실치 않다.[156] 이 고분에서 출토된 동기군(銅器群)은 부호묘의 것과 동일하다. 그러므로 그 연대를 대사공촌2기로 보는 것이 마땅하다. 활모양 청동기는 중원 지역에서 서주 초기 즉 서기 전 10세기 혹은 9세기까지 사용되다가 그 뒤 사라진다.

---

153) 石璋如, 高去尋,「小屯」第1本,『遺址的發現與發掘』丙編, 1970年, 사진 291: 1~2.
154) 林已奈夫,『中國殷周時代の武器』, 1972, 附論1.
155) 鄒衡,『夏商周考古學論文集』, 文物出版社, 1980, 그림 3.
156) 胡平生,「安陽小屯YM238的時代問題」,『考古與文物』1982年 3期.

활모양 청동기는 미누신스크 분지의 카라수크문화와 타가르문화 초기 고분에서 발견되고 있다. 마극서면가부(馬克西緬可夫)는 발굴 자료에 대한 분석을 통해, 활모양 청동기가 카라수크문화 초기에 나타나지 않으며, 말기 고분에서 등장하기 시작한다고 보았다.[157] 석협기(石峽期)에 대한 ^{14}C 연대 측정치는 두 종류가 있다. 각각 서기 전 980년과 760년으로, 그 연대가 11세기 이전까지 소급되지 않는다. 오비강 중류의 탐스크에서 출토된 활모양 청동기의 제조연대에 대해 과마나왜(科馬羅娃)는 서기전 7~서기전 6세기의 것으로 추정했다.[158] 길사열부(吉謝列夫)에 따르면, 활모양 청동기는 카라수크문화를 포함한 광대한 북방 지역 청동기 문화에 대한 은허문화의 영향을 잘 보여주고 있는 기물 중의 하나라고 한다.[159] 필자 역시 앞선 연구에서 활모양 청동기를 은허문화에서 창조된 것으로 이해했다.[160]

하지만 이러한 견해는 재검토해볼 필요가 있는데, 그 이유는 다음과 같다. 첫째, 활모양 청동기가 은허문화에 등장하기 시작할 때부터, 상문화의 전통으로 보기 어려운, 영수(鈴首), 마수(馬首) 등 장식이 발견되는데, 이는 북방계 청동기의 특징이기도 하다. 당란(唐蘭)은 고궁박물원(故宮博物院)에 소장되어 있는 활모양 청동기에[161] 대한 연구를 통해, 쌍영수(雙鈴首) 장식과, 기물 표면의 평행 줄무늬(弦紋)는 은허식과 확연히 구별된다고 보았다. 따라서 그는 이를 "중국 고대 북방소수민족의 유물"이라고 결론지었다.[162] 또한 그는 이 활모양 청동기를 늦은 시기의 것으로 판단했는데, 확실한 근거를 가지고 있지 않다.

이 활모양 청동기의 쌍영수(雙鈴首) 장식은 보덕현(保德顯) 림차욕(林遮峪)에

---

157) Г. А. Максименков. Современное состояние вопроса о периодизации эпохи бронзы минусинской котловины.—Первобытная археология Сибири. Л., 1975.
158) М. Н. Комарова. Томский могильник, памятник истории древних племен лесной полосы западной Сибири.— МИА No.24, 1952.
159) А. С.В. 吉謝列夫, 「蘇聯境內的青銅文化與中國商文化的關係」, 『考古』 1960年 2期;
 В. С. В. Киселев. Неолит и бронзовый век Китая.—СА, 1960, No.4;
 С. В. Киселев. К изучению минусинских каменных изваяний.— Историко-археолотический сборник. М., 1962.
160) 林澐,「關於青銅弓形器的若干問題」,『吉林大學社會科學論叢』 2, 1980.
161) 唐蘭,「"弓形器"用途考」,『考古』 1973年 3期, p.183, 그림 3: 右5.
162) 唐蘭,「"弓形器"用途考」,『考古』 1973年 3期, p.183, 그림 3: 右5.

서 발견된 상대의 '쌍구령(雙球鈴)'163)을 연상시킨다. 이 유물의 정면은 활모양 청동의 쌍비(雙臂)와 유사하다. 이로 미루어, 당란(唐蘭)이 발표한 활모양 청동기의 연대를 은대까지 소급해 볼 여지가 있다. 활모양 청동기는 액(軶)과 마찬가지로 나무로 만들거나, 혹은 쌍비 부분에만 청동장식을 부착했을 수도 있다. 그러므로 비록 내몽골 장성 일대에서 아직 활모양 청동기가 발견되지 않았다고 해도, 이 지역 활모양 청동기 등장연대가 은허의 것보다 늦다고 확단할 수 없다.

둘째, 활모양 청동기는 은허문화에 등장하면서부터 빠른 속도로 스스로의 특징들을 형성해갔다. 도철(饕餮), 매미(蟬) 등의 장식 문양이 사용되었고, 몸통은 평평한 북(梭)모양으로 변형되었다. 몸통과 쌍비 접합부분 뒤쪽에 작은 구멍이 있다. 무정(武丁)시기에서 서주 초기에 이르는 동안 쌍비의 만곡도가 점차 늘어났다.

현재까지 알려진 바에 따르면, 은허식 활모양 청동기는 북쪽으로 하북(河北)의 노룡현(盧龍縣)까지 밖에 미치지 못하고 있다.164) 미누신스크 분지에서 출토된 활모양 청동기에는 순수 북방계 양식인 연속되는 작은 격자무늬, 유정문(乳釘紋)이 있다. 몸통은 직사각형(矩形)이고, 몸통과 쌍비 접합부분에 돌출된 작은 돌기가 있다. 특히나 서주 초기에 해당하는 시기의 것들은 쌍비의 만곡도가 여전히 은허 전기 활모양 청동기의 것과 비슷하다. 그러므로 직접적으로 황하 유역 활모양 청동기의 영향을 받아 제조된 것으로 보기는 어렵다.

여하튼 현재 확보하고 있는 자료를 토대로 합리적인 추정을 해보자면 다음과 같다. 활모양 청동기는 우선 은허문화 인근의 북방 지역에서 발생하여, 은허문화로 전파되면서 은허식 활모양 청동기를 새롭게 형성하여 황하 유역에서 빠르게 유행된다. 하지만 북방 지역에서는 여전히 앞선 시기의 형태를 유지하고 있었으며, 그런 형태의 활모양 청동기가 미누신스크 분지 및 그 서쪽 지역에 전파되었던 것 같다. 그리고 북방 지역 활모양 청동기에 대한 은허식

---

163) 吳振祿, 「保德縣新發現的殷代靑銅器」, 『文物』 1972年 4期, 封底里사진 3: 1~2.
164) 河北省博物館, 文管處 編, 『河北省出土文物選集』, 文物出版社, 1980, 도판 80.

의 영향력은 단지 하북성(河北省) 북부 지역에까지만 미쳤던 것 같다.

일찍이 소련학자 오클라드니코프는 또 다른 흥미로운 이론을 제시한 바 있다. 즉 동서 시베리아 삼림 지역 남부의 '앙카라 - 예니세이식' 청동 도끼(銅斧)는 "고대 중국 은대 양식의 변형된 형태"라는 것이다.[165] 이 공수동부(空首銅斧) 유형의 특징은 단면이 직사각형이고, 귀(耳)가 없다. 도끼 날은 조금 부채형을 하고 있는 경우가 많다. 도끼에는 삼각, 평행선, 원형 등 기하 장식 문양이 있다.[166] 미누신스크 분지, 몽골, 내몽골 및 소련의 중앙아시아 지역의 초원 지대에서는 단이(單耳) 혹은 쌍이이면서, 횡단면이 타원형 혹은 육각형인 청동 도끼가 발견되고 있다.[167] 오클라드니코프에 따르면 '앙카라 - 예니세이식' 청동 도끼의 단면 형태는 은허식과 동일하며, 장식 문양 중, 원형이나 역삼각형 문양은 은허식 청동 도끼의 도철이나 역삼각형 도안을 간략하게 표현한 것이라고 한다. 따라서 초원 지역을 가로 질러, 황하 유역에서 그 원형을 찾을 수 있다는 것이다.

이 주장에 대해 재검토해보자면, 우선, 은허식 공수부(空首斧)는 이리강문화의 것을 계승했다는 점에 주목할 필요가 있다. 이리강문화 말기 유적의 퇴적물에 대한 ^{14}C 연대 측정 결과 서기 전 1620±140년으로 확인되었다.[168] 문헌 기록에 나타나는 상에 관한 기년(紀年)으로 미루어 보아도 황하 유역 공수부의 연대를 서기 전 16세기 이전으로 소급할 수 있다. 상문화 분포 지역의 북쪽 한계 지역에서 은허시기의 것으로 추정되는 공수부가 석루(石樓),[169] 수덕(綏德),[170] 영수(靈壽)[171] 등의 단 몇 곳에서만 발견될 뿐이다. 『수원청동기(綏遠青

---

165) А. П. Окладников. История Якутский АССР. том 1. М.—Л., 1955, p.182.
166) Г. А. Максименков. Бронзовые кельты красноярско - ангарских типов.— СА, 1960, No.1.
167) A. 주79)와 같음, 그림 11: 42~43; 45, 61;
    В. В. В. Волков. Бронзовые кельты из музеев МНР.— Памятниик каменного и бронзового веков. 1964, 그림 1: 10, 12;
    C. 水野淸一, 江上波夫, 「綏遠靑銅器」, 『內蒙古·長城地帶』, 1935, 集成그림 35: 1.
168) 河南省博物館, 「鄭州商代城址試掘簡報」, 『文物』1977年 1期.
169) A. 郭勇, 「石樓後蘭家溝發現商周銅器簡報」, 『文物』1962年 4-5期, 그림 6;
    B. 楊紹舜, 「山西石樓褚家峪, 曹家垣發現商代銅器」, 『文物』1981年 8期, 그림 21中.
170) 朱振元 等, 「陝西綏德(土+免)頭村發現一批窖藏商代銅器」, 『文物』1975年 2期, 그림 2.
171) 正定縣文物保管所, 「河北靈壽賢西木佛村出土一批商代文物」, 『文物資料叢刊』5, 1981, 그림 6.

銅器)』[172])에 동일한 형태의 청동 도끼 세 점이 수록되어 있는데, 아쉽게도 그 출처를 밝히지 않고 있다. 이 유형의 청동 도끼는 형태와 장식 문양을 볼 때, 이리강문화와 은허문화시기 청동 도끼와 뚜렷한 연관관계를 확인할 수 있다. 따라서 은허식의 청동 도끼를 이리강 - 은허식 공수부의 파생물로 추정해 볼 수 있다. 또한 은허식 청동 도끼의 장식 문양과 '앙카라 - 예니세이식' 청동 도끼가 닮았다. 은허식 공수부의 문양에는 역삼각형, 내리 평행선, 두 눈과 흡사한 형태의 원 문양, 십자문 등이 있다.

　더 북쪽 지역에서는 아직까지 확실히 은대의 것이라고 할 만한 청동 도끼가 발견된 바 없다. 하지만 내몽골 지역만 놓고 보면, 비록 귀(耳)가 달린 청동 도끼가 발견되기도 하였다. 하지만 주대(周代) 중기의 유적으로 확단할 수 있는 하가점상층문화 고분에서 발견된 유물들 중에서 귀가 있는 청동 도끼는 매우 적다. 발굴된 대부분은 방공무이부(方銎無耳斧)이다. 잘 알려져 있듯이, 오르도스에서 동쪽으로 소오달맹에 이르러 다시 북쪽으로 꺾여 외 바이칼호수 지역에 이르는 지역에서는 일종의 비대족(肥袋足)과 줄무늬 도격(陶鬲)이 발견되고 있다.[173] 주개구(朱開溝)와 대전자(大甸子)에서 발굴된 것들을 분석해본 결과, 그 등장 시기는 이리강문화시기보다 늦지 않은 것으로 판단된다. 황하 유역에서 기원된 방공무이부(方銎無耳斧)는 이들 지역을 통해 바이칼호수 지역에 전파되었으며, 나아가 시베리아 대삼림(大森林) 남쪽경계 지역에서 유행하게 되었던 것 같다. 이 과정은 귀가 달린 청동 도끼가 초원 지역에서 널리 유행하기 시작한 시점보다 이른 시기로 판단된다. 이가 달린 청동 도끼가 남쪽으로 전파되면서, 은허문화와 주대 전기에 일부 귀(耳)가 달린 청동 도끼가 나타나기도 했다. 그에 비해 농 시베리아 대삼림(大森林)의 남쪽 경계 지역에서는 화북 지역에서 기원된 오래된 형태를 지속적으로 유지하고 있었다. 그러므로 오클라드니코프의 주장은 지금에 이르러서도 여전히 가능성 있는 가설로 받아들여지고 있다.(그림9 참조)

---

172) 水野淸一, 江上波夫, 「綏遠靑銅器」, 『內蒙古 長城地帶』, 1935, 集成그림 1: 14~16.
173) 주70)B와 같음, 그림 9.

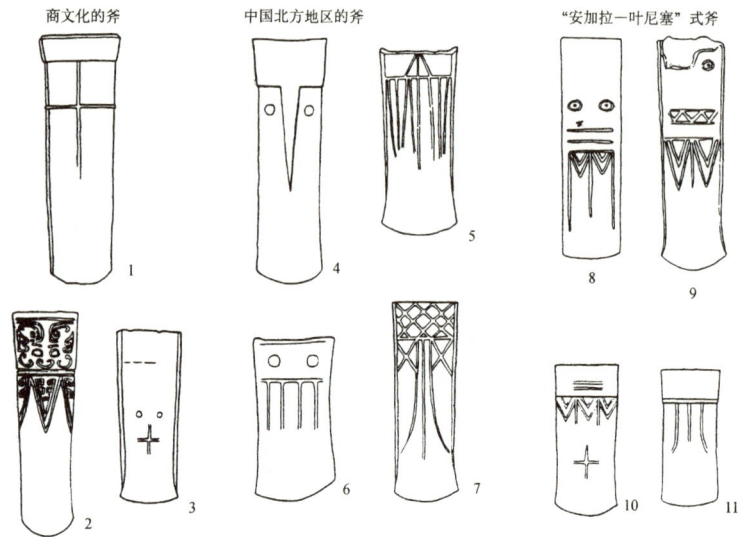

그림 9. 북방 지역에 대한 商文化 청동 도끼의 영향
1. 鄭州; 2. 安陽; 3. 靈寶; 4. 綏德; 5, 7. 石樓; 6. 출토지 미상; 8. 앙카라(河 상류의 索科洛夫沃村; 9~11. 예니세이 강 유역

5. 카라수크문화와 상문화의 연관성 문제

황하 중하류 지역과 미누신스크 분지는 지리적으로 멀리 떨어져 있으나, 이 두 지역을 중심으로 이른 시기부터 고고학 발굴 조사가 자세히 이루어져 왔다. 그래서 주변 지역의 새로운 고고학 발견을 판단하는 기준이 되어 왔다. 고고학 연구자들은 은허문화와 카라수크문화의 연관성에 주목하여, 어떤 문화가 다른 문화에 영향을 미쳤는지에 대한 논의에 열을 올렸다. 이것은 어떤 문제를 인식하는 과정에서 나타나는 필연적인 현상이기도 하다.

카라수크문화와 은허문화 토기 사이에는 공통된 문화적 요소가 발견되지 않았다. 따라서 논쟁의 초점은 청동기에만 맞춰지고 있다. 단, 은허문화 요소를 간직하고 있는 청동기는 미누신스크 분지 고분에서 그다지 많이 발견되지 않았고, 여러 지역에 흩어져 발견되었다. 그럼에도 이렇게 동떨어진 상태로 발견되는 청동기도 역시, 전체 카라수크문화 편년의 중요한 근거로 이용되고 있다. 따라서 청동기 전문가인 기열낙왜(奇列諾娃) 역시 최대 카라수크문화유적을 서기 전 11세기에서 서기 전 8세기 것으로 편년하면서도, 카라수크문화 연대의 상한을 서기 전 13세기까지 소급시킬 수 있다고 하였다. 그리고 심지어 가장 오래된 유물은 서기 전 14세기의 것이라고 주장하기도 한다.[174] 물론 미누신스크부지에서 발견된 일부 청동기는 그 형태로 미루어, 그 등장 시기를 은허문화시기로 소급해 볼 수 있다. 하지만 그러한 유물들이 카라수크 고분에서 수습된 것이 아니라면, 카라수크문화 편년의 절대적인 근거로 이용될 수 없다. 대표적 미누신스크문화 연구자인 마극서면과부(馬克西緬科夫)는 고분 발굴 자료에 대한 분석을 중심으로 미누신스크 분지의 고대문화에 대한 편년과 분기(分期)를 시도했다. 그는 카라수크문화를 카라수크기와 석협기(石峽期) 두 단계로 구분하였다. 그리고 그는 기열낙왜가 카라수크기의 아닌 청동기를 카라수크기 편년의 근거로 사용하고 있는 것을 비판했다. 또한 단검, 활모양 청동기, 절배도(折背刀) 등의 청동기는 석협기에 이르러서야 카라수크문화 고분에 나타나기 시작한다고 보았다.[175] 마극서면과부는 석협기 연대의 상한을 서기전 1000년에서 서기전 900년 대의 교체기로 보아, 시기적으로 은허문화 청동기와 카라수크문화 청동기 사이의 직접적인 영향 관계를 부정했다.

다른 각도에서 보면, 미누신스크 분지와 황하 유역 사이의 넓은 지역은 대개 북방계 청동기의 분포 지역이며, 미누신스크 분지는 이 영역의 가장 북쪽 지역의 일부분에 지나지 않는다는 것을 새로 발굴되는 자료들을 통해서 입증할 수 있다. 또한 황하 유역은 이 분포구역의 최남단 경계 지역이며, 북방계 청동기는 은허문화시기에 이미 상당히 발달돼 있었다. 따라서 은허문화 청동기와 카라수크문화 고분에서 출토된 청동기에 나타나는 유사한 요소들을 다음과 같이 이해할 수 있다. 북방계 청동기가 가장 먼저 은허문화 분포 지역에 전래되어 일부 은허식 청동기에 영향을 미치게 되었다. 더불어 미누신스크 분지에도 전파되어, 좀 더 늦은 시기에 이르러 카라수크문화에 의해 수용되었던

---

[174] А. Н. Л. Членова. Хронологии памятников карасукской культуры. М., 1972. В. Н. Л. Членова. Карасукские кинжалы. М., 1976.

것이다. 다만 카라수크문화에서 수용한 북방 청동기는 대개 서주시기의 것이다. 그러므로 카라수크문화에서 수용한 북방계 청동기와 은허문화에서 받아들인 북방계 청동기는 유사한 특징들이 있다고 한다. 하지만 그 둘은 사실상 시대적 차이에 따른 변화라고 볼 수 있다. 따라서 카라수크문화 청동기와 북방계의 영향으로 형성된 은허식 청동기를 직접 비교할 경우에는 시대적 격차뿐만 아니라, 지역적인 차이에도 유념하여야 할 것이다.

그렇다면 광대한 지역에 폭넓게 분포되어 있는 북방계 청동기의 공통된 요소는 과연 어느 지역에서 기원된 것일까? 현재까지 축적된 관련 연구를 종합해 보자면, 북방계 청동기에 나타나는 각 종의 공통된 요소는 서로 다른 기원을 갖고 있다고 할 수 있다. 예를 들면, 칼등이 경쇠와 같이 구부러져 있는(磬折狀) 절배도(折背刀)는 낙부과라다왜(諾夫戈羅多娃)가 추측한 바와 같이 바이칼 호수 지역의 격랍자과옥(格拉玆科沃)문화와 미누신스크 분지의 오고열옥(奧庫涅沃)문화에서 공동으로 나타나는 비동제(非銅製) 손잡이가 달린 청동 칼에서 기원된 것 같다.[176] 후대에 이르러 이 유형의 청동 칼은 북방계 청동기 분포 지역에서 보편적으로 사용되었었는데, 남부 시베리아와 일부 은허 유적에서도 발견되기도 한다. 투겁식 탁과(啄戈)는 이란고원의 오래된 탁(啄)에서 기원되었을 가능성이 많다. 단, 상문화 재래식 과(戈)에서 영향을 받아 과와 탁이 혼합된 형태를 띠게 되었으며, 북방 청동기 분포 지역에서 널리 유행하였던 것 같다. 그러므로 북방계 청동기 어느 특정 요소의 기원에 대해 정확히 알 수는 없겠으나, 대체적으로 다음과 같은 과정을 상정해 볼 수는 있다. 중앙아시아의 넓은 초원지대는 일종의 기묘한 역사의 소용돌이와 같아서, 서로 다른 기원을 가진 수많은 요소들을 혼합되어 하나의 온전하고 안정적인 복합체를 형성한다. 또한 이렇게 형성된 복합체의 다양한 요소들은 선후시기에 따라 물결처럼 주변 지역으로 확산해나갔던 것 같다. 이처럼 중앙아시아 지역의 이러

---

175) Г. А. Максименков. Современное состояние вопроса о периодизации эпохи бронзы минусинской котловины.—Первобытная археология Сибири. Л.,1975.

176) Э. А. Новгородова. Ножи карасукского времени из Монголии и Южной Сибири.— Монгольский археологический сборник. М.,1962.

한 역사적 작용을 논하지 않고서는 카라수크문화와 은허문화의 상관관계를 정확히 이해하기 어렵다.

마지막으로 1949년에 나월(羅越)이 제시한 바 있는 은허 청동기에 대한 쎄이마(Seima)식 청동기의 영향에 대해 살펴보도록 하겠다. 길사열부(吉謝列夫)는 1959년 중국 방문 시, 이 견해를 중국 학계에 소개한 바 있다.[177] 그 뒤, 이리강문화 청동기에 대한 자세한 검토를 거쳐 다시 수정하게 된다.[178] 그럼에도 그 주장의 핵심은 쎄이마식 청동기의 연대는 서기전 15~6세기까지 소급한다. 그리고 쎄이마식 청동기의 연대는 은허문화보다 이르다고 하는 것이다. 그가 사망한 후에 발표된 유작(遺作)에서도 여전히 동일 입장을 고수하고 있다.[179] 현재 소련고고학계에는 여전히 그러한 주장을 고수하는 학자들이 있다.[180] 쎄이마식 청동기는 시베리아에서 동유럽의 삼림, 초원지대와 삼림 남쪽 변두리에 이르는 지역에 분포된 유적이다. 쎄이마식 청동기는 손잡이 끝머리에 짐승 모양 장식이 있는 호배도(弧背刀)를 특징으로 삼는 시베리아 동쪽의 '카라수크식' 요소와 시베리아 서쪽의 '안드로노프 - 목곽묘문화(木槨墓文化)'의 요소(예를 들면 단검)를 복합적으로 내포하고 있다. 단순히 미누신스크 분지의 문화 분기표(分期表)에 따르면 안드로노프문화는 카라수크문화보다 앞서고 있다. 하지만 미누신스크 분지의 안드로노프문화가 카라수크문화에 의해 대체될 무렵에 분지 서쪽 지역의 광대한 영역에서는 안드로노프문화가 지속되고 있었다. 그리고 이 문화가 서기 전 1000년경까지 존속되었다는 점은 이미 학계에서 공인된 통설이다. 최근 들어 소련학자 게이내혁(契爾耐赫)은 「소련 국경 내에 있는 초기 금속시대 야금업(冶金業)의 분포구역과 분기」라는 논문을 통해, 쎄이마식 청동기를 '중앙아시아구역'과 '유라시아구역'의 접경지대에서 발생한 동서양 요소가 혼합된 대표적 형태로 해석했다. 또한 시기적으로 카라수크문화와 평행선상에 있었으며, 내포되어 있는 카라수크문화적 요소를 "중앙아시

---

177) С.В. 吉謝列夫, 「蘇聯境内的靑銅文化與中國商文化的關係」, 『考古』 1960年 2期.
178) С. В. Киселев. Неолит и бронзовый век Китая.—СА, 1960, No.4.
179) С. В. Киселев. Бронзовый век СССР.— Новое в советской археологии. М., 1965, pp.51~52.
180) О. Н. Бадер и В. Ф. Черников. новый Могильник сейминского типа на Оке.— СА, 1978, No.1.

아에서 기원되었다는 중요한 근거"로 보았다.[181] 이러한 견해는 사실상 소련 학계의 새로운 인식 전환을 의미한다. 따라서 이른바 '쎄이마 문화'가 상문화에 영향을 주었다는 학설은 이미 폐기된 진부한 주장에 불과하다.

6. 여론(餘論)

중국 고고학계에서는 우선 황하(黃河) 중하류 지역을 중심으로 한, 상주문화에 대한 이해를 토대로, 점차 북방 지역에 중원(中原) 청동기와 구별되는 독자적인 청동기문화권의 존재를 인식하기 시작했으며, 나아가 이러한 북방계 청동기가 적어도 상대(商代) 후기에 이미 현재의 중국 국경 내에 있는 이외의 광대한 영역에 걸쳐 널리 분포되어 있었음을 알게 되었다.

현재 학계에서는 상문화 청동기와 상대 북방계 청동기는 독자적인 서로 다른 두 계열 청동기이며, 서로 영향을 미치면서 각자의 내용을 풍부히 해 왔다는 점에 보편적으로 긍정하고 있다. 따라서 단지 상문화에 대해 연구하더라도 상대의 북방계 청동기의 존재를 논하지 않고서는 상문화 청동기에 대한 정확한 이해를 도출해 낼 수 없다.

하지만 '북방계 청동기'라는 표현은 인식과정에서 형성된 모호한 개념이다. 넓은 지역에 걸쳐 분포되어 있는 북방계 청동기는 다양한 역사적 전통과 외부의 영향을 받아 공통된 특징 외에 일정한 차이점이 나타나고 있다. 현재 자주 이용되는 기법은 토기군에 대한 분석을 토대로 고고학 문화권을 구분하고, 그 구역에서 출토된 청동기를 '모모(某某)문화 청동기'로 명명하는 방식이다. 그렇다면 '북방계 청동기'라는 이 개념은 그다지 필요치 않으며, 심지어 연구에 방해가 될 뿐이다.

현재 상대의 것으로 판단되는 북방계 청동기가 많이 발견되었음에도, 상문

---

181) Е. Н. Черных. Металлургические провинции и периодизация эпохи раннго металла на территории СССР.— CA, 1978, No.4, 그림 2, p.78.

화유적이나 고분에서 발견된 일부를 제외하고는 이들 청동기와 토기의 명확한 공존관계가 발견되지 않는다. 북방 지역에 상대로 편년되는 토기가 발견되는 유적이나 고분이 일부 있으나, 그 발굴과정에서 전형적인 북방계 단검, 도끼나 칼이 발견된 바 없다. 비록 추형(鄒衡)의 연구에서는 동일 분포구역과 동일시대를 기준으로 삼아, 황토고원에서 출토된 북방계 청동기를 광사문화(社文化)로, 하북성(河北省) 북부 지역이 북방계 청동기를 하가점문화(夏家店文化)로 분류했으나, 이에 대한 확실한 근거가 결여되어 있는 것도 또한 사실이다. 물론 필자는 상대(商代) 북방 지역에 존재한 발달된 토기문화권에서 나름대로의 청동기문화를 갖고 있었을 것이라고 확신한다. 그들은 상문화 청동기외에, 북방계 청동기를 사용했을 가능성도 있다. 하지만 다른 가설을 제기해볼 수도 있다. 상문화와 연관성을 가지는 특정 토기와 생산 도구를 사용한 농경민 이외에, 북방 지역에는 북방계 청동기를 사용하여 채집과 수렵에 종사(예를 들면 축목업)하였으므로 토기가 발달되지 않았을 수 있다. 심지어 토기를 사용하지 않은 인구집단이 존재했을 가능성도 있다. 이들 집단이 빈번하게 읍락과 인구밀도가 희소한 농경민 주거 지역을 오가면서, 이들 정착 집단과 전쟁이나 교역 등 접촉이 발생하게 되었고, 정복과 동화 등의 융합과정을 거치면서 북방계 청동기가 보편적인 일치성을 갖게 되었을 수도 있다. 그렇다면 토기만을 가지고 고고학 문화권역을 구분하기에는 한계가 있을 수밖에 없다. 또한 동일 시기, 동일 지역이라는 기준 역시 모든 청동기를 정착민의 문화로 간주한 방상이므로 신뢰하기 어렵다. 따라서 만약 북방계 청동기와 함께 발견되는 토기 유형에 대한 분석과 더불어, 함께 수습된 인골 유형에 대한 감정이야말로 위에서 세시한 문제를 해결할 수 있는 새로운 돌파구가 될 수 있을 것이다.

1982년 5월 4일 長春에서
1983년 5월 28일　修訂
1982년 9월, 미국 호놀룰루에서 개최된 商文化國際硏討會 발표논문
『考古學文化論集』1, 文物出版社, 1987年, 수록

활모양 청동기(弓形器)와 관련된 몇 가지 문제에 대해

　상주(商周)시대의 청동기 중에는 일종의 활모양(弓形) 기물이 있다. 초기 골동품 상인들은 이를 '기령(旗鈴)'으로 보았다. 많은 고고학자들이 이 청동기물에 관심을 가져왔으나, 지금까지 이르도록 그것의 성격 내지는 용도와 관련된 공인된 학설을 제시하지 못하고 있다. 따라서 중국 고고학계에서는 여전히 그 형태적 특징에 초점을 맞춰 '활모양 청동기(弓形器)'로 부르고 있다. 그러나 이와 유사한 형태의 청동기는 시베리아 남부 지역에서도 나타나고 있다. 따라서 황하(黃河)유역 청동문화와 북아시아 초원 지역 청동문화의 연관관계를 논급함에 있어서 활모양 청동기는 중요한 단서로 활용되기도 한다.

　하지만 예전부터 활모양 청동기와 관련해, 앞선 시기 국내외 고고학계에서는 관련 자료의 절대적으로 곤란을 겪었다. 활모양 청동기에 대해 자세히 분석할 수 없었다. 다만 다양한 견해가 혼란스럽게 뒤섞여 있었다. 본 논문에서는 중국, 몽골, 러시아 3국의 고고학 자료를 토대로 새로운 해석을 시도하여, 활모양 청동기 연구에 나타나는 몇몇 문제에 대해 자세히 밝혀보고자 한다.

1. 활모양 청동기(弓形器)의 분포 지역

예전부터 중국에서 활모양 궁형기가 다수 발견된바 있으나, 대부분 출토 지역이 명확하지 않은 전세품(傳世品)들이었다. 안양(安陽) 은허(殷墟)에서 출토된 활모양 청동기가 고고학적 발굴조사를 통해 수습한 최초의 것이라 할 수 있다.[1] 1949년 이후 체계적인 발굴조사의 전개와 함께, 출토지가 분명한 활모양 청동기의 수가 점차 많아졌다. 현재 알려진 출토 지역으로는, 서쪽으로 감숙(甘肅) 영대(靈臺),[2] 섬서(陝西) 보계(寶鷄)[3]에 이르며, 동쪽으로 산동(山東) 장청(長淸),[4] 등현(滕縣)[5]에 이르고, 북쪽으로 북경(北京) 창평(昌平),[6] 하북(河北) 노룡(盧龍)[7] 지역까지 미친다. 단 남쪽으로는 농해철도(隴海鐵道) 인근인 낙양(洛陽)[8] 등의 지역이 한계이며, 그 이남 지역에서는 아직 발견된 바 없다.

황하유역으로부터 멀리 떨어진, 몽골고원과 시베리아 지역에서도 활모양 청동기가 많이 발견되고 있는데, 그 중에 미누신스크(Минусинск) 분지(盆地)에서 많이 출토되었다. 현재 알려진⇒ 주요 출토 지역들로, 미누신스크 분지의 아사구자(阿斯寇玆),[9] 살이과부(薩爾戈夫),[10] 랍이가부(拉伊可夫)[11] 외에도, 가장 서쪽 지역은 오비강(Ob' River) 중류의 톰스크(Tomsk) 교외에 이르며,[12] 동쪽은 외(外) 바이칼호수의 울란우데(Ulan-Ude) 인근 지역에 이르고 있다.[13]

---

1) 「殷墟最近之重要發現附論小屯地層」, 『中國考古學報』 第2冊, 1947.
2) 甘肅省博物館文物隊, 「甘肅靈臺白草坡西周墓」, 『考古學報』 1977年 2期.
3) 王光永, 「陝西省寶鷄市浴泉生産隊發現西周早期墓葬」, 『文物』 1975年 3期.
4) 山東省博物館, 「산동장청출토적청동기」, 『문물』 1964년 2기;
   山東省文物管理處, 山東省博物館, 『山東文物選集』, 文物出版社, 1959, 그림 72.
5) 齊文濤, 「槪述近年來山東出土的商周青銅器」, 『文物』 1972年 5期.
6) 北京市文物管理處, 「北京地區的又一重要考古收穫 - 昌平白浮西周木槨墓的新啓示」, 『考古』 1976年 4期.
7) 河北省博物館 等編, 『河北省出土文物選』, 文物出版社, 1980, 그림 79, 80.
8) 郭寶鈞, 林壽晉, 「1952年秋季洛陽東郊發掘報告」, 『中國考古學報』 第5冊, 1951.
9) Giessing G, Minussinske oldfunn, Helsinki, 1941.
10) Н. Л. Членова. Основные вопросы происхождения тагарской культуры Южной сибири.—Вопросы истории Сибири и Дальнего Востока. Новосибирск, 1961, 集成圖130.
11) 위와 같음, 集成圖125.
12) М. Н. Комарова. Томский могильник, Памятник истории древних племен лесной полосы Западной Сибири— МИА, No.24, М., 1952, 그림 20: 1.

황하유역과 시베리아 남부 지역에서 발견되는 활모양 청동기는 모두 평평한 판자 모양 몸통이고, 휘어 있는 팔 한 쌍이 대칭을 이루며 달려 있는 형태이다.(그림1 참조) 하지만 장식문양도 다를 뿐만 아니라 세부적인 형태 또한 서로 다르다. 예를 들면, 안양(安陽) 등 지역에서 출토된 활모양 청동기는 몸통과 팔의 연결 부분에 작은 구멍 혹은 작은 홈[卵窩]이 있다. 그에 비해 시베리아에서 출토된 것은 몸

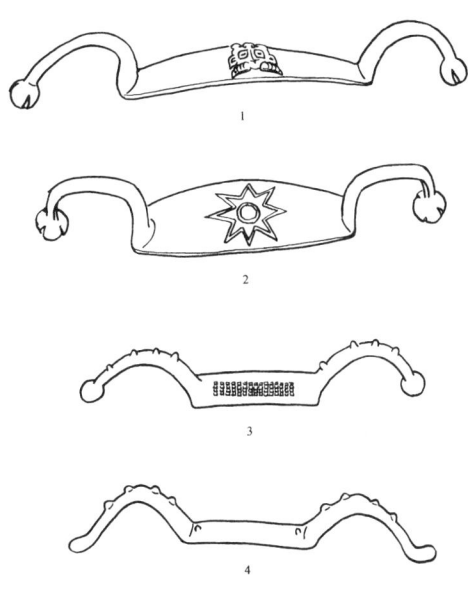

그림 1. 黃河유역(1, 2)과 남부 시베리아(3, 4)에서 출토된 활모양 청동기

통과 팔이 이어진 부분에 작은 돌기기 있다. 또, 안양(安陽) 등에서 출토된 활모양 청동기에는 팔 끝 부분에 방울이 붙어 있는 경우가 많다. 반면 시베리아에서 출토된 것들은 팔 끝부분이 대개 실심(實心) 구체(球體)이다. 따라서 단지 외형적인 유사성만을 가지고 이들 청동기를 동일 기물로 보는 것은 곤란하다.

1975년에 몽골인민공화국 모론(Moron) 인근에서 발견되었다고 하는 '사슴돌(鹿石)'에 묘사된 그림[14]에서 황하유역과 시베리아 지역 활모양 청동기의 연관관계를 밝혀내는 중요한 단서가 되었다.

몽골 북부, 소련(러시아)의 투바(Tuva)와 외(外) 바이칼호수(⇒바이칼호수 바깥) 지역에서 널리 발견되고 있는 '사슴돌'에 대해서 이른 시기부터 추상화한 인물 조각상이라는 주장이 제기돼 왔다.[15] 최근 오시금(烏施金)-오위이(烏魏

---

13) Н. Л. Членова. Об оленных камнях Монголии и Сибири.— Монгольсий археологический сборник. М., 1962, p.32.
14) В. В. Волков, Э. А. Новгородова. Оленные камни Увэра(Монголия). —Первобытная археология Сибири. Л., 1975.

爾)에서 조사된 '사슴돌' 중 제14호 위쪽 부분에서 정교하게 조각된 사람의 얼굴 형태(人面)가 확인되었다. 이로 미루어 이 형태의 '사슴돌' 은 간략화된 인물조각상임을 알 수 있다. 일찍이 인면(人面)이 묘사되지 않는 '사슴돌' 에서도 벨트 도상(圖像)이 확인되기도 했다. 벨트에는 단검(短劍), 도끼(戰斧), 칼, 숫돌(礪石)이 매달려 있다.(그림2 참조)16) 오시금(烏施金)-오위이(烏魏爾) 제14호 '사슴돌' 도상은 인면과 더불어 활모양 기물이 묘사되어 있다. 도상의 얼굴 방향으로 미루어 보면, 이 기물을 몸 앞쪽에 착용한다는 사실을 알 수 있다.(그림3 참조)

이 중요한 단서를 기점으로, 앞선 시기의 고고학 관련 자료를 검토해 보았다. 그 결과, 시베리아나 황하유역을 막론하고 활모양 청동기가 피장자의 허리 부분에서 수습된 경우가 많다. 1957년에 립스키(里普斯基)가 미누신스크 분지의 카라수크(Karasuk) 고분에서 발견한 활모양 청동기는 "동도(銅刀)와 함께 피장자의 허리 부분에 안치돼 있었다."고 한다.17) 1887년에 안드리아노프가 탐스크 남쪽 교외 대갑(大岬) 제28호 묘에서 발견한 활모양 청동기 역시 다른 청동단검, 거울 등 유물과 함께 유골의 복부에 가까운 곳에서 수습되었다. 또한 이 기물에서 줄을 묶었던 흔적이 발견되기도 했다.18)

1949년 이후에 중국의 소둔(小屯) 제164호묘에서 발견된 활모양 청동기 역시 엎드린 자세로 매장된 유골의 골반 아래쪽에서 수습되었다. 매장될 당시 동도(銅刀)와 숫돌(礪石) 등과 함께 벨트에 매달려 있었던 것으로 추정된다.19)

종합해 보자면, 활모양 청동기는 허리 벨트의 앞쪽 정면에 장착하는 기물인 것 같다. 함께 부장된 벨트가 부식되어 없어지면서 그 정체에 대해 파악하기 어려웠는데, '사슴돌' 의 발견으로 다시 밝혀지게 되었던 것이다.

---

15) Н. Л. Членова. Об оленьих камнях Монголии и Сибири.— Монгольсий археологический сборник. М., 1962.
16) В. В. Раддов. Сибирские древности. вып. Ⅱ. СПб., 1891, 사진 23.
17) С.В. 吉謝列夫, 「蘇聯境內青銅文化與中國商文化的關係」, 『考古』 1960年 2期.
18) М. Н. Комарова. Томский могильник, Памятник истории древних племен лесной полосы Западной Сибири— МИА, No.24, М., 1952, p.33, 그림 19. (주12와 같음)
19) 「殷墟最近之重要發現附論小屯地層」, 『中國考古學報』第2冊, 1947, p.22, 그림 6.

은허(殷墟)의 거마갱(車馬坑)에서 활모양 청동기가 발견되는 경우가 많다. 일각에서는 이것을 수레의 부품으로 추정하기도 한다. 1953년에 대사공촌(大司空村) 제175호묘[거마갱(車馬坑)]에서 발견된 활모양 청동기는 수레 앞턱(軾) 부분에서 수습되었다고는 하지만, 동도(銅刀), 석휴(石觽) 등 허리춤에 착용하는 패물들과 가까운 거리에 있었다. 그 외에 주변에서 조개껍데기가 조금 발견되기도 했다.[20] 이로 미루어 봤을 때, 활모양 청동기는 칼이나 송곳[觽]과 함께 조개껍데기로 장식된 벨트에 장착되어 있었던 것 같다.[21] 잘 알려진 소둔(小屯)C구 제20호묘[거마갱(車馬坑)]에서 발견된 활모양 청동기의 출토 위치를 근거로 일부 학자들은 이를 '활 손잡이(弓柲)' 혹은 활의 한가운데 부분 중에서 손으로 쥐는 부분인 '줌통[拊]' 일 것으로 추정했다. 하지만 그들이 간과했던 부분이 있다. 수레 내부에서 발견된 활모양 청동기는 수레 내부의 동도(銅刀), 숫돌(礪石) 등 패물과 한 세트를 이루고 있고, 수레 밖에서 발견된 활모양 청동기 역시 수레 밖의 동도, 숫돌 등 패물과 한 세트를 구성하고 있다는 점이다.[22] 따라서 거마갱(車馬坑)에서 발견되는 이 유형의 활모양 청동기는 거마무사용(車馬武士用) 패물일 가능성이 많으며, 벨트와 함께 부장되었을 것으로 추정된다. 최근 연구에서는 전통(矢箙)이 활모양 청동기와 함께 발견되기도 한다는 점을 근거로, 이를 "활과 연관된 기물"로 추정하고 있다.[23] 사실상 전통 역시 벨트에 장착하는 것으로, 이들 두 기물이 함께 출토된다고 해서 하등 이상할 것이 전혀 없다.

앞선 연구에서는 활모양 청동기의 꺾인 부분에 구멍이나 홈 또는 작은 돌기가 있고, 묶었던 흔적이 발견된다는 점에 주목하기도 했다. 그리고 이것을 활에 묶여 있던 부품으로 이해했다.[24] 사실상, '사슴돌'에 묘사되어 있는 도상

---

20) 馬得志, 周永珍, 張雲鵬, 「1953年安陽大司空村發掘報告」, 『考古學報』第9冊, 1955, 그림 23.
21) 조개껍데기로 장식된 벨트에 대해 조금 부연설명하자면, 아마도 『목천자전(穆天子傳)』에 언급되어 있는 이른바 '패대(貝帶)' 일 가능성이 많다.
22) 「殷墟最近之重要發現附論小屯地層」, 『中國考古學報』第2冊, 1947, p.18, 그림 5.
23) 中國社會科學院 考古研究所 安陽工作隊, 「1969-1977年殷墟西區墓葬發掘報告」, 『考古學報』 1979年 1期.
24) 唐蘭, 「"弓形器"(銅弓柲)用途考」, 『考古』 1972年 5期.

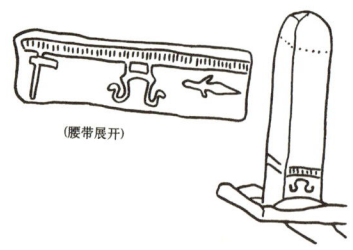

그림 2. 烏盖伊-諾爾 사슴돌(鹿石)에 묘사되어 있는 벨트

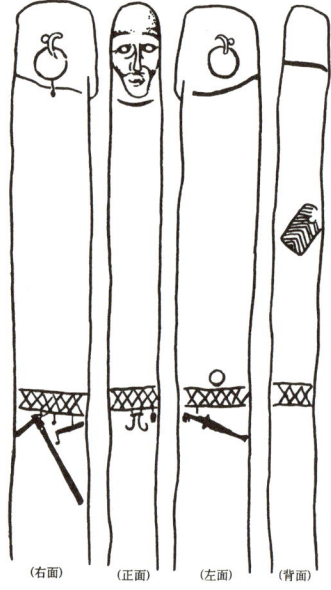

그림 3. 烏施金-烏魏爾 14호 사슴돌(鹿石)에 묘사되어 있는 벨트

(圖像)으로 봤을 때, 이 기물은 활에 묶여져 있는 것이 아니라, 벨트에 장착된 것으로 나타난다. 앞에서 언급한 구멍이나 홈과 돌기는 끈이 좌우로 움직이지 않게 고정시켜주는 역할을 한다. 또한 그림1: 1처럼 수면(獸面)장식이 있는 것을 '사슴돌'의 착용 방식에 따라 착용하면, 수면(獸面)이 정면을 향하게 된다. 만약 수면(獸面) 장식을 활에 묶는 것이라면, 수면 장식이 가로로 눕게 되어 매우 어색하다.

이상의 내용을 종합해보면, 황하유역과 시베리아 지역에서 발견되는 활모양 청동기는 외형상으로는 유사하다. 뿐만 아니라 모두 벨트에 장착하는 동일 유형의 기물로 추정된다. 몽골 지역에서는 실물이 발견되지 않았으나, 사슴돌 도상이 남아 있다. 따라서 몽골에서도 역시 이 유형 기물의 존재 가능성을 뒷받침해주고 있다. 그러므로 벨트 정면에 부착하는 형식의 이 활모양 청동기는 몽골고원의 남북 양측에서 나오고, 동쪽으로는 발해연안, 서쪽으로는 오비강유역에 이르는 지역에 폭넓게 분포되어 있었다고 할 수 있다.

2. 활모양 청동기의 지역별 연대 문제

앞에서 언급한 다양한 지역에서 발견되는 활모양 청동기의 연대는 각각 달리 나타난다. 중국 정주(鄭州) 이리강(二里岡)을 대표로 하는 전기 상문화 유적에서는 아직 활모양 청동기가 발견된 바 없다. 은문화에 관한 추형(鄒衡)의 선행연구에 따르면, 활모양 청동기는 '은허문화(殷墟文化) 제2기'부터 등장하기 시작한다. 대개는 무정(武丁)-조갑(祖甲)시대[25]에 해당한다고 한다.[26] 예를 들면, 1950년 무관촌대묘(武官村大墓) E9 발굴 과정에서 순장자(殉葬者) 허리 위치에서 활모양 청동기 한 점이 수습되었다.[27] 이 고분의 목탄에 대한 ^{14}C 연대 측정 결과, 그 절대적 연대는 서기 전 1255±160년으로 판명되었다.[28] 『죽서기년(竹書紀年)』이나 현대 천문학연구에 따르면, 은나라의 멸망 시기는 대략 서기 전 11세기라고 한다. 『죽서기년』에서는, 반경(盤庚)이 은(殷)으로 도읍을 옮겨서부터 은나라가 멸망하기까지 273년이 경과했다고 한다. 따라서 은허문화는 늦게 잡아도 서기 전 14세기경에 시작되었을 것으로 짐작된다. 무관촌대묘(武官村大墓)는 "은허문화 제2기" 유적으로 추정되는데, ^{14}C 측정 연대를 근거로 그 구체적인 연대를 서기 전 13세기경으로 잡아 볼 수 있다.

현재 학계에서는 중국 중원(中原) 지역에서 발견되는 활모양 청동기 편년의 하한을 서주(西周) 초기로 보고 있다. 예를 들면, 1973년에 섬서(陝西) 기산(岐山) 하가촌(賀家村) 1호묘에서 출토된 활모양 청동기의 연대는 함께 수습된 청동기의 형태로 미루어 보아, 성왕(成王)시기보다 늦은 시기의 것으로 보기 어렵다고 한다.[29] 1972년에 감숙(甘肅) 영대(靈臺) 백초파(百草坡) 2호묘에서 발견된 활모양 청동기의 연대는 함께 출토된 청동기 형태로 미루어 봤을 때, 소왕(昭

---

[25] 무정(武丁, 서기 전 1250~서기 전 1192)은 상나라의 제23대 왕이다. 조갑(祖甲)은 상나라의 25대 군주이다.
[26] 鄒衡, 「試論殷墟文化分期」, 『北京大學學報(人文科學版)』 1964년 5期.
[27] 郭寶鈞, 「1950年殷墟發掘報告」, 『中國考古學報』 제5책, 1951, 사진 4: 3.
[28] 中國科學院考古研究所實驗室, 「放射性碳素測定年代報告(1)」, 『考古』 1972년 1期; 夏鼐, 「碳-14測定年代和中國考古學」, 『考古』 1976년 4期.
[29] 陝西省博物館, 陝西省文物管理委員會, 「陝西岐山賀家村西周墓葬」, 『考古』 1976년 1期.

王)시기보다 늦은 시기의 것이 아니라고 한다.30) 1975년에 북경(北京) 창평(昌平) 백부(白浮) 2호묘, 3호묘에서 출토된 활모양 청동기 역시 함께 발견된 청동기와 토기 형태로 보아, 서주(西周) 초기의 것으로 판단되는데, 목곽(木槨)에 대한 14C 연대 측정결과 서기 전 1120±90년으로 밝혀졌다.31) 중국에서 발견된 서주 중·후기로 편년되는 유적에서 활모양 청동기가 출토된 바 없다. 그러므로 당란(唐蘭) 선생이 제시한, 서주 후기 청동기 명문에서 확인되는 이른바 '금률필(金簴弻)'이 곧 활모양 청동기라는 주장32)은 근거가 부족하다.

시베리아 지역에서 출토된 활모양 청동기의 연대는 중국의 것과 격차가 있다. 초기 연구들에서는 미누신스크 분지에서 발견된 활모양 청동기를 '카라수크문화' 유물로 이해하고 있었다.33) 하지만 이 유형 청동기는 '타가르문화(Tagar culture)' 초기 유적에서 자주 발견되고 있다. 카라수크문화가 서기 전 12세기에 시작된다고 보는 시각이 일반적인데, 그에 비해 타가르문화는 서기전 7세기에 등장하기 시작한다. 단, 활모양 청동기가 서기 전 12세기에서 서기전 7세기에 걸쳐 존재해왔는지에 대한 여부에 대해서는 현재 다양한 견해가 존재하고 있다.

최근 들어 카라수크문화 연구 분야에서 상당한 견해차이가 생겼기 때문이다. 예를 들면, 키렌노바의 연구에(1961) 따르면, 미누신스크 분지의 카라수크문화는 서기 전 12~11세기에 존재했으며, 같은 시기에 그와 별도로 분지의 남부 지역을 중심으로 '루가프문화'가 병존했다고 한다. 또한 서기 전 10세기에서 서기 전 7세기에 이르는 시기는 '카라수크 - 타가르 과도기'라고 한다. 그리고 이것을 다시 파이낙부(巴伊諾夫), 이이인(伊爾因), 가가열옥(可可列沃)의 세 단계로 나누었다. 따라서 서기 전 7세기 타가르 제1기 문화유적에서 일부

---

30) 甘肅省博物館文物隊,「甘肅靈臺白草坡西周墓」,『考古學報』1977年 2期.
31) 北京市文物管理處,「北京地區的又一重要考古收穫 - 昌平白浮西周木槨墓的新啓示」,『考古』1976年 4期.
32) (缺)
33) С. В. Киселев. Древняя история Южной Сибири. М., 1951;
С. В. Киселев. К изучению минусинских каменных изваяния. — историко - археологический сборник. М., 1962.

'과도기적 요소'가 혼재해 나타나는 경우도 있다고 한다. 그러므로 앞서 언급했던, 1957년 립스키(里普斯基)에 의해 발견된 활모양 청동기는 카라수크문화의 것일 가능성이 많으며, 시기는 서기 전 12~11세기로 추정해볼 수 있고 한다. 1914년에 오이신(奧爾辛)이 아사구자(阿斯寇玆) 3호묘이 발견한 활모양 청동기는 '파이낙부(巴伊諾夫) 단계' 즉 서기 전 10세기의 것으로 추정된다. 1945년 립스키가 납이가부(拉伊可夫)에서 발견한 활모양 청동기는 과도기적 요소가 나타나는 타가르 제1기문화 시기, 즉 서기 전 7세기의 것으로 추정된다고 한다. 그는 순수 타가르문화에서 활모양 청동기가 나타나지 않는다고 보았다.[34]

그와 달리, 그리아츠노프와 막시무코프는 완전히 다른 견해를 취하고 있다. 그들은 이른바 '루가프문화'를 카라수크문화와 동시대의 것이 아닌, 카라수크문화 말기의 한 단계로 이해했다. 즉 카라수크문화를 두 단계로 나누어, 전기를 '카라수크기(期)'로, 후기를 '석협기(石峽期)'로 구분했던 것이다. 마극서면가부(馬克西緬可夫)에 따르면 카라수크기(期)와 석협기(石峽期) 유적에서 많은 공통된 문화적 특징들이 발견된다고 한다. 단, 기련낙왜(奇連諾娃)의 주장처럼 청동단검, 도끼(戰斧), 활모양 청동기, 접이식 청동소도(靑銅小刀) 등 유물을 카라수크 문화유물이라고 하는 것은 정확한 표현이 아니라고 보았다. 왜냐하면, 이들 유물은 석협기(石峽期)에 이르러서야 등장하기 시작하며, 카라수크기 유적에서는 발견되지 않기 때문이라고 한다. 다시 말해 기련낙왜(奇連諾娃)의 연구에서는 카라수크기에 존재하지도 않았던 유물을 단순히 통념에 따라 카라수크기의 것으로 오인하게 되면서, 석협기 유적을 카라수크유적과 동시대 문화로 잘못 판단했다는 것이다. 또한 기련낙왜의 연구에서 '루가프문화' 시기를 서기 전 12세기로 높여 잡고 있는데, 그 근거가 확실치 못하다고 한다.[35] 격리아자낙부(格理亞玆諾夫) 등 연구자들은 석협기(石峽期)를 서기 전

---

34) A. 주10과 같음;
 В. Н. Л. Членова. Памятники переходного карасук-тагарского времени вминусинскй котловине, —СА ,1966, No.2.

1000년 세기 교체기에 해당하며, 그 뒤의 타가르문화와 연결된다고 보았다. 또한 이른바 '바이노프 단계' 란 사실상 타가르문화 초기, 즉 서기 전 7세기로 추정했다. 현재까지 두 곳의 석협기유적에 대해 ¹⁴C 연대 측정을 실시했다. 그 결과, 한 유적은 서기 전 980년에 다른 한 유적은 서기 전 760년으로 밝혀졌다.[36] 이는 위의 견해와 일치하는 결과이기도 하다.

이상의 내용을 종합해 보면, 미누신스크 분지에서 출토된 활모양 청동기의 연대에 대해 여러 의견이 있다. 일부에서는 서기 전 12세기로 소급시키기도 하지만, 정확히 말해, 서기 전 11세기에서 서기 전 7세기 사이로 판단된다.

오비강 중류에서 출토된 활모양 청동기의 연대에 대해 과마나왜(科馬羅娃)는 서기 전 7~6세기로 추정했다.[37] 동일 고분에서 함께 출토된 청동단검의 형태와 문양으로 미루어 '카라수크식' 으로 판단되나, 또한 전형적인 타가르식 小刀도 함께 발견되고 있어,[38] 이 고분의 축조 시기는 대개 미누신스크 분지에서 카라수크문화와 타가르문화의 교체기로 추정된다. 그러므로 이 고분에서 출토된 활모양 청동기의 연대는 서기 전 7세기의 것일 가능성이 많다.

외(外) 바이칼호수와 몽골 등 지역에서 발견되는 활모양 기물이 묘사된 '사슴돌' 의 연대에 대해, 앞선 연구들에서는 대개 서기 전 7세기로 보고 있다.[39] 단, 최근 복이가부(伏爾可夫)와 낙부가라다왜(諾夫可羅多娃)가 발표한 오시금(烏施金)-오위이(烏魏爾) '사슴돌' 관련 자료에서 새로운 견해가 제시되었다. 그들은 '사슴돌' 에 묘사되어 있는 벨트에 장착된 단검 등 무기류에 대해 분석하였

---

35) Г. А. Максименков. Современное состояние вопроса о периодизации эпохи бронзы минусинской котловины.— Первобытная археология Сибири. Л., 1975.
36) С. И. 魯登科, 「米奴辛斯克地區的靑銅文化與放射性碳素年代」, 『蘇聯地理學會報告』 1968年 5期.
37) М. Н. Комарова. Томский могильник, Памятник истории древних племен лесной полосы Западной Сибири— МИА, No. 24, М., 1952, 그림 20: 1. (주12와 같음)
38) Н. Л. Членова. Об оленных камнях Монголии и Сибири.— Монгольсий археологический сборник. М., 1962, p.32. (주13과 같음)
39) А. П. Окладников. Оленный камень с реки Иволги.— СА., XIX, 1954 - 서기 전 7~5세기로 추정;
  Н. Н. Диков. Бронзовый век Забайкалья. Улан - Удз. 1958, 서기 전 7~3세기로 추정;
  策 도이길소영, 「북흉노적묘장」, 『과학원학술연구성취』 제1기, 1965, 서기 전 7~3세기로 추정;
  Ю. С. Гришин. Бронзовый и ранний железный век Восточного Забайкалья. М., 1975, 서기 전 7~3세기로 추정.

다. 그 결과, '카라수크식' 특징들이 나타나고 있으므로, 일부 '사슴돌'의 연대를 서기 전 1000년대 초기로 소급해 볼 수 있다고 한다.[40] 하지만 이른바 '카라수크식' 청동무기류는 아주 이른 시기에 등장할 뿐만 아니라, 오랜 기간에 걸쳐 사용되었으므로, '사슴돌'의 정확한 조성 연대를 추정하기는 어렵다. 따라서 외 바이칼호수와 몽골 지역의 활모양 청동기의 구체적인 연대를 파악하기 위해서는 더 많은 자료가 축적되어야 할 것이다.

이상의 내용을 통해 알 수 있듯이, 현재까지 확보한 자료 중에서는 안양(安陽)의 은허(殷墟)에서 출토된 활모양 청동기가 가장 이른 시기의 것이다. 반면 미누신스크분지에서는 황하유역보다 늦은 시기의 것이다. 즉, 활모양 청동기가 황하유역에서 사라질 무렵에도 시베리아 지역에서는 여전히 사용되고 있었던 것이다.

3. 활모양 청동기의 용도

활모양 청동기의 실제 용도와 관련해 다양한 견해가 제시되어왔는데, 크게 다음과 같은 몇 가지로 나누어 볼 수 있다. 1) 방울[鈴]이라는 설(說)이다. 이 주장은 다시 '기령(旗鈴)',[41] '마령(馬鈴)'[42] 혹은 '화령(和鈴)'[43]이라는 주장으로 구분된다. 2) 활과 관련 된 기물이라는 설이다. 이 주장은 다시 '줌통(弣)',[44] '도지개(檠)'[45] 혹은 '궁비(弓柲)'[46]로 나뉜다. 3) 거마(車馬)용 기물이라는 설(說)이다. 단, 축소한 '멍에(軛)' 모형[47] 혹은 수레 앞턱(軾) 부분의 부품[48]으로

---

40) В. В. Волков, Э. А. Новгородова. Оленные камни Увэра(Монголия).
　—Первобытная археология Сибири. Л., 1975. (주14와 같음)
41) 唐蘭, 『博古圖錄』(단, 이 책의 卷27에 수록된 '漢旗鈴'은 弓形器가 아님, 따라서 '旗鈴'은 골동품거래 상인들의 의해 붙여진 것으로 추정됨)
42) 李光庭, 『吉金志存』, 1859年自刻本.
43) 馬衡, 『中國金石學』(雙劍誃抄本)
44) 石璋如, 「小屯殷代의 成套兵器」, 『歷史語言研究所集刊』 第22本, 1950.
45) 於省吾, 『商周金文錄遺』, 科學出版社, 1957.
46) (缺)

이해하기도 한다. 4) 장식품이라는 설이다. 방패 장식 혹은 전통 장식으로 사용되었을 것으로 추정하고 있다.⁴⁹⁾ 5) 의장용품이라는 설이다. 무당이 사용한 법장(法杖)의 머리 부분 장식으로 보거나,⁵⁰⁾ 부장용 명기(明器)라는 견해가 제기되고 있다.⁵¹⁾

필자는 앞부분에서 활모양 청동기를 벨트 앞부분에 장착하는 기물일 것으로 추측하였다. 그렇다면 위의 많은 주장들은 성립되기 어렵게 된다. 중국 고고학계에서는 활의 '도지개(檠)' 혹은 '궁비(弓柲)' 일 것이라는 주장이 중론이었다. '경(檠)' 과 '궁비' 가 동일한 물건인지, 혹은 서로 다른 용도의 것인지 잘 알 수 없으나, 적어도 이들은 활을 사용하지 않을 때 활을 고정해두는 장치인 것 같다. 그렇다면 이 활모양 청동기를 벨트의 앞부분, 즉 복부 근처에 장착해야 할 하등의 이유가 없다. 또한 40cm 크기의 활모양 청동기라 할지라도, 판상기(板狀器) 부분은 겨우 20cm에 불과한데, 이를 활 교정용 도지개로 보기에는 지나치게 짧다. 하물며 활모양 청동기의 판상기 부분은 평평하고 곧은 상태이며, 가장 작은 판상기는 겨우 6cm에 불과한데, 이를 활을 바로 잡는 틀로 사용했다고 보기에는 무리가 따른다.

'사슴돌' 연구자들은 활모양 청동기를 일종의 '갈고리(鉤)' 로 추정하기도 한다.⁵²⁾ 즉 이는 물건을 몸에 휴대하기 위한 갈고리 장치라는 것이다. 하지만 이러한 이해에도 문제점이 있다. 우선, 물건을 휴대하기 위한 갈고리라면, 몸 측면이나 뒷면에 장착하는 것이 자연스러운데, 복부에 위치한 다는 것은 다소 어색하다. 다음으로, '사슴돌' 에 묘사되어 있듯이, 활모양 청동기에 문식이 있다. 만약 물건을 휴대하기 위해 그 위에 걸어놓을 경우, 문식이 가려서 보이

---

47) International Exhibition of Chinese Art, *Illustrated Supplement to the Catalogue*, London, 1935~1936, 第204號/206號.
48) 郭寶鈞, 「1950年殷墟發掘報告」, 『中國考古學報』第5冊, 1951, 사진 4: 3.
49) 郭寶鈞, 「1950年殷墟發掘報告」, 『中國考古學報』第5冊, 1951, 사진 4: 3.
50) Н. Л. Членова. Памятники переходного карасук - тагарского времени в минусинской котловине.— СА, 1966, p.55, No2.
51) International Exhibition of Chinese Art, *Illustrated Supplement to the Catalogue*, London, 1935~1936, 第204號/206號.
52) 주)14, 15 참조.

지 않는데, 그렇다면 그러한 장식은 무용지물이 되는 셈이다. 이 또한 어색한 부분이라 할 수 있다.

새로운 각도로 조명해 봤을 때, 이 활모양 청동기는 말[馬]과 연관되는 기물로 추정할 수 있다. 1) 소둔(小屯) C구 제164호묘 피장자는 말 한 마리와 함께 묻혔으며, 허리 앞부분에서 활모양 청동기가 발견되었다. 2) 거마갱(車馬坑)에서 활 모양 청동기가 발견되는 경우가 많다. 3) 은허(殷墟)에서 출토된 활모양 청동기 중앙 부분에 팔각(八角) 별 모양 도안이 장식되어 있다.(그림1: 2) 이러한 장식 문양은 활모양 청동기 외에, 소둔에서 출토된 청동 멍에(軛)와 말 머리 장식에서만 확인된다.[53] 4) 활모양 청동기 양쪽 끝머리에 달려 있는 판구형(瓣球形) 방울 형태는 서주시대 거형(車衡)에 부착한 난령(鑾鈴)과 유사하다. 물론 이 형태의 방울은 청동 도(刀)나 단검과 같은 기물(器物)에서도 나타나지만,[54] 이러한 방울이 발견되는 지역은 역사적으로 기마민족의 활동구역과 일치한다. 또한 방울이 달린 기물은 대개 허리춤에 휴대하는 것들이다. 이것은 거마에 부착된 방울과 마찬가지로 말과 관련이 있는 것 같다.

활모양 청동기는 벨트 앞쪽에 장착하는 갈고리 모양 기물임과 동시에, 또 한편으로는 말과 연관이 되어 있는 것 같다. 서로 연관이 없어 보이는 이들 두 속성을 하나로 엮어 줄 수 있는 것이 바로 말고삐[馬縉]이다. 고삐와 벨트의 상관관계는 현재 몽골족의 관습을 통해서도 확인할 수 있다. 즉 몽골인들은 기마(騎馬) 시, 고삐를 벨트에 묶거나 끼워 넣는 습관이 있는데, 이는 고삐가 흔들리면서 꼬이는 것을 방지하고, 말에서 내릴 때 쉽게 고삐를 당길 수 있게 하기 위함이라고 한다. 그 외에, 재갈(馬銜)과 연결된 고삐가 하나 더 있다. 기마 시 손으로 잡고 있다가, 두 손으로 다른 작업을 해야 할 경우에, 안장에 씌워 고정시킴으로써 고삐가 꼬이지 않게 한다고 한다.

이와 같이 고대에는 기마(騎馬)할 때나 아니면 거마(車馬)할 때나 모두 고삐

---

53) 「殷墟最近之重要發現附論小屯地層」, 『中國考古學報』 第2冊, 1947.
54) 河北省文化局文物工作隊, 「河北省青龍縣抄道溝發現一批青銅器」, 『考古』 1962年 12期, 사진 5; 吳振錄, 「保德縣新發現的殷代青銅器」, 『文物』 1972年 4期, 사진 7: 5; 3: 3.

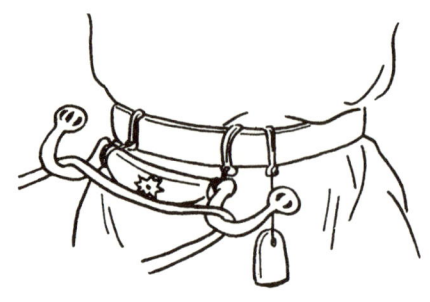

그림 4. '挂缰鉤' 사용법 추이

를 통해 조정한다. 즉 말을 통제할 때 고삐는 매우 절대적인 위력을 발휘한다. 따라서 벨트 앞쪽에 장착하는 활모양 청동기는 말을 타거나 수레를 조정할 때, 고삐를 걸어두는 장치일 가능성이 많다. 우선, 이 장치는 고삐를 손에서 놓더라도 서로 꼬이지 않을뿐만 아니라 쉽게 다시 잡을 수 있게 한다. 또한, 고삐를 손에서 놓아버려도, 완전히 통제를 잃지 않도록 유지해준다. 이것은 후대의 말안장에서도 갖추지 못한 기능이다.

위에서 살펴본 내용을 종합해 보면, 활모양 청동기는 '괘강구'로 이해된다. 따라서 벨트 앞쪽에 장착하는 것이며, 또한 고삐를 걸쳐 놓을 경우, 앞쪽으로 당겨지면서 중앙의 장식문양이 드러나게 되는 것이다.(그림4 참조) 다만 이 역시 필자가 구상해낸 가설에 불과하며, 새로운 자료의 지속적인 발굴을 통해 검증되어야 할 것이다.

4. 여론(餘論)

1950년대에 길사열부(吉謝列夫, С.В. Киселёв)는 활모양 청동기를 안양(安陽) 상문화(商文化)가 북아시아 초원지대에 미친 영향의 하나로 이해했다.[55] 지금 다시 돌이켜보면, 그의 연구는 거칠고 개략적인 면이 있지만, 그 결론은 크게 잘못되지 않은 것 같다. 현재까지 확보한 자료를 검토한 결과, 다음과 같은 결론을 내릴 수 있다. 활모양 청동기, 즉 괘강구는 서기 전 13세기 안양(安陽) 상문화에서 가장 일찍 등장하는데, 은문화 분포 지역 북쪽 지역에서 이보다 이른 시기의 것이 발견된 바 없다. 또한 은문화 유적에서 출토된 활모양 청동기의 장식 문양이나, 관련 제조기술로 미루어 봤을 때, 이는 황하유역에서 기원된 것임을 알 수 있다.

안양 상문화에 상당히 발전된 형태의 두 바퀴 수레(雙輪馬車)가 존재했다는 점은 고고학 발굴을 통해 이미 입증된 바 있다. 또한 안양 상문화 시기에 이미 기마술을 알고 있었을 것으로 추정된다. 소둔(小屯) C구 제164호묘에서 피장자와 함께 말이 발견된 것을 근거로 삼을 수 있다. 무정(武丁)시기 갑골문 복사에 이미 '다마(多馬)'라는 표현이 등장하는데, 대개 수렵이나 전쟁에 관한 내용이다. '다마'는 '다강(多羌)'의 경우처럼 포로로 잡은 상대방을 지칭하거나, '다사(多射)'와 같이 일종의 군사, 즉 기마병을 일컫기도 한다. 갑골문에서 '다사'는 일반적으로 '아(亞)', '족(族)', '사(射)' 등 신분과 함께 언급되므로, 이를 기마병으로 해석하는 것이 타당하다.[56] 또한 갑골문에서 "마기선(馬其先), 왕태(예)종(王兌(銳)從)"(粹1154), "기령아주마(其令亞走馬)"(甲2810) 등 기록이 확인된다. 서주 시기 영정(夨鼎) 명문(銘文)에도 "영중분선마주(夨衆奮先馬走)"라는 문구가 있다. 『시경(詩經)』 면(緜)에도 주(周)나라의 조상 고공단부(古公亶父)와 관련된 내용에 "일찍이 말을 달려 오시니(來朝走馬)"라는 문구가 등장한다. 이상의 내용으로 미루어 보면, 중국 황하유역에서는 이른 시기부터 기마술이 발달되어 있었으며, 조무령왕(趙武靈王) 시기 '호복기사(胡服騎射)'에서 전하는 것처럼, 북방민족들로부터 기마술을 습득했다고 보기는 어렵다. 따라서 활모양 청동기 – 패강구는 일종의 말 제어 장치이며, 상문화의 거마 기마술을 바탕으로 창조된 것이다. 그러므로 활모양 청동기는 안양 상문화가 북방 초원지대 청동기문화에 영향을 미쳤을 것이라는 주장의 유력한 근거가 된다. 사서 내용을 고고학 자료가 증명하는 상황이 된 것이다.

마지막으로 한 가지 덧붙일 것이 있다. 일찍이 길사열부가 제시한 카라수크문화가 동방에서 기원하였다는 주장은 자세히 검토해 볼 필요가 있다. 구체적인 유물을 제쳐두고, 단지 활모양 청동기만 놓고 봐도, 이는 미누신스크분

---

55) C.B. 吉謝列夫,「蘇聯境內靑銅文化與中國商文化的關係」,『考古』 1960年 2期.
56) (缺)

지의 카라수크문화 고유의 문화적 요소라고 할 수 없다. 이 (문화에서는/(혹은) 이곳에서는) 석협기(石峽期)에 이르러서야 이른바 '카라수크식' 단검, 도끼(戰斧) 등 유물과 함께 등장하기 시작한다. 미누신스크분지의 카라수크문화와 동방 지역 문화와의 공통된 특징은 짧은 시간 동안에 갑작스럽게 형성된 것이 아니며, 오랜 기간에 걸친 점진적 문화교류의 결과이다. 또한 미누신스크분지와 황하유역 사이의 넓은 지역에 걸쳐 나타나는 청동기문화를 길사열부처럼 단순히 '카라수크문화'와 '카라수크 - 안양문하'로 구분한다는 것은 이들 지역 청동기 문화의 복잡성과 역사성을 간과한 태도이다. 이 지역에 존재했던 독자적 청동기 문화권을 구분해내고, 그들과 주변의 기타 청동기문화사이의 연관관계를 찾아내는 작업이야말로 향후 북아시아 고고학계에서 시급히 추진해나가야 할 과제이다.

1978년 5월 1일 第1稿
1979년 3월 20일 修訂

『吉林大學社會科學論叢』2, 吉林大學社會科學學報編輯部, 1980.

중국 북방 장성 지대 유목문화 벨트의 형성 과정

　　본 논문에서 지칭하는 '중국 북방 장성지대(長城地帶)' 란 결코 역대 장성 주변 지역을 모두 포괄하지는 않는다. 단지 중원(中原) 농경민과 북방 유목민 사이에 접촉과 교류가 잦았던 지역만을 제한적으로 일컫는다. 이 지역은 동쪽으로 요하(遼河) 유역에서 시작하여, 연산(燕山), 음산(陰山), 하란산(賀蘭山)을 경유하여 황수유역(湟水流域)과 하서주랑(河西走廊)에 이른다. 이 지역은 대체적으로 현재의 내몽골(內蒙古) 동남부, 하북(河北) 북부, 산서(山西) 북부, 섬서(陝西) 북부, 내몽골 중남부, 영하(寧夏), 감숙(甘肅) 및 청해(靑海)의 동북부에 해당한다.

　　이 일대는 문화지리(文化地理)적으로 보아, '농(農)-목(牧) 교착지대' 라 할 수 있다. 고대로부터 주요 경제활동은 때로는 농경이었고, 때로는 목축업을 하는 등 바뀌어왔다. 사마천(司馬遷)의 『사기(史記)』「흉노열전(匈奴列傳)」기록에 따르면, 흉노(匈奴)는 "가축을 따라 옮겨 다닌다. 그 가축으로는 말, 소, 양이 많으며……성곽(城郭)과 고정된 거처가 없으며, 경작을 모른다."고 하였다. 이것은 바로 전형적인 유목경제 형태라고 할 수 있다. 문헌에서 전국시대 "관대지경(冠帶之境)의 나라가 일곱인데, 그 중 세 나라(秦, 趙, 燕)가 흉노와 경계를 맞대고 있다."고 한다. 이처럼 당시 장성 이북 지역은 유목인들의 활동구역이었다고 할 수 있다.

　　사마천은 「흉노열전」을 찬술하기 위해, 북방 장성 지역과 관련된 대량의 선진(先秦)시기 문헌기록을 참조했다. 그의 노력에 힘입어 중요한 자료들이 체계적으로 정리되고 및 보존되었던 것이다. 하지만 그 역시 당대의 많은 한족(漢族) 지식인들과 마찬가지로 진한(秦漢)문헌에 등장하는 북방 장성 일대에서 활약한 융적(戎狄)을 진한시기의 흉노, 동호(東胡) 등 유목민족과 동일한 인종집단으로 이해하고 있었다. 따라서 다음과 같은 두 가지를 혼돈하여 기술하였던 것이다. 1) 선진시기의 융적은 진한시기의 흉노, 동호의 전신(前身)이다. 2) 북방 장성 일대는 고대로부터 유목민들의 활동구역이었으며, 후대에 이르러 중원 지역의 농경민들이 북방으로 영역을 확대해 나가면서 더 북쪽으로 쫓겨나게 되었다.

이러한 견해는 오랜 기간에 걸쳐 중국사연구에 영향을 미쳤으며, 중국 북방지역의 고고학연구에도 큰 걸림돌로 작용했다. 예를 들면, 1994에 출판된 백수이(白壽彛)의 『중국통사(中國通史)』에서 여전히 이것과 유사한 인식이 답습되었다. "서주(西周) 북부와 서부에 위치한 여러 족속들은 모두 유목부족이다. ……요순(堯舜)시기의 훈육(薰育), 상대(商代)의 귀방(鬼方), 서주(西周)시기의 귀융(鬼戎), 곤이(昆夷), 혼이(混夷), 견융(畎戎), 관이(串夷), 견융(犬戎), 험윤(獫狁), 춘추전국시대(春秋戰國時代)의 융(戎), 적(狄), 진한시기의 호(胡)와 흉노는 사실상 동일 족속이다. 시간과 지역적 차이, 음역(音譯)과 무칭(誣稱) 및 지파(支派)의 차별성 때문에 각자 칭호를 달리했을 뿐이다."[1]라고 하였다.

20세기 이래로, 중국 북방 지역에서 발견된 중원 양식과 다른 형태의 청동기(青銅器)가 학계의 주목을 받아 왔으며, 선진시기 북방 장성 일대의 역사 연구에 중요한 자료로 활용되었다. 하지만 이 유형 청동기는 유라시아 대초원 지역 상고시대 유목인의 청동기와 유사한 특징들을 일부 띠고 있어, 중국 북방 지역이 이른 시기부터 유목 지역이었을 것이라는 인상을 준다. 예를 들면, 1997년 일본 교토국립박물관에서 발행한 『대초원의 기마민족 – 중국북방의 청동기』의 경우, 중국 북방청동기 분포도(分布圖)에 '중국북방유목민관계도'

---
1) 白壽彛, 『中國通史』第三卷, 上海人民出版社, 1994年, p.341.

라는 제목을 붙이고 있다.[2]

북방 장성 지역에 대한 발굴조사 자료의 축적과 함께, 환경학, 체질인류학 연구의 성과가 보완되었다. 그리고 선진문헌에 등장하는 융, 적과 전국시대 이후에야 북방 장성 지대에서 활동하기 시작한 동호(東胡), 흉노(匈奴)는 사실상 서로 다른 집단이라는 주장에 점점 더 힘이 실리고 있다. 북방 장성 지대는 신석기시대 말기까지만 해도 농경 지역이었다. 후대에 이르러, 유목 지역으로 변모된 것은 문화, 생태환경, 종족집단 등 다양한 요소들의 변동이 복합적으로 작용한 결과이다. 이러한 새로운 인식을 토대로 현재까지 출토된 문헌을 포함하여 선진시기의 원시문헌(출토된 문헌 포함)의 내용에 대해 전면적으로 재검토해볼 필요가 있다. 그렇다면 아래 다음과 같은 몇몇 측면으로 나누어, 이 문제에 대해 구체적으로 살펴보도록 하겠다.

1. 최근 체질인류학적 성과로 살펴본 '융적과 호의 구별'

북방 장성 지대의 선진시기 역사를 파악하기 위한 관건은 신석기시대부터 전국시대에 이르기까지 이 지역에 동일 인종집단만 존재했는지 여부이다. 사마천에 따르면, "흉노의 조상은 하후씨(夏後氏)의 후손인 순유(淳維)"라고 한다.[3] 이것은 장성 북방 지역 주민과 중원의 화하인(華夏人)들은 혈연적 연관관계가 있는 동족집단이라는 것이다. 이러한 관념이 과연 한대(漢代)의 대일통(大一統) 사상에 기초한 허무맹랑한 주장인지, 아니면 확실한 역사적 사실인지를 밝혀내기 위해서는 현대 과학의 힘을 빌려 검증해보는 수밖에 없다.

하지만 중국 전통사학계에서 사마천의 권위는 거의 절대적이라 할 수 있다. 따라서 1997년에 이르러서도, 모(某) 연구자는 고고학자료를 실제 접해보지도 않고, 또한 체질인류학에 대해서도 무지한 상태에서 『역사연구(歷史硏

---
2) 『大草原の騎馬民族 - 中國北方の靑銅器』, 東京國立博物館, 1997.
3) 『사기(史記)』 「흉노열전(匈奴列傳)」

究)』에 글을 발표해 흉노가 문화나 인종적으로 중국의 화하문화(이리두문화, 二里頭文化)에서 기원되었다고 주장한 바 있다.[4] 물론 이러한 황당한 주장은 결코 중국 정통 사학계의 주목을 받지는 못했다.

하지만 왕국유(王國維)가 『귀방곤이험윤고(鬼方昆夷獫狁考)』에서 문헌기록만을 근거로 도출한 결론은 사학계와 고고학계에서 정설로 받아들여지고 있다. 그 주장은 대체적으로 다음과 같다. "상·주(商·周) 교체기에 귀방(鬼方)이라는 족속이 있어, '혼이(混夷)', '훈죽(獯鬻)'으로 불리기도 했다. 종주(宗周) 시기에는 '험윤(獫狁)'으로 칭했으며, 춘추(春秋)시대 이후부터 그들을 처음으로 '융(戎)'으로 불렀다. 그 뒤에는 '적(狄)'으로 칭하기도 했다. 전국(戰國)시대 이후 다시 '호(胡)', 혹은 '흉노(匈奴)'로 불렀다."

앞에서 언급한 『중국통사(中國通史)』의 주장도 사실상 왕국유(王國維)의 견해에 기초한 것이다. 고고학계의 경우, 전광금(田廣金)은 상대(商代) 이후의 이른바 '오르도스 청도문화' 유적을 초기 흉노 유적으로 보고 있다.[5] 근풍의(靳楓毅)는 하가점상층문화(夏家店上層文化)를 동호의 유적이라는 견해를 취하고 있다.[6] 즉 이들 역시 북방 장성 일대의 서로 다른 시기의 유적을 모두 동일 종족 집단의 것으로 보고 있었던 것이다.

1992년 여름, 필자는 호화호특(呼和浩特)과 석가장(石家庄)에서 개최된 국제 학술회의에서「관우중국적대흉노족원적고고학연구」[7]와「동호여산융적고고탐색」[8] 두 편의 논문을 발표하여 동주(東周)시기 북방 장성 지대의 고고학유적을 문헌에 등장하는 흉노, 동호와 뭉뚱그려 이해하는 기존의 주장에 대해 비판한 바 있다. 이어서 1995년에는「융적비호론(戎狄非胡論)」을 발표하여 그러한 논지를 이어갔다.[9] 위의 세 편의 논문에서 필자는 여러 문화현상에 대해

---

4) 陳立柱,「夏文化北播及其與匈奴關系的初步考察」,『歷史研究』1997年 第4期.
5) 田廣金,「近年來內蒙古地區的匈奴考古」,『考古學報』1983年 第2期.
6) 靳楓毅,「夏家店上層文化及其族屬問題」,『考古學報』1987年 第2期.
7) 林澐,「關于中國的對匈奴族源的考古學研究」,『內蒙古文物考古』1993年第1, 2期合刊(『林澐學術文集』, 中國大百科全書出版社, 1998, 재수록)
8) 林澐,「東胡與山戎的考古探索」,『環渤海考古國際學術討論會論文集』, 知識出版社, 1995(『林澐學術文集』, 中國大百科全書出版社, 1998, 재수록)

다양한 각도로 분석했다. 논문의 주요 골자는 결국, 당시까지 수집 및 검증된 고대 두개골 분석 자료에 따르면, 전국시대 말기 이후 북방 장성 지대의 주요 인종은 전국시대 초기 이전의 인종과 다르게 나타나고 있다는 것으로 입증하였다. 하지만 논문을 쓸 당시, 고대 인골에 대한 분석 자료가 결여되어 있었을 뿐만 아니라, 구식 분석 기법의 한계로 인해, 관련문제를 분명히 짚고 넘어가지는 못했다.

과거에 고대 인골의 인종적 특징을 분석함에 있어, 일반적으로 그것과 현대 인종(人種)의 인골특징을 비교하는 방식으로 진행됐다. 따라서 결과는 항상 어떠한 특정 고대 인골표본은 어느 특정 현대 인종 유형에 속한다는 식으로 도출되었다. 예를 들면, 동아시아 몽골인종, 남아시아 몽골인종 등이 그것이다. 혹은 두 가지 이상의 현대인종 유형을 겸하고 있는 것으로 결론짓는 경우도 있다. 예를 들면, 앙소문화(仰韶文化) 반파유형(半坡類型)에 속하는 집단의 두개골에서는 대개 근·현대 남아시아인종적 요소와 더불어 현대 동아시아 인종의 특징도 겸하여 나타난다고 본다. 하지만 주홍(朱泓)이 지적했듯이, "이러한 접근법은 사실상 현대인 분류의 틀에 고대 인종을 끼워 맞추는 격이다. 그렇게 도출해낸 결과는 항상 여러 오해의 소지를 갖고 있다. 만약 어느 특정 고대 민족에게서 현대 특정 지역 민족의 체질적 특징과 유사한 요소들이 일부 발견된다고 하면, 당시 인간들이 이미 현대인과 마찬가지로 다양한 인종적 요소들을 복합적으로 갖고 있었다고 보게 된다는 것이다.

하지만 사실상 이와 반대로, 현대 각 인종의 형성은 일반적으로 여러 고대 인종집단 사이의 혼혈의 결과이다. 따라서 고대 인간들의 종족유형이야말로 그들의 체질적 특징을 신실하게 반영하고 있다고 보아야 한다."[10]고 하였다. 예를 들면, 필자는 1992년 발표한 하가점하층문화(夏家店下層文化) 인종에 관한 글에서 오한기(敖漢旗) 대전자(大甸子)고분에서 수습된 두개골 측정치를 근거로 다음과 같이 기술했다. "대전자(大甸子) Ⅰ조는 비교적 순수한 동아시아

---

9) 林澐,「戎狄非胡論」,『金景芳九五誕辰紀念文集』, 吉林文史出版社, 1996.
10) 朱泓,「建立具有自身特點的中國古人種學研究體系」,『我的學術思想』, 吉林大學出版社, 1996.

(몽골)인종이고, 대전자(大甸子) II조는 북아시아(몽골)인종적 요소가 섞여 있는 동아시아(몽골)인종이다."[11]라고 보았다.

한 걸음 더 나아가, 필자는 하가점하층문화의 원주민은 정착생활을 한 동아시아 몽골인종이었으며, 북아시아 몽골인종적 요소가 나타나는 것은 이동성이 강한 북아시아 몽골인종과의 접촉을 통해 일부 북아시아인종을 수용했기 때문으로 해석했다. 이러한 추론의 전제는 현재의 북아시아 몽골인종과 현대의 동아시아 몽골인종이 모두 하가점하층문화시기에 이미 형성되어 있었다는 점을 들 수 있다. 이것은 역사적 사실과 다르다. 현재의 북아시아 몽골인종[12]은 두개골이 낮고 짧으며(단두형, 短頭形), 얼굴 모양은 폭이 넓고 광대뼈가 높다. 현재의 몽골족이 전형적인 이 유형 인족에 속한다.

하지만 서기 1세기, 외 바이칼호수와 몽골에서 활동한 흉노인은, 두개골이 낮다는 점에서는 북아시아 몽골인종의 특징과 일치하지만, 엄밀히 따져 중장형(中長形)과 단형(短形)이 결합된 형태이다. 참고로 체질인류학에서는 머리뼈의 높이와 길이의 비례치에 따라 '저로(低顱, 혹은 원형 머리뼈)', '정로(正顱)', '고로(高顱)'로 나누며, 길이와 넓이의 비례치에 따라 '장로(長顱)', '중로(中顱)', '단로(短顱)'로 구분한다. 또한 머리뼈의 넓이와 높이의 비례치에 따라 '활로(闊顱)', '중로(中顱)' 및 '협로(狹顱)'로 구분한다. 따라서 현대 북아시아 몽골인종은 하가점하층문화보다 늦은 시기에 형성되었으며, 필자가 앞의 논문에서 주장했던 내용도 근거가 부족했던 것이 사실이다.

주홍은 지난 90년대 중엽부터, 중국의 다양한 역사시기 유적에서 수집한 두개골 샘플을 연구 대상으로 삼았다. 다양한 비교 분석을 통해 그 인종학적 특징에 대해 살폈다. 그는 선진시기 각 지역 인종의 실질적 체질 특징을 기준으로, 현대인종과 별개의 고대인종유형 구분을 시도했다. 그는 대개 고중원유

---

11) 林澐, 『環渤海考古國際學術討論會論文集』, 知識出版社, 1995(『林澐學術文集』, 中國大百科全書出版, 1998, 재수록) 그 뒤 이들 두개골에 관한 연구보고서에서, 潘其風은 전자를 동아시아 몽골인종에 가깝다고 보았고, 후자에 대해 역시 "동아시아 몽골인종에 근접하고 있으나……북아시아 몽골인종적 요소들이 나타나고 있다."고 기술했다. (潘其風, 「大甸子出土人骨의 硏究」, 『大甸子』附錄1, 科學出版社, 1996.
12) 러시아 인류학계에서는 일반적으로 '시베리아유형'으로 지칭한다.

형(古中原類型), 고화북유형(古華北類型), 고화남유형(古華南類型), 고동북유형(古東北類型) 및 고서북유형(古西北類型) 등으로 나누었다. 이러한 분류 기준을 적용해, 북방 장성 지역에서 발견된 신석기시대에서 전국시대 초기에 이르는 시기의 두개골 자료를 분석해본 결과 다음과 같이 나타난다. 이 지역에서 발견된 선진시기 고대 두개골은 세 가지 고대인종유형 - 고화북유형(古華北類型), 고동북유형(古東北類型) 및 고서북유형(古西北類型)으로 구분된다.[13]

고화북유형의 주요 체질적 특징은 두개골이 높고 얼굴이 좁으며, 안면의 편평도(扁平度)가 큰 것이다. 그리고 중간 정도 혹은 좁고 긴 형태의 두개골이 함께 발견되는 경우도 있다. 이 유형은 현대 동아시아 몽골인종과의 유사성이 두드러진다. 안면 편평도는 현대의 동아시아 몽골인종과 큰 차이가 있다. 이렇게 된 데에는 이것보다 더 북쪽 지역 인종과의 혼혈의 결과라기보다는, 현지의 고유한 체질적 특징이었을 것으로 추정된다. 이 유형은 현대 동아시아 몽골인종의 중요한 인종적 근원 중의 한 갈래이다. 찰우전기(察右前旗) 묘자구(廟子溝)에서 발견된 신석기시대의 인골 샘플이 바로 이 유형에 속한다. 묘자구문화(廟子溝文化)는 내몽골 중남부 지역에 걸쳐 널리 분포되어 있다. 중원(中原) 지역의 앙소문화(仰韶文化) 농경인들이 황하(黃河) 계곡을 따라 새롭게 농경지를 개척하면서 하투(河套) 지역의 원주민과 잡거(雜居)하게 되면서 형성되었다.[14] 묘자구에서 발견된 고대 두개골에서는 중원 앙소문화권 인종과 유사한 특징들이 많이 나타나고 있다. 하지만 앙소인은 얼굴이 낮고, 눈언저리가 낮으며, 코가 넓은 특징이 두드러진다. 앙소인은 중간 정도의 안면 편평도인데 비해, 묘자구 주민은 얼굴은 중간 정도의 높이에, 비교적 낮은 눈언저리와 중간 정도의 코를 가지고 있으며, 안면 편평도가 크다. 이러한 앙소인과의 차이점은 곧 고화북유형(古華北類型)과 고중원유형(古中原類型)이 종족적으로 구별되는 특징이라 할 수 있다. 따라서 앙소인들과 달리 나타나는 묘자구인들만의

---

13) A. 朱泓,「內蒙古長城地帶的古代種族」,『邊疆考古研究』1, 科學出版社, 2002.
B. 朱泓,「中國西北地區的古代種族」,『考古與文物』2006年 5期.
14) 嚴文明,「內蒙古中南部原始文化的有關問題」,『內蒙古中南部原始文化研究文集』, 海洋出版社, 1991.

특징은 내몽골 중남부 지역의 묘자구문화(廟子溝文化) 이전 시기 원주민의 고유한 특징일 것을 추정된다.

고고학 자료에 따르면, 청동기시대 진입 이후의 고화북유형(古華北類型) 인구 집단의 주요 분포지는 대개 내몽골 중남부에서 산서성(山西省) 북부, 하북성(河北省) 북부 지역의 장성 일대로 확인된다. 대표적으로 이금곽락기(伊金霍洛旗) 주개구(朱開溝)유적에서 발견된 하대(夏代)에서 상대(商代) 초기의 것으로 추정되는 두개골 샘플과, 양성현(凉城縣) 모경구(毛慶溝)와 음우구묘지(飮牛溝墓地)에서 수습된 춘추시대 후기에서 전국시대 전기의 것으로 추정되는 샘플과, 장가구시(張家口市) 백묘묘지(白廟墓地) I조에서 발견된 춘추 전국시대의 교체기 것으로 추정되는 샘플 등이 있다. 이 유형은 이들 지역 외에 동북 지역에서도 발견되고 있는데, 창무(彰武) 평안보(平安堡) 유적에서 발견된 하대의 것으로 추정되는 샘플과, 강평(康平) 순산둔(順山屯)에서 발견된 상·주 교체기의 것으로 추정되는 샘플, 적봉(赤峰) 홍산후(紅山後), 하가점(夏家店), 영성(寧城) 남산근(南山根), 소흑석구(小黑石溝), 극십극등기(克什克騰旗) 룡두산(龍頭山) 등 다섯 지역의 하가점상층문화(夏家店上層文化)유적에서 발견되는 서주(西周) 말기에서 춘추 초기의 것으로 추정되는 샘플 등이 있다.

고동북유형(古東北類型)의 주요 체질적 특징은 두개골이 비교적 높으며, 얼굴이 넓고 평평한데, 현대의 동아시아 몽골인종에 근접하다. 다른 점이라면, 두개골 넓이의 절대치가 크다는 점과 안면이 평평하다는 점이다. 이 유형 인종의 분포 중심지는 중국의 동북 지역이다. 북방 장성 일대에서 이 유형에 속하는 선진시기 인구 집단은 다음과 같다. 옹우특기(翁牛特旗) 대남구(大南溝) 신석기시대묘지(新石器時代墓地)에서 발견된 샘플과 오한기(敖漢旗) 대전자묘지(大甸子墓地)의 하가점하층문화(夏家店下層文化 : 夏代에서 商代 초기) 주민(대전자 2, 3조를 병합한 대전자 II조)의 샘플, 오한기(敖漢旗) 수천묘지(水泉墓地) 전국시대 주민의 일부 샘플, 장가구시(張家口市) 백묘묘지(白廟墓地)에서 발견된 춘추 전국 교체기의 것으로 추정되는 백묘(白廟) II조 샘플 등이다.

고서북유형(古西北類型)의 주요 체질적 특징들로는, 두개골이 긴 편이며, 두개골이 높고 좁다. 얼굴 폭은 중간 이거나 좁으며, 길이가 긴 편이다. 안면의 편평도는 중간 정도이며, 눈언저리도 역시 중간 정도이고, 코가 좁다. 이 유형은 현대 동아시아 몽골인종 중 화북유형과 유사하다. 선진시기 이 유형 인구의 주요 분포지는 황하(黃河) 유역 상류의 감숙(甘肅), 청해(青海) 지역이며, 북쪽으로 내몽골 액제납기(額濟納旗)에까지 미치며, 동쪽으로는 조금 늦은 시기, 섬서성(陝西省)의 관중평원(關中平原) 및 그 인근 지역에까지 이른다. 서북 지역에 분포된 이 유형 인구집단으로는, 채원묘지(菜園墓地)의 신석기시대 주민, 유만묘지(柳灣墓地)의 반산문화(半山文化), 마창문화(馬廠文化)와 제가문화(齊家文化) 주민, 양와만묘지(楊窪灣墓地)의 제가문화 주민, 양산묘지(陽山墓地)의 반산문화 주민, 화소구묘지(火燒溝墓地), 간골애묘지(幹骨崖墓地) 및 동회산묘지(東灰山墓地)의 조기청동시대(早期青銅時代) 주민, 핵도장묘지(核桃莊墓地)의 신점문화(辛店文化) 주민, 아합특랍산묘지(阿哈特拉山墓地)의 잡약문화(卡約文化) 주민 등이 있다. 청해(青海) 황중(湟中) 이가산조(李家山組)와 신장(新疆) 합밀(哈密) 언불랍극(焉不拉克) M조의 경우, 기본 인종 특징은 '고서북유형(古西北類型)'에 속하는 여타 종족들과 크게 다를 바가 없다. 다른 점이라면 안면의 넓이가 좀 더 넓고, 두개골이 높이가 조금 낮은 것뿐이다. 이것은 어찌 보면 다른 '고서북유형' 주민들에 비해 원시적인 형태에 더 가까운 지역적 변형일 수도 있다.

    하지만 한대 이후, 북방 장성 일대 주민들의 체질에 큰 변화가 발생하게 된다. 현재 이미 측정을 마친 자료들로는 다음과 같은 것들이 있다. 찰우후기(察右後旗) 삼도만(三道灣) 한대 선비묘지(漢代 鮮卑墓地), 파림좌기(巴林左旗) 남양가영자(南楊家營子) 한대 선비묘지(漢代 鮮卑墓地), 요녕(遼寧) 조양지구(朝陽地區) 위진시기 동부선비묘지(魏晉時期 東部鮮卑墓地), 찰우전기(察右前旗) 호흠영(豪欠營) 요대계단묘지(遼代契丹墓地), 영성(寧城) 산취자(山嘴子) 요대계단묘지(遼代契丹墓地). 이들 고분에서 수습된 두개골은 뚜렷한 저로(低顱) 형태의 것으로, 두개골이 짧고 넓으며, 안면은 넓고 평평한데, 이것은 현대 북아시아(시베리아) 몽골인종에게서 나타나는 특징이기도 하다. 외 바이칼 지역의 흉노인 역시 대부분 저로형(低顱型)이다. 이곳은 단, 중장로형(中長顱型)과 저로형이 결합된 형태이다. 러시아 인류학자들은 이를 몽골인종에 속하는 고(古) 시베리아 유형(즉 바이칼유형)으로 분류하기도 한다.15) 두문(杜門)에 따르면 몽골 경내의 흉노인은 외 바이칼 지역의 흉노인과 동일 인종이며, 단지 안면 부분이 조금 높을 뿐이라고 한다.16) 그 외에 청해성(靑海省) 대통현(大通縣) 상손가채(上孫家寨)의 동한 말기 고분에서 '한흉노귀의친한장(漢匈奴歸義親漢長)'이라는 문자가 새겨진 동인(銅印)이 출토되었다. 묘주는 아마도 동한시기 내항한 흉노귀족이었던 것 같다. 이 고분에서 인골 3구가 수습되었는데, 남성 한 명, 여성 두 명이다. 체질적으로 보아, 이들은 혼합된 인종적 특징들을 갖고 있다. 여하튼, 대부분 특징들은 현대의 북아시아 몽골인종에 가까우나, 일부 특징이 나타난다. 예를 들면, 높은 두개골과, 높고 작은 코 등은 북아시아 몽골인종보다는 동아시아 몽골인종과 유사하다.

한 가지 짚고 넘어가야 할 부분은, 현재 확보하고 있는 고고학 자료에 따르면, 북아시아 몽골인종이 북방 장성 일대에 등장하기 시작한 시점은 전국시대 전기라는 점이다. 영하(寧夏) 고원(固原) 팽보(彭堡)17)에서 발견된 인골의 인종적 특징은 '고서북유형'과 확연히 구별되며, 현대 북아시아 몽골인종에 근접한 체질적 요소들이 나타난다.18) 내몽골(內蒙古) 만한산(蠻汗山) 북쪽 비탈의 양성현(涼城縣) 곽현요자(崞縣窯子)고분에서 발견된 인골도 '고화북유형'과 확연히 구별되는데, 북아시아 몽골인종의 특징이 많이 나타난다. 또한 한대의 흉노인과 같이 두개골 형태가 저로형과 장로형이 결합된 형태인 경우는 현재까지 유일하게 양성현(涼城縣) 곽현요자(崞縣窯子) 전국시대 고분에서 수습된 인골 샘플에서만 나타나고 있다.19)

---

15) A. (러시아) 捷別茨, 『蘇聯古人類學』, 모스크바, 1948.
　　 B. (러시아) 戈赫曼, 「外貝加爾古代遊牧人的人種特點問題」, 『蘇聯民族學』 6期, 1967.
　　 C. (러시아) 馬莫諾娃, 「外貝加爾匈奴人的人種學」, 『民族史中的人種演進過程』, 모스크바, 1974.
16) 杜門, 「蒙古匈奴人的人種特征」, 『蒙古的古代文化』, 新西伯利亞, 1985.
17) 팽보(彭堡) 우가장묘지(于家莊墓地)
18) 韓康信, 「寧夏彭堡于家莊墓地人骨種系特點之硏究」, 『考古學報』 1995年 第1期.
19) 朱泓, 「內蒙古長城地帶的古代種族」, 『邊疆考古硏究』 1, 科學出版社, 2002.

여하튼 현대 인종학적 관점으로 봤을 때, 신석기시대부터 춘추 전국 교체기에 이르기까지 북방 장성 일대에서 활동한 인종집단은 모두 고로형(高顱型)에 속하는 고화북유형, 고동북유형(古東北類型) 및 고서북유형(古西北類型)이다. 즉 이들은 저로형인 한대의 흉노나 선비와는 전혀 별개의 인종 집단이라는 것이다. 북방 장성 일대에서 확인되는 북아시아 몽골인종적 특징을 지닌 인골은 전국시대 이후의 것이다. 이것은 문헌에 '호(胡)'가 등장하는 시기와 대체적으로 일치한다. 따라서 우리는 "'융적(戎狄)'은 결코 '호(胡)'와 같지 않다"는 점을 입론의 토대로 삼아, 북방 장성 일대의 유목화 과정에 대해 살펴볼 필요가 있다.

2. 하대(夏代) 이전 북방 장성 일대 농업의 흥기

완신세(完新世, Holocene)에 이르러 기온이 대폭 상승하면서, 북방 장성 일대는 점차 농경민들이 차지하게 되었다. 하지만 서쪽에서 동쪽으로 수 천리에 달하는 넓은 지역의 생태환경은 모두 똑같은 상태는 아니었다. 따라서 농업의 발전 정도도 각자 달리 나타난다.

서쪽의 경우는, 지금으로부터 6천~4천 년 전에, 대부분 지역의 습기와 기온은 농업을 하기에 최적의 상태였다. 건조농업(Dry farming) 중심의 앙소문화(仰韶文化)는 빠른 속도로 확장되었다. 그 전형적 유적들로는 진안(秦安)의 대지만(大地灣), 천수(天水)의 서산평(西山坪), 사조촌(師趙村), 예현(禮縣)의 고사두(高寺頭), 경양(慶陽)의 남좌흘탑량(南佐疙瘩梁), 평량(平涼)의 묘장(廟莊) 등이 있다. 청해(靑海) 동부의 순화현(循化縣)에서도 묘저구(廟底溝) 문화요소가 나타나는 유적이 발견되었다. 서쪽 지역으로 뻗어나간 앙소문화 주민들은 황수(湟水)와 대통하(大通河) 유역에서 정교한 토기를 특징으로 하는 마가요문화(馬家窯文化)를 탄생시키게 된다. 마가요문화(馬家窯文化) 말기의 가장 발달된 형태를 대표하는 마창유형(馬廠類型)의 경우, 서쪽으로 하서주랑(河西走廊) 서쪽의 주천(酒泉), 안서(安西) 등지에 이르며, 심지어 등격리(騰格裏) 사막과 화액제납기(和額濟納旗) 지역에까지 미치고 있다. 앙소문화는 감숙(甘肅) 동부, 중부 지역에서 제가문화(齊家文化)를 꽃피웠다. 제가문화의 유적에서는 대옹(大甕)에 보관된 조(粟)가 발견 되었으며, 부장된 돼지 턱뼈가 수습되기도 했다. 이것은 당시 농업을 바탕으로, 가축 양식도 하고 있었음을 나타내준다.

신석기시대 감숙, 청해(靑海) 지역에서는 조를 중심으로 한 건조농업이 지속적으로 발전되고 있었다. 제가문화 전기에 이르러, 감숙 동부의 농업 취락의 분포는 상당히 조밀한 편이었으나, 감숙 중서부와 청해 동부는 복잡한 지형의 영향으로 취락 수가 적을 뿐만 아니라, 분산되어 나타난다.[20]

중간지대의 사정은 조금 다르다. 기후의 온난화와 함께 중원 지역의 농경민들이 다양한 루트를 통해 이 주변 중 농경에 적합한 지역으로 이주하게 된다. 우선, 후강(後岡) 1기문화 주민들은 하북(河北) 북부, 산서(山西) 북부에서 대해(岱海) 지역을 거쳐 다시 서쪽으로 이동했다. 그에 비해 앙소문화 반파유형(半坡類型) 주민들은 황하(黃河)를 거슬러 올라갔는데, 이들은 하투(河套) 지역에서 충돌과 융합을 통해 아선(阿善) 1기를 대표로 하는 문화권을 형성하였다. 이어서 앙소문화 묘저구유형(廟底溝類型) 주민들이 계속 북상하게 되면서 내몽고 중남부 지역에서도 묘저구문화(廟底溝文化) 요소가 점점 더 짙게 나타나게 된다. 대해(岱海) 및 그 동북 지역에서는 묘저구(廟底溝) 문화를 중심으로, 동쪽의 홍산문화(紅山文化)의 영향을 받아 점차 묘자구유형을 형성하게 된다. 오르도스고원의 동부와 남류 황하의 동쪽 언덕(東岸) 지역은 묘저구류형을 바탕으로, 감숙 동부 마가요문화(馬家窯文化)의 영향을 받아 해생불랑류형(海生不浪類型, 혹은 白泥窯子類型)을 형성한다. 하투(河套) 이북, 대청산(大靑山) 남쪽 비탈의 좁고 긴 지역에서는 앞의 두 유형의 과도기적 성격을 띤 아선유형(阿善類型)이 형성된다.[21] 이들 세 유형의 분포지 기후조건은 각자 다른데, 해생불랑

---

20) 水濤,「甘靑地區早期文明興衰的人地關係」,『中國西北地區靑銅時代考古論集』, 科學出版社, 2001.
21) A. 田廣金,「內蒙古中南部仰韶時代文化遺存硏究」,『內蒙古中南部原始文化研究文集』, 海洋出版社, 1991.

유형(海生不浪類型)의 분포 지역은 비교적 따뜻하고 다습하여 농경에 가장 적합한 지역이다. 묘자구유형(廟子溝類型)의 분포 지역은 비록 강수량은 풍부하다고는 하지만, 기온이 낮은 편이어서, 앞 유형에 비해 농업이 덜 발달되었다. 아선유형(阿善類型)의 분포지는 비록 기온이 해생불랑유형(海生不浪類型) 분포 지역보다 높다고는 하지만, 강수량이 적어 농경문화의 발전이 더디게 나타난다.[22] 왕명가(王明珂)의 연구에 따르면, 내몽골 중남부의 신석기시대 유적에서 세석기(細石器)가 일정 비율을 차지하고 있다. 이것은 이 지역 주민들이 동시기 중원인들에 비해 목축업 혹은 수렵 의존도가 컸음을 나타내준다고 한다. 하투(河套) 이북 지역의 세석기 비율은 그 동쪽과 남쪽 지역에 비해 높으며, 하투 서남 지역의 세석기가 가장 발달된 것으로 나타나고 있다. 이것은 이 지역 농업이 전체 경제에서 차지하는 비중이 남쪽에서 북쪽으로, 동쪽에서 서쪽으로 가면서 점차 감소하고 있음을 나타내준다. 이러한 현상에 주목할 필요가 있다.[23] 다만 세석기가 과연 수렵이나 목축과 직접적인 연관관계를 가지고 있는지에 대해서는 진일보한 논의가 이루어져야 할 것이다.

이 지역에서 지금으로부터 약 5천 년 전에 시작되는 용산시대(龍山時代)에 이르러, 기온과 강수량이 앙소시대에 비해 떨어지게 된다. 대해(岱海) 지역의 경우, 연평균 기온이 3°C에서 0°C로 낮아졌으며, 연평균 강수량은 420mm에서 650mm로 높아졌다가, 다시 250mm로 떨어졌다. 기후 조건이 열악해지고 있었음에도, 대해에서 하투 북부의 산전대지(山前臺地)에 이르는 일대에서는 여전히 농업경제가 지속되었다. 그것이 바로 노호산문화(老虎山文化)이다. 또한 석축 성(城)들이 다수 등장하기 시작하는데, 이것은 아마도 자원 쟁탈전이 치열해졌기 때문일 것으로 추정된다.

비교적 자세한 연구가 이루어진 대해 지역의 경우, 초기 규모의 농업경제를

B. 魏堅,「試論廟子溝文化」,『靑果集 - 吉林大學考古專業成立二十周年考古論文集』, 知識出版社, 1993.
22) 田廣金, 史培軍,「內蒙古中南部原始文化的環境考古硏究」,『內蒙古中南部原始文化硏究文集』, 海洋出版社, 1991.
23) 王明珂,「鄂爾多斯及其鄰近地區專化遊牧業的起源」,『歷史語言硏究所集刊』第65本, 第2分本, 1994.

유지하기 위한 필수 여건인 기온과 강수량 조건의 악화뿐만 아니라, 계절풍의 영향으로 인한 기후변동 때문에 농업문화는 '간헐기(間歇期)'에 접어들게 된다. 전광금(田廣金)의 연구에 따르면, 지금으로부터 6천 5800년 사이에 발생한 갑작스런 기온 저하로 인해, 이 지역에서 200여 년 동안 문화공백이 발생하게 된다고 한다. 그 이후에 묘자구유형이 등장하기 시작한다. 이것은 '해생불량 문화'에 속한다. 그리고 지금으로부터 5천 년 전, 또 한 차례의 기온 하락이 발생하게 되며, 또 200여 년에 걸친 문화공백기가 도래된다고 한다. 그 연후에 다시 노호산문화가 흥기였다가, 약 4300여 년 전의 기온하락과 함께 점차 쇠퇴하게 된다는 것이다.24)

북방 장성 일대의 동쪽 지역에서는 또 다른 상황이 전개되었다. 현재 고고학계에서는 일반적으로 서요하(西遼河) 유역의 원시농업 맹아기를 지금으로부터 대략 7천 년 전의 조보구문화로 보고 있다. 이 시기의 유물로는 돌보습(石耜)이 많이 발견되었다. 이 문화는 채집과 수렵을 주요 경제기반으로 하고, 해자(圍濠)가 있는 대형 취락을 특징을 하는 홍륭와문화(지금으로부터 8천 년 전에 등장)에 뿌리를 두고 있다. 더불어 하북(河北)의 후강(後岡)1기문화 요소를 수용하고 있다. 지금으로부터 6천 년 전에 시작된 홍산문화 시기에 이르러, 돌보습뿐만 아니라, 발달된 형태의 석도(石刀), 질(銍)도 확인되는데, 이것은 농업이 새로운 발전 단계로 도약해있었음을 의미한다. 오한기(敖漢旗) 지역 조사 자료에 따르면, 홍산문화 취락의 수는 홍륭와문화(興隆洼文化) 시기에 비해 4배나 증가되었다고 한다. 이 시기에는 이미 중심 유적과 취락군, 제단(祭壇), 묘(廟), 총(塚)과 같은 종교 중심지가 등장하기 시작한다고 한다.

하지만 지금으로부터 5천 년 전의 소하연문화(小河沿文化)시기에 이르러서는 오히려 뚜렷한 쇠퇴현상이 나타난다. 오한기(敖漢旗) 지역 조사 자료에 따르면, 소하연문화 유적의 수는 겨우 홍산문화유적의 1/5 수준이라고 한다. 또

---

24) 田廣金,「中國長城地帶農業 — 畜牧業 — 遊牧業的發展模式」, 第5次 環渤海考古學術討論會, 1994 (「中國長城地帶における農耕 — 畜牧 — 遊牧三階段發展說試論」爲題),『遊牧騎馬民族文化の生成と發展過程の考古學的研究』報告書, 1998, 재수록)

한 약 4천 년 전, 하가점하층문화가 흥기하기 이전에 또 한 차례 문화 '간헐기'가 존재했을 것으로 추정된다.

서요하 유역에서 신석기시대 농경문화가 전반적으로 쇠퇴하게 된 원인과 관련해, 학계에서는 아직 공인된 해답을 제시하지 못하고 있다. 송예진(宋豫秦)은 이를 보습(犁)을 사용한 대규모 경작 행위 때문에 사막화 현상이 일어났다고 해석했다.[25] 그와 달리, 리수성(李水城)은 과이심(科爾沁) 사막지대가 지금으로부터 5천 4천 년 전에, 한 차례 확장 과정이 있었다는 점에 주목했다. 그는 결국 사막지대의 확대와 기후의 악화로 인해 농업문화가 신속하게 쇠락하게 되었다고 보았다.[26]

여하튼 현대 고고학 지식으로 미루어 보아, 하대 이전의 북방 장성 일대에는 농경민이 널리 분포해 있었던 것 같다. 단, 기후 혹은 기타 여건의 영향으로 인해, 각 지역의 농경이 경제생활에서 차지하는 비중이 각자 달랐다. 일부 지역에서 농업의 발전은 지극히 안정적이지 못했으며, 심지어 '간헐기' 현상이 발생하기도 했다. 서부 지역에서는 신석기시대 말기에 이미 돼지를 사육한 흔적이 나타나고 있다. 그에 비해, 같은 시기 중부와 동부 지역에서는 목축업의 흔적을 찾아보기 힘들다.

3. 하대(夏代) 경제 형태의 전환과 이중적 문화 영향

하대는 지금으로부터 약 4천 년 전에 시작되는데, 당시 북방 장성 일대의 기후는 이미 온습(溫濕)에서 건랭(乾冷)으로 변화되었다. 이것은 일련의 문화적 변화를 야기하게 된다. 서쪽 지역의 경우, 감숙 서부 호로하(葫蘆河) 유역에 대한 고고 지리 종합 조사 자료에 따르면, 지금으로부터 4200(齊家文化)~4000년 전(齊家文化 후기)에 이르러, 기온과 강수량이 갑작스레 감소되었다고 한다.

---

[25] 宋豫秦,「西遼河流域全新世沙質荒漠化過程的人地關系」, 北京大學博士後研究工作報告, 1995.
[26] 李水城,「西拉木倫河流域的古文化, 古環境與人地關系」,『邊疆考古研究』1, 科學出版社, 2002.

또한 4000～2100년 전에 이르는 기간 동안, 기온과 강수량이 지속적으로 균일한 수준으로 감소되었다고 한다.[27] 따라서 넓은 지역에 걸쳐 분포되어 있던 제가문화는 말기에 이르러 점차 쇠퇴하게 된다. 이것은 취락규모의 축소와 분포 밀도의 감소를 통해 알 수 있다. 이러한 추세는 제가문화 이후에 더 두드러지게 나타난다.[28]

하지만 감숙 서부 지역에는 시기적으로 중원의 하왕조와 평행선상에 존재한 사패문화(四坝文化)가 나타난다. 이 문화는 하서 마창류형(河西 馬廠類型)으로부터 변화되어 온 '과도기 형태 유적'일 가능성이 많다. 고분 부장품에는 천공석도(穿孔石刀), 환상천공석서(環狀穿孔石鋤), 동렴(銅鎌) 등 농기구가 있다. 뿐만 아니라 일반적으로 가축(양, 소, 말 개, 돼지)을 함께 껴묻기도 하였다. 이것은 경제 전반에서 농업과 목축업이 반반을 차지하고 있었음을 시사해준다. 가축으로는 주로 양을 길렀다. 고분에서 양의 뿔, 다리뼈, 어깨뼈 등이 흔하게 발견되었다. 화소구 고분에서는 조를 담은 도관(陶罐)이 발견되기도 했다.[29] 또한 동회산(東灰山) 유적의 사패문화 지층(地層)에서는 탄화된 밀, 보리(大麥), 흑맥(黑麥), 기장(黍), 피(稷), 수수(高粱) 등 입자가 대량 발견되었다. 이것은 당시 농업의 존재를 입증해주는 중요한 근거자료이기도 하다.[30]

중부 지역의 경우도 앞서 언급했듯이, 지금으로부터 4300년 전에 발생한 갑작스런 기온 하락의 영향이 나타난다. 하투 이북과 동북쪽의 노호산문화(老虎山文化)는 감숙·청해(青海) 지역의 제가문화와 마찬가지로 쇠퇴하게 된다. 단, 이금곽락기(伊金霍洛旗) 주개구(朱開溝) 유적에서 층위가 분명한 곳에서 발견한 식물포자(孢粉)를 분석해 보았다. 그 결과, 오르도스 지역의 주개구 유적 제1단 시기까지만 해도 그곳의 자연환경은 여전히 삼림과 초원 위주였으며, 기온과 강수량도 농업 생산에 적합한 범위 내에 있었다고 한다. 제3단 즉 지금

---

27) 李非, 李水城, 水濤, 「葫蘆河流域的古文化與古環境」, 『考古』 1993年 9期.
28) 杜門, 「甘青地區文明因素的衰退及其原因」, 『蒙古的古代文化』, 新西伯利亞, 1985.
29) 李水城, 「四坝文化研究」, 『考古學文化論集』, 文物出版社, 1993.
30) A. 李曙 等, 「甘肅省民樂縣東灰山新石器遺址農業遺存新發見」, 『農業考古』 1989年 1期.
　　B. 『民樂東灰山考古』, 科學出版社, 1998, 결론부분 '4. 生産與社會發展階段'

으로부터 4천 년 전에 이르러서는 관목초원(灌木草原)지대로 변모되었으며, 기후 또한 더 건조하고 추워지게 된다고 한다. 그리고 제5단 이후부터는 전형적인 초원지대로 바뀌며, 현지 주민들의 생업도 농업위주에서 반농반목(半農半牧) 형태로 변화되었을 것이라고 한다. 목축업의 구조를 놓고 보면, 제1단계에서는 돼지, 양, 소뼈의 비율은 1:0.45:0.36이었으나, 제4단계(하대 후기에 해당)에 이르러서는 1:1.15:1.15로 변화되어 나타난다고 한다.[31]

동부 지역 역시 서부와 마찬가지로 급속한 간랭화(幹冷化) 과정이 나타났던 것으로 추정된다. 지금으로부터 4000~3800년 전, 발해(渤海) 해수면이 뚜렷이 낮아졌다는 점을 그 근거로 들 수 있다.[32] 하지만 지금으로부터 4000~3400년 사이, 서료하(西遼河) 유역에서 일종의 발달된 정착 농경문화 - 하가점하층문화가 등장하게 된다. 오한기(敖漢旗) 조사 자료에 따르면, 하가점하층문화유적의 수는 홍산문화유적에 비해 다섯 배나 더 많다고 한다. 최근 객라심기(喀喇沁旗) 대산전(大山前) 유적의 하가점하층문화 후기 여덟 지층에서 수집한 식물 포자를 분석하였다. 그 결과 당시 노로아호산(努魯兒虎山) 서쪽 지역은 침엽 활엽 수목이 혼합된 형태의 삼림과 초원지대였으며, 기후 또한 비교적 고온다습했을 것이라고 한다.[33] 이것은 유적에서 개, 사슴, 토끼, 얼룩무늬 사슴(斑鹿, 藥王廟) 등 짐승 뼈가 나타난다는 점과도 잘 맞아떨어진다. 이 문화 주거지를 발굴 조사한 결과, 초기의 반지혈식(半地穴式) 주거지에서 점차 지상에 주거지를 축조하는 형태로 변화되는데, 이 역시 기후가 따뜻해졌기 때문일 것으로 추측된다.

왕립신(王立新)의 연구에 따르면, 하가점하층문화는 하남(河南) 북부와 하북(河北) 남부의 후강(後岡) 2기문화 주민들이 돌발사건으로 인해 서요하 유역으로 이주하게 되면서, 현지 원주민의 문화를 수용해 형성된 것이라고 한다.[34]

---

31) A. 郭素新「再論鄂爾多斯式青銅器的淵源」, 『內蒙古文物考古』, 1993年 第1 2期合刊.
　B. 內蒙古文物考古研究所 等, 『朱開溝』, 文物出版社. 2000年, 第5章, 第2節.
32) 張景文 等, 「14C年代測定與中國海陸變遷研究的進展」, 『第一次全國14C學術會議論文集』, 科學出版社, 1984.
33) 中國社會科學院考古研究所 齊烏雲 博士 鑑定, 『研究報告待刊』.

남방으로부터 이주해온 이들 농경민이 이 지역에 도착했을 무렵에는 기온과 강우량과 같은 농업에 필요한 기본 여건은 갖춰져 있었을 것이라고 생각된다. 그 뒤, 기후의 온난화와 강우량의 증가는 하가점하층문화의 번영에 중요한 여건을 마련해주게 된다. 이 유형의 문화유적은 면적이 넓을 뿐만 아니라, 퇴적층의 두께도 5, 6m에 달한다. 방어시설을 갖춘 성보(城堡)나, 산 정상에 마련된 제사터를 어렵지 않게 발견할 수 있으며, 군집형태의 취락유적의 존재는 당시 이미 발달된 사회조직체계가 있었음을 짐작케 한다.

　하가점하층문화 유적에서 출토된 마제석기(磨制石器) 중, 제초용 유견석산(有肩石鏟)이 1/3 이상 차지한다. 수확용 돌칼(石刀)도 자주 발견된다. 회갱(灰坑) 벽에서는 목제(木製) 가래(木耒)로 다듬은 흔적이 확인되는데, 이 역시 당시 농업이 발달돼 있었음을 사시해주는 것이다. 특히나 정경세작(精耕細作)이라는 집약농법이 발달돼 있었던 것 같다. 많은 유적에서 곡식 낟알이 발견되었는데, 감정 결과, 주로 기장(稷)과 조(粟)로 밝혀졌다. 1996~1997년, 대산전(大山前) 유적에 대한 조사가 진행되었다. 하가점하층문화 지층에서 출토된 2145개 짐승뼈에 대한 감정 결과, 돼지, 소, 양, 개의 비율이 각각 48%, 24.3%, 15.3%, 10.9%로 나타났다.[35] 그리고 오한기 대전자 고분에서 출토된 짐승 뼈는 대부분 돼지와 개로 밝혀졌다.

　이상의 내용을 종합해보면, 지금으로부터 4천 년을 전후한 시기를 기점으로, 기후가 건조하고 추워지기 시작했다고는 한다. 하지만 곧 바로 북방 장성 일대 농경문화의 전반적인 쇠퇴로 이어지지는 않았으며, 일부 지역에서는 농업과 목축업이 결합된 경제형태가 지속적으로 유지되고 있었던 것 같다. 특히나 서요하 유역에서의 농업 발전이 두드러지게 나타난다. 이 지역에서 하대에 이미 돼지, 소, 양 등 가축 등을 사육했다. 서요하의 동부 지역에서는 돼지를, 중서부 지역에서는 양을 위주로 사육했다. 하지만 당시 말을 길들였는가에 대

---

34) A. 王立新 等,「夏家店下層文化淵源芻論」,『北方文物』1993年 第2期.
　　B. 王立新 等,「再論夏家店下層文化的源流及其與他文化的關係」,『青果集 – 吉林大學考古專業成立二十周年考古論文集』, 知識出版社, 1998.
35) 吉林大學考古系 湯卓煒 副教授 鑑定.

한 것은 아직 명확한 근거 자료가 없으므로 확단하기 어렵다. 따라서 중서부 지역 주민들이 양을 사육하기 위해 한 해에 수차례 다른 지역으로 이동한다고 해도, 그 경제 형태를 후대의 목축업과 동일시하기는 어렵다.

사패문화, 주개구 제3, 4단 유적과 하가점하층문화에 청동기가 등장할 무렵에, 이미 북방 장성 일대에서 북방계 청동기를 사용하고 있었다. 필자는 일찍이 1982년에 발표한 논문을 통해 "북방계 청동기는 이리두문화(二里頭文化) 말기에 이미 존재하고 있었으며, 이리두문화 청동기에 영향을 미쳤을 것"이라고 주장한 바 있다. 당시까지만 해도, 관련 자료가 결여되어 있었기 때문에, 그러한 결론은 단지 추론한데 불과했다.[36] 하지만 그 이후 필자의 주장을 뒷받침해주는 자료들이 새롭게 발견되고 있다.[37]

하대의 북방계 청동기는 현지 문화를 바탕으로, 남방의 황하(黃河)유역 문화와 북방의 유라시아 대초원지대 문화의 이중적 영향을 받아 형성된 것이다. 예를 들면, 요녕(遼寧) 금현[錦縣, 능해시(凌海市)] 수수영자(水手營子) 하가점하층문화 유적에서 출토된 연병동과(連柄銅戈)[38]는 중원(中原) 이리두문화 동과(銅戈)의 영향을 받아 제조된 것이 틀림없다. 북방 장성 일대에서는 중원 지역의 영향을 받아 과(戈)를 선호하게 되는데, 그러한 전통은 하대에 이미 형성되었다. 또한 사패문화 유적에서 출토된 투겁식 동분(銅錛)은[39] 러시아 시베리아 탐스크 지역의 초뢰모하(楚雷姆河) 유역,[40] 몽골(蒙古)의 헨티(Hentiy)주[41] 및 동카자흐스탄에서도[42] 나타나고 있다. 이 유형 분(錛)의 원시적 형태는 시베

---

36) 林澐, 「商文化青銅器與北方地區青銅器關系之再研究」, 商文化國際硏討會, 1982 (Lin Yun, A Re-examination of Relationship between Bronzes of the Shang Culture and of the Northern Zone, *Studies of Shang Archaeology*, Yale University Press, 1986)
37) 林澐, 「夏代的中國北方系青銅器」, 『邊疆考古硏究』1, 科學出版社, 2002.
38) 齊亞珍 等, 「錦縣水手營子早期青銅時代墓葬」, 『遼海文物學刊』1991年 第1期.
  등정제성회(藤井齊成會) 유린관(有鄰館)에 유사한 형태의 연병과(連柄戈)가 소장되어 있다.
  『大草原の騎馬民族 - 中國北方の青銅器』, 東京國立博物館, 1997, 그림 3.
39) 李水城, 水濤, 「四壩文化銅器硏究」, 『文物』2000年 第3期.
40) А И Мартынов. Лесотеяная тагарская культура. Новосибирск, 1979. 사진 31: 18.
41) В В Волков. Бронзоый и ранный железный век сеаерной Монголии. Улан-батор, 1976. 그림 6: 2.
42) Jian jun Mei. "Copper and Bronze Metallurgy in Late Prehistory Xinjiang" Oxford, 2000, 그림 2, 25:1 (С. С. Черников, Восгочно Казахстан в бронзовой веке М., 1960, 그림 64, 재인용-)

리아의 쎄이마(Seima) - 뚜르비노 문화(Turbino)⁴³⁾와 카라수크문화에서⁴⁴⁾ 발견되고 있다. 이것은 시베리아 지역에서 기원되었을 것으로 추정된다. 중국과 카자흐스탄 접경 지역에 위치한 탑성(塔城)에서도 이와 유사한 형태의 동분이 발견된 바 있다.⁴⁵⁾ 따라서 이 유형의 동분은 신장(新疆) 지역을 거쳐, 감숙 서부로 전래되었을 가능성이 많다. 또한 그 동쪽의 오르도스 지역에서도 발견되었으며,⁴⁶⁾ 일찍이 하마다 고사쿠(濱田耕作)도 한 점을 수집한 바 있다.⁴⁷⁾ 이로부터 알 수 있듯이, 이 유형의 동분은 북방 장성 일대에 널리 분포되어 나타나는데, 지속적으로 주목해 살펴볼 필요가 있다.(그림1)

앞선 연구를 통해 필자는 하가점하층문화와 그 뒤에 분리된 대타두문화(大坨頭文化)를 포함하여 그 두 문화에서 유행한 나팔 모양 귀걸이(耳環)가 안드로노프문화에서 기원되었음을 논증한 바 있다.⁴⁸⁾ 엠마 벙커(Emma C. Bunker)가 발표한 논문에서는 비록 필자의 선행연구를 참조하지 않았으나, 대체적으로 필자와 비슷한 주장을 하고 있다.⁴⁹⁾ 현재 사패문화 유적에서도 이 유형 귀걸이가 출토되었으며,⁵⁰⁾ 주개구 유적에서도 실심(實心)으로 변형된 형태의 동일 유형 귀걸이가 수습되었다.⁵¹⁾ 이로써 필자의 견해가 더욱 확실해지게 되었다.

---

43) О Н Балёр, Д А Крайнов, М Ф Косарев. Эпоха бронзы лесной полосы СССР, М, 1987, 그림 42: 21; 그림 44: 38.
44) Э Б Баделкая. Археологические памятники в степях среднего Енисея. Ленинглад, 1980. 1980, 사진 V: 22.
45) 龔國强, 「新疆地區早期銅器略論」, 『考古』1997年 9期, 그림 2, 15.
46) 田廣金, 郭素新, 『鄂爾多斯式靑銅器』, 文物出版社, 1986, 그림 21, 3.
47) 水野淸一, 江上波夫, 『綏遠靑銅器』, 사진 36, 14.
48) A. 林澐, 「東胡與山戎的考古探索」, 『環渤海考古國際學術討論會論文集』, 知識出版社, 1996. (안드로보문화 유적에서 발견된 귀걸이와 관련해, 다음 논저를 참조. Н А Аванесова. Сеиги и височиные Подвески андроновской культуры. —Первобытная археолологня Сибири. Л, 1975.)
B. 林澐, 「中國東北和北亞草原初期文化交流的一些現象」, 『博物館紀要』12(한국), 단국대학 중앙박물관, 1997.
蒙古에서 발견된 나팔 모양 귀걸이에 대해, 다음과 같은 자료 참조. В В Волков. Сронзовый и ранный железный век сеаерной Монголии. Улан-батор, 1976. 그림16: 6.
49) Emma C. Bunker, Cultural Diversity in the Tarim Basin Vicinity and Its Impact on Ancient Chinese Culture, The Bronzer Age and Early Iron Age Peoples of Eastern Central Asia Volume II, 1998, p.611, 그림 11~16.
50) 林澐, 「夏代的中國北方系靑銅器」, 『邊疆考古研究』1, 科學出版社, 2002, 그림 2: 13.
51) 內蒙古文物考古研究所 等, 『朱開溝』, 文物出版社, 2000, 사진 33: 5.

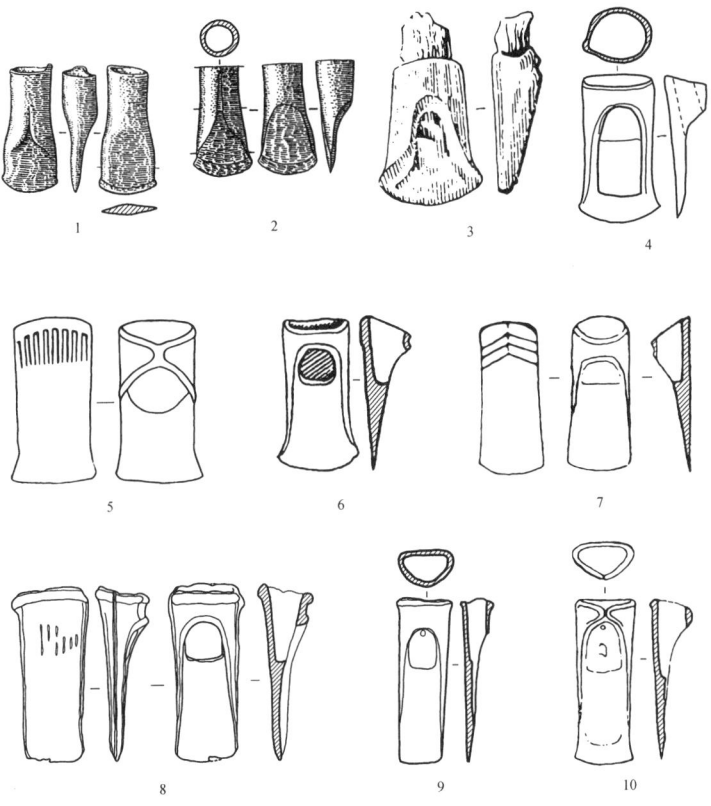

그림 1. 여러 지역의 투겁식 銅錛
1. 쎄이마 고분; 2. 列申斯克 고분; 3. 카라수크문화; 4. 楚雷母河; 5. 蒙古 헨티州 박물관;
6. 東카자흐스탄; 7. 新疆 塔城; 8. 酒泉 干骨崖; 9. 京都大學文學部박물관; 10. 오르도스

그리고 한 가지 주목할 부분은 안드로노프문화의 나팔 모양 귀걸이는 나팔구가 원형인데 비해, 중국 북방 장성 일대의 나팔 모양 귀걸이 나팔구는 납작한 형태라는 점이다. 그럼에도, 카자흐스탄의 알마아타(alma-ata)주 고고학 자료에 따르면, 1997년~1998년에 발굴한 구택이포랍극(寇澤爾布拉克) I 호묘와 II 호묘에서 출토된 나팔 모양 귀걸이는 타원형이거나 납작한 모양이라고 한다.[52] 즉 나팔 모양 귀걸이는 카자흐스탄 동부에서 신장(新疆) 지역을 거쳐 북

---

52) А Н Марьяшев А А Горятцев. Памятники кульсайского типа эрохи поздней и финальной бронзы Семиречья— Историея и археология Семиречья, АлМаты, 1999. 그림9, 1~4, 11, 12, 16.

방 장성 일대로 전파되었음을 시사해준다. 이 유형의 나팔구 중에서 평평한 형태의 귀걸이는 북방 장성 일대의 동부 지역에서 서주(西周) 초기까지 지속되었고, 금제(金製)도 다수 발견되었다. 이것은 이곳의 대표적 전통 장신구의 하나로 자리매김하였다.

과거에 많은 학자들은 특정 양식의 칼과 단검을 중국 북방계 청동기의 대표적 기물로 이해해왔다. 그러나 사실상 그 등장 시기를 상대(商代)이전으로 소급해 보기는 어렵다. 현재 서부의 사패문화와 동부의 하가점하층문화에서 모두 검신과 손잡이가 붙고(連鑄), 칼등에 척(脊)이 있으며, 손잡이 끝 머리에 환수(環首) 장식이 있는 청동칼이 발견되었다. 이것은 시베리아의 쎄이마-뚜르비노 문화의 청동칼과 유사한 형태의 칼이 하대에 이미 북방 장성 일대에 등장하기 시작했음을 말해준다. 새로 발표된 사패문화 청동기 중에는 네 개의 양 머리 장식이 달린 권장두(權杖頭), 구슬 모양 장신구(連珠狀飾), 각종 포(泡), 구(扣) 등 유물이 발견되었다. 이들 유물로 인해서 더 후대에의 것으로 인식해 왔던 북방계 청동기의 연대를 하대로 소급시킬 수 있게 되었다. 따라서 필자는 북방식 단검 역시 장성 일대의 하대유적에서 발견되리라고 확신한다.

여하튼, 중국 북방 장성 일대 문화에 대한 유라시아 대초원지대의 영향은 일찍이 하대에 이미 나타나고 있었다. 그리고 북방 장성 일대 주민은 결코 유목민이 아니었다. 그러므로 기물의 양식과 경제 형태라는 두 가지 문제를 구분하여 접근할 필요가 있다.

4. 상(商)~춘추시대, 북방 장성 일대의 고고문화와 족속

일부 학자들은 사패문화가 지금으로부터 3500년 전에 끝나고, 상대(商代) 초기에 진입하게 된다고 주장한다.[53] 주개구의 제5단 유적에서 출토된 상대

---

53) 水濤,「甘靑地區靑銅時代的文化結構和經濟形態硏究」(1993),『中國西北靑銅時代考古論集』, 科學出版社, 2001.

이리강문화(二里崗文化) 유물인 동정(銅鼎), 동작(銅爵), 동과(銅戈), 도격(陶鬲), 도두(陶豆), 도궤, 도분(陶盆) 등은 적어도 이리강상층문화보다 늦은 시기의 것으로 추정되고 있다. 그리고 하가점하층문화가 끝나는 시기는 대개 주개구 제5단과 비슷하다.

그 뒤를 이은 북방 장성 일대의 문화 발전 양상은 그다지 뚜렷하지 않다. 고고학 상으로 볼 때, 공백으로 나타나는 지역이 많이 있다. 현재까지 축적된 자료로 봤을 때, 이 시기에 서쪽에서 동쪽에 이르는 넓은 지역에 걸쳐, 아직 '문화'로 명명되지 않은 고고학 유적들이 나타나고 있다.

1) 서부

감숙(甘肅) 서부의 옥문(玉門), 주천(酒泉) 일대에 사패문화보다 늦은 시기의 이른바 '선좌마우선마유형문화(善左馬右善馬類型文化)'가 확인되며,[54] 안서(安西), 돈황(敦煌) 지역에서는 이른바 '토호로조(兔葫蘆組)' 문화 유적이 발견되고 있다.[55] 전자의 경우 격(鬲)이 나타나지 않으나, 후자에서는 격이 나왔다. 이러한 차이가 나는 것은 이들 두 유적이 동일문화에 속하면서도 서로 다른 지역이기 때문에 나타나는 것인지, 아니면 서로 다른 두 유형의 문화 유적이기 때문인지는 자료의 부족으로 인해 확단하기 어렵다. 이들 유적의 연대는 모두 서기 전 1000년 이후일 것으로 추정된다. 제가문화(齊家文化)시기 이후에 감숙 중부와 청해 동부에서는 고고학적 유적이 발견되지 않아서 연구를 할 수 없는 시간이 있다. 그 수백년의 공백을 지나 후대에 이르면 난주(蘭州)인근, 조하(洮河)와 대하하(大夏河) 유역에서 신점문화(辛店文化)가 새롭게 흥기하는데, 그 초기는 산가두기(山家頭期)이고, 이어서 희가천기(姬家川期), 그 다음 장가취기(張家嘴期)로 이어진다. 신점문화의 형성은 제가문화 말기의 분화와 일정 연관성이 있을 것으로 추정된다.[56] 신점문화유적에서 격이 확인되는데, 상대 초기에

---
54) 甘肅省博物館,「甘肅文物考古工作三十年」,『文物考古工作三十年』, 文物出版社, 1979.
55) 李水城, 水濤,「公元前1千紀的河西走廊西部」,『宿白先生八秩華誕紀念文集』, 文物出版社, 2002.

시작되어, 지금으로부터 2800~2600년 전을 전후하여 사라지게 된다.

청해 동부 황하 연안과 대통하(大通河), 황수(湟水) 유역에는 신점문화와 평행선상에 카약문화(卡約文化)가 존재하고 있었다. 카약문화의 상한은 하대까지 소급되며, 하한은 지금으로부터 2600~2500년 전으로 내려 잡아 볼 수 있다. 카약문화와 신점문화는 제가문화 말기의 지역 유형으로부터 변화 발전되었을 가능성이 있다.[57] 카약문화 역시 발전과 함께 여러 지역적 유형으로 분화되는데, 이것은 당시 서부 지역의 문화발전 추세를 나타내주고 있다. 카약문화 고분에서는 부장된 격이 발견되지 않았으나, 주거지유적에서 불완전한 형태로 출토된 바 있다.

감숙, 청해 지역에서 '당왕식도기(唐汪式陶器)'가 발견되면서, 이에 대한 서로 다른 견해가 제시되었다. 혹자는 당왕식도기와 신점문화 을조(乙組) 즉, 장가취유형(張家嘴類型)을 뭉뚱그려 '당왕문화(唐汪文化)'로 지칭한다.[58] 또한 당왕식도기를 신점문화 장가취유형으로 보거나[59] 혹은 당왕식도기는 카약문화를 계승하여 발전된 것이므로, 마땅히 카약문화 계통으로 보아야 한다고 주장한다.[60] 또 다른 일각에서는, 당왕식도기는 직접적으로 제가문화의 대하하류형(大夏河類型)과 황수유형(湟水類型)의 영향을 받아 형성된 독자적인 문화로, 그 시기는 대체적으로 신점문화와 카약문화와 일치하며, 이 두 문화와 연관관계가 있을 것이라고 추정하기도 한다.[61]

감숙 동부와 섬서(陝西) 지역의 경우도 마찬가지로, 제가문화와 객성장(客省莊) 2기문화 시대가 끝나면서 고고학상의 공백기가 간간이 나타났다가, 그 뒤, 다시 다양한 문화유형들이 등장하게 된다. 고고학적으로 우선 사와문화(寺洼

---

56) 張學正, 水濤 等,「辛店文化硏究」,『考古學文化論集』3, 文物出版社, 1993.
57) 許永傑,「河湟文化的譜系」, 吉林大學碩士論文, 1978 (『考古學文化論集』3, 文物出版社, 1993) 이 논문에서는 辛店文化의 형성을 齊家文化 '大夏河類型'의 소멸과, 또한 卡約文化의 형성 齊家文化 '湟水類型'의 소멸과 각각 연관 있다고 보았다.
58) 安志敏,「略論甘肅東鄕自治縣唐汪川的陶器」之補記,『中國新石器時代考古論集』, 文物出版社, 1983.
59) 甘肅省博物館,「甘肅文物考古工作三十年」,『文物考古工作三十年』, 文物出版社, 1979.
60) 南玉泉,「辛店文化序列及其與卡约, 寺窪文化的關系」,『考古類型學的理論與實踐』, 文物出版社, 1989.
61) 許永傑,「河湟文化的譜系」, 吉林大學碩士論文, 1978 (『考古學文化論集』3, 文物出版社, 1993) "唐汪式陶器的譜系研究"一章.

文化)가 주목되었다. 그 뒤에 감숙에서 '안국식도기(安國式陶器)'가 발견되면서, 사와문화를 다시 사와유형(寺洼類型)과 안국유형(安國類型)으로 분류하여 동일 문화의 초기와 말기 두 가지 서로 다른 유형으로 구분하였다.[62] 혹은 사와산(寺洼山) 유적을 연대순에 따라 각각 란교(欄橋) - 서가년유형(徐家碾類型)과 구참유형(九站類型)으로 구분하기도 한다.[63] 이 문화에서 상당히 발달된 형태의 격이 나타났다. 그 제조법으로 미루어 보면, 제가문화와 연관성이 있을 것으로 짐작된다.[64] 사와문화는 상대 중 후기에 등장하며, 그 하한은 춘추(春秋)에 이를 것으로 추정된다.[65]

이른바 '동가태유형'은 감숙 동부 지역에 국한되어 있지 않고, 감곡(甘谷), 무산(武山), 유중(楡中), 민근(民勤) 일대의 500km에 이르는 넓은 지역에서 나타나고 있다. 이수성(李水城)의 연구에 따르면, 그 연대는 신점문화 산가두기(山家頭期)에 근접해 있으며, 제가문화 말기 환저채도(圜底彩陶)의 갈래에서 기원되어 서쪽으로 진출하여 사정문화(沙井文化)의 기원이 된다고 한다.[66]

감숙 중부의 사정문화는 비교적 이른 시기에 발견되었다고는 하나, 발굴 작업이 많이 진행되지는 않았다. 현재까지 확보된 자료에 따르면, 이 문화의 연대는 서주 초기에서 춘추 혹은 전국시기로 추정된다고 한다. 이 문화에서도 격이 발견되고 있다.[67]

감곡 모가평(甘谷 毛家坪)에서 진문화(秦文化)와 동일취락에서 공존한 산형족근대족격(鏟形足根袋足鬲)을 특징으로 하는 이른바 '모가평(毛家坪) B조' 유적이 발견되었다. 이 주거지유적에서 모가평 B조 유적의 연대는 대개 춘추 중·후기에서 전국시대 사이로 추정된다. 산형족근대족격은 감숙의 천수(天

---

62) 甘肅省博物館, 「甘肅文物考古工作三十年」, 『文物考古工作三十年』, 文物出版社, 1979.
63) 趙化成, 「甘肅東部秦和羌戎文化的考古學探索」, 『考古類型學的理論和實踐』, 文物出版社, 1989.
64) 南玉泉 等, 「寺洼 - 安國系統陶鬲的序列」, 『文物』 1987年 第2期.
65) 水濤, 「甘靑地區靑銅時代的文化結構和經濟形態硏究」(1993), 『中國西北靑銅時代考古論集』, 科學出版社, 2001, 第2章之 '3, 寺洼文化'
66) 李水城, 「論董家台類型及相關問題」, 『考古學硏究』 3, 科學出版社, 1997.
67) 水濤, 「甘靑地區靑銅時代的文化結構和經濟形態硏究」(1993), 『中國西北靑銅時代考古論集』, 科學出版社, 2001, 第2章之 '6, 沙井文化'

水), 평량(平涼)과 경양(慶陽) 지역, 영하(寧夏)의 고원(固原) 지역, 섬서(陝西)의 보계(寶雞) 등의 지역에서 발견된 바 있으며, 전국시대 진묘(秦墓)에서도 출토되었다. 이들 유적은 아마도 사와문화와 계승관계가 있을 것으로 추정된다.[68]

주문화(周文化)의 기반이 되었고, 양대 근원 중의 하나인 유가문화(劉家文化)는 감숙 동부와 섬서 위수(渭水) 유역에 걸쳐 분포되어 있다. 현재 많은 학자들은 이른바 '석취두(石嘴頭) - 조욕유형(晁峪類型)'을 초기 유가문화로 보고 있는데, 그 연대는 은허문화(殷墟文化) 2기 이전 시기에 해당한다.[69] 이 문화의 대표적 유물인 대족분당격(袋足分襠鬲)의 형태로 미루어 보아, 이것은 제가문화와 연원관계가 있을 것으로 짐작된다. 그 외에도, 섬서(陝西) 지역에는 유가문화와 유사하면서도 또한 일부 구별되는 요소가 나타나는 연자파유형(碾子坡類型) 및 기타 유형이 존재한다.[70]

마지막으로 청해호(青海湖)의 서쪽, 시달목 분지(柴達木 盆地) 동북부의 낙목홍문화(諾木洪文化)에 대해 살펴보도록 하겠다. 1959년에 처음으로 이 유형 문화에 속하는 탑리타리합(搭裏他裏哈)유적에 대한 발굴 조사를 진행하였다.[71] 이것의 연대 상한은 지금으로부터 3천 년 전까지 소급되며, 하한은 서기 전 500년 이후로 추정된다. 문화적으로 제가문화 요소인 횡람문(橫藍紋)이 있는 토기가 지속적으로 나타나고 있다. 토기와 청동기의 형태로 보아, 카약문화와 연관관계가 있는 것 같다.

이상 간략하게 살펴본 것처럼, 서부 지역 전반에 걸쳐 제가문화가 쇠락하고 나서, 일정 기간 동안 고고학상의 공백기가 존재했다. 그 뒤에 곧 바로 카약문화, 신점문화, 사와문화, 사정문화(沙井文化) 등 새로운 문화가 흥기하여 동주(東周)시기까지 이어졌던 것 같다. 그리고 제가문화 이후의 공백기를 해당 주

---

(68) 趙化成,「甘肅東部秦和羌戎文化的考古學探索」,『考古類型學的理論和實踐』, 文物出版社, 1989.
(69) A. 水濤,「甘青地區青銅時代的文化結構和經濟形態研究」(1993),『中國西北青銅時代考古論集』, 科學出版社, 2001, 第2章之 '7, 先周與西周文化'
    B. 孫華,「關中商代遺址的新認識 - 壹家堡遺址發掘的意義」,『考古』1993年 第1期.
(70) 劉軍社,「水系・古文化・古族・古國論 — 渭水流域商代考古學文化遺存分析」,『華夏考古』1996年 第1期.
(71) 青海文物管理委員會等,「青海都蘭縣諾木洪搭裏他裏哈遺址調查與試掘」,『考古學報』1963年 第1期.

민들이 흩어지거나 사라졌기 때문이거나 문화가 단절된 것으로 이해하기보다는, 그 주거지 규모가 축소되고, 분포밀도가 떨어져서 현재까지의 필드 조사에서 발견되지 않은 것이라고 보는 편이 타당하다. 정도의 차이는 있지만, 그 뒤 새롭게 흥기한 문화에서 모두 제가문화와의 연관성이 발견되었다. 쌍이관(雙耳罐), 대족분당격 등을 대표 유물로 하여 큰 문화 계열을 형성하고 있다. 유념해야 할 부분은, 하상(夏商) 이후 이 지역의 문화 발전에 분화 추세가 나타나고 있다는 점이다. 통일된 제가문화는 서로 다른 다양한 고고학 문화권으로 분화되며, 각 문화권 내에서도 다시 여러 지역적 유형으로 나뉜다.

유위초(兪偉超)의 연구에서는 감숙, 청해 지역의 상주(商周)시대 문화를 사서(史書)에 등장하는 '서융(西戎)'과 '강(羌)'이 남긴 유적으로 보았다.[72] 서주시기부터 중원인(中原人)들은 비화하(華夏) 혈통이면서 호전적인 성격을 지닌 이 민족을 '융'으로 지칭해왔다. '서융'이란 서쪽의 '융'에 대한 통칭으로, 주로 강인(羌人)을 일컬었다. 『설문(說文)』에서 "강(羌)은 서융(西戎)의 양치는(牧羊) 족속이다."라고 하여, 그들이 양 방목을 생업으로 하는 종족임을 강조하고 있는데, 칭호 또한 그러한 속성에서 기원되었던 것 같다. 서부 지역에서는 고온기(megathermal period) 이후부터 점차 양 방목이 생겨나기 시작했다. 신점문화와 카약문화 고분에 대한 발굴을 통해 당시 이미 순장(殉葬) 풍속이 존재하고 있었으며, 양이 제물로 많이 사용되었음이 확인되었다.[73] 상대 후기에 동쪽 관중(關中) 지역으로 진출하여 형성된 연자파유형(碾子坡類型) 유적에서는 소, 말, 양 뼈가 대량으로 발견되었다. 이에 비해, 출토된 농경도구의 수는 적을 뿐만 아니라, 단순한 것들이 대부분이다.[74] 청해호(靑海湖) 서쪽의 낙목홍문화(諾木洪文化) 유적에서 짐승 뼈와 가죽제품이 대량으로 출토되었다. 말기 유적에

---

72) 兪偉超, 「古代 "兩戎" 和 '羌', '胡' 考古學文化歸屬問題的探討」, 『先秦兩漢考古學論集』, 文物出版社, 1985.
73) 高東陸, 「略論卡約文化」, 『考古學文化論集』, 文物出版社, 1993; 水濤, 「甘靑地區靑銅時代的文化結構和經濟形態研究」(1993), 『中國西北靑銅時代考古論集』, 科學出版社, 2001, 第四章之 '2. 畜牧經濟的形成及其發展」
74) 胡謙盈, 「陝西長武碾子坡先周文化遺址發掘紀略」, 『考古學集刊』 第6集, 中國社會科學出版社, 1989.

서는 대형 울타리(圈欄)와 모우(牦牛) 조형 토기도 발견되었다. 이것은 이 지역의 목축업이 상당히 발달되어 있었음을 시사해준다. 하지만 서부 지역에서 기마술이 등장하기 시작한 시점이 아직 고고학적으로 밝혀진 바 없다. 『시경(詩經)』면(縣)에서 이르기를 "고공단보(古公亶父)께서 일찍이 말을 달려 오시니[75]"라고 했다. 만약 이 기술이 사실이라면, 서부 지역에서 상대에 이미 기마술이 등장했을 가능성이 많다. 또한 무덤에 개를 함께 껴묻는 경우가 많은데, 이것은 양 방목이 발달돼 있었을 가능성을 간접적으로 시사해주고 있다. 다만, 고고학문화 권역의 분화 추세와 더불어, 『후한서(後漢書)』「서강전(西羌傳)」에서 "융(戎)은 본래 군장(君長)이 없다."고 했다는 점으로 미루어, 이들 사회의 후진성과 조직의 분산을 짐작할 수 있다. 이것은 목축업의 규모와 발전 속도를 제약하는 요인으로 작용했을 것이다. 또 『후한서(後漢書)』「서강전(西羌傳)」의 기록에 따르면, "강족(羌族)인 무익원검(無弋爰劍)이 진려공(秦厲公)(서기전 580~서기 전 573) 시기에 진(秦)나라에서 제강(諸羌)으로 도망쳤다"고 한다. 또한 "하황(河湟)사이에 오곡(五穀)이 적고, 금수(禽獸)가 많아, 수렵을 생업으로 삼는다. 원검(爰劍)이 농사와 축목을 가르치니, 점차 존경하고 신뢰하게 되었으며, 의지해 오는 부락이 점차 많아 졌다."고 한다. 또한 『좌전(左傳)』 양공(襄公)14년조의 기록에 따르면, 과주(瓜州)에 살던 강융씨(羌戎氏)가 진(秦)나라에 쫓겨 진(晉)으로 들어갔는데, 진혜공(晉惠公, 서기전 650~서기전 637)이 남쪽의 나쁜 땅을 내려주어 살게 했다. 따라서 그들은 "그 가시나무를 베어내고, 이리와 늑대를 쫓아", "불침불반지신(不侵不叛之臣)"이 되었다고 전한다. 이를 보면 강인이 춘추시대에 이르러서도 전적으로 목축업에만 의존하지 않았음을 시사해준다.

    은허(殷墟) 갑골문(甲骨文)에 상인이 강족과 전쟁을 벌였다든가, 그들을 포로로 잡아 희생으로 바쳤다는 문구가 자주 등장한다. 이것은 은허시기(殷墟時期), 상문화(商文化)와 유가문화(劉家文化)가 모두 관중(關中) 지역에서 확인된다는 점과도 일치한다. 강인은 주인(周人)의 형성과 왕조 건립에 중요한 역할을

---

75) 古公亶父, 來朝走馬

담당하였으며, 양자 사이에는 긴밀한 관계가 유지되고 있었다. 서주(西周) 전기, 보계(寶雞) 죽원구(竹園溝) 유적처럼 사와문화 특징을 강하게 띠고 있는 서주 귀족묘도 발견되었다.[76] 또한 사와문화 분포 지역에 진출해 있는 주인(周人)의 무덤이 확인되기도 한다.[77] 하지만 서주 말기에 이르러, 강씨(姜氏) 성을 가진 신후(申侯)가 서융(西戎)인 견융(犬戎)과 연합하여 주왕(周王)을 시해하고 "경수(涇水)와 위수(渭水) 사이에" 살게 되면서,[78] 주나라의 중심이 낙양(洛陽) 지역으로 이전된다. 이 시기 중원 지역에 대한 서융(西戎)의 공격성이 가장 두드러지게 나타나고 있다. 그 뒤, 진(秦)나라가 서융에서 흥기하여 점차 일부 서융부족을 복속시켜 나가게 된다. 감숙(甘肅) 동부의 모가평(毛家坪) 진인(秦人) 취락과 보계(寶雞) 지역의 전국시대 진묘(秦墓)에서 융인(戎人)의 유물로 판단되는 산족근대족격(鏟足根袋足鬲)이 발견되는데, 이것은 당시 서융의 일부가 춘추시대 이후, 진인(秦人)으로 융합되었음을 시사해준다. 또한 그들과 별도로 하황(河湟) 지역에는 독자적인 강인(羌人)집단이 지속적으로 존재했으며, 다양한 부족으로 나뉘어 통합되지 않은 상태가 지속되었던 것 같다. 그 외 별도로 저인(氐人)이 존재했을 것으로 추정되나, 고고학적으로 양자의 구분 기준을 마련하기가 어렵다. 『사기(史記)』 「서강전(西羌傳)」에 따르면, 진효공(秦孝公)이 태자를 보내 융적(戎狄)을 거느리고 주현왕(周顯王)을 알현하도록 했다고 하는데, 그 나라의 수가 92개나 되었다고 한다.

이 시기에 이 지역의 청동기는 여전히 두 지역의 영향을 받고 있었다. 중원의 영향이 타나는 대표적 유물들로는 청해 서녕(西寧) 주가채(朱家寨) 카약문화 유적에서 발견된 이리강상층(二里崗上層)의 동격(銅鬲)[79]과 감숙 장랑(莊浪) 서가년(徐家碾) 사와문화 고분에서 출토된 서주(西周) 초기의 과(戈), 족(鏃), 삼각원과(三角援戈) 등이 있다.[80] 발견된 북방계 청동기는 그다지 많은 편은 아니

---

76) 寶雞市博物館, 「寶雞竹園溝等地西周墓」, 『考古』 1978年 第5期.
77) 固原縣文物工作站, 「寧夏固原西周墓清理簡報」, 『考古』 1993年 第11期.
78) 『사기(史記)』 「흉노열전(匈奴列傳)」
79) 趙生琛, 「靑海西寧發現卡約文化銅鬲」, 『考古』 1985年 第7期.
80) 中國社會科學院考古研究所涇渭工作隊, 「甘肅莊浪縣徐家碾寺窪文化墓葬發掘紀要」, 『考古』 1982年

나, 북방만의 독특한 특징이 두드러지게 나타난다. 예를 들면 모(矛)와 투겁식 넓은 도끼(管銎闊體戰斧) 및 형태가 특이한 다공(多孔) '월'(鉞)[81]이 많이 나타난다. 이것은 다른 지역에서는 찾아 볼 수 없다는 점으로 미루어, 현지에 주조업이 형성돼 있었음을 것으로 추정된다.

2) 중부

중부 지역의 경우, 주개구(朱開溝)문화의 쇠락과 함께 현지 토착문화에 '간헐기'가 나타난다. 북진해오던 상문화(商文化) 또한 다시 남쪽으로 물러간다. 이어서 등장하는 북방계 청동기는 북방 장성 일대의 중부와 동부 지역에 걸쳐 널리 분포되기 시작한다.[82] 상문화의 후퇴한 이유는 기후가 춥고 건조해지는 등 농경환경이 급격히 악화되면서, 북진해오던 농경민들이 다시 남하하게 되었기 때문으로 해석할 수 있다. 이어서 이 지역에서 발견되는 북방계 청동기의 사용자 집단의 실체에 대해 살펴볼 필요가 있다.

전광금(田廣金)은 "주개구문화(朱開溝文化) 말기(3500년 전), 오르도스식 청동기가 등장하기 시작하고 나서, 농경과 목축업이 결합된 형태의 이 문화는 점차 동남쪽으로 이동하여 섬서(陝西) 북부의 이가애문화(李家崖文化)를 형성했다."는 가설을 제시한 바 있다.[83] 하지만 이 두 문화의 연관성에 대한 엄밀한 유형학(類型學)상의 검증을 아직 실시하지 않았다. 1997년 내몽골 청수하현(清水河縣) 서차촌(西岔村)에 대한 발굴 과정에서 시기적으로 이가애문화(李家崖文化)와 비슷한 시기의 유적과 고분이 발견되었고, 이것이 바로 '서차문화(西岔文化)'이다.[84] 서차문화는 제3기 유적이고, 층위학적으로 보다 이른 시기의 것인 제2기 유적은 주가구문화(朱家溝文化)에 속한다. 청수하현(清水河縣)의 노우만촌(老牛灣村)과 매분언촌(埋墳焉村) 및 대구구(碓臼溝)에서도 서차문화 유적이

第6期.
81) 三宅俊成,『中國古代北方系靑銅文化の硏究』, 國學院大學院, 1999.
82) 林雲,『商文化靑銅器與北方地區靑銅器關系之再硏究』, "商文化之北界"

발견되었다.[85] 황하(黃河)의 남류 구간의 동안(東岸)에도 서안(西岸)과 마찬가지로, 상(商) 말기에서 서주(西周)시기로 편년되는 문화권이 존재했다. 그리고 서차문화 유적의 토기, 생산도구 및 주거지 상황으로 미루어 보면, 이곳은 여전히 정착 생활한 농경문화로 확인된다. 그러므로 주가구 주민이 남쪽으로 이동하며 이가애문화(李家崖文化)를 형성하였다는 가설은 지나치게 단순화 시킨 이해이다.

서차문화 청동기는 무덤에서 출토된 것과 습득한 경우가 대부분이다. 그 종류는 대개 투겁식 도끼(管銎斧), 칼(刀), 투겁식 과(戈), 공수부(銎首斧), 추(錐), 스프링 모양 및 한쪽이 납작한 모양의 귀걸이, 구(抑) 등 일곱 가지이다. 그 외에 회갱(灰坑)에서 일부 거푸집이 발견되었는데, 도끼, 단검, 공수부(銎首斧) 등 기물 제조용으로 확인되었다. 이러한 유물은 이 지역 북방계 청동기의 문화적 계통을 밝히는데 중요한 의미가 있다. 과거에 발표된 이가애문화 발굴보고서에는 북방계 청동기에 관한 언급이 없었다.[86] 여지영(呂智榮)의 연구에서는 이가애고성(李家崖古城) 유적에서 발견된 대부분 고분에는 부장품이 없으며, 3기 고분에서만 각각 무기류 한 점씩 출토되었다고 한다.[87] 하지만 관련 기술이 자세하지 못할뿐만 아니라, 지금에 이르기까지 그 형태에 관한 내용조차 발표되지 않고 있다. 지금까지 파악한 서차문화(西岔文化)에 대한 이해로 미루어 보면, 과거에 청간(清澗)과 수덕(綏德) 일대에서 수습된 상대(商代)의 북방 청동기는[88] 이가애문화 유물일 가능성이 많다. 특히나 청간(清澗)의 장가고(張

---

83) 田廣金, 史培軍, 「中國北方長城地帶環境考古學的初步研究」, 『內蒙古文物考古』 1997年 第2期.
84) 內蒙古文物考古研究所 等, 「清水河縣西岔遺址發掘簡報」, 『萬家寨水利樞紐工程考古報告集』, 遠方出版社, 2000.
85) 曹建恩, 「清水河縣征集的商周青銅器」和「清水河縣碓臼溝遺址調查簡報」, 『萬家寨水利樞紐工程考古報告集』, 2001.
86) A. 張映文 等, 「陝西清澗縣李家崖古城址發掘簡報」, 『考古與文物』 1988年 第1期.
  B. 北京大學考古系商周考古實習組 等, 「陝西綏德薛家渠遺址的試掘」, 『文物』 1988年 第6期. (薛家渠 Ml 유적에서 현지 농민에 의해 銅器 2점이 발견되었다. 이와 관련해서 馬潤臻의 「綏德發現青銅器」(『考古與文物』 1984年 第2期)에 언급되어 있으나, 戈와 鏃이라는 것만 확인 할 수 있을 뿐, 사진이나 자세한 설명이 결여되어 있어 북방계 특징이 잘 드러나지 않고 있다.)
87) 呂智榮, 「朱開溝古文化遺存與李家崖文化」, 『考古與文物』 1991年 第6期.
88) A. 黑光 等, 「陝西綏德墕頭村發現一批窖藏商代銅器」, 『文物』 1975年 第2期.

家孤)와 해가구(解家溝)에서 발견된 직선문청동궤(直線紋靑銅簋)에 주목할 필요
가 있다.⁸⁹⁾ 중원의 상주시기 동궤(銅簋) 형태와는 다르고, 이가애문화의 고권
족창구도궤(高圈足敞口陶簋)⁹⁰⁾와 닮아 있다. 서차문화의 상황으로 미루어 보
면, 이가애문 주민 역시 스스로 청동기를 제조했을 것으로 추정된다. 섬서(陝
西) 지역에 분포되어 있는 이가애문화의 남쪽 경계는 아직 확실치 않다. 감천
사가만(甘泉 史家灣) 발굴 자료에 따르면, 이 지역에서 발견된 이른바 '서주시
기 유물', 그 중 일부는 상대까지 소급되지만, 대부분은 이가애문화 유물로 보
기는 어렵다고 한다.⁹¹⁾

앞선 시기 산서(山西)에서 수덕(綏德), 청간(淸澗)의 것과 유사한 형태의 은허
식(殷墟式) 청동기(靑銅器) 요소가 혼합된 북방계 청동기가 발견된바 있다. 이
백겸(李伯謙)은 이를 근거로 '수덕(綏德) - 석루유형청동문화(石樓類型靑銅文
化)'라는 개념을 제시했으며, 이들 청동기 연대를 반경(盤庚)에서 제신(帝辛)
에 이르는 다섯 시기로 나누었다.⁹²⁾

산서(山西) 길현(吉縣) 상동촌(上東村)에서 발견된 청동기는 무덤에서 출토된
것이다.⁹³⁾ 여량현(呂梁縣) 도화장(桃花莊)에서 발견된 청동기도 무덤에서 출토
되었다. 발굴보고서에 따르면, "고분에는 수혈(豎穴) 요갱(腰坑)의 흔적만 남아
있으며, 인골 2구가 발견되었다."고 한다.⁹⁴⁾ 석루현(石樓縣) 의첩(義牒)에서 출
토된 청동기 역시 인골과 함께 발견된 만큼, 무덤에서 출토되었다고 할 수 있
다.⁹⁵⁾ 길림대학(吉林大學) 고고학과에서 진행한 태곡현(太谷縣) 백연(白燕) 지역

    B. 綏德縣博物館,「陝西綏德發現和收藏的商代靑銅器」,『考古學集刊』第2集, 中國社會科學出版社,
    1982.
    C. 高雪,「陝西淸澗縣又發現商代靑銅器」,『考古』1984年 第8期.
    D. 吳蘭, 宗宇,「陝北發現商周靑銅器」,『考古』1988年 第10期.
89) 陝西省考古硏究所 等,『陝西出土商周靑銅器』(一), 文物出版社, 1981, 그림 64; 69.
90) 北京大學考古系商周考古實習組 等,「陝西綏德薛家渠遺址的試掘」,『文物』1988年 第6期, 그림 9: 15, 16.
91) 陝西省考古硏究所 等,「陝北甘泉縣史家灣遺址」,『文物』1992年 第11期.
92) 李伯謙,「從靈石旌介商墓的發現看晉陝高原靑銅文化的歸屬」,『北京大學學報(哲學社會科學版)』1988
    年 第3期.
93) 吉縣文物工作站,「山西吉縣出土商代靑銅器」,『考古』1985年 第9期.
94) 謝靑山, 楊紹舜,「山西呂梁縣石樓鑌又發現銅器」,『文物』1960年 第7期.
95) 石樓縣人民文化館,「山西石樓義牒發現商代銅器」,『考古』1972年 第4期.

발굴 과정에서 이미 도굴된 고분이 있었다. 그곳에서 한쪽이 운형편상(雲形片狀)인 금제 귀걸이 잔편(殘片)을 발견한 바 있다.96) 단, 의첩(義牒)에서만 수피반천란승문(樹皮般淺亂繩紋)이 있는 도관(陶罐) 한 점이 발견되었다. 따라서 산서(山西) 경내의 '수덕 - 석루유형청동문화'를 이가애문화(李家崖文化)로 분류하기에는 근거가 아직 부족하다.

비록 석루(石樓) 후란가구(後蘭家溝),97) 영화 하신각촌(永和 下辛角村),98) 여량(呂梁) 편라촌(片羅村)99)에서 모두 청간사(淸澗寺)100)에서 발견된 것과 동일한 형태의 금제 운형이식(雲形耳飾)이 발견되었고, 석루(石樓) 도화장(桃花莊)에서 발견된 직선문(直線紋) 궤(簋)101)가 청간(淸澗) 장가고(張家孤)와 해가구(解家溝)의 것과 동일 형태이며, 유림현(柳林縣) 고홍산(高紅山)H1에서 출토된 토기가 이가애(李家崖), 설가거(薛家渠)의 것과 유사하다는 점102)은 산서(山西) 경내의 '수덕 - 석루유형청동문화'도 이가애문화에 속한다는 간접적인 근거가 될 수 있다. 하지만 금제 운형이환(雲形耳環)은 섬서 순화(淳化)의 흑두취(黑豆嘴)에서도 발견된 바 있는데, 이 지역에서 출토된 도격(陶鬲)은 확실히 이가애문화에 속하지 않는 유형이다.103) 그러므로 더 많은 필드 조사 자료가 축적되어야만 역사적 사실이 일목요연하게 밝혀질 것이다.

고대 문헌기록에서 춘추시대 중국 북방 지역 융적(戎狄)의 활약이 두드러지게 나타난다. 『좌전(左傳)』에 등장하는 '융적'은 일종의 범칭(泛稱)으로, 섬서, 산서(山西), 하북(河北) 지역은 '군적(群狄)'의 땅으로 인식되고 있었다. '적(狄)'은 다시 백적(白狄), 적적(赤狄), 장적(長狄)으로 나뉜다. 적적(赤狄)은 또 장구여(廧咎如), 로씨(潞氏), 갑씨(甲氏) 등등 하위 족속으로 구분된다. 이들은

---

96) 發掘報告待刊.
97) 郭勇, 「石樓後蘭家溝發現商代青銅器簡報」, 『文物』 1962年 第4・5期合刊.
98) 石樓縣文化館, 「山西永和發現殷代銅器」, 『考古』 1977年 第5期.
99) 謝青山, 楊紹舜, 「山西呂梁縣石樓鎭又發現銅器」, 『文物』 1960年 第7期.
100) 高雪, 「陝西淸澗縣又發現商代青銅器」, 『考古』 1984年 第8期.
101) 山西省文物工作委員會, 『山西出土文物』, 文物出版社, 1980.
102) A. 晉中考古隊, 「山西婁煩, 離石, 柳林三縣考古調査」, 『文物』 1989年 第4期.
　　B. 國家文物局等, 『晉中考古』, 文物出版社, 1998, p.202.
103) 姚生民, 「陝西淳化縣出土的商周青銅器」, 『考古與文物』 1986年 第5期.

동일 집단에 통속되지 않으며, 서로 공격하기도 하나, 모두 중원 지역 제후국에 큰 위협이 되고 있었다. 따라서 고대 문헌에서 "벌형(伐邢)", "입위(入衛)", "멸온(滅溫)", "벌정(伐鄭)", "패주사(敗周師)", "침제(侵齊)", "침로(侵魯)"와 같은 기술을 어렵지 않게 발견할 수 있다. 진(晉)나라는 군적(群狄)에 의해 포위된 형국이다. 이른바 "적지광막, 어진위도(狄之廣漠, 於晉爲都)"[104]라고 했듯이, 진(晉)과 적(狄)의 전쟁이 빈번하게 발생했다. 서기전 594~서기전 593년에 이르러, 지금의 산서(山西) 동남부의 적적(赤狄) 려씨(黎氏), 갑씨(甲氏) 등의 나라를 멸하고, 서기 전 541년 지금의 산서(山西) 북쪽에서 "무종(無終)을 비롯한 여러 군적(群狄)을 태원(太原)에서 깨뜨림"으로서 적(狄)과의 전쟁에서 결정적인 승리를 거두게 된다. 따라서 전쟁의 중심이 하북(河北) 북부에 백적(白狄)의 한 갈래인 선우(鮮虞)가 사는 지역으로 옮겨지게 된다. 백적(白狄)은 원래 남쪽으로 흐르는 황하(黃河)의 서쪽 지역에 거했는데, 따라서 진(晉)나라에서 진(秦)나라를 "백적(白狄)이 같은 주에 거한다."[105]고 했다. 12년 동안 적의 땅에 망명해 있었던 진문공(晉文公) 중이(重耳)가 이르기를 "적의 임금과 함께 위수(渭水)가에서 수렵했다."[106]고 했는데, 백적(白狄)이 멀리 하북(河北) 북부까지 이르렀던 시기는 춘추시대 말기로 추정된다.

   문헌 기록에 따르면 "적의 성씨는 '외(隗)' 이다."[107]라고 하는데, 중이가 아내로 맞은 장구여(廧咎如) 딸의 이름이 바로 '계외(季隗)' 였다. 주대(周代)의 강(姜)씨 성이 상대의 강인, 강방(羌方)에서 기원하였다는 점으로 미루어, 주대의 '외' 씨 성은 상대의 귀방(鬼方)에 근원을 두고 있을 것으로 짐작된다. 『역경(易經)』「기제(旣濟)」에서 "고종(高宗)께서 귀방을 정벌하여 3년 만에 깨뜨렸다."고 했다. 무정(武丁) 후기의 복사(卜辭) 내용과 연관시켜 보면, 귀방은 상나라에 패하고 나서 곧 상왕(商王)을 중심으로 한 군사연맹에 가담했던 것 같다. 또한 귀후(鬼侯)는 주왕(紂王)의 삼공(三公) 중의 한 명이기도 하다.[108]

---

104) 『좌전(左傳)』 莊公 28年. 이 문장에 대한 해석 필요.
105) 『좌전(左傳)』 成公13年
106) 『좌전(左傳)』 僖公14年
107) 『국어(國語)』 周語中 富辰語

주나라에서도 귀방과 군사적 충돌이 있었다. 『고본죽서기년(古本竹書紀年)』의 기록에 따르면, "주나라의 왕계(王季)가 서쪽으로 귀융(鬼戎)을 정벌하여 적(翟)의 왕(王) 열 둘을 사로잡았다."고 한다. 외(隗)씨 성을 가진 대부분 적인(狄人)은 주나라 초기의 정복과정에서 주에 항복했던 것 같다. 진(晉)나라의 시조 당숙(唐叔)을 제후로 봉하면서 "회(懷)109)씨 성을 가진 아홉 종족"110)을 사여하여 거느리게 했다고 한다. 이것을 보면 당시 '귀'씨 성을 가진 집단이 많이 있었음을 알 수 있다. 그에 비해, 서주시기에 북방의 적인은 주나라 왕과 제후들에게 있어 군사적으로 위협적인 존재였다. 하북(河北) 원씨현(元氏縣)에서 출토된 서주 초기의 신간궤(臣諫簋) 명문(銘文)에서 "唯戎大出[于]軧, 邢侯搏戎"라는 문구가 확인된다. 춘추시대 초기에 형(邢)나라에서 적(狄)의 공격을 받아 나라를 옮기기에 이르는데, 주나라 초기 형 지역은 적을 방어하기 위한 요충지였다. 명문에서 형나라 제후가 맞서 싸웠다고 하는 융(戎)이 바로 외(隗)씨 성을 가진 적인이었을 것으로 추정된다.111) 널리 알려진 소우정(小盂鼎) 명문(銘文)에서도 서주 초기 '귀방' 정벌에서 얻은 전과에 관한 기술이 있다. "머리 4천8백□12개를 베고, 포로로 만3천81명을 잡았다. 말□□필, 수레 30대를 얻었으며, 소 355마리, 양 38마리를 노획하였다."라고 했다. 이것으로 알 수 있듯이, 귀방의 말, 소, 양 등 가축이 화하 지역에 비해 훨씬 많았다고 할 수 없으며, 당시까지만 해도 유목부족이었다고 보기는 어렵다.

현재 많은 학자들은 이가애문화(李家崖文化, 혹은 모든 '수덕(綏德)-석루유형 청동문화(石樓類型青銅文化)')를 귀방의 유적으로 보고 있다. 하지만 산서(山西) 경내의 '수덕-석루유형청동문화' 유적에서는 서주(西周) 양식의 예기(禮器)나 무기류가 함께 출토된 경우가 없다. 또한 산서 지역에는 서주에서 춘추시대에 이르는 시기의 적인 유적이 나타나지 않는다. 이것은 관련 고고학 작업의 미진한 탓일 수도 있다.

---

108) 林澐,「甲骨文中的商代方國聯盟」,『古文字研究』第六輯, 中華書局, 1982年 (『林澐學術文集』 재수록)
109) 회(懷) : 즉 '외(隗)'의 이체자
110) 『좌전(左傳)』 宣公4年
111) 沈長雲,「元氏銅器銘文補說」,『邢台歷史文化論叢』, 河北人民出版社, 1990.

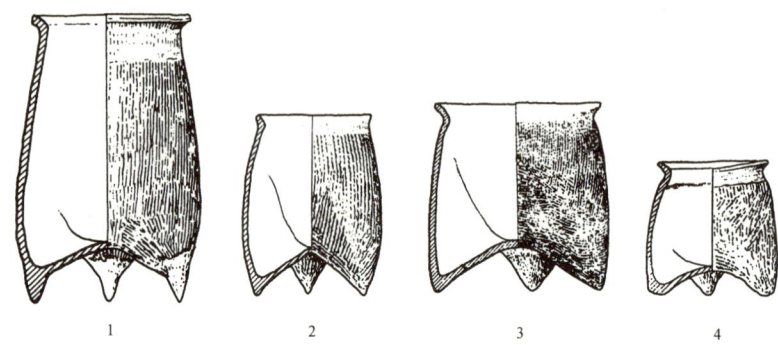

그림 2. 山西 중남부 지역의 陶鬲 변화 발전순
1. 汾陽 杏花村 H309: 1; 2. 杏花村 M4: 1; 3. 靈石旌介 M2: 4; 4. 侯馬上馬 M4040: 1

다만 현재로서는 다음과 같은 두 가지 단서를 확보하고 있을 뿐이다. 첫째, 1963~1987년 후마상마(侯馬上馬) 유적에서 발견된 수천 기의 서주·동주 교체기 및 전국시대 중기로 편년되는 고분에서 진(晉)나라 양식과는 다른 형태의 토기가 소량 발견된 바 있다.112) 둘째, 영석현(靈石縣) 정개촌(旌介村)에서 발견된 은허식(殷墟式)과 북방계청동기(北方系靑銅器)가 함께 나타나는 고분에서도 상대(商代) 양식이 아닌 도격(陶鬲, M2:4)이 출토된 바 있다.113) 이 격(鬲)의 형태는 산서 중부 지역의 이리강상층문화시기 행화촌(杏花村) 6기 2단 유적에서 나타나는 도격과 유사하며, 은허 초기의 행화촌묘지(杏花村墓地)의 격(鬲)과 동일 계열로 파악된다.114) 그에 비해, 상마묘지(上馬墓地)에서 출토된 진(晉)나라 양식과는 다른 형태의 격과 비교해 봤을 때,(그림2) 이것은 이가애문화의 대표적 격과 동일 계열로 보기 어렵다. 따라서 필자는 산서 중남부(山西 中南部)에 이가애문화와 평행선상에 별개의 문화가 존재했을 것이라고 추측하고 있다. 물론 이러한 가설은 지속되는 발굴작업을 통해서만 입증 가능하다.

백적과 관련해서, 『잠부론(潛夫論)』 지씨성(志氏姓)에서 "항(姮)씨는 백적(白

---

112) 山西省考古硏究所, 『上馬墓地』, 文物出版社, 1994, 第3章 "隨葬陶器"
113) 山西省文物考古研究所等, 「山西靈石旌介村商墓」, 『文物』 1986年 第11期, 그림 42, 그림 43. 1.
114) 國家文物局等, 『晉中考古』, 文物出版社, 1998, 그림 130, 1; 그림 134, 6.

狄)의 성씨이다."라고 했는데, '항(姮)'은 '항아(恒娥)'의 이체(異體) 표기이므로, 성씨로 보기 어렵다. 『곡량전(谷梁傳)』 소공(昭公) 12년조에 대한 범녕(範寧)의 주석에서 "선우(鮮虞)는 희(姬)씨 성을 가진 백적이다."라고 했다. 따라서 『잠부론』 기록의 '항(姮)' 자는 '희(姬)' 자의 오기일 가능성이 많다. 동일한 희씨 성을 가진 주(周)나라와 이가애문화 사이에 어떠한 연관관계가 있는지에 대해서는 아직 확단하기 어렵다. 그러나 이것은 매우 흥미로운 과제가 될 것 같다.

현재 다음과 같은 두 유적이 주목을 끌고 있다. 첫째는 1984년 섬서 북부 미지현(米脂縣) 장평(張坪)에서 발견된 4기 고분이다.[115] 시신은 앙신직지(仰身直肢) 형태로 매장되었으며 머리는 북쪽을 향하고 있다. 그중 3기 고분의 부장품으로 주(周)나라 양식의 격(鬲), 두(豆), 분(盆), 관(罐)이 출토되었다. 출토된 격은 진(秦)나라 양식이 아니며, 상마(上馬)유적에서 발견된 진(晉)나라 양식에 근접해 있으나, 관은 마르고 높아 진(晉)의 것과는 다르다. 상마유적의 편년에 따르면, 이들 3기 고분의 축조 연대는 춘추 초기에서 중기로 추정된다. 춘추 중기로 편년되는 M2에서 중원식 규수과(圭首戈)와 함께 북방계 대구와 삼릉족(三棱鏃)이 출토되었다. 당시 섬서 서부는 진(秦)이나 진(晉)의 영역으로 편입되지 않았으므로, 이상에서 살펴본 주(周) 계통의 문화와 지역적 문화 특징이 함께 나타나는 유물들을 어떻게 해석할지 고민해볼 필요가 있다.

둘째, 1998년, 내몽골 청수하현(淸水河縣) 서마청촌(西麻靑村)에서 19기 고분이 발견되었다.[116] 시신은 굽은 장 형태로 매장된 경우가 가장 많고, 앙신직지(仰身直肢) 형태가 뒤를 잇고 있으며, 머리는 북쪽을 향하고 있다. 가축을 순장한 흔적이 보편적으로 나타나고 있으며, 양 뼈가 가장 많이 발견되었다. 토기류는 격, 관, 분 등이 있으며, 격은 장평(張坪)의 것과 유사하지만, 조금 이른 시기의 것으로 추정된다. 특이한 형태의 관이 나왔는데, 그 중 일부는 견(肩)에 작은 쌍이(雙耳)가 달려 있다. 고분에서는 북방계 동제(銅製) 대구(帶扣)와 스프

---

115) 北京大學考古專業商周實習組 等, 「陝西米脂張坪墓地試掘簡報」, 『文物與考古』 1989年 第1期.
116) 內蒙古文物考古研究所, 「萬家寨水利樞紐工程文物考古工作總結」, 1999.

링 형태의 귀걸이(彈簧式耳環), 유리구슬(料珠) 목걸이, 뼈 비녀(骨簪) 등 유물이 출토되었다. 이들 고분은 장평(張坪) 지역의 유적과 동일문화유형으로 보기 어려운데, 연대가 대체적으로 비슷하지만, 평행선상에 존재했던 별개의 문화유형이라 할 수 있다. 이들 문화유적은 적의 문화와 주문화(周文化)가 완전히 별개 형태의 것이 아님을 시사해주는 것이다. 사실상 이가애문화와 서주문화 사이에는 유사한 요소들이 많이 존재한다. 또한, 적의 문화를 백적과 적적(赤狄) 두 갈래밖에 없었다고 보기는 어렵다. 오히려 서방의 강과(羌) 마찬가지로, 그 외에도 다양한 종류가 존재했었을 것으로 추정된다.

3) 동부(東部)

연산(燕山) 이북, 노노아호산(努魯兒虎山) 동쪽의 하가점하층문화(夏家店下層文化)시대의 종말과 함께, 지금으로부터 3400~3300년 사이, 달래낙이호(達來諾爾湖) 호수면이 축소되었다. 그 결과 호수 지층에서 풍사(風砂) 투경체(透鏡體, lens)가 발견되었다.[117] 식물 포자 분석 결과 초본식물(草本植物)이 대부분이었으며, 목본식물(木本植物)로는 소나무과(松屬, 松屬) 밖에 발견되지 않았다.[118] 송예진(宋豫秦)의 연구에 따르면, 하가점하층문화인들의 대규모 개간이 서요하(西遼河) 유역에 사막화를 불러 온 원인이라고 한다.[119] 이것은 노노아호산 이서 지역에서 하가점하층문화가 쇠퇴하고 나서 문화유적이 희소해지게 된 원인일 가능성이 있다. 하지만 적봉(赤峰) 우파라(牛波羅),[120] 극십극등기(克什克騰旗) 천보동(天寶同),[121] 옹우특기(翁牛特旗) 두패자(頭牌子)[122] 등 유적에서

---

117) 楊志榮, 索秀芬, 「內蒙古農牧交錯地帶東南部環境考古研究」, 『環境考古研究』第2輯, 科學出版社, 2000.
118) 降廷梅, 「內蒙古農牧交錯帶全新世孢粉組合及植被探討」, 『中國北方農牧交錯帶全新世環境演變及預測』.
119) 宋豫秦, 「西遼河流域全新世沙質荒漠化過程的人地關系」, 北京大學博士後研究工作報告, 1995.
120) 資料存赤峰博物館.
121) 克什克騰旗文化館, 「遼寧克什克騰旗天寶同發現商代銅甗」, 『考古』1977年 第5期.
122) 蘇赫, 「從昭盟發現的大型青銅器試論北方的早期青銅文明」, 『內蒙古文物考古』1982年 第2期.

은허식 청동기가 출토된 바 있으며, 상 말기에서 주 초기의 북방계 청동기 및 기타 석제 거푸집(石範)이 적봉 지역에서 발견되고 있다.[123] 단, 이들 유물의 정확한 계통을 밝히기 위해서는 깊이 있는 연구가 지속되어야 할 것이다.

400여 년의 간헐기를 걸쳐, 생태계는 점차 원래대로 복원되었다. 지금으로부터 3000년 전 전후를 기점으로 하가점상층문화(夏家店上層文化)가 흥기하기 시작한다. 이 유형문화의 인종과 문화적 요소가 동쪽 하요하(下遼河)유역의 고대산문화(高臺山文化)에서 기원되었다는 일부 단서가 발견되고 있다.[124]

하가점상층문화는 반농반목(半農半牧) 형태 경제방식의 정착문화이나, 유적의 규모나, 주거지 밀도, 문화퇴적층의 두께가 모두 하가점하층문화에 미치지 못하고 있다. 유적에서 발견된 농기구는 하가점하층문화의 것과 마찬가지로 벌목용 석부(石斧), 밭갈이용 목뢰(木耒, 회갱(灰坑) 벽에서 발견된 흔적) 및 수확용 석도(石刀) 등이 있는데, 사이갈이(中耕)용 농기구가 적게 나타난다는 점으로 미루어, 하가점하층문화시기에 비해 거친 농법을 구사했을 것으로 추정된다. 건평(建平) 수천(水泉) 유적의 한 저장용 동굴(窖穴)에서 0.64m에 달하는 탄화된 곡물의 잔유물이 발견되었고, 감정 결과 조, 기장(稷)으로 밝혀졌다.[125] 극십극등기(克什克騰旗) 용두산(龍頭山) 유적과 객라심기(喀喇沁旗) 대산전(大山前) 유적 제사갱(祭祀坑)에서도 탄화된 곡물이 발견되었다.[126] 가축은 돼지 위주인데, 대산전 유적에서 수습한 짐승 뼈 162점 중에서, 돼지 뼈가 59.9%, 개 뼈가 12.96%, 소 뼈가 12.96%, 양 뼈가 11.73%로 확인되었다. 그 외에 말과 사슴 뼈가 한 점씩 발견되기도 했다.[127] 이것은 당시 목축업이 발달되지 않았음을 의미한다. 따라서 이 유적을 유목문화로 보기는 더욱 어렵다. 이 문화에서

---

123) A. 郭大順,「遼河流域 "北方式靑銅器" 的發現與硏究」,『內蒙古文物考古』1993年 第1 2期合刊;
　　B. 王未想,「內蒙古林東塔子溝出土的羊首銅刀」,『北方文物』1994年 第4期;
　　C. 邵國田,「內蒙古昭烏達盟敖漢旗李家營子出土的石範」,『考古』1983年 第11期.
124) 朱永剛,「論高台山文化及其與遼西靑銅文化的關系」,『中國考古學會第八次年會論文集』, 文物出版社, 1996.
125) 遼寧省博物館 等,「建平水泉遺址發掘簡報」,『遼海文物學刊』1986年 第2期.
126) 內蒙古文物考古硏究所 등의 기관에서 작성한 發掘資料.
127) 吉林大學 考古學系 湯卓炜 副敎授의 분석자료.

는 이미 기마술(騎馬術)을 익히고 있었으며 수레 제조 기술도 갖고 있었다.

하가점상층문화가 상당 수준으로 발전되면서 서서히 소흑석구석곽묘(小黑石溝石槨墓)와 같은 대형 분묘가 등장하기 시작한다.[128] 소흑석구석묘에서는 부장품 4백 여 점이 출토되었는데, 그중에 중원식 청동기로는 상말주초(商末周初)에서 서주(西周) 말기의 것으로 추정되는 15점이 발견되었으며, 허계강궤(許季姜簋)도 그 중 하나이다. 또한 주변에서 비슷한 규모의 고분이 다수 발견되었으며, 명문(銘文)이 있는 의왕(懿王)시기의 사도궤(師道簋)가 출토되기도 했다.[129] 이들 고분은 규모 상, 비슷한 시기 중원 지역의 중소 제후의 분묘보다 작지 않다.

하가점상층문화는 일찍이 동호(東胡)의 유적으로 추정되었다. 하지만 점점 더 많은 새로운 자료의 발견과 함께 이것은 잘못된 시각임이 입증되고 있다. 그럼에도 초기 연구에서 잘못 제기된 견해가 지금까지도 여전히 고고학과 사학계에 영향력을 행사하고 있다. 사실상 하가점상층문화는 산융(山戎)의 유적으로 보는 것이 마땅하다.[130] 이 유형 문화는 춘추 시대 초기 이후부터 뚜렷한 쇠퇴양상이 나타난다. 이것은 아마도 제환공(齊桓公)의 산융에 대한 북벌과 연관 있는 것 같다.

노노아호산 동쪽에서는 하가점하층문화가 끝난 뒤에도, 생태환경 변화의 폭이 크지 않았다. 따라서 그 뒤를 이어 위영자문화(魏營子文化)가 일어났던 것이다. 이 유형 문화는 주로 대·소능하(大·小凌河) 유역에 분포되어 있었고, 연대는 대개 상대 후기에서 서주(西周) 전기에 해당한다. 이 유형 문화는 하가점하층문화를 계승한 측면이 있고, 또한 고대산문화 요소, 주개구문화(朱開溝文化)와 장가원상층문화(張家園上層文化) 요소의 영향을 받은 흔적이 확인된다. 그 외에 북방계 청동기도 다수 발견되고 있다.[131] 대·소능하 유역에서 이리강상층(二里崗上層) 상대 양식의 청동기가 출토되었다.[132] 하지만 하가점하층

---

128) 項春松, 李義, 「寧城小黑石溝石槨墓調査淸理報告」, 『文物』 1995年 第5期.
129) 李朝遠, 「師道簋銘文考釋」, 『草原瑰寶』, 上海書畵出版社, 2000.
130) 林沄, 「東胡與山戎的考古探索」, 『環渤海考古國際學術討論會文集』, 知識出版社, 1996.
131) 董新林, 「魏營子文化初步硏究」(1993年 北京大學碩士論文), 『考古學報』 2000年 第1期.

문화 유물인지 아니면, 위영자문화의 것인지 확실치 않다. 다만 상대 말기에서 서주 초기 양식의 중원식 청동기가 다수 발견되고 있다는 점은[133] 결국 위영자문화가 중원문화의 영향을 많이 받았음을 의미한다.

서주 말기에서 전국시대에 이르는 시기, 대·소능하 유역에서 동북계 청동검을 대표적 특징으로 하는 능하문화(凌河文化)문화가 일어난다.[134] 주영강(朱永剛)은 대·소능하 유역의 곡인단검(曲刃短劍)이 나타나는 고고학 문화권" 이라고 하였다.[135] 이 유형 문화는 위영자문화를 토대로, 요동(遼東) 지역의 문화, 하가점상층문화, 중원문화 등의 다양한 문화적 요소가 복합적으로 융합되어 형성된 것이다. 현재 이 유형 문화유적이 많이 발견되고 있지는 않으며, 발굴된 유적도 그다지 많은 편이 아니다. 따라서 그 구체적인 경제 형태에 대한 이해가 결여되어 있다.

위영자문화 유적에서 발견된 도구 중에는 개간용 석부(石斧)와 수확용 석도(石刀)가 확인되나, 사이갈이(中耕)용 돌삽이 발견되지 않는데, 아마도 비교적 거친 농경형태를 유지하고 있었던 것 같다. 무덤에는 돼지(앞다리 뼈)와 양(머리) 뼈가 한 점씩밖에 발견되지 않아, 목축업의 발전수준에 대해 추정하기 어렵다. 또한 무덤에서 부장품으로 청동차마기(靑銅車馬器)가 발견된다는 점으로 미루어, 피장자는 상층 계층 인물로 추정된다.

능하문화(凌河文化) 상황도 크게 다르지 않다. 청동도끼를 부장품으로 보편적으로 사용하고 있다는 점은 벌목 도구가 한층 발달되었으며, 생산력이 향상되었음을 나타내준다. 무덤에 소를 순장했으며, 후기에 이르러는 순마갱(殉馬坑)에 차마기(車馬器)를 껴묻은 고분들이 많이 등장하게 된다.

---

132) 遼寧省博物館文物工作隊,「槪述遼寧省考古新收獲」,『文物考古工作三十年』, 文物出版社, 1979.
133) A. 遼寧省博物館文物工作隊,「遼寧朝陽魏營子西周墓和古遺址」,『考古』1977年 第5期;
   B. 喀左縣博物館,「喀左和尙溝墓地」,『遼海文物學刊』1989年 第2期;
   C. 遼寧省文物考古硏究所,「遼寧喀左高家洞商周墓」,『考古』1998年 第4期.
134) A. 王成生,「遼河流域及鄰近地區短鋌曲刃劍硏究」,『遼寧省考古博物館學會成立大會紀念文集』, 1981年.
   B. 卜箕大,「遼西地區靑銅時代文化」, 吉林大學博士論文, 1998.
135) 朱永剛,「大, 小凌河流域含曲刃短劍遺存的考古學文化」,『內蒙古文物考古文集』, 第2輯, 中國大百科全書出版社, 1997.

능하문화의 종족 구성에 대해 다양한 학설들이 난무하고 있을 뿐, 아직 이렇다할만한 정설이 없다. 단, 능하문화를 문화적 특성이 완전히 다르게 나타나는 하가점상층문화와 동일시하여 동호(東胡)의 유적으로 보려는 근풍의(靳楓毅)의 주장은 잘못된 견해임이 틀림없다. 필자는 앞선 연구를 통해 위영자문화와 능하문화를 선진사(先秦史) 속에 나타나는 이른바 '맥(貊)' 인의 유적으로 추정한 바 있다.[136] 이것은 새로운 고고학 발굴 성과가 축적되면서 머지않아 입증될 것이라고 확신한다.

이상의 내용을 종합해 보면, 하가점하층문화 이후, 노노아호산 동·서 양측의 문화에 변화가 발생하게 된다. 그리고 그 경제 형태는 농경과 목축업을 겸한 형태의 정착문화였던 것 같다.

하가점하층문화와 평행선상으로 연산(燕山) 이남 지역에 대타두문화(大坨頭文化)가 존재했다.[137] 이를 다시 세분해 보면, 하북(河北) 동쪽 난하(灤河)유역의 당산대성산(唐山大城山) T9②, T4②를 대표로 하는 하대 유적은 대타두문화와 다를 뿐만 아니라, 하가점하층문화와도 구별되므로, 별개의 유형으로 구분해야 마땅하다.[138] 상간하(桑幹河) 유역의 같은 시기로 편년되는 유적도 나름대로의 특징을 띠고 있어, 새로운 유형으로 분류해야할지 검토해볼 필요가 있다.

대타두문화와 하가점하층문화는 거의 동시에 끝났다고 한다. 그러나 대타두문화 이후에, 간헐기가 이어진 것이 아니라, 이른바 '위방(圍坊) 3기 문화' 가 형성된다. 위방 3기 문화는 대타두문화적 요소를 계승한 측면이 있으나, 대타두문화가 다양한 외래문화의 충격을 받아 형성된 것으로 이해하는 편이 적절하다. 그 중에는 앞에서 언급한 바 있는 섬서 지역의 선주문화(先周文化) 요소도 있으며, 서방의 여러 문화적 요소들도 있다. 그 중 주목되는 부분은 난현(灤縣),[139] 천안(遷安)[140] 등 지역의 위방(圍坊) 3기 문화 유적 중, 도격(陶鬲), 도관

---

136) A. 林澐, 「先秦的貊與遼西青銅時代考古」(第5次環渤海考古學術討論會, 발표논문, 1994)
　　B. 林澐, 「說貊」, 『史學集刊』 1999年 第4期.
137) 韓嘉谷, 「大坨頭文化陶器群淺析」, 『中國考古學會第七次年會論文集』, 文物出版社, 1989.
138) 張錕, 「京津唐地區的夏商時期遺存」, 吉林大學碩士論文, 2001.
139) 孟昭永 等, 「河北灤縣出土晚商青銅器」, 『考古』 1994年 第4期.

(陶罐)이 부장된 고분에서 은허식 청동예기(靑銅禮器)와 북방식 청동기가 함께 발견되고 있다는 점인데, 이것은 이 시기문화의 다원성을 잘 나타내준다. 이백겸(李伯謙)의 연구에서는 위방(圍坊) 3기 문화를 보다 늦은 시기의 '장가원상층류형(張家園上層類型)'으로 병합시켜야 한다고 보았다.[141] 사실상, 이것은 중원 지역의 상대 후기에 해당하는 독자적인 문화권이다.[142] 방산진(房山鎭) 강영(江營) 지역에 대한 발굴 조사 결과 '상주 제2기'로 밝혀졌다.[143] 북경(北京), 천진(天津), 당산(唐山) 지역의 위방 3기 문화는 대·소능하 유역의 위영자문화와 대개 동시기의 것으로 추정되는데, 그 보다 더 번성했던 것 같다.

위방 3기 문화를 이어 등장하게 되는 장가원상층문화 역시 위방 3기 문화를 바탕으로 다양한 외래 문화요소를 흡수하여 형성된 것이다.[144] 연(燕)나라의 건국과 함께 유입된 서주문화는 위방 3기 문화에 커다란 영향을 미치게 된다. 초기의 연나라는 위방 3기 문화 일부 지역에 설치된 식민지에 불과했다.[145] 장가원상층문화가 존재한 시점은 대개 서주시기라 할 수 있는데, 이 시기, 당산(唐山) 지역에 독자적으로 존재한 '고야유형(古冶類型)'을 분리해볼 수도 있다.[146] 연나라의 지속적인 발전과 함께 현지 문화는 점차 연문화로 융합되었다.

주대에 연산 산지와 하천 계곡 지대에는 여전히 북방 청동기를 사용한 여러 종족 집단이 지속적으로 존재하고 있었다.[147] 예를 들면, 홍융현(興隆顯) 소하남(小河南) 지역에서 발견된 토기를 동반하지 않은 북방계 청동기군의 경우에는 균수공병요격단검(菌首空柄凹格短劍)이 대표유물이라 할 수 있다. 이것은 초

---

140) A. 李宗山 等,「河北省遷安縣出土兩件商代銅器」,『文物』1995年 第6期;
　　B. 唐山市文物管理處 等,「河北遷安縣小山東莊西周時期墓葬」,『考古』1997年 第4期.
141) 李伯謙,「張家園上層類型若幹問題硏究」,『考古學硏究』2, 北京大學出版社, 1995.
142) 楊建華,「試論夏商時期燕山以南地區의 文化格局」,『北方文物』1999年 第3期.
143) 北京市文物硏究所,『鎭江營與塔阻』, 中國大百科全書出版社, 1999.
144) 韓嘉谷, 紀烈敏,「薊縣張家園遺址靑銅文化遺存綜述」,『考古』1993年 第4期.
145) 陳光,「西周燕文化初論」,『中國考古學跨世紀的反思』, 香港: 商務印書館, 1999.
146) A. 文啓明,「冀東商時期古文化遺址綜述」,『考古與文物』1984年 第6期;
　　B. 張錕,「京津唐地區的夏商時期遺存」, 吉林大學碩士論文, 2001.
147) 楊建華,「冀北周代靑銅文化初探」,『中原文物』2000年 5期.

도구(抄道溝) 유적보다 늦은 시기의 것임이 확실하다.[148] 창평(昌平) 백부(白浮) 지역의 고분에서는 연(燕) 문화식 격(鬲)과 청동 예기가 출토되었을 뿐만 아니라, 소하남(小河南) 지역의 것과 동일 유형의 북방계 청동기가 함께 발견되었다. 이것은 연문화와의 직접적인 접촉을 시사해준다.[149] 서주 말기에서 춘추 초기, 이 지역에는 하가점상층문화와 공통된 특징을 간직하고 있으면서도 구별되는 문화 요소가 나타나는 문화권이 존재했는데, 연경(延慶) 서발자촌(西撥子村)의 청동기요장(靑銅器窯藏)[150]이나 평천(平泉) 동남구(東南溝)의 고분[151]을 그 예로 들 수 있다. 비록 발견된 관련 자료가 그리 많지 않아 구체적인 경제형태에 대해 자세히 알 수는 없으나, 하가점상층문화의 것과 크게 다르지 않았을 것을 추정된다.

5. 북방 장성 일대 거주민들의 이주 추세

북방 장성 일대의 거주민들로는 강, 적, 산융(山戎), 맥(貊) 등 종족이 있었다. 이들 거주 지역이 동일 문화지대로 형성되게 된 것은 이들이 유사한 경제형태를 취하고 있었을 뿐만 아니라, 지속적인 문화교류가 이루어졌기 때문이다. 또한 그러한 문화적 융합과정에서 인구의 이동이 중요한 역할을 하게 되었던 것 같다.

하대 이래로, 생태환경의 변화는 인구이동의 가장 직접적인 원인이었다. 갱신세(更新世) 말기 생태지질환경에 관한 소시옹(邵時雍)과 유해곤(劉海坤)의 연구에 따르면, 지금으로부터 5천~3천 년 전의 변화추세는 다음과 같다고 한다. 하서주랑(河西走廊)과 내몽골 고원지대는 원래 건조한 온대초원 삼림초원 생태지질환경유형에 속하였다. 3천 년 전에 이르러, 건조한 황막한 초원고원

---

148) 王峰,「河北興隆縣發現商周靑銅器窯藏」,『文物』1990年 11期.
149) 北京市文物管理處,「北京地區的又一重要考古發現 -昌平白浮西周木槨墓的新啓示」,『考古』1976年 4期.
150) 北京市文管處「北京市延慶顯西撥子村窯藏銅器」,『考古』1979年 3期.

분지(草原高原盆地) 생태지질환경 유형이 이미 동쪽으로 내몽골의 이런호특(二連浩特) 동쪽, 혼선달극(渾善達克) 사막 이서 지역에 이르렀다. 건조한 온대초원 삼림초원 생태환경 유형은 동쪽으로 내몽골고원의 동부 및 그 동쪽의 일부 지역으로 옮겨진다고 한다.[152] 그러므로 하서주랑과 내몽골 고원의 원주민들은 자연히 생존에 더 적합한 지역으로 이주하게 되었던 것이다. 또한 그 이동 방향을 크게 남쪽과 동쪽으로 추정해 볼 수 있는데, 당시 시대 상황과 연관시켜 봤을 때, 남쪽으로 이동했을 가능성이 낮다. 당시 섬서성(陝西省) 남부, 산서성(山西省) 남부 등 지역은 이미 인구밀도가 상당히 높았는데, 북방 지역 원주민들은 경제력과 사회발전 수준이 낮아, 무력적인 우세를 차지하기 어려웠기 때문이다. 따라서 북방 지역 원주민들의 이동 방향은 동은정(童恩正)의 연구에서 제기한 이른바 '신월형지대(新月形地帶)'에서 크게 벗어나지 않았을 것으로 추정된다.[153]

본고의 1절 부분에서 언급했듯이, 요녕 창무(彰武) 평안보(平安堡) 고태산문화묘장(高台山文化墓葬)에서 수습한 인골 샘플은 고화북(古華北)유형이다. 이것은 북방장성 일대의 고대 원주민들이 동쪽으로 이주했음을 나타내주는 중요한 단서이기도 하다. 문화적 측면에서 봤을 때, 하대는 내몽골 중남부의 문화요소가 동쪽으로 확장되는 현상이 뚜렷이 나타나는 시기이기도 하다. 일찍이 전광금(田廣金)과 곽소신(郭素新)은 주개구 1기 유적에서 나타나는 단추 모양 돌기가 있으며, 배가 둥근 항아리(帶紐圓腹陶罐) 및 주개구 3기 유적의 이른바 '사문격(蛇紋鬲)'이 동쪽으로 전파된 흔적이 발견된다고 이미 지적한 바 있다.[154] 그 뒤, 이수성(李水城)은 사문격에 대한 자세한 연구를 통해서 이것이 서쪽 지역의 마창(馬廠) 및 제가(齊家) 도관(陶罐)의 영향을 받아 형성되었을 가능

---

151) 河北省博物館 等,「河北平泉東南溝夏家店上層文化墓葬」,『考古』1979年 1期.
152) 邵時雍, 劉海坤,「中國晚更新世晚期以來古生態地質環境分區特征」,『中國北方晚更新世以來地質環境演化與未來生存環境變化趨勢預測』, 地質出版社, 1999.
153) 童恩正,「試論中國從東北至西南的邊地半月形文化傳播帶」,『童恩正文集 南方文明』, 重慶出版社, 1998.
154) 田廣金, 郭素新,「鄂爾多斯式青銅器的淵源」,『考古學報』1988年 3期.

성이 많으며, 북방 장성 지대의 중간 지역 문화가 동쪽으로 전파되어 나타난 문화 현상으로 단정 지었다.155)

1991년에 한가곡(韓嘉谷)이 제기한 북방 장성 지대의 화변격(花邊鬲)에 대한 연구는 당시 고고학계에서 큰 파장을 일으켰다.156) 그에 따르면, 구연부에 퇴문(堆紋) 장식이 있는 도격(陶鬲)은 일찍이 주개구 1기 유적에서 이미 나타나고 있고, 시기적으로는 용산(龍山) 말기에 해당한다고 한다. 또한 같은 시기, 하투(河套), 산서(山西) 북부, 북경(北京) 지역에서 나타나는 격(鬲)은 형태와 장식 문양에서, 유사성이 확인되었다. 그리고 주개구 유적의 폐기와 하가점하층문화(夏家店下層文化) 시기가 끝날 무렵인 상대(商代) 후기에는 화변격(花邊鬲)이 북방 장성 지대에서 널리 유행하기 시작한다고 한다. 격의 구연부에 화변장식을 하는 문화적 관행은 북방 장성 지대에서 오랜 기간에 걸쳐 지속되는데, 서부 지역의 사정문화(沙井文化), 모가평(毛家坪) B조 유적이나 동쪽의 하가점상층문화는 모두 동주(東周) 시기에 해당한다. 그는 이를 중원문화와 구별되는 이 지역 문화만의 특징으로 보고 있다. 그 외에 이 연구에서는 상대 후기부터 시작된 화변격의 유행은 북방계 청동기의 유행과 시기적으로 일치한다고 지적하였다.

화변격의 유행은 단지 문화 요소의 전파 현상만은 아니며, 이것은 인구 이동과 밀접히 연관되어 있다. 한가곡(韓嘉谷)의 연구에 따르면, 천진(天津) 지역에서 발견되었으며, 상대 후기에서 서주전기에 해당하는 위방 3기 문화 유적의 토기군은 선주(先周)시기 토기군 유형과 밀접한 연관성이 발견되었다. 고령화변격(高領花邊鬲)과 고령요연도격(高領凹沿陶鬲)이 그 대표적 유물이라고 한다. 장무(長武) 지역의 연자파묘지(碾子坡墓地)의 피장자는 머리를 동쪽으로 향하게, 눕혀져 있는 경우가 많은데, 위방 3기 문화의 장의풍속과 유사하다고 한다.157) 이것은 이 유형 문화 주민이 섬서 지역으로부터 이주했을 가능성이 있

---

155) 李水城, 「中國北方地帶的蛇紋器研究」, 『文物』 1992年 1期, pp.50~57.
156) 韓嘉谷, 「花邊鬲尋蹤 -談我國北方長城文化帶的形成」, 『內蒙古東部地區考古學文化硏究文集』, 海洋出版社, 1991 (『北方考古研究』4, 中州古籍出版社, 1999, pp.141~152, 재수록)
157) 韓嘉谷 等, 「蓟縣張家園遺址靑銅文化遺存槪述」, 『考古』 1993年 4期.

음을 시사해준다. 필자는 북경 유리하(琉璃河) 1193호 연후묘(燕侯墓)에서 출토된 태보뢰(太保罍) 및 태보화락(太保盉銘)에 대해 분석해 보았다. 그 결과 상대 후기, 일부 강인이 동쪽으로 발해 서북안(渤海 西北岸) 지역으로 이주했으며, 서주 초기에 이르러 연나라 제후와 함께 북방의 표인(髟人)을 물리치기 위한 군사동맹 집단에 참여했음을 확인할 수 있었다.[158] 따라서 당시 상간하(桑幹河) 계곡 일대는 동쪽으로의 이주를 위한 중요한 교통로였을 것으로 짐작된다.

2002년까지 확인한 것은 이보다 더 늦은 시기 동쪽으로 이동한 경우는 바로 백적의 동진(東進)이다. 필자와 한가곡(韓嘉谷)은 상간하(桑幹河) 유역의 군도산유형(軍都山類型) 유적을 백적의 유적으로 판단하고 있는데,[159] 일찍이 1979년에 이미 유위초(俞偉超) 선생의 연구에서 제기된 바 있다.[160] 하지만 근풍의(靳楓毅)의 연구에서는 군도산유형(軍都山類型) 유적을 '산융문화(山戎文化)'로 잘못 이해하고 있다.[161] 또 한가곡(韓嘉谷)의 연구에서는 이 갈래의 백적을 섬서 북부 일대에서 동쪽으로 이주한 것으로 추정했다. 지금의 오르도스(鄂爾多斯)인 이극소맹(伊克昭盟)의 도홍파랍(桃紅巴拉), 양성(凉城)의 모경구(毛慶溝) 등 유적의 묘제 형태가 연경(延慶) 군도산(軍都山) 등 지역의 묘제와 유사하게 나타나기 때문이다. 하지만 춘추, 전국시대 과도기를 전후한 시기, 북방 장성 일대의 묘제에는 북방 초원의 특징이 보편적으로 나타난다. 따라서 이러한 보편적인 특징을 근거로 특정 종족의 성격을 규명하기는 어렵다고 본다.

필자는 2002년에 발표한 논문에서 하서의 황토고원(黃土高原) 지역으로부터 오르도스, 산서 북부를 거쳐, 상간하(桑幹河) 계곡 동쪽 끝자락에 이르는 지역의 동일 문화적 요소에 대해 살핀바 있다. 그것은 다음과 같다. 첫째로 이른바

---

158) 林澐,「釋史牆盤銘中的"逑虘髟"」,『陝西博物館館刊』第1輯, 三秦出版社, 1994(『林澐學術文集』, 中國大百科全書出版社, 1998, pp.174~183, 재수록).
159) A. 林澐,『關于中國對匈奴族源的硏究』, 中國大百科全書出版社, 1998, p.375.
   B. 韓嘉谷,「燕國境內諸考古學文化的族屬探索」,『北京建城3040年暨燕文明國際學術硏討會會議專輯』, 北京燕山出版社, 1997.
160) 俞偉超,「古代"西戎"和"羌", "胡"考古學文化歸屬問題的探討」. pp.182~183.
161) A. 北京市文物硏究所山戎文化考古隊,「北京延慶軍都山東周山戎部落墓地發掘報告」,『文物』1989年 8期;
   B. 靳楓毅,「軍都山山戎文化墓地葬制與主要器物特徵」,『遼海文物學刊』1991年 1期.

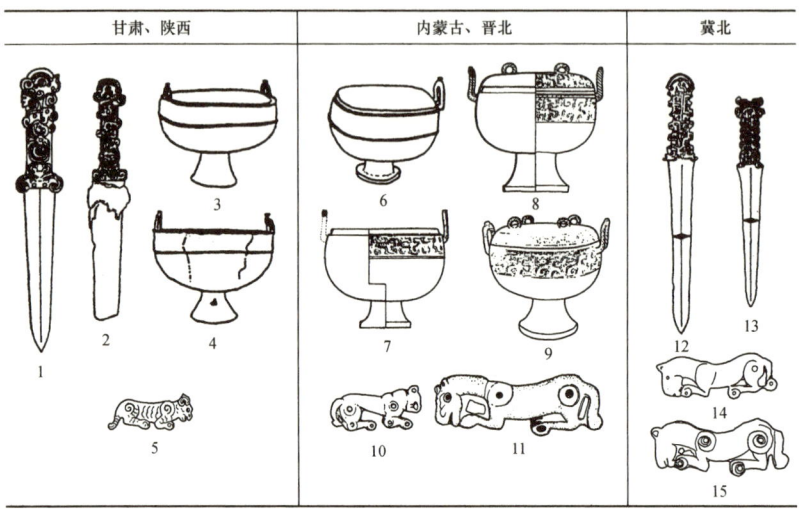

그림 3. 白狄 東遷에 관한 고고학 단서
1, 2, 12, 13. '秦式' 劍; 3, 4, 6~9. 圓角方口釜; 5, 10, 11, 14, 15. 虎形牌飾
(1.甘肅 寧縣 宇村; 2.陝西 隴縣 邊家莊; 3.陝西 綏德 城關; 4.陝西 志丹 張渠; 5.寧縣 宇村; 6.內蒙古 準格爾旗; 7.準格爾旗 寶支寺; 8, 9.山西 渾源 李峪; 10, 11. 鄂爾多斯; 12.河北 懷來 安營堡; 13.河北 灤平 西山; 14.河北 宣化 小白陽; 15.河北 延慶 玉皇廟.

'진식검'의 동쪽으로 전파이다. 그러나 당시 진나라 세력은 하북 북부 지역에까지 미치지 못하고 있었다. 그러므로 이 유형의 검을 '진식(秦式)'으로 칭하는 것 자체가 문제이다. 차라리 '적식검(狄式劍)'으로 지칭하는 것이 타당하다. 둘째는 타방구(橢方口) 형태의 북방계 동부(銅釜)가 현재 하서 황토고원에서 상간하 계곡에 이르는 선상에서만 나타나고 있다는 점이다. 셋째는 호랑이 모양 장식품(虎形牌飾)이 이들 지역에서 나타나고 있다. 군도산유형 유적의 대형고분에서는 피장자 가슴 위치에서 금제 호랑이 모양 장식품이 발견되고 있다. 뿐만 아니라, 하북 북부 지역의 백적의 유적인 중산국(中山國) 초기 고분에서도 비슷한 형태의 금제 호랑이 모양 장식품이 발견되었다.[162] (그림2 참조) 이러한 고고학상의 발견과 문헌기록을 대조해보면, 백적집단이 동쪽으로 이동했다는 점은 거의 확실하다. 백적의 동진(東進)은 앞에서 언급했듯이 기후 변화와 연관이 있을 뿐만 아니라, 진나라의 세력 확장으로 인한 군사적 외압 때문일 가능성이

---

162) 林澐,「從張家口白廟墓地出土的尖首刀談起」,『中國錢幣論文集』, 中國金融出版社, 2002.

많다.

중부 지역 고대 민족 집단의 지속적인 동진은 북방 장성 일대 문화가 일치하게 되는 중요한 원인이기도 하다. 서부 지역의 강인의 경우에는 비록 사문격(蛇紋鬲), 화변격(花邊鬲) 등의 유물로 미루어 보면, 중부와 동부 지역과 문화 교류가 있었을 것으로 추정되지만, 그 이동 방향은 조금 달리 나타난다. 문헌 기록에 따르면, 그들 중, 일부는 진(秦)과 진(晉)나라에 밀려 하남성(河南省) 서부로 이주했던 것 같다. 즉『좌전(左傳)』에서 언급하고 있는 '강융(姜戎)', '륙혼지융(陸渾之戎)', '이락지융(伊洛之戎)' 등은 비교적 이른 시기에 중원문화권에 진입한 '융(戎)' 집단이라 할 수 있다. 또한 그 이동 방향은『후한서(後漢書)』「서강전(西羌傳)」에서 수록했듯이, 횡단산맥(橫斷山脈)을 따라 남하했을 것으로 추정된다. 이들의 주요 이동 방향은 동쪽이 아니었으며, 내몽골 중남부 원주민 또한 서쪽으로 이주하지 않았다. 따라서 상대 이후에 이르러 장성 지대의 서부 지역 문화에는 점차 독특한 지역적 특성이 나타나기 시작한다.

6. 외래 인구 집단과 문화 요소

중국 북방 장성 일대는 점차 중원 지역과는 다른 형태의 문화 구역으로 구분되었다. 중원문화와는 차별화되는 이들 문화의 특징은 자생적인 요소도 많다. 하지만 더 많은 비중을 차지하는 문화적 요소는 중원보다 훨씬 멀리 떨어져 있는 지역의 영향으로 형성된 것들이다.

앞의 제3절 부분에서 하대에 신강(新疆) 지역으로부터 북방 장성 지대에 전파된 문화의 영향에 대해 언급한 바 있는데, 그 기원을 북아시아 지역에서 찾을 수 있었다. 사실상 북방 장성 지대에 영향을 미친 문화적 요소는 멀리 서방에까지 소급되어 나타난다. 다만 그 영향이 미미하여 그다지 주목을 받지 못했을 따름이다.

우선 유럽인종(European race)이 중국에 진출한 문제에 대해 살펴보도록 하겠다. 섬서 부풍현(扶風縣) 소진촌(召陳村)에서 발견된 서주 말기 대형 건축 유적에서 조개껍질에 조각한 모자를 쓴 인물 두상 두 점이 출토되었다. 이 유물의 형태로 미루어, 모자를 고정시키기 위한 비녀일 것으로 추정된다. 조각된 인물은 얼굴이 길고 좁으며, 코가 높고 눈이 깊게 들어갔고, 입술이 얇은 특징을 갖고 있다. 이것은 틀림없는 유럽인종 형상이다.[163] 이 유물은 서주 말기에 이미 유럽인종과 교류했음을 입증해주는 중요한 근거로 활용되고 있다.

발굴 작업을 통해 취득한 인골 자료로 봤을 때, 중국 국경 내에서 발견된 선진(先秦)시기 유럽인종 인골 자료는 모두 신강(新疆) 지역에서 수습된 것들이다. 공작하(孔雀河) 하류의 고묘구(古墓溝)에서 발견된 유골을 대표로 하는 고대 유럽인종유형은[164] 대략 서기 전 1000년 이전에 나포박(羅布泊) 지역에 이미 진출했던 것으로 추정된다. 무덤에 대량의 목재를 사용한 특징으로 미루어 보면, 당시 남부 신강(新疆) 지역의 자연생태환경은 현재와 확연히 다른 모습이었을 것으로 짐작된다. 그 보다 조금 늦은 시기에 이르러, 유럽인종 주민들은 점차 동부 신강(新疆) 지역으로 이동하여 몽골인종인 현지 토착주민들과 접촉 및 융합되었다. 예를 들면, 합밀시(哈密市) 유수천(柳樹泉) 인근에 위치한 언포랍극(焉布拉克) 청동기시대 고분군에서 수습된 인골은 크게 몽골인종에 속하는 M그룹과 유럽인종에 속하는 C그룹으로 구분된다.[165] 이 청동기 문화는 몽골인종 원주민이 창조한 문화이며, 뒤늦게 합류한 유럽인종은 이들 몽골인종의 토착문화를 수용했던 것으로 추정된다.

선진(先秦)시기, 신장 지역으로 진출한 유럽인종은 또한 서로 계열을 달리하여 나타나기도 한다. 토로번분지(吐魯番盆地)에 위치한 선선현(鄯善縣) 소패희(蘇貝希) 청동기시대 고분에서 발견된 인골은 대개 두 그룹으로 나뉜다. 소패희 I 그룹은 원시 유럽인종인 고대 유럽인 유형으로 나타나고, II그룹은 유럽인종 중, 지중해유형의 동부지파와 연관되어 있다.[166] 오로목제시(烏魯木齊

---

163) 尹盛平, 「西周蚌雕人頭像種族探索」, 『文物』 1986年 1期.
164) 韓康信, 「新疆孔雀河古墓溝墓地人骨研究」, 『考古學報』 1986年 3期.
165) 韓康信, 「新疆哈密焉不拉克古墓人骨種系成分之研究」, 『考古學報』 1990年 3期.

市) 인근의 아랍구(阿拉溝) 동구(東口)에 위치한 고분은 더 이른 시기의 것인데(서기전 6~1세기), 두개골 형태에 대한 분석 결과 대략 세 가지 유형으로 나타나고 있다. Ⅰ그룹은 지중해 동부유형, Ⅲ그룹은 중앙아시아-양강유형, Ⅱ그룹은 Ⅰ그룹과 Ⅲ그룹의 과도기적 유형인 것으로 확인되는데, 그중에서 Ⅲ그룹의 인골이 가장 많이 나타나고 있다.[167]

물론, 서주시기 주나라사람들과 교류했던 유럽인종이 꼭 신장 지역의 유럽인종일 것이라는 보장은 없다. 몽골 지역 발굴조사에서 따르면, 석기와 청동기를 함께 사용하던 시기에 유럽인종이 이미 서부 몽골 지역으로 진출한 흔적이 발견된다고 한다. 서기 전 7세기에서 서기 전 3세기의 것으로 편년되는 조란고목(烏蘭固木) 고분에서 수습된 인골의 대부분은 유럽인종이며, 소수에서만 몽골인종의 특징이 나타난다고 한다. 그 외에 러시아의 투바(Tuva)와 알타이 지역의 상황도 마찬가지이다.[168] 따라서 수도(水濤)는 그의 연구에서는 주대에 교류한 유럽인종은 신장 동부 지역의 유럽인종집단일 수도 있고, 북방 고비사막 혹은 초원지대의 유목민족일 가능성도 있다고 하여 여러 가지 가능성을 모두 열어 두고 있다.[169]

비록 주나라 사람들과 교류한 유럽인종을 신장 지역 주민으로 단정 지을 수는 없지만, 적어도 신장 지역에 거주한 유럽인종은 이들 유럽인종의 이동 경로를 시사해주고 있다.

앞부분에서 하대 나팔 모양 귀걸이와 두겹식 동분이 신장을 거쳐 북방장성 일대로 전파되었을 가능성에 대해 살펴본 바 있다. 그렇다면 이어서 신장에서 전파되었을 것으로 추정되는 다른 두 종의 유물에 대해 살펴보도록 하겠다. 하나는 투겁식 도끼(管銎戰斧)이고, 다른 하나는 버들잎 모양 단검(柳葉形短劍)

---

166) 陳靚,「鄯善蘇貝希靑銅時代墓葬人骨的硏究」,『靑果集 吉林大學考古系建系十周年紀念文集』, 知識出版社, 1998.
167) 韓康信,「新疆阿拉溝古代叢葬墓人骨的硏究」,『絲綢之路古代居民種族人類學硏究』, 新疆人民出版社, 1993.
168) Э. А. Новгородова, Древняя, Мнголия, М. 1989, pp.311-315
169) 水濤,「從周原出土蚌雕人頭像看塞人東進諸問題」,『中國西北地區靑銅時代考古論集』, 科學出版社, 2001.

이다.

필자는 오래 전에 이미 중국 북방계 투겁식 도끼는 서쪽으로부터 전파된 형태임을 밝힌바 있다. 2002년 무렵에 새로운 서아시아 지역 고고학 자료를 접하게 되어, 이와 관련된 내용을 다시 보충 언급해보고자 한다. 1977년과 1984년에 이라크 동부의 함린(Hamrin)분지에 위치한 (그 동쪽이 바로 이란의 서부산맥) 소뢰미혁(蘇雷美赫) 유적을 발굴 조사한 결과, I~III층 고분은 고대 바빌로니아시기(서기전 18~17세기) 것으로 판명되었다. 그중에 II, III층에서 출토된 투겁식 도끼는 중국 북방계 투겁식도끼와 유사한 형태를 띠고 있다.(그림4: 4~7 참조) 함린분지의 합랍와(哈拉瓦) 유적 제II~IV층은 고대 바빌로니아시기 것으로 편년되는데, 그중에 II층에서 출토된 도끼 역시 같은 유형이다.(그림4: 2, 3 참조) 또한 이이(伊爾)-새발(塞勃) 유적 M20유구에서 출토된 도끼 역시 마찬가지이다.(그림4: 1 참조)[170] 중국 섬서성(陝西省) 순화(淳化)의 흑두취(黑豆嘴), 사가원(史家塬) 유적에서 출토된 은허시기 북방계 전투용 도끼와 비교해보면 (그림4: 8~10 참조),[171] 투겁부와 몸체의 협각(夾角)이 직각보다 작으며, 두겁 입구 변두리가 곡선으로 휘어있는 등 일부 유사한 특징이 확인된다. 또한 흑두취(黑豆嘴) 유적에서 발견된 도끼의 등 부분에 일정하지 않은 작은 돌기가 있는데, 이것은 이란, 이라크 지역의 도끼에서 아주 흔하게 발견되는 형태이기도 하다.

주목할 필요가 있는 부분은, 소뢰미혁(蘇雷美赫) II, III층에서 손잡이가 납작하고 구멍이 뚫려 있는 형태의 단검(扁莖劍)이 발견되었다는 점이다.(그림5: 1~4 참조)[172] 주대에 나타난 손잡이가 납작하고 구멍이 뚫려있는 버들잎 모양의 단검의 기원 문제는 오랜 기간 동안 중국 고고학계의 미결의 과제로 남겨져 있었다.(그림5: 5~7 참조)[173] 사실상 일찍이 1980년, 숙백(宿白)선생은 길림대학

---

170) G.Philip, *New Light on North Mesopotamia in the Earlier Second Millennium B.C Metalwork from the Hamrin*, Iraq, LVII, 1995, 그림 4, 1-7.
171) 姚生民, 「陝西淳化縣出土的商周靑銅器」, 『考古與文物』1986年 5期, 그림 四: 1; 9-11.
172) G.Philip, *New Light on North Mesopotamia in the Earlier Second Millennium B.C Metalwork from the Hamrin*, Iraq, LVII, 1995, 그림 9, 1-4.

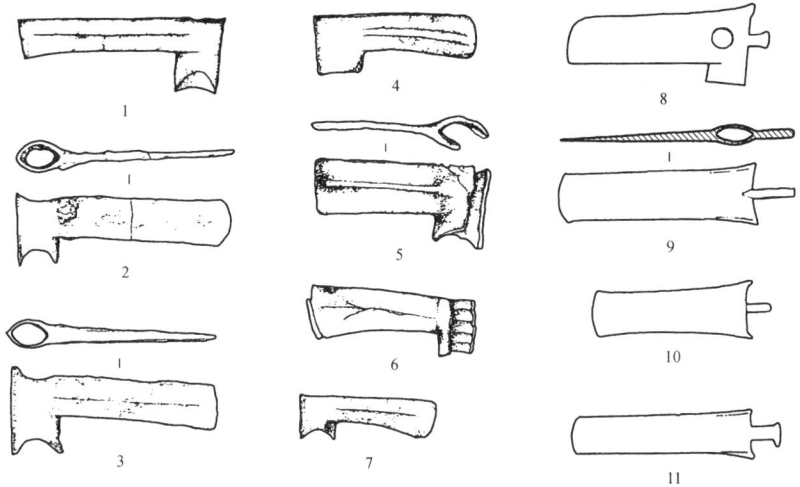

그림 4. 두겁식 도끼 비교
1.伊爾-塞勃 M20; 2, 3.哈拉瓦Ⅱ층; 4, 6.蘇雷美赫Ⅲ층; 5, 7.蘇雷美赫Ⅱ층; 8.陝西省 淳化 黑豆嘴 M3; 9.黑豆嘴 M2; 10.淳化 史家塬; 11.淳化 北坡村.

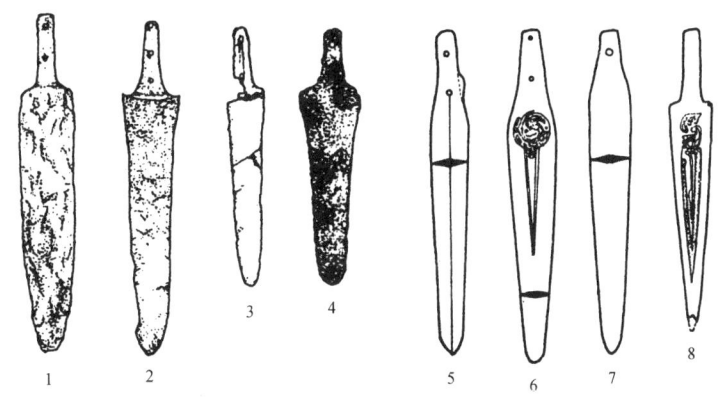

그림 5. 扁莖柳葉形 단검 비교
1, 3, 4.蘇雷美赫Ⅱ층; 2.蘇雷美赫Ⅲ층; 5.陝西 長安 張家坡; 6, 7.寶鷄 竹園溝; 8.靈臺 白草坡.

에서 "고고학 발견으로 바라본 중·서(中·西)문화교류(從考古發現看中西文化交流)"라는 제목으로 강좌를 개설했을 당시, 이미 이 유형의 단검의 기원에 대해 언급한 바 있다. 그에 따르면, 중국에 비해 중앙아시아와 서아시아 지역에서 이 유형 단검이 시기적으로 더 앞서 나타나고 있다고 한다. 또한 그는 2차 세

계대전 이후, 이란의 루리스탄(Luristan) 지역에서 발견된 이 유형 단검에 대한 조사 현황과 70년대 이후의 편년 연구에[174] 대해 자세히 소개하였다. 그리고 이것은 중국 청동단검의 기원 문제를 밝히는데 중요한 단서가 될 것이라고 지적했다. 납작한 손잡이 부분에 뚫려 있는 구멍은 류정(鉚釘)이며, 자루를 고정시키기 위한 것이다. 이 유형의 단검과 함께 공심(空心) 동제(銅製) 자루와 동제 류정이 발견되고 있기 때문이다. 하지만 많은 고고학 연구자들은 중국 국경 내의 발굴에만 초점을 맞추다보니, 이러한 견해는 크게 주목받지 못했다.

투겁식 도끼와 편경검(扁莖劍)은 사실상 동일 지역으로부터 유사한 경로를 통해 전래되었을 것으로 추정되는데, 대개는 강인의 지역을 거쳐 섬서로 유입되었던 것 같다. 다만 투겁식 도끼가 북방 장성 지대에서 유행한 것과는 달리, 편경검은 주나라에서 널리 사용되었으며, 남쪽의 파촉(巴蜀) 지역으로 유입되어 오랜 기간에 걸쳐 유행하였다.

북방 장성 지대 문화에 미친 외래문화의 영향 중에서 지리적으로 인접한 북방 지역의 영향은 당연히 다른 지역 문화의 영향보다 비중이 클 수밖에 없다. 이 북방 지역의 지리적 범주는 대개 몽골고원을 중심으로 하여, 북쪽의 바이칼 지역, 서북쪽의 투와 지역과 서쪽의 알타이 지역을 포함한다.

몽골고원의 기후 여건은 유목경제에 적합하며, 농경생활은 어렵다. 일찍이 석기시대 말기의 것으로 추정되는 가축의 뼈가 동부 몽골과 북부의 색릉격하(色楞格河) 유역에서 발견된바 있다. 기원전 2천년대에서 천년대 초기에 이르는 시기에, 목축경제 위주의 아법납선옥(阿法納羨沃) 문화가 몽골 북부에 진출해 있었다. 그 뒤 이어지는 역사단계에서는 시대구분이 가능한 고분이 나타나지 않아서 자세히 밝혀내기 어렵다. 현재 학계에서 공인되고 있는 통설에 따르면, 중앙아시아 각 지역의 초기 유목시대는 대개 청동기시대 말기에서 철기시대 초기에 시작된다고 한다. 몽골고원의 경우도 예외는 아닌 것 같다.

---

173) A. 鍾少異, 「試論扁莖劍」, 『考古學報』 1992年 2期;
　　B. 張天恩, 「中原地區西周靑銅器短劍簡論」, 『文物』 2001 年4期.
174) L.V.Berghe La Chronologie de la Civilisation du Pusht- I Kuh, Luristan, 1972.

몽골 지역에서 유목시대가 시작된 때는 대략 기원전 천년 이전으로 추정된다. 몽골의 유목시대를 대표하는 유적 유물로는 다음과 같은 세 가지 종류가 있다. 첫째는, 몽골 전역에 걸쳐 분포되어 있는 사슴돌(鹿石)이며, 둘째는 몽골 동부와 중부에 분포되어 있는 석판묘(石板墓)(Ancestry-Slab Grave)이고, 셋째는 몽골 서북부의 이른바 '창덕만문화(昌德曼文化, Chandman)'이다.[175)]

사슴돌은 일종의 인형(人形) 모양 돌기둥으로, '개렬극소이(凱列克蘇爾)'로 불리는 석축과 연관되어 있다. 이들 모두 제사와 관련된 조형물일 것으로 추정되고 있다. 사슴돌에는 사람의 얼굴이 자세히 묘사되어 있을 뿐만 아니라, 귀걸이나 목걸이가 표현되어 있거나, 얼굴에 상처가 새겨져 있는 경우가 많다. 중간 부분에는 다양한 기물이 매달려 있는 벨트가 묘사되기도 한다. 몸통 부분에는 방패를 비롯한 다양한 기물이 묘사되어 있으며, 사슴 형상의 문양(의복의 장식 문양으로 추정됨)이 새겨져 있다. 또한 일부에는 단지 사슴 모양만 새겨져 있다. '사슴돌'이라는 이름도 그로 인해 붙여진 것이다. 사슴돌 분포 지역은 동쪽으로 外 바이칼 지역에 이르며, 서쪽으로는 다양한 형태로 변형 사슴돌이 동유럽 지역에서 발견되기도 한다.

볼코브(伏爾科夫)의 연구에서는 사슴돌을 두 가지 유형으로 구분하고 있다. 하나는 귀걸이, 목걸이, 벨트 및 기물이 묘사되어 있으나, 짐승 문양이 없는 것이다. 이 유형의 사슴돌은 동쪽 지역에서도 적지 않게 나타나고 있으나, 대부분 서쪽 지역에 집중되어 나타난다. 잠정적으로 '유라시아 대륙형'으로 지칭하고자 한다. 다른 한 가지는 짐승 문양이 있는 것인데, 그 중 형태가 특이한 사슴돌은 대부분 몽골과 외 바이칼호수 지역에서 많이 발견되고 있으므로 '몽골-외바이칼 유형'으로 불린다. 또한 사실적으로 표현되어 나타나는 사슴돌은 몽골 서부와 알타이 지역(중국의 신장 지역 포함)에 집중 분포되어 나타나므로 사이오트(薩彦)-알타이유형으로 지칭된다.[176)]

---

175) Д Цевэндорож, Чандманьская кульtура. Археология и Этнография Монголия. Новосибирск, 1978. 볼코브는 이를 '울란곰(Ulaangom)문화'로 표현하고 있다.

176) J.Davis-Kimball, V.Bashilov, etc. *Nomads of Eurasian Steppes in the Early Iron Age*, Berkeley 1995.

사슴돌에 묘사된 무기류 형태를 근거로 그 대체적인 연대를 추정해 볼 수 있는데,177) 몽골-외바이칼 유형이 가장 이른 시기의 것으로 판단된다. 몽골-바이칼호 유형 사슴돌에는 손잡이 끝부분에 짐승 머리 장식이 달린 칼과 단검이 모사되어 있다. 이것은 뚜렷이 파여 있는 홈이 특징이다. 중국의 경우, 이러한 짐승 머리 장식과 파인 홈이 있는 검(劍)은 창평(昌平)의 백부묘(白浮墓)에서 발견되었는데, 그 연대로 미루어 보아, 몽골-바이칼 유형 사슴돌의 조성연대의 상한은 대략 서기 전 1천년대 초기로 추정된다. 사이오트-알타이 유형 사슴돌에 묘사된 단검은 스키타이-타가르(Tagar)양식으로 확인되므로, 그 상한은 서기전 8~서기전 7세기보다 이른 시기로 소급되기 어렵다.

여하튼 사슴돌을 조성한 집단은 그러한 기념비적 축조물을 건조하기 이전부터 줄곧 해당 지역에 거주했을 것이다. 그럼에도 서기 전 3세기를 전후한 시기에 이르러서도 이들 지역에서 유라시아대륙 유형의 사슴돌을 만들고 있었다. 그런 즉, 사슴돌에 묘사되어 나타나는 문화적 요소는 결국 거의 천년에 가까운 시간 동안의 몽골고원 및 그 인근 지역 주민들의 전형적인 복식과 기물의 형태를 드러내주고 있다. (그림6 참조)

고분에서 수습한 인골 분석 결과, 몽골 동부, 중부의 석판묘와 외 바이칼 지역 석판묘의 피장자는 모두 몽골인종으로 밝혀졌다. 하지만 두문(杜門)의 연구에 따르면, 이들은 후대의 흉노인이나, 몽골 중부 지역 석판묘문화 주민에 비교적 근접해 있으며, 동부 지역 석판묘문화 주민과는 안면부와 두개골의 비례상 차이가 존재한다고 한다. 몽골 서부의 창덕만문화(Chandman) 고분의 피장자는 투와, 고르노알타이스크(Горно-Алтайск)의 같은 시기 피장자와 마찬가지로 유럽인종으로 확인되었다. 그러므로 최초로 사슴돌을 조성하기 시작한 집단은 몽골인이며, 후대에 이르러 몽골 서북부의 유럽인종 집단에서도 그 영향을 받아 사슴돌을 만들기 시작했던 것 같다.

이들은 비록 서로 다른 인종 집단이라고는 하나, 상당히 유사한 형태의 복

---

177) Э А Новгородова, Дреаняя, Монголия, М., 1989. p.188, p.189, p.193의 삽도.

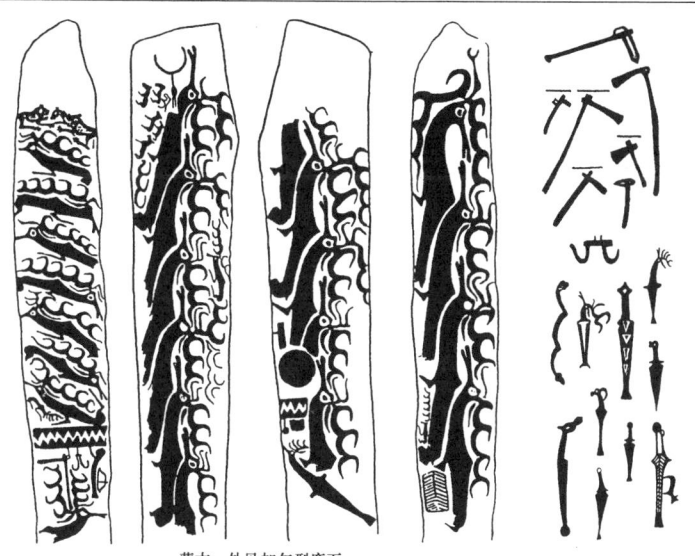
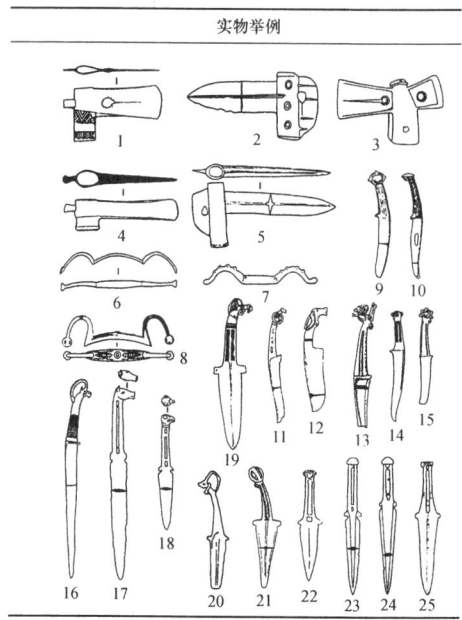

그림 6a. 사슴돌에 묘사된 장식 문양과 기물
1, 3, 4.두겁식 도끼; 2, 5.도겁식 啄戈; 6~8.挂缰鉤; 9~16.칼; 17~25.청동단검
(1, 2, 4, 6, 8~12, 17, 18, 21, 23, 24. 중국; 3, 14~16, 19, 22, 25.몽골; 2, 5.외 바이칼 지역; 7, 13.미누신스크 분지)

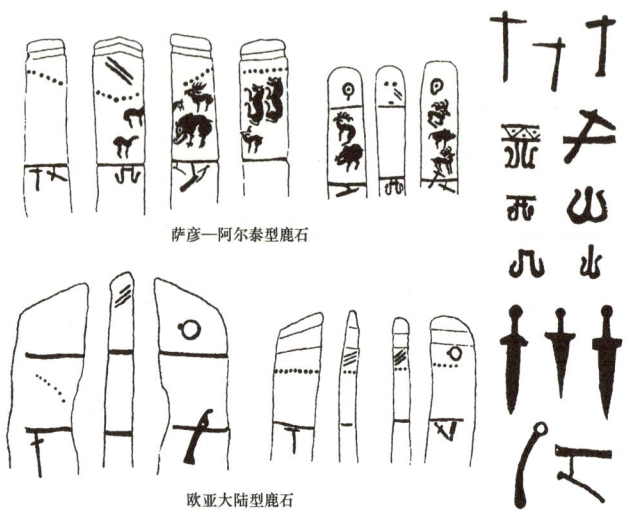

그림 6b. 사슴돌에 묘사된 장식 문양과 기물
26~31.鶴嘴鋤(斧); 32~35.挂缰鉤; 36~40.단검; 41~45.칼; (31, 40은 철기이고, 기타는 청동기)
(26~29, 36~38,41~44.몽골; 30, 31, 33~35, 39, 40, 45.중국; 32.외 바이칼 지역)

식과 기물을 가지고 있었다. 상대와 서주 초기, 중국 북방 장성 지대 주민들과 교류하기 시작한 북방주민은 몽골고원의 토착 몽골인종이었으나, 후대에 이르러 이주한 유럽인종과도 왕래하기 시작했던 것 같다. 하지만 현재 파악하고 있는 자료에 따르면, 문헌에 수록되어 나타나는 흉노나 동호는 모두 북아시아 몽골인종 범주에 속한다고 할 수 있다.

적어도 서주시기부터 몽골고원의 복식은 허리에 다양한 무기와 기물을 걸어 놓을 수 있는 벨트를 착용하고, 알이 굵은 구슬 목걸이와 큰 귀걸이를 착용하는 것이 특징이다. 이러한 양식은 오랜 기간에 걸쳐 초원지대 기마민족의 전형적 장식으로 자리매김해왔다. 몸에 지닌 무기류로는 단검, 손잡이가 짧은 도끼(혹은 啄戈), 활과 화살, 방패 등이 있으며, 기타 기물들로는, 칼, 숫돌(礪石), 거울, 괘강구(挂韁鉤) 등이 있다. 괘강구란 기마나 전차를 조종할 때 고삐를 걸어 놓을 수 있는 갈고리 장치를 말한다.[178] 이것은 몽골 지역에서 말 두 필 혹은 네 필이 끄는 전차를 묘사한 암각화가 발견된다는 점과도 서로 맞물린다. 또한 일부 사슴돌에는 말이나, 쌍륜전차가 묘사되어 있는데, 이것은 당시 몽골 지역에서 기마술과 전차 기술이 존재하고 있었음을 말해준다. 잘 알려져 있듯이, 중원 지역의 말 두 필 혹은 네 필이 끄는 단원쌍륜전차(單轅雙輪戰車)는 은허시기에 갑자기 생겨난 것이다. 이와 함께 소둔(小屯) C구역 164호묘에서처럼 사람과 말이 합장된 고분이 은허유적에서 발견된다. 이것은 당시 이미 기마술이 존재하고 있었음을 시사해준다.[179] 이러한 기마술이나 전차가 신강 지역으로부터 전래되었을 가능성을 배제할 수 없다.

하지만 현재로서는 신강 지역에서 은허보다 이른 시기에 이미 기마술과 전차 기술을 가지고 있었음을 입증해줄만한 자료를 찾아 볼 수 없다.[180] 또한 북방 장성 지대 서부 지역의 여러 고고문화권에서 서주시기 이전으로 편년되는

---

178) A. 林澐, 「關于青銅弓形器的若幹問題」, 『吉林大學社會科學論叢』 2, 1980.
　　B. 林澐, 「再論挂韁鉤」, 『青果集 -吉林大學考古系建系十周年紀念文集』, 知識出版社, 1998.
179) 石璋如, 「殷墟最近之重要發現 -附論小屯地層」, 『中國考古學報』 第2冊, 1947.
180) 水濤, 「論新疆地區發現的早期騎馬民族文化遺存」, 『中國西北地區青銅時代考古論集』, 科學出版社, 2001.

차마기(車馬器)가 발견되지 않는다. 따라서 필자는 중원 지역의 기마술과 전차 기술은 북방 지역으로부터 전래되었을 것으로 추정하고 있다. 물론 북방 장성 지대의 주민들이 이 기술의 전파에 앞장섰을 것임은 자명한 일이다. 귀방 정벌에 관한 소우정(小盂鼎) 명문(銘文)에서 그들이 전차를 가지고 있었다고 한 것도 그러한 이유에서이다. 다만 이러한 전차기술은 우선 정교한 수공업기술의 발전을 전제로 하고 있으며, 또 다른 한 측면으로는 발전된 사회조직형태가 필수라고 할 수 있다. 따라서 전차기술이 상이나 주에서 급속도록 발전할 수 있었던데 비해, 북방 장성 지대에서는 전 지역에 걸쳐 보편적으로 수용되지는 않았던 것 같다. 『좌전(左傳)』에 수록되어 있는 진(晉)나라와 적(狄) 전쟁 기사에서 "저들은 도보이고, 우리는 전차가 있다."[181]라고 한 것은 그러한 상황을 잘 보여주고 있다.

몽골고원 지대의 주민들에게 있어, 기마술과 수레 기술의 발전은 단독 방목 능력 내지는 장거리 이동상의 획기적인 발전을 가져오게 된다. 다만, 기마술을 익혀 방목과 수렵 및 장거리 여행이 용이해지게 된다는 점과 전쟁에서 기병이 본격적으로 등장하게 된다는 점은 별개의 일이다. 말이 이끄는 전차와 같은 시기로 편년되는 몽골 암각화에는 사보(徙步)로 전투하는 모습만 묘사되어 있을 뿐,[182] 기마무사는 찾아 볼 수 없다. 두정승(杜正勝)은 다운스(J.F.Downs)의 주장을 인용하여, 사실상 말은 전투용이라기보다는 도주용으로 이용되었다고 하는 편이 타당하다고 지적하였다. 또한 두정승(杜正勝)은 그렐(H.G.Greel)의 견해를 수용하여 전투용 기마술은 고도의 기술이 필요하다고 보았다. 따라서 전마(戰馬), 전차(戰車)와 기사(騎射)는 사실상 "서로 이질적인 두 문화단계"라고 한다.[183] 그리고 기사는 이것은 수렵과는 별개의 개념으로, 대규모 기병집단을 지칭한다. 따라서 대규모 기병을 이용한 전쟁 방식이 출현하

---

181) 『좌전(左傳)』 은공(隱公) 9년, 소공(昭公) 원년, 彼徒我車
182) Э А Новгородова. Древнейшие изображения колесниц в горах Монголиию. CA, 1978, No4. 그림26.
183) 杜正勝, 「歐亞草原動物文飾與中國古代北方民族之考察」, 『中央研究院歷史語言研究所集刊』, 第64本 第2分, 1993.

기에 앞서, 전차를 이용한 단계가 존재했다는 것이다. 이것은 아주 타당성 있는 주장이다.

기마술과 전차 외에, 중국 북방 장성 지대 문화에 대한 몽골고원의 영향은 두 지역에 유사한 형태의 다양한 청동기들이 존재한다는 점에서 잘 드러나고 있다. 러시아나 몽골학자들이 중국에서 발견된 청동기를 이른바 '카라수크식 청동기'라고 지징한다. 이것의 연대는 상대 초기에서 서주 말기까지 다양하게 나타나고 있다.[184] 중국 입장에서는 이를 초기 북방계 청동기라 부를 수 있다. 사슴돌에 묘사되어 있는 단검, 투겁식 도끼와 탁과(啄戈), 칼 등이 흔하게 있다. 하지만 유념해야 할 것은 이러한 일치성은 결국 쌍방향적 교류의 결과라는 점이다. 예를 들면, 투겁식 탁과는 중원식 과(戈)의 영향을 받아 형성된 무기이다. 북방 장성 지대에서 몽골고원을 거쳐, 외 바이칼과 미누신스크분지 일대로 전파되었던 것이다.[185] 요격단검(凹格短劍)은 주개구 제5기 무렵에 이미 오르도스 지역에 등장하고 있다. 카라수크식 단검에 보편적으로 나타나는 요격(凹格) 특징은 장성 지대로부터 전파된 것으로 추정된다.

서주 말기에서 춘추시대 초기에 이르는 시기, 중국 북방 장성 지대 청동기는 대개 서요하(西遼河) 유역의 하가점상층문화에 집중되어 나타난다. 이 시기의 북방계 청동기는 그보다 앞선 시기 청동기의 여러 요소들을 그대로 계승하고 있는데, 하가점상층문화 청동기와 유사한 형태의 청동기가 몽골과 외 바이칼 지역에서 발견되고 있다.[186] 특히나 몽골과 외 바이칼 지역의 석관묘문화 유적에서 하가점상층문화에서와 유사한 형태의 격이 나타난다. 이것은 북방 지역에 대한 장성 지대 문화의 영향을 시사해주고 있다. 다만 이 시기 서북쪽으로부터 전래된 스키타이-타가르문화의 영향이 이미 몽골고원과 외 바이칼 지역에 미치고 있었으므로, 하가점상층문화 요소와 혼재하여 나타나게 된다. 하가점상층문화의 북방계 단검의 경우를 예로 들어보자면, 지속적으로 요격

---

184) 林澐, 「早期北方系靑銅器의 幾個年代問題」, 『內蒙古文物考古文集』, 大百科全書出版社, 1994.
185) 林澐, 「商文化靑銅器與北方地區靑銅器關系之再硏究」, 商文化國際硏討會, 1982 (Lin Yun, A Re-examination of Relationship between Bronzes of the Shang Culture and of the Northern Zone, *Studies of Shang Archaeology*, Yale University Press, 1986) 그림7: 5-7.

이 유지되고 있으나, 검격(劍格)은 타가르문화의 것과 유사한 새머리 장식으로 변화되어 나타난다. 이 시기를 북방계 청동기 중기라 할 수 있다.

 춘추시대 중기부터 중국 북방계 청동기에 큰 변화가 발생하게 된다. 스키타이-타가르문화의 청동기 요소가 대거 등장하기 시작하며, 장성 지대에서 빠른 속도로 유행하게 된다. 그 대표적인 기물로는 고리가 있는 대구(帶扣)와 'S'형태의 대식(帶飾), 학취서(鶴嘴鋤)[부(斧), 추(錘)], 스키타이식 단검 등이 있다. 투와, 고르노알타이스크 지역에서도 이와 유사한 형태의 기물이 발견되고 있다. 이 시기를 기점으로 중국 북방계 청동기는 후기에 접어들기 시작한다. 주목할 필요가 있는 부분은, 이러한 신식 기물은 서쪽으로부터 투와, 알타이와 몽골 서부를 거쳐 다시 북방 장성 지대로 전파되었다는 점이다. 앞서 언급한 청수하(淸水河) 서마청묘(西麻靑墓)와 미지장평묘(米脂張坪墓)에서 출토된 대구가 바로 이러한 신식 기물이 북방장성지대로 전파된 이른 시기의 유물로 판단된다. 이러한 신식 기물이 장성 지대 동부에 전파된 시기는 춘추시대 말기로 추정된다. 청동 학취서[부(斧), 추(錘)]는 영하(寧夏)와 오르도스 지역에서는 혼하게 나타나고 있으나, 모경구(毛慶溝)에서는 철제만 발견될 뿐이며, 하북(河北) 북부의 군도산(軍都山)유형 문화 유적에는 나타나지 않는다. 이것은 후기 북방계 청동기의 대표적 기물이 서쪽에서 동쪽으로 전파되었음을 시사해주고 있다.[187]

 중국 북방 장성 지대에 대한 몽골고원의 영향은 단지 평화적인 교역이나 왕래를 통해 전파된 것만은 아니다. 오랜 기간에 걸쳐, 빈번한 침입과 전쟁 및 인구 노획 등의 과정을 거치면서 문화 전파가 발생하게 되었던 것이다. 필자는 상대 이후 상문화의 분포 범위가 남쪽으로 이동하고, 북방 토착 문화가 보편적으로 쇠퇴하게 되는 현상에 대해, 몽골고원 유목민의 대거 남하와 연관이 있을 것으로 추측한바 있다. 하지만 지금 다시 돌이켜보면, 그러한 결론은 당

---

186) 林澐, 「中國東北和北亞草原早期文化交流的一些現象」, 『博物館紀要』 12(韓國), 檀國大學校中央博物館, 1997.
187) 楊建華, 「春秋戰國時期中國北方文化帶的形成」, 吉林大學博士學位論文, 2001.

시 몽골고원 원주민들이 유목업에 종사했는지 여부, 인구수와 전쟁 수행 능력에 대한 평가, 그리고 지금으로부터 4천 년 전의 생태 환경에 대한 파악 등 문제에 대한 자세한 이해가 전제되지 않은 단순한 억측에 불과했다. 또한 그러한 결론은 앞의 제4절 부분에서 언급한 최근 20여 년 동안 축적된 고고학상의 새로운 발견과도 배치된다. 다만, 지금으로부터 4천 년 전의 기후가 보편적으로 건조하고 추워지게 되면서, 몽골고원 주민들은 생존에 적합한 새로운 주거지를 찾아 남하했을 것이고, 남쪽 지역의 원주민과의 충돌이 잦았을 것이라는 가설에는 큰 문제가 없다고 본다.

서주 말기 험윤(玁狁)의 침입에 관한 내용은 『시경(詩經)』의 채미(采薇), 출차(出車), 六月이나, 다우정(多友鼎), 괵계자백반(虢季子白盤) 등의 명문(銘文)에서 확인되고 있다. 관련 지역으로는 대개 섬서, 영하(寧夏) 내지는 산서 일대, 심지어는 도읍인 호경(鎬京) 지역에까지 침입한 경우도 있다. 다우정 명문에 따르면, 한 차례 전투를 통해 험윤이 전차 117승을 노획했음에도 불구하고, 험윤은 지속적으로 주나라를 침입해왔으며, 심지어 도읍의 백성을 포로로 잡아갔다고 한다. 이로 미루어, 당시 험윤의 전차 기술이 아주 발달해 있었음을 짐작할 수 있다. 전차부대를 주력으로 하는 이 강력한 전투 집단을 당시 오르도스 지역의 토착 세력으로 보기는 어려우며, 몽골고원으로부터 원정 온 군사집단일 가능성이 많다. 따라서 이들은 그 규모가 방대했을 뿐만 아니라, 자취를 남기지 않고 사라질 수 있었던 것이다.

현재 확실한 것은, 몽골고원의 북아시아 몽골인종 유목민이 전국시대에 이르러 이미 중국 북방 장성 지대에 진출해 있었다는 점이다. 이 시기, 그들은 이미 전차 대신 강력한 기병을 주요 전투 병력으로 삼고 있었다. 이것은 당시 이들 집단과 인접해 있었던 부족이나 국가들의 군사 개혁을 야기했다. 조무령왕(趙武靈王)이 '호복기사(胡服騎射)'를 제창하며 대규모 기병 작전 전략을 구사하게 되었다. 이것은 사실상 상대 후기 전차의 채용과 마찬가지로, 몽골고원에서 형성된 군사기술에 대한 중원 국가의 모방 내지는 대응책이라 할 수 있다. 이러한 새로운 전투 기술의 수용과 발전은 북방 세력과의 전쟁을 통해 농경지를 북쪽으로 확장하는데 큰 역할을 했다. 뿐만 아니라, 중원 지역 제후국들 사이의 혼전을 마무리 짓고 통일된 국가를 형성하는데 중요한 작용을 하게 된다.

한 가지 부연하자면, 과거에 적지 않은 연구자들은 『관자(管子)』「소광편(小匡篇)」에 수록되어 있는, 이른바 제환공(齊桓公)이 "진공(晉公)을 구하고, 적왕(狄王)을 사로잡았으며, 호맥(胡貉)을 패배시키고, 도하(屠何)를 쳐부수니, 비로소 말을 탄 도적이 처음으로 복종했다.[188]"라는 구절을 근거로, 춘추시대 북방 장성 지대에 이미 기병 전투기술이 존재했다고 보고 있다. 그러나 사실상「소광편」의 내용은 제환공의 무공을 과대 포장한 연의(演義)나 소설에 지나지 않는다. 예를 들면, 제환공이 정벌하여 "남쪽으로……장가(牂柯)에 이르렀다."고 한 부분을 놓고 보더라도, 이것은 한무제(漢武帝)가 당몽(唐蒙)을 사신으로 남월(南越)에 보내면서부터 알려진 지역으로, 기술자가 한대(漢代) 이후 사람임을 말해준다. 따라서 제환공이 진공을 구출했다는 내용은 허구에 불과하다. 한대 이후부터 호(胡)와 융적(戎狄)을 동일시하게 된다.「소광편」의 내용은 이러한 관점을 토대로 구성한 이야기에 지나지 않으며, 이를 진실한 역사 사실로 보기는 어렵다.

7. 유목문화지대의 형성

북아시아 지역의 몽골인들이 장성 지대로 남하할 무렵, 황토고원의 육반산(六盤山) 동쪽 지역에서 하북 북부의 상간하(桑幹河) 유역에 이르는 지역의 문화적 양상은 사실상 상당부분 일치하고 있었다. 이미 발굴이 이루어진 대표적 유적들로는 영하(寧夏)의 고원(固原) 양랑마장(楊郞馬莊),[189] 팽보(彭堡) 우가장(于家莊),[190] 감숙의 영현(寧縣) 원가촌(袁家村),[191] 내몽골(內蒙古)의 포두(包頭)

---
188) 救晉公, 禽狄王, 敗胡貉, 破屠何, 而騎寇始服
189) 寧夏文物考古硏究所,「寧夏固原楊郞靑銅文化墓地」,『考古學報』1993年 1期.

서원(西園),192) 항금기(杭錦旗) 도홍파랍(桃紅巴拉),193) 오랍특중후기(烏拉特中後旗) 호로사태(呼魯斯太),194) 양성(凉城) 모경구(毛慶溝),195) 양성 곽현요자(崞縣窯子),196) 하북(河北)의 선화(宣化) 소백양(小白陽),197) 북경(北京)의 연경(延慶) 군도산(軍都山)198) 등이 있다.

  이들 유적의 연대는 대개 춘추시대 중기에서 전국시대 전기로 추정되고 있다. 이들 유적에서 동일하게 나타나고 있는 문화적 특징들로는 앞에서 언급한 후기 북방계 청동기와 철기 일부 외에, 다음과 같은 세 가지 공통점을 가지고 있다. 첫째, 무덤에 짐승의 머리와 발굽을 함께 부장한다. 이것은 목축업을 중요시하는 문화 전통에서 비롯된 것으로 추정된다. 둘째, 부장품에 골제(骨制) 활고자(弓弭)와 동족(銅鏃), 골족(骨鏃) 등이 있다. 이것은 당시 이 무기가 중요한 의미를 지니고 있었음을 시사해준다. 셋째, 거마기(車馬器)가 많이 나타나지 않는데 비해, 동제 혹은 골제 재갈(馬銜, 馬鑣)이 많이 발견되고 있다. 이것은 기마술의 발달을 나타내주고 있다.

  북아시아 몽골인종의 특징이 나타나는 두개골이 팽보(彭堡) 우가장(于家莊)과 양성 곽현요자(崞縣窯子) 유적에서 발견되었다. 이 두 고분의 피장자 유골은 여타 고분 피장자의 것과 달리 나타나고 있다. 뿐만 아니라, 부장품에 있어서도, 골기가 발달돼 있고, 청동기가 비교적 적은 특징을 띠고 있다. 포두(包頭) 서원(西園) 유적의 경우, 비록 두개골에 대한 정밀 감정이 아직 이루어지지 않았으나, 그 부장품 대부분이 골기이며, 활을 제외한 기타 무기류가 발견되지 않는 등 장의풍속이 곽현요자 고분과 유사하게 나타나고 있으며, 후대의 흉노

---

190) 寧夏文物考古硏究所,「寧夏彭堡于家莊墓地」,『考古學報』1995年 1期.
191) 劉得禎 等,「甘肅慶陽春秋戰國墓葬的淸理」,『考古』1988年 5期.
192) 內蒙古文物考古硏究所等,「包頭西園春秋墓地」,『內蒙古文物考古』1991年 1期.
193) 田廣金,「桃紅巴拉的匈奴墓」,『考古學報』1976年 2期.
194) 塔拉等「呼魯斯太匈奴墓」,『文物』1980年 7期.
195) 內蒙古文物工作隊,「毛慶溝墓地」,『鄂爾多斯式靑銅器』, 文物出版社, 1986.
196) 內蒙古文物考古硏究所,「涼城縣崞縣窯子墓地」,『考古學報』1989年 1期.
197) 張家口文管所等,「河北宣化縣小白陽墓地發掘報告」,『文物』1987年 5期.
198) A. 北京市文物硏究所,「北京延慶軍都山崧山戎部落墓地發掘紀略」,『文物』1989年 8期;
    B. 靳楓毅,「軍都山山戎文化墓地葬制與主要器物特征」,『遼海文物學刊』1991年 1期.

의 풍속과도 닮아 있다. 그러므로 이것은 남하한 북아시아 몽골인종이 남긴 묘장(墓葬)일 가능성이 많다. 북아시아 몽골인종의 유골이 북방 장성 지대에서 발견된다는 점은 전국시대 문헌에 '호(胡)'라는 표현이 등장하기 시작한다는 점과 맞물려 있다. 예를 들면, 『전국책(戰國策)』「조책(趙策)」2 무령왕평주한거(武靈王平晝閑居)에서 전국시대 초기, "조양자(趙襄子)가 대(代)를 병합하면서, 호(胡)와 변경을 접하게 되었다.199)"라고 했고, 『묵자(墨子)』의 비공중편(非攻中篇)과 겸애중편(兼愛中篇)에서 모두 "연(燕), 대(代), 호(胡), 맥(貊)"을 병기하고 있다. 여기서 '호'와 그 이전 시기부터 존재해온 '융', '대'를 함께 기록했다는 점은, 당시 '융적'과 '호'를 별개의 존재로 인식하고 있었음을 말해준다.

남하한 몽골인종은 유목민이었음이 확실한데, 당시 북방 장성 지대의 원주민 역시 유목화되었는가에 대한 여부는 진일보한 연구가 이루어져야 밝혀낼수 있을 것이다. 흉노 유목경제에 관한 왕명가(王明珂)의 연구에 따르면, 흉노의 목축업은 말, 소, 양을 중심으로 구성되었는데, 양이 차지하는 비중이 가장 컸다고 한다. 이것은 양의 번식력과 환경 적응능력이 뛰어나기 때문이며, 그런 이유에서 발달된 유목사회에서 양이 차지하는 비중이 가장 높게 나타난다고 한다. 말은 기동성이 뛰어난 짐승로, 소나 양과 충돌할 염려가 없이, 멀리 떨어져 있는 지역에서 방목 가능하다. 또한 말을 이용한 방목 기술은 넓은 범위의 소떼와 양떼를 제어할 수 있게 한다. 소는 강한 체력을 갖고 있으므로, 대규모 장거리 이동시에 주요 견인력으로 사용된다. 따라서 말, 소, 양은 유목경제에 있어서 서로 보완작용을 하는 중요한 요소라고 한다.200) 양건화(楊建華)는 이를 근거로 하북 북부의 군도산(軍都山)유형 유적의 경우에 개와 소 위주이고, 양은 지극히 드물다고 한다. 뿐만 아니라, 하북 북부의 동부 지역에서는 아예 양이 나타나지 않고 있으며, 말 역시 많지 않으며, 단지 대형무덤에 집중되어 나타난다고 있으므로 목축경제가 발달되었다고 보기 어렵다고 한다. 그

---

199) 襄主兼戎取代以攘諸胡
200) 王明珂,「匈奴의 遊牧經濟, 兼論遊牧經濟與遊牧社會政治組織的關系」,『歷史語言硏究所集刊』第64本, 第1分, 1993.

리고 그나마 있는 말도 거마(車馬)일 가능성이 많다. 또한 소는 기동성이 떨어지며, 돼지 역시 방목하기에는 기동성에서 뒤쳐진다고 한다. 그러므로 대해(岱海) 지역에서 소의 증가와 일부 돼지의 존재는 해당 사회의 목축업에 이동성이 비교적 적었음을 시사해주며, 그에 비해 내몽골 서부와 감숙 영하 지역의 경우 유목 수준이 상당히 발달돼 있었다고 보았다.[201] 이러한 주장은 대체적으로 정확하다고 할 수 있다. 경양(慶陽) 지역은 당시 북방 장성 지대에서 유일하게 짐승의 머리를 껴묻지 않는 지역인데, 경제 유형상의 특수성을 반영해준다. 단, 묘장 옆에 말을 순장한 순마갱(殉馬坑)이 있으며, 마갑(馬甲)이 함께 나타나고 있는데, 전쟁 용도로서의 말의 중요성을 시사해주고 있다.

문헌고증을 통해, 당시 영하(寧夏) 고원(固原) 지역의 묘장은 오씨(烏氏) 유적임을 알 수 있다.[202] 팽보 우가장(于家莊)에서 발견된 두개골 자료로 미루어 보아, 이 부족 구성원 전체가 북방에서 이주한 북아시아 몽골인종이었던 것 같다. 물론 구성원의 일부만 북아시아 몽골인종이었을 가능성도 배제할 수 없다. 하지만 아직 확단하기 어려우며, 더 많은 발굴조사를 거쳐야만 해명할 수 있을 것이다. 『사기(史記)』 「화식열전(貨殖列傳)」에 대해, 『집해(集解)』의 주석에서 『괄지지(括地志)』의 기록을 인용하여 이르기를 오씨(烏氏)는 "주(周)나라의 옛 땅이었으나, 후에 융(戎)이 침입하였다. 진혜왕(秦惠王, 서기전 337~311)이 (다시) 취해 오씨현(烏氏縣)을 설치했다.[203]"고 한다. 이 기록은 단지 영역에 관한 언급일 뿐이지, 해당 지역의 인구 집단에 관한 내용은 아니다. 『사기』 기록에 따르면, 진(秦)나라 소양왕(昭襄王)35년(서기전 272)에 전국시대 진장성(秦長城)을 축조했다고 한다. 마침 이 유형 고분의 분포 지역의 중간을 관통하고 있다는점이 흥미롭다. 이것은 진혜왕 시기에 설치했다고 하는 오씨현은 오씨 부족의 한 갈래에 지나지 않음을 시사해준다. 진시황(秦始皇) 시기, 장성을 북쪽으로 옮겨 쌓게 되면서, 고원(固原) 전역이 북지군(北地郡)에 소속하게 된다.

---

201) 楊建華, 「春秋戰國時期中國北方文化帶的形成」
202) A. 羅豐, 「固原靑銅文化初論」, 『考古』 1990年 8期;
　　B. 林澐, 「關于中國的對匈奴族源的考古學研究」, 『內蒙古文物考古』 1993年 1·2合期.
203) 周之故地, 後入戎, 秦惠王取之置烏氏縣也

장성에 의해 격리되었기 때문에, 오씨가 흉노연맹에 참여했을 가능성이 없다. 또한 『사기』「화식열전」에서 진시황 시기 오씨부족에 '라(倮)'로 불린 지도자가 있어, 융왕(戎王)과 거래에 능했다고 전하고 있다. "가축이 많아 산의 계곡의 수로 말과 소의 수를 헤아렸다.[204]"라고 할 만큼 지속적으로 발달된 목축경제를 유지하고 있었던 것 같다. 다만, 이것은 장거리를 이동하며 방목하는 방식의 유목경제와는 다른 성격이 경제방식으로 봐야 할 것이다.

감숙 경양(慶陽) 지역에서 발견된 비슷한 시기의 고분은 의거(義渠)의 유적으로 판단된다.[205] 『사기(史記)』「흉노열전」에서 이르기를 서융(西戎)의 "의거(義渠) 무리 중, 대려(大荔)가 가장 강한데, 수십 곳에 성(城)을 쌓고 각자 왕을 칭했다.[206]"고 한다. 이로 미루어, 이들 집단은 축성과 정착생활에 익숙했으며, 농경에도 종사하고 있어, 유목경제에 크게 의존하지 않았음을 짐작할 수 있다. 의거는 진(秦)의 소양왕 35년에 진나라에 의해 멸망하여 점차 진나라 인구에 융합되었다.

하북(河北) 북부의 대국(代國)은 조양자(趙襄子) 원년(서기전 457)에 조나라에 의해 멸망되었다. 그 잔여 세력 중의 일부는 원래 거주지에 남아 점차 점령자의 문화에 동화되었다. 예를 들면, 회래(懷來) 북신보(北辛堡)에서 발견된 고분이 바로 전국시대 중기 연문화의 영향을 받은 토착인의 무덤인 것으로 판단된다.[207] 또 다른 일부는 동북 지역으로 이동하였을 것으로 추정된다. 예를 들면 요녕(遼寧) 능원(凌源)의 오도하자묘(五道河子墓)에서 군도산(軍都山) 유형 단검이 대량 출토되었다. 이것은 동쪽으로 진출한 적인(狄人)이 맥인(貊人) 문화에 융합되었음을 시사해준다. 그 외에 핵심 세력의 한 갈래는 남쪽으로 이동하여 중산국(中山國)을 건국하게 된다.[208] 그 뒤에 조나라가 수차례 침입을 시도하다가, 서기 전 296년에 이르러 제와 연과 연합하여 중산국을 멸하고 그 왕을

---

204) 畜至用谷量馬牛
205) A. 羅豊, 「固原靑銅文化初論」, 『考古』 1990年 8期;
   B. 林澐, 「關于中國的對匈奴族源的考古學硏究」, 『內蒙古文物考古』 1993年 1 2合期.
206) 義渠, 大荔最强, 築城數十, 皆自稱王
207) 河北省文化局文物工作隊, 「河北懷來北辛堡戰國墓」, 『考古』 1966年 5期.
208) 鄭紹宗, 「略談戰國時期中山國的疆域問題」, 『遼海文物學刊』 1992年 2期.

부시(膚施)로 옮기게 된다. 대국(代國)이 건국될 무렵에, 적인(狄人)의 지배층은 이미 조, 연 등 나라의 영향을 받아 중원식 청동예기를 부장품으로 사용했고, 도폐(刀幣)[첨수도(尖首刀)]를 주조하여 사용하기도 했다.[209] 이들 원주민은 후대에 이르러 자연스럽게 연나라와 조나라의 문화에 동화되어갔다.

산서(山西) 북부에서도 군도산 유형 특징이 나타나는 유적이 발견되고 있으나, 아직 대규모 발굴조사가 진행되고 있지 않아, 지속적인 필드 조사를 요한다.[210] 북방 장성 지대의 동쪽 지역에서는 하가점상층문화가 사라지고, 전국시대 연문화가 새롭게 진출하기 이전, 노노아호산(努魯兒虎山) 이서 지역은 문화공백기로 나타난다. 2002년까지 출토된 일부 단서들로 미루어, 오한기(敖漢旗) 수천묘지(水泉墓地) 북쪽 구역의 고분을 대표로 하는 '수천문화(水泉文化)'에 더 많은 지속적인 발견이 있을 것으로 기대된다. 곽치중(郭治中)의 연구에 따르면, 이 문화의 대표적 유물인 대이첩진관(帶耳疊唇罐)은 능하문화(凌河文化)의 첩진관(疊唇罐)과 장성 지대 중부 지역에서 유행한 대이도기(帶耳陶器)가 결합된 형태라고 한다.[211] 그 경제유형은 하가점상층문화와 유사했을 것으로 추정되는데, 발달 정도가 그에 훨씬 미치지 못했던 것 같다. 그 외에 오한기(敖漢旗) 철장구묘지(鐵匠溝墓地) A구역의 3기 고분[212]을 대표로 하는 북방초원 지역의 수렵문화색을 짙게 간직한 집단의 정체가 바로 동호일 가능성도 있으나, 아직 확단하기는 어렵다. 더 많은 고고학상의 발견이 뒷받침되어야 할 것이다.

전국시대에 이르러, 연문화(燕文化)는 빠른 속도로 동북 지역으로 확장되었다. 『사기』「흉노열전」에는 진개(秦開)가 동호를 격파했다고만 기술되어 있을 뿐이며, 그 구체적인 연대에 대한 언급은 없다. 동주시기, 연식(燕式) 고분의 편년에 관한 정군뢰(鄭君雷)의 연구에[213] 따르면, 전국시대 중기에 이르러 전형적

---

209) 林澐, 「從張家口白廟墓地出土的尖首刀談起」, 『中國錢幣論文集』, 中國金融出版社, 2002.
210) A. 山西省考古研究所, 「山西渾源縣李峪村東周墓」, 『考古』1983年 8期;
   B. 山西忻州地區文物管理處, 「原平縣劉莊塔崗梁東周墓」, 『文物』1986年 11期;
   C. 忻州地區文物管理處 等, 「山西原平劉莊塔崗梁東周墓第二次清理簡報」, 『文物季刊』1998年 1期.
211) 郭治中, 「水泉墓地及相關問題之探索」, 『中國考古學跨世紀的回顧與前瞻』, 科學出版社, 2000.
212) 邵國田, 「敖漢旗鐵匠溝戰國墓地調查簡報」, 『內蒙古考古與文物』1992年 1 2期合刊.

인 연식 고분이 이미 장가구(張家口),[214] 조양(朝陽)[215]과 적봉(赤峰)[216] 및 가장 북쪽으로 심양(沈陽) 지역[217]에서 나타나고 있다고 한다.

이것은 당시 연나라가 앞선 시기 대국(代國)의 동부 지역을 차지하고 있었을 뿐만 아니라, 맥인(貊人)의 지역과 노노아호산의 서쪽 지역의 동호가 침입했던 지역까지 점령하고 있었음을 시사해준다. 그 뒤, 연나라의 농경 정착문화가 연장성(燕長城)의 동쪽 넓은 지역에까지 미치게 된다. 당시 기후가 이미 건조하고 한랭해졌다고는 하지만, 발달된 철제농기구의 보급은 이 지역의 농경 수준을 하가점하층문화보다 더 발달되게 하였다.

지금의 내몽골 중남부의 곽현요자, 모경구, 도홍파랍(桃紅巴拉), 호로사태(呼魯斯太), 서원(西園) 등 지역의 고분 유적은 아마도 문헌 기록에 등장하는 림호(林胡), 누번(樓煩), 삼(三)[218] 호(胡)를 비롯해서, 여타 기록에 나타나지 않는 족속의 유적일 것이다. 그들 중, '호'가 붙여진 집단의 실체가 바로 북쪽에서 남하한 북아시아 몽골인종이었을 가능성이 많다. 그중, 모경구와 음우구(飮牛溝) 고분의[219] 상황이 흥미롭다. 우선, 동서향으로 안치된 무덤의 경우에, 가축의 머리나 발굽이 발견되고 않다. 두 부분으로 잘라 각각 머리와 발 부분에 매장한 중원식(中原式) 대구(帶鉤)를 제외하고는 여타 부장품이 없다. 그에 비해, 남북향으로 안치된 고분에서는 대부분 가축의 머리와 발굽이 발견되며, 각종 북방계 청동기와 기타 북방 장성 지대에서 유행한 기물이 함께 수습되고 있다. 이 두 유형 고분 피장자의 두개골 특징도 서로 달리 나타난다.[220] 동서향 고분의 피장자는 상대적으로 남방 지역의 이주자일 가능성을 시사해주고 있다. 만한산(蠻汗山) 남록(南麓)의 이들 두 종류의 고분 유적과 북록(北麓)의 곽현

---

213) 鄭君雷,「戰國時期燕墓陶器的初步研究」,『考古學報』2001年 3期.
214) 張家口市文管所 等,「張家口市下花園區發現的戰國墓」,『考古』1988年 12期.
215) 遼寧省文物普査訓練班,「1979年朝陽地區文物普査發掘的主要收獲」,『遼寧文物』, 1980年 第1期.
216) 張松柏,「赤峰市紅山區戰國墓清理簡報」,『內蒙古考古與文物』1996年 1·2期合刊.
217) 金殿士,「沈陽市南市區發現戰國墓」,『文物』1959年 4期.
218) 혹은 '참(參)'으로 쓰이기도 함
219) 內蒙古自治區文物工作隊,「涼城飮牛溝墓葬清理簡報」,『內蒙古文物考古』1984年 第3期.
220) 朱泓,「內蒙古涼城東周時期墓葬人骨研究」,『考古學集刊』7, 科學出版社, 1991.

요자(崞縣窯子) 고분 사이의 거리가 그다지 멀지 않다는 점, 및 곽현요자 고분의 두개골이 북아시아 몽골인종의 특징을 띠고 있다는 점으로 미루어, 당시 북방 장성 지대의 인구 집단의 다양성을 어느 정도 짐작해 볼 수 있다.

이 지역은 중원의 강력한 제후국들과 남하하던 호인(胡人) 사이의 충돌이 잦았던 지역임에 유념할 필요가 있다. 이러한 시대 상황 속에서, 북방 장성 지대의 원주민들은 앞에서 살펴본 다른 지역의 경우처럼 전국시대 열강들에 의해 정복 및 융합되었던 것이 아니다. 오히려 흉노연맹에 가담하여 흉노로서의 정체성을 부여받게 된다. 역사 기록에 나타나는 누번(樓煩)이 바로 그러한 경우라 하겠다. 하투(河套) 지역을 활동 중심으로 삼아온 누번은 애초부터 흉노의 족속이었던 것은 아니다. 전국시대의 조나라 장성과 진대(秦代)에 축조한 장성은 그들의 활동 지역을 장성 이남 지역으로 한정하는 결과를 가져오게 되었다. 또한 하투 이북 지역에도 군현을 설치하고, 농경식민 조치를 취하게 된다. 결과 장성 이남 지역은 사실상 농경과 유목경제가 교착하여 혼재하는 지역으로 변모된다.

하지만 초(楚)나라와 한(漢)나라가 전쟁을 전개하고 있을 무렵, 진나라 장성이 그 기능을 상실하게 되었다. 따라서 『사기』 「흉노열전」에 나오는 것처럼, 흉노가 "남쪽으로 누번백양하남왕(樓煩白羊河南王)을 병합"하게 되었던 것이다. 『사기』 「유경숙손통렬전(劉敬叔孫通列傳)」 기록에 따르면, 서기 전 198년 "유경(劉敬)이 흉노로부터 돌아왔는데, 흉노의 하남백양누번왕(河南白羊樓煩王)의 지역이 장안(長安)에서 불과 7백리에 불과하므로, 가벼운 말을 타고 하루 밤낮을 달려 곧 진중(秦中)에 이르렀다[221]"고 한다. 즉 이 기록에서 이미 누번을 '흉노'로 칭하고 있었던 것이다. 1979년에 준격이기(准格爾旗) 서구(西溝) 지역 발굴에서 발견된 M3, M2 유적[222] 및 1980년에 발견된 M4유적[223]이 마침 전국시대 중기에서 말기에서 한대 전기 누번의 유적으로 판명되었다. 하지만

---

221) 劉敬從匈奴來, 因言匈奴河南白羊樓煩王去長安近者七百里, 輕騎一日一夜可以至秦中
222) 伊克昭盟文物工作站 等, 「西溝畔匈奴墓」, 『文物』 1980年 7期.
223) 伊克昭盟文物工作站 等, 「西溝畔漢代匈奴墓地調査記」, 『內蒙古考古文物』 創刊號, 1980.

진대(秦代)일 가능성도 무시할 수는 없다.

『사기』「흉노열전」에서 기록하기를, 서기 전 127년 위청(衛靑)이 "흉노의 누번백양왕(樓煩白羊王)을 하남(河南)의 땅에서 깨뜨리고, 포로, 수급 수천과 소와 양 백여만 두를 얻었다. 그리하여 한나라에서 곧 하남의 땅을 취하게 되었다.224)"고 한다. 따라서 패배한 누번의 전여는 아마도 북쪽으로 이동하여 흉노의 여타 부족과 회합하였을 것이다. 북방 장성 지대 원주민 세력의 흉노연맹 가담은 결국 후대에 이르러 흉노가 남과 북으로 갈라지게 되는 중요한 내재적 계기이기도 하다.

이상의 내용을 종합해보자면, 전국시대 중기 이후부터 중원의 여러 제후국들이 꾸준히 북방 장성 지대로 세력을 확장하기 시작했다. 또한 몽골고원의 몽골인종집단이 대거 남하하면서, 이 지역 원주민들은 제후국에 동화되거나, 혹은 '호'로 편입되었던 것이다. 따라서 이 시기는 북방 장성 지대 원주민들에게 있어서 대 변혁과 분화의 시대였다고 할 수 있다. 전국시대 초기, 이 지역은 비록 문화적으로 상당히 일치하는 면이 있었다고는 하나, 경제적으로 전면적인 유목화가 이루어지지 않고 있었다. 남하한 유목민들도 이 지역으로 진출하여서는 오히려 특정 정착지를 중심으로 한, 반(半)정착 유목 방식을 취하게 된다. 곽현요자(崞縣窯子) 유적이 바로 그러한 상황을 잘 입증해주고 있다. 이 고분 묘주의 두개골에서 북아시아인종의 특징이 나타나고 있다. 뿐만 아니라, 부장된 제비꼬리 모양(燕尾式) 골제 화살촉(骨鏃) 역시 북방 장성 지대에서 찾아보기 어려운 것이다. 이것은 묘주가 외부로부터 이주한 세력임을 시사해준다. 훼손이 심한 고분을 제외하고, 대부분 고분에서 모두 짐승을 껴묻은 흔적이 발견되고 있으며, 양을 순장한 경우가 가장 많은데, 염소와 면양(綿羊)이 반반씩 차지한다. 이것은 발달된 유목경제의 전형적인 가축 양상을 잘 드러내주고 있다. 하지만, 여성이 묻힌 M8고분의 경우, 소 한 마리, 돼지 다섯 마리, 개 다섯 마리가 확인되고 있다. M19고분의 경우, 소 한 마리, 돼지 열 마리, 개 여

---

224) 擊胡之樓煩白羊王于河南, 得胡首虜數千, 牛羊百余萬. 于是漢遂取河南地

섯 마리가 순장된 것으로 나타난다. 그 외에도 여성이 묻힌 2기 고분에서 소뼈가 발견되고 있다. 이것은 소나 돼지와 같이 기동성이 떨어지는 가축은 상대적으로 고정된 장소에서 여성이 사육했기 때문일 것으로 추정된다. 돼지도 역시 한정된 범위 내에서 방목했을 것이다. 이것을 전형적인 유목경제라 하기는 어렵다.

이러한 대 변혁과 분화를 거치면서, 장성 지대는 전체적으로 한걸음 더 북쪽으로 이동한다. 그로써 장성 외곽 지역을 중심으로 문화적으로 통일된 순수 유목문화지대가 형성되어 나갔던 것이다. 또한 그와 함께 유목민들은 장성 이남 지역을 주기적으로 반복하여 침입하는 발생하게 되었다. 이것으로 북방 장성 지대는 새로운 역사시대에 진입하게 된다.

(《文化差異與通則: 紀念張光直先生學術研討會》학술회의 발표문, 2002; 『燕京學報』新14期, 2003, 수록)

3장
북방 대초원의 고대문화

임운교수는 북방지역 고대문화에 많은 관심을 갖고 있었다. 그렇기 때문에 장성남북의 고대문화를 객관적으로 비교하면서 연구할 수 있었던 것이다. 그가 이름 지은 '북장대초원' 지대의 문화는 전체 유목지역 문화를 이해하는데 매우 중요한 열쇠가 될 것으로 본다, 이런 관점에서 몇 논문을 선정하였다.

1) 융적(戎狄)과 호(胡)의 실체에 대한 논의
2) 흉노족(匈奴族) 기원에 관한 중국 고고학계의 연구
3) 유라시아 초원지대 굽은짐승무늬(卷曲動物紋)에 관한 논의

융적(戎狄)과 호(胡)의 실체에 대한 논의

선진(先秦)시기(서기전 770년~서기전 221년)의 융적(戎狄)은 역사적으로 중요한 역할을 해왔다. 『시경(詩經)』「장발(長髮)」에는 "유융씨의 딸을 맞아 오니, 천제께서 자식을 점지하여 상(商)나라 조상을 낳게 하셨네."[1]라는 구절이 있다. 이것은 상나라 사람들이 제천의례에서 유융씨의 딸 간적(簡狄)이 시조 계(契)을 낳았다는 시조신화를 음악으로 재연한 것이다. 혹자는 이것이 상나라 조상이 융족의 여성으로부터 태어났음을 의미하는 것이라고 해석한다.

역사 기록에 따르면, 주(周)나라 조상 중에서, 불줄(不窋)에서 고공단보(古公亶父)까지 13세대에 걸쳐 "융적 무리 속"에서 살았다고 한다. 그 이후 기산(岐山) 자락(岐下)으로 이주하면서 융적에서 갈라져 나왔다. 그리고 그들과의 투쟁을 통해 주도권을 확보하고, 점차 문명화되어 결국 주나라를 건국하게 된다. 서주(서기전 104년~서기전 771년)가 강성해질 무렵에 이르러서도, 융적은 지속적으로 활약하고 있었다. 그리고 서주 말기에 이르렀을 때, "주나라 왕실이 몰락하고, 융적이 번성할 것"[2]이라는 예언도 나왔다. 후대에 이르러 결국, 신후(申侯)가 서융(西戎)과 연합하여 풍호(豊鎬)를 공격하여, 주(周)의 유왕(幽王)이 살해되자, 평왕(平王)은 융을 피해여 동쪽으로 천도하기에 이르렀다.

가장 이른 시기에 기술하였으면서 현재까지 전해지는 편년체 사서는 『춘추

---

1) 有娀方將, 帝立子生商
2) 『국어(國語)』정어(鄭語)

(春秋)』이다. 이 『춘추(春秋)』의 앞부분에는 융적이 중원의 여러 제후국들을 침공한 기사가 빈번하게 등장한다. 『좌전(左傳)』의 내용을 숙지하고 있었던 서한(西漢)시기(서기전 206년~서기 8) 학자인 유흠(劉歆)은 이에 대해서 "주 유왕 이후, 남이(南夷)와 북이(北夷)가 번갈아 침공해오면서, 중국은 위기에 빠져들게 된다."고 했다. 당시 화하의 여러 제후국들에 대한 '북이(北夷)' 즉 융적의 위협은 '남이' 즉 형만(荊蠻)보다 컸다. 공자(孔子)는 "관중(管仲)이 아니면 나는 이미 머리를 풀고 옷깃을 왼쪽으로 여미었을 것이다."라고 했다. 춘추시대, 제환공(齊桓公)이 처음으로 제후국의 패권을 잡았는데, 이는 여러 제후국들을 연합하여 융적에 대항하기 위한 측면도 있다. 춘추시대(서기전 770년~서기전 403년) 후기에, 진(秦)나라는 원래는 "융적의 족속에 의해 둘러싸여"3) 그들과의 "관계를 원활히 하는데 여념이 없었던"4) 나라였다. 다시 말하면 원래 진(秦)나라는 진(晉)나라와 서융(西戎)의 땅에서 기원하였고, 진(秦)나라가 융적의 영역을 잠식하면서 점차 북방지역의 대국으로 발돋움하기 시작했다. 융적 중에서 스스로의 역량으로 고대 국가를 세운 민족은 전국시대(서기전 403년~서기전 221년)에 이르러서도 일부 존재하고 있었다.

하지만 선진(先秦)시기에 중요한 위치에 있었던 융적에 대한 문헌기록은 매우 적다. 따라서 그들이 과연 어떤 집단이었는지에 대해서는 다양한 견해만 난무하고 있을 뿐이고, 아직까지 자세히 밝혀진 바가 없다. 그러다가 한대(漢代)에 이르러 사마천이 『사기(史記)』에 전국시대의 융적과 그 앞선 시기의 융적을 모두 「흉노열전(匈奴列傳)」에 수록하였다. 이에 비해서 『후한서(後漢書)』에서는 선진시기의 여러 융(戎)을 모두 「서강전(西羌傳)」에 편입시켰다. 이들 두 견해는 융적에 대한 대표적인 인식이라고 할 수 있다.

이에 대해서 근대 사학자들의 견해는 둘로 나뉜다. 하나는 융적과 전국시대 이후의 여러 호(胡)[흉노(匈奴), 동호(東胡) 등]를 하나의 실체로 이해한 부류가 있다. 다른 하나는 서융(西戎)을 후대 저강(氐羌)의 전신(前身)으로 보고, 나

---

3) 『국어(國語)』「진어(晉語)」2
4) 『좌전』 소공(昭公)15年

머지 융적은 여러 호의 전신으로 보았던 것이다. 지면의 제한으로 그 외의 다양한 구분법과 견해에 대해서는 일일이 열거하지 않겠다. 그러나 다양한 융적과 여러 호(胡)의 실체에 대한 혼돈은 사실 역사적 오해에서 비롯된 것이므로 이제는 새롭게 바로잡을 필요가 있다.

선진시기 문헌기록에 수록된 융적은 한대(漢代)에 이르러 거의 다 소멸되고 없었다. 따라서 한대의 학자들은 그들의 실체를 한대에 실제로 존재했던 흉노, 오환(烏桓), 선비(鮮卑)의 민족의 조상으로 이해했던 것이다. 왜냐하면 양자의 활동영역이 겹치는 부분이 있는데다가, 전국시대 이후에 북방의 호는 모두 유목민이었고, 선진시기의 융적 역시 유목 종족이었을 것이라는 인식이 바탕에 깔려 있었기 때문이다. 사마천은 『사기』「흉노열전」의 첫머리에서 다음과 같이 기술했다. "요·순(堯·舜)시기[당우(唐虞)] 이전에 산융(山戎), 험윤(獫狁), 훈육(葷粥)이 북쪽 오랑캐의 땅에서 살면서, 가축을 따라 이동했다.……물과 풀을 따라 옮겨 다니므로 성곽이나 밭이 없다.……역사(力士)들은 활을 잘 다루며, 모두 기마술이 뛰어나다. 그들의 풍속은 넉넉하면 가축을 키우거나 수렵으로 생업을 이어가지만, 급하면 전투를 익혀 노략질을 일삼으니, 이는 타고난 성격이다."라고 하였다. 이「흉노열전」의 기술은 사실상 북방유목민족 전반을 아우르는 내용이라 할 수 있다.

북아시아 대초원지역에 전문적으로 목축업에 종사한 인구집단이 언제부터 등장하기 시작했는지에 대해서는 아직 정확히 밝혀진 바가 없다. 이에 대한 지속적인 연구가 필요하며, 이것은 중요한 과제이기도 하다. 하지만 중국 장성 안팎의 화북(華北)지역만을 고고학 자료를 근거로 추론해 보면, 고대로부터 이 지역은 유목민족이 존재하지 않았을 것으로 판단할 수 있다. 왜냐하면 중국 북방지역 신석기시대의 자연환경과 현재와는 매우 큰 차이가 있다. 최근 발표된 연구논문에 따르면, 선사시대 화북지역의 연평균기온은 지금보다 2~3°C가량 높았으며, 1월 평균기온은 현재보다 3~5°C나 높았다고 한다. 연평균강우량은 지금보다 200mm 많았다. 그리고 아열대의 북쪽경계선은 지금의 위하(渭河)—분하(汾河)—상건하(桑乾河)—영정하(永定河)—해하(海河) 일대에 걸쳐 형성돼 있었다.

　1990년에 진행된 영하(寧夏) 호로하(葫蘆河)유역에 대한 고고 지리학 조사에 따르면, 이 지역은 앙소문화기(仰韶文化期)에서 제가문화 전기(齊家文化 前期, 지금으로부터 5100~4200년 전)에 고온 다습한 자연환경이 안정적으로 지속되었다. 그리고 농업문화유적은 북위 36° 30′ 지역까지 분포되었다. 같은 시기, 내몽고(內蒙古) 중부지역의 농업문화유적은 포두—호화호특(包頭—呼和浩特) 일대에 분포한다. 또한 양성(涼城)의 노호산(老虎山)지역에서 지금으로부터 4000년 전에 축조된 것으로 추정되며, 규모는 380m×310m의 석축 산성이 발견되기도 했다. 대개 4200~4000년 전 호로하유역의 기온과 강우량이 갑작스럽게 내려가기도 했으나, 4000년 전에서 2100년 전에 이르는 동안, 기온과 강우량은 안정적으로 감소되었다. 전국시대에 이르러 농경지의 북방 한계는 북위 35° 14′ 지역으로 이전되었다. 내몽고 중부지역인 이금곽락기(伊金霍洛旗) 주개구(朱開溝)유적의 서로 다른 지층에서 나타난 식물 포자(孢粉)를 분석하였다. 그 결과, 지금으로부터 4000년 전에 그 지역은 삼림 초원지대였으며, 연강우량은 600mm 이상이었을 것이라고 한다. 또한 지금부터 4000~3800년 전 교목(喬木)이 감소하고, 관목(灌木) 초원으로 변모되었다고 한다. 3500년 전을 전후한 시기에 가뭄에 강한 초본식물(草本植物)인 쑥(蒿), 명아주(藜)의 수가 많아지기 시작했다. 목본식물(木本食物)은 내한성인 송삼(松杉)나무 위주로 변했으며, 전형적인 초원형태를 띠게 되었다고 한다. 이 시기 문화유적에서 목축업 비중이 증가되는 경향이 나타나고 있으나, 여전히 농경과 목축업을 겸한 정착 생활 방식을 유지하고 있었다. 상주(商周)교체기(서기전 100세기)에 섬서성(陝西省) 북부지대에 존재했던 '이가애문화(李家崖文化)'에서도 역시 성(城)과 주거지가 존재하는 정착문화이다.

　동북지역의 경우, 천진(天津)지역의 해류변천종합연구에 따르면, 기온 상승과 강유량 증가 및 빙하가 녹으면서 해수에 의한 침식이 발생하게 되는데, 지금으로부터 6천년 전의 해수면은 지금보다 3m이상 높았다고 한다. 내몽고(內蒙古) 소오달맹(昭烏達盟) 경내에는 당시, 농경에 종사하면서 정착생활을 해온 홍산문화 유적을 어렵지 않게 발견할 수 있다. 북쪽으로 철리목맹(哲里木盟)지역에 이르고 있다. 지금으로부터 4000년 전, 천진(天津)지역의 해수면이 현재의 높이와 비슷하게 내려갔는데, 차고 건조해진 기후로 인해서 해수 침식이 사라지게 되었다고 한다. 동북지역의 기후가 차고 건조해지는 과정에서도 북방지역에는 농경과 목축업을 겸한 정착민들이 지속적으로 존재하고 있었다. 하·상(夏·商) 과도기(서기전 16세기 무렵)에 소오달맹 지역에는 발달된 형태의 하가점하층문화(夏家店下層文化)가 확인되고 있고, 그 유적에서 대량의 성터가 발견되기도 했다. 서주(西周)에서 춘추시대를 전후한 시기와 하가점상층문화(夏家店上層文化) 유적에서는 돌을 쌓아 기초를 다진 주거지와 대형 곡물 비축용 움(窖)이 발견되었으며, 소, 양 외에 닭과 돼지 등 가축을 사육했던 것으로 나타난다. 여하튼, 신석기시대 중국 북방지역에 널리 분포되어 있었던 농경 정착민들은, 하대(夏代)부터 점차 날씨가 차고 건조해졌음에도 불구하고, 곧바로 유목민으로 전환되었던 것은 아닌 같다.

위에서 살펴본 자연환경 상황을 토대로 전국시대 이전 융적에 대해 살펴보면 다음과 같다. 우선, 그들을 직접적으로 "가축을 따라 이동한다."고 언급한 기록은 없다. 심지어 일부 문헌에서는 융적이 성에서 살았다고 전하고 있다. 예를 들면, 『국어(國語)』 진어1(晉語1)의 진헌공(晉獻公)이 적사(翟柤)를 정벌한 기사에는 "극숙호(郤叔虎)가 곧 성(城)에 오르고자 하니⋯⋯깃털 기발을 등에 지고 (성에) 먼저 올랐다."는 내용이 있다. 또한 진어(晉語)에는 "중행목자(中行穆子)가 군사를 거느리고 적(狄)의 정벌에 나서, 고국(鼓國)을 포위하자, 고인(鼓人)들이 성(城)을 바쳐 항복하고자 했다."는 기록이 있다. 『좌전(左傳)』 소공(昭公) 4년조에 진(晉)나라가 융만자(戎蠻子)을 꾀어 사로잡은 사건에 관한 기록에서 "구주지융(九州之戎)의 땅에 이르러, 땅을 나눠 만자(蠻子)에게 주어 성을 쌓도록 했다."라고 했다. 이는 '융(戎)' 역시 성을 쌓고 정착해 살고 있었던 것으로 볼 수 있다. 서진 문헌에는 융적의 경제방식에 관한 구체적인 언급이 없다. 다만 『좌전』 양공(襄公) 14년조에서 범선자(范宣子)가 융(戎)족인 구지(駒支)에게 이르기를 "우리 임금에게 좋은 밭(田)이 있어, 그대와 나누고자 한다."고 했다. 이것은 적어도 강융(姜戎)은 농경에 종사했던 것 같다.

한대 이후의 학자들이 융적을 유목민으로 인식하게 된 계기는 사실상 『좌전』 양공(襄公) 4년조에서 "융적(戎狄)은 풀을 따라 거하며(薦居), 물건을 귀하게 여기고, 땅을 옮겨 다닌다."5)라고 한 기록이 유일하다. 복건(服虔), 유현(劉炫) 등의 주석가들은 '천(薦)'을 '풀'로 해석하고, 융적은 "물과 풀을 따라 이동하며 고정된 거처가 없다."고 했다. 그에 비해, 두예(杜預)와 위소(韋昭)는 '천'을 '모이다(聚)'로 보았으나, 고문헌에서 그러한 용례를 찾아 볼 수 없다. 따라서 필자는 이른바 '천거(薦居)'를 '고정된 거처가 없이 이동한다.'는 의미로 해석하고자 한다. 이것은 이어지는 구절에서 '땅을 옮겨 다닌다.(易土)'고 한 부분과도 일치한다. 하지만 고정된 거처가 없다는 것과 유목(遊牧)은 반드시 연관되는 것은 아니다. 상(商) 역시 자주 이주했는데, 반경(盤庚)이 천도 후 "재물을 탐내지 말지어다."6)라고 했던 것도 어찌 보면 위의 "물건을 귀하게 여기고, 땅을 옮겨 다닌다."7)는 부분과 일치한다. 따라서 '천거'라고 한 것은 단지 융적이 대규모 농경지를 확보하고 있지 않았음을 의미할 뿐이지, 그들이 유목인이었다는 근거가 될 수 없다. 따라서 그들을 호(胡)와 동일한 성격의 집단으로 이해하는 것은 바람직하지 않다.

다음으로 융적(戎狄)과 호는 병종(兵種)의 구성이 서로 다르다. 호는 기병(騎兵)을 위주로 한다. 조(趙)나라 무령왕(武靈王)이 복식을 '호복(胡服)'으로 바꾼 것도 바로 '기사(騎射)'를 발전시키기 위함이었다. 그에 비해, 『좌전』기록에 따르면 융적의 군사는 보병(步兵) 중심이다. 은공(隱公) 9년조에 북융(北戎)이 정(鄭)나라를 침공하자 정백(鄭伯)은 "그들은 보병이고 우리는 전차를 타고 싸운다. 그들이 우리 군대를 공격하여 사이로 빠져 들어올까 걱정이다."라는 기록이 있다. 또한 소공(昭公) 원년조에서 진(晉)나라와 적(狄)이 대원(大原)에서 벌인 전쟁 기사에 "저들은 보병이고 우리는 전차입니다. 좁은 지역에서 만나

---

5) 戎狄薦居, 貴貨易土.『국어』진어(晉語)7에서는 '천처(薦處)'라고 함)
6) 具乃貝玉
7) 貴貨易土

므로, 전차 한 대로 열 명의 적을 당할 수 있으니, 반드시 깨뜨릴 것입니다."라는 기록이 있다. 그 외, 서주시기의 동기(銅器) 명문(銘文)에 따르면, 일부 융인(戎人)들도 주(周)와 마찬가지로 전차를 사용했다고 한다. 예를 들면, 서주초기의 소우정(小盂鼎)에 새겨진 귀방(鬼方) 정벌 기사에 "전차 30대를 노획했다."는 기록이 있다. 서주 주기(朱器)의 사동정(師同鼎)에서는 융과의 전쟁에서 "거마(車馬) 다섯 필을 노획했다."는 명문이 확인된다. 즉 융적의 군사에는 보병만 존재한 것은 아니며, 단지 전차가 화하지역의 제후국들에 비해 발달되지 않았을 뿐이다. 이는 호의 모든 병력이 기병인 것과는 확연히 구별된다. 전국시대 이후에 찬술된『관자(管子)』의「대광편(大匡篇)」에는 제환공(齊桓公)이 제후들을 거느리고 적인(狄人)을 크게 깨뜨려 "그 전차와 갑주 및 물품"을 노획했다는 기사가 있다. 그러므로 적인에게도 전차가 있었다고 할 수 있다. 그에 비해,「소광편(小匡篇)」에서는 제환공이 "적(狄)의 왕을 사로잡고, 호맥(胡貊)을 깨뜨렸다. 그리고 도하(屠何)를 쳐부수자 말을 탄 도적들이 처음을 복종하기 시작했다."고 하여, 적(狄)과 호(胡) 모두를 기병으로 간주하고 있다. 여사면(呂思勉)의『독사찰기(讀史札記)』기사에서「소광편(小匡篇)」의 내용에 대해 "전국시대에 정리된 것일 뿐, 사건 발생 당시의 사실이라고 보기 어렵다."고 했는데, 필자 역시 이러한 견해에 전적으로 공감한다.

중요한 것은 인종학적으로 전국시대 이전의 융적을 호의 전신으로 보기 어렵다는 점이다. 중국, 몽고(蒙古), 러시아 시베리아 지역에 위치한 한대(漢代) 및 한대 이후의 흉노, 선비, 거란족 고분에 대한 발굴 조사를 통해 피장자 인골이 모두 북아시아 몽고인종임이 밝혀졌다. 그중 일부, 예를 들면 중국의 완공묘지(完工墓地) 피장자에게서 북극 몽고인종의 특징이 나타나고 있다. 동호를 포함한 호는 체질적으로 현대 몽고인과 유사하며, 일부는 현대 에스키모인에 가깝다. 하지만 중국 북방지역에서 발견된 청동기시대 고분에서 수습된 인골은 대부분 동아시아 몽고인종으로 확인되고 있다. 그중 일부, 예를 들면 산서 백연(山西 白燕)의 상대묘(商代墓), 은허 서북강제사갱(殷墟 西北崗祭祀坑)에서 수습된 인골, 봉상남지휘서촌(鳳翔南指揮西村)의 주인묘(周人墓) 등에서 남아시아 몽고인종의 특징이 나타난다.

일부 학자들에 의해 동호(東胡)의 전신(일부에서는 산융이라고 함)으로 추정되는 하가점상층문화 주민, 또한 일부 학자들에 의해 '산융문화(山戎文化)'[8]로 명명된 연경(延慶) 군도산묘지(軍都山墓地) 유형 유적, 그리고 일부 학자들에 의해 '초기 흉노문화' 유적으로 분류되는 양성(凉城) 모경구(毛慶溝)유형 유적 등에서 발견된 피장자 유골에 대해 분석한 결과 모두 동아시아 몽고인종으로 밝혀졌다. 따라서 이들을 흉노나 동호의 전신으로 보기 어렵다. 지금까지 만리장성 일대에서 조사된 자료 중, 춘추 전국 교체기의 것으로 추정되는 내몽고(內蒙古) 양성(凉城) 곽현요자묘지(崞縣窯子墓地), 영하(寧夏) 팽보(彭堡) 우가장묘지(于家庄墓地)에서 출토된 인골만이 북아시아 몽고인종으로 나타나고 있다. 그 외에 내몽고 동승(東勝) 도홍파랍(桃紅巴拉)에서 수습된 두개골 일부에서 북아시아 몽고인종의 특징이 발견되었다. 인종의 분화는 구석기 말기에 발생되었을 가능성이 많다. 하지만 여러 체질적 특징은 집단 사이의 통혼을 통해 융합될 수는 있을지라도 인종 자체가 변화되지는 않는다. 그러므로 전국시대 및 그보다 앞선 시기 중국 북방지역에 널리 분포해 있었던 융적(戎狄)을 전국시대 이후의 호(胡)의 조상으로 본다는 것은 어불성설이다.

따라서 유목민이냐 아니면 정착 농경민이었느냐는 결코 융적과 화하(華夏)를 구분하는 기준이 될 수 없으며, 또한 양자의 차이점을 인종학적으로 접근하기도 어렵다. 선진문헌에서는 융적과 화하 구분을 다음과 같이 제시하고 있다. 우선, 문명과 교화의 수준을 손꼽고 있다. 예를 들면, "무릇 융적은 언행이 가벼우며, 탐욕스러워 사양할 줄 모른다. 스스로의 혈기(血氣)를 다스릴 줄 몰라, 금수와도 같다.",[9] "귀로 다섯 가지 소리의 조화로움을 듣지 못하는 것을 '농(聾)'이라고 하고, 눈으로 다섯 가지 색을 분별 못하는 것을 '매(昧)'라고 하며, 마음으로 덕망과 의로움의 정도(正道)를 본받지 않는 것을 '완(頑)'이라고 하고, 입으로 충신(忠信)을 말하지 않는 것으로 '효(嚚)'라고 한다. 적(狄)은

---

8) 혹은 백적(白狄), 무종(無終), 대(代)로 추정하기도 함
9) 『국어(國語)』 周語(주어)

이들 네 가지 간사함을 모두 구비하고 있다."10), "적(狄)은 부끄러움을 모른다.",11) "융적(戎狄)은 친절함이 없고, 탐욕스럽다."12) "무릇 적은……미련하고 천하다."13) 등이 있다. 『예기(禮記)』단궁(檀弓)의 표현을 빌려 종합해보자면, "마음이 가는대로 함부로 행동하는 것은 적(狄)의 법도이다. 예(禮)의 법도는 그와 다르다."로 볼 수 있겠다.

다음은 전통문화풍속의 차이를 지적한다. 즉 "여러 융(戎)은 음식이나 의복이 화하의 것과 다르다."14)는 것이다. 예를 들면, "머리를 풀고 옷깃을 왼쪽으로 여미는 것(被髮左衽)"이 바로 융적 복식의 특징이라 할 수 있다. 언어적인 측면에서, 비록 『좌전(左傳)』 양공(襄公) 14년조에서 강융자(姜戎子)가 융(戎)과 화하(華夏)는 "언어가 서로 전달되지 않는다."고 했으나, 이는 전후 사정이 있다. 즉 범선자(范宣子)가 자국의 정보를 융에게 흘린 자가 있다고 추궁하였다. 이에 당황한 강융자(姜戎子)가 융과 화하는 "화폐가 통하지 않고, 언어가 서로 전달되지 않아" 서로 의사소통이 안 되므로 정보를 염탐할 수 없었다고 변명하였다. 그러나 이는 서로 언어가 달라, 의사소통이 되지 않았음을 의미하지 않는다. 강융자가 변명을 마치고 곧 "「청승(青蠅)」을 읊고 물러갔다."고 했는데, "언어가 서로 전달되지 않는다."는 점과 정면 배치되는 내용이다.

이어서 융과 적 양자의 관계에 대해서 살펴볼 필요가 있다. 『예기(禮記)』 왕제(王制)에서 "동방을 '이(夷)'라 하고, ……남방을 '만(蠻)'이라 하며, ……서방을 '융(戎)'이라 하고, ……북방을 '적(狄)'이라 한다."고 했다. 이러한 전통적 관념은 현재까지 큰 영향을 미치고 있는데, '융'과 '적'을 서로 다른 두 족속으로 이해하는 경우가 많다. 하지만 선진문헌 기록을 살펴보면 이에 대해 달리 해석할 수 있는 단서가 발견된다. 주(周)나라 사람들이 이민족을 지칭한 '융'이라는 표현은 아주 포괄적인 개념 범주이다. 예를 들면 『상서(尚書)』비서

---

10) 『좌전(左傳)』僖公 24年
11) 『좌전(左傳)』僖 8年
12) 『국어(國語)』晉語 1
13) 『국어(國語)』晉語 1
14) 『좌전(左傳)』襄公14年

(費誓)에서 "지금 회이(淮夷)와 서융(徐戎)이 함께 흥하고 있다."고 했는데, 동쪽 지역의 서인(徐人)들에 대해서도 '융'으로 칭했던 것이다. 하지만 대개는 북쪽 및 서쪽 지역의 이민족을 가리키는 경우가 많다. 따라서 '북융(北戎)'이 있었을 뿐만 아니라,15) 또한 '서융(西戎)'도 존재했다.16)

『좌전』, 『국어』의 기록에서 '적'의 실체에 대해 살펴보면, '적'이 단독으로 등장하는 경우에는 '융'과 별개의 종족을 지칭한다. 또 한편으로는 혼란스럽게 뭉뚱그려 사용하기도 한다. 예를 들면, 『좌전』장공(莊公) 28년조에 다음과 같은 기록이 있다. "'태자(太子)에게 곡옥(曲沃)을 관장하게 하고, 또한 중이(重耳)와 이오(夷吾)에게 포지와 이굴을 맡긴다면, 백성들로 하여금 두려워하게 하고, 융적(戎狄)들로 하여금 무서워하게 할 것이며, 더불어 사기를 북돋을 수 있습니다.' 또한 두 사신이 이구동성으로 아뢰기를 '적인(狄人)의 넓은 사막지대는 진(晋)나라 소유가 되어 성읍(城邑)을 짓게 되었으니, 진나라에서 땅을 넓힌 것을 마땅히 널리 알려야지 않겠습니까?"라고 했다. 즉, 같은 문장의 앞부분에서는 '융'으로, 뒷부분에서는 '적'이라고 했던 것이다. 또 예를 들면, 『좌전』양공(襄公) 4년조에서는 "여러 융(戎)과 화친을 청했다."고 했는데, 양공 11년조에서는 같은 기사를 "융적과 화친을 청했다."고 바꿔 기술했다. 또한 "'적(狄)'은 외(隗)나라의 성씨(姓氏)이다."17)라는 기록이 있다. 이에 대해 왕국유(王國維)는 '외'는 곧 은허 갑골문이나 서주 초기의 소우정(小盂鼎) 명문에서 언급되어 있는 '귀방'이라고 했는데, 이것은 정확한 지적인 것 같다. 『좌전』 선공(宣公) 4년조에서 당숙(唐叔)을 하허(夏墟)에 봉하면서 "회(懷, 즉 '외(隗)')씨 성(姓)은 종(宗)이 아홉이다.", "하(夏)나라의 정치에 따라 백성을 가르치고, 오랑캐(戎)의 법도로써 다스리라"고 했다. 그 외에 『고본죽서기년(古本竹書紀年)』에는 "주왕 계(周王 季)가 서쪽으로 귀융(鬼戎)을 정벌하여 열 두 적(翟, 즉 狄)의 왕을 포로로 잡았다."고 했다. 이들 기록에서는 모두 외씨 성씨를 가진 적을

---

15) 『좌전(左傳)』은공(隱公) 9년조 및 하북 원씨현(河北 元氏縣)에서 출토된 서주초기의 신간궤 명문(臣諫簋 銘文)에서도 형후(邢侯)가 사로잡은 '융'에 관한 언급이 있다.
16) 『시경(詩經)』 출거(出車), 『국어(國語)』정어(鄭語)
17) 『국어』주어중(周語中)

'융'으로 칭하고 있다. 이로 미루어 보아, 서주, 춘추시대의 관념상, 일반적으로 '적'은 '융'에 포함되어 있으며, 다른 융과 구분되는 족속의 칭호였던 것 같다.

융의 족속들 중에는 '강융(姜戎)',[18] '강씨지융(姜氏之戎)'[19]이 있다. 이들은 주나라의 강씨성을 가진 제후들과 마찬가지로 갑골문에 등장하는 '강(羌)'씨에서 기원되었다는 점에 주목해볼 필요가 있다. 또한 '융'에는 '희씨(姬氏)' 성씨도 존재했다. 예를 들면, 진헌공(晉獻公)이 융족의 여성을 아내로 맞았는데, 중이(重耳)가 바로 융족 출신의 '호희(狐姬)'가 낳은 자식이다. 또한 헌공(獻公)이 여융(驪戎)을 정벌하여 '여희(驪姬)' 두 명을 첩실로 들였다고 한다.[20] 백적(白狄)에 속하는 선우(鮮虞)에도 희씨가 있었다고 한다.[21] 이는 앞서 살펴봤던 '융적'과 '화하'는 인종학적으로 동일하다는 고고학적 자료와도 일치할 뿐만 아니라, 양자가 동일한 어계(語系)에 속해있을 가능성도 시사해 주고 있다.

춘추시대에 이르러서도 여전히 지금의 하북(河北), 산서(山西), 섬서(陝西) 및 하남성(河南省) 서부지역에 널리 분포해 있었던 융적의 대부분은 진(秦)과 진(晉) 등 강대국들이 영토를 확장해 나가는 과정에서 정복되거나 동화되었던 것 같다. 다른 일부는 대(代), 중산(中山)과 같은 독자적인 국가를 형성하기도 했으나, 전국시대에 이르러 주변의 여러 강대국들에 의해 소멸되어 화하(華夏)민족에 융합되었다.

이렇게 북방지역 융적이 대규모로 소멸되면서, 화하의 여러 제후국들은 점차 초원지역의 유목민인 호(胡)와 본격적으로 접촉하기 시작했다. 대체적으로 전국시대 후기부터 중원지역의 학자들은 이미 소멸된 융적을 호와 동일시하게 되었으며, 그러한 관념은 사마천이 찬술한 『사기』 「흉노열전」을 통해 체계화되기 시작했다. 이러한 잘못된 역사인식은 지금까지 사학계에 널리 영향력

---

18) 『좌전』 양공(襄公) 14년조, 희공(僖公) 33년조
19) 『국어』 주어상(周語上)
20) 『좌전』 장공(莊公) 25년조
21) 『곡량전(穀梁傳)』 소공(昭公) 12년조에 붙여진 『세본(世本)』의 내용을 인용한 범녕(范寧)의 주석

을 행사하고 있으며, 고고학 자료에 대한 정확한 해석에 걸림돌로 작용하고 있다. 이러한 오래된 관념체계를 깨뜨리기는 결코 쉬운 일이 아니다. 본 논문의 목적은 '융적'과 '호'의 실체에 관한 몇몇 문제를 제시함으로써, 학계에서 함께 고민할 수 있는 계기를 마련하고자 하는데 있다.

(『금경방구오탄신기념논집(金景芳九五誕辰紀念論集)』, 吉林文史出版社, 1996年, 수록)

흉노족(匈奴族) 기원에 관한 중국 고고학계의 연구

1. 연구 배경

『사기(史記)』「흉노열전(匈奴列傳)」은 흉노족의 초기 활동에 대해 기술한 이른 시기의 문헌자료이다. 사마천(司馬遷)의 견해는 흉노족 기원연구에서 줄곧 큰 영향력을 행사해왔다. 사마천은 모돈(冒頓) 선우[1] 시기 흉노 연맹 형성과정에 대해 "동호(東胡)를 크게 멸하고", "남쪽으로 누번(樓煩)의 백양하남왕(白羊河南王)을 병합했다"라고 기술했다. 이로 미루어 보면 사마천은 동호, 누번 등 집단과 흉노를 별개로 이해하고 있었던 것 같다. 그럼에도, 그는 원(原) 흉노의 실체에 대해 자세히 알고 있지 못했던 것 같다. 사마천은 흉노 초기 역사 부분에 대해 "순유(淳維)에서 두만(頭曼)에 이르기까지 천여 년이 흘렀으니, 강약과 이합집산을 거듭해왔다. 그 세계(世系) 또한 자세히 알 수 없다"라고 매우 간략하게 기술했을 뿐이다. 즉 선진(先秦)시기(서기전 770년~서기전 221년) 문헌에 등장하는 북방 지역의 여러 족속들에 대해 모두 흉노의 선신으로 간주했던 것이다. 다시 말해 선진시기의 북방민족들을 '흉노의 조상'이라는 하나의 실체로 뭉뚱그려 이해했다는 것이다. 그러나 사실상 이러한 관점은 사마천만의 독특한 견해가 아니다. 예를 들면, 한무제(漢武帝)가 곽거병(霍去病)에 내린 조서

---

1) 모돈 선우(冒頓 單于, 재위 서기전 209년~서기전 174년) 혹은 묵돌 선우는 기원전 3세기 말의 흉노의 선우이다.

에서 흉노를 '훈윤지사(葷允之士)'[2]로 지칭했는데, 역사상의 훈죽(葷粥)(『맹자(孟子)』에서는 '훈죽(獯鬻)'으로 씀), 험윤(玁狁)[3]과 흉노를 동일시한 발상이라 할 수 있다.

이러한 관념이 생겨나게 된 것은 대개 다음과 같은 두 가지 원인 때문이다. 첫째는 흉노연맹이 외부로 확장해나가면서 주변의 독립적인 여러 족속들을 병합하게 되었기 때문이다. 예를 들면, 누번(樓煩)의 백양하남왕은 흉노에 합병되고 나서 '흉노하남백양누번왕(匈奴河南白羊樓煩王)'[4]으로 불렸다. 한인(漢人)들은 당시 누번이 이미 흉노의 일원이었으므로, 전국시대(戰國時代)의 누번은 자연히 한대(漢代) 흉노의 전신이라고 인식하였던 것이다.

둘째는 당시 한인들은 북방종족들에 대해 자세히 인지하고 있지 못했기 때문이다. 그들은 북방 지역에 오랜 기간에 걸쳐 농경민과는 구별되는 다른 종족들의 세계가 존재하고 있었다는 점만 알고 있었을 뿐이다. 그들은 "가축들을 따라 옮겨 다니며, 말, 소, 양을 기르고", "사냥으로 생업을 이어가며", "가축의 고기를 먹고 그 가죽으로 옷을 짓고", "사람마다 전투를 익혀 침벌(侵伐)을 일삼는다"라는 등 공통된 특징이 있다고 하여, 자연스레 그들을 하나의 거대 종종 집단으로 뭉뚱그려 이해하게 되었던 것이다.

북방종족에 대한 선진시기 이러한 관점은 『사기』「흉노열전」에 체계적으로 기술되었으며, 이후 오랜 기간에 걸쳐 통념으로 자리매김하게 되었다. 한대 이래로 고문헌에 등장하는 종족 명칭에 대해 다양한 주석들이 붙여졌으나, 모두 선대의 관념을 바탕으로 하고 있다. 그러한 관념은 근대까지도 지속적으로 나타나는데, 그 예로 왕국유(王國維)의 「鬼方昆夷玁狁考」에서 역시 "상·주(商·周) 사이에는 '귀방(鬼方)', '혼이(混夷)', '훈죽(獯鬻)'으로 지칭되었으며, 종주(宗周)시기에는 '험윤'으로 불렸다. 춘추(春秋) 이후에 이르러서는 처음으로 '융(戎)'으로 호칭되었다가, 이어서 '적(狄)'으로 불리기도 했다. 전국시대

---

2) 『사기』「위장군표기열전(衛將軍驃騎列傳)」 및 『한서(漢書)』「위청곽거병전(衛青霍去病傳)」.
3) 서주시기 금석문에서 '엄윤(嚴允)'으로 나타남.
4) 『사기』「유경숙손통열전(劉敬叔孫通列傳)」.

이래로는 '호(胡)' 내지는 '흉노'로 지칭되었다."고 했다. 사실상 이러한 기술은 일부 종족명이 등장하기 시작하는 구체적인 연대에 대해 자세히 언급하고 있을 뿐, 큰 틀에서는 『사기』「흉노열전」의 기술과 일치한다.

중국 근대사학의 발전과 함께 많은 학자들이 당대 민족학적 견지에서 선진시기 북방종족의 계열에 대해 자세히 구분함으로써, 흉노족의 기원문제에 대한 재론을 시도해왔다. 하지만 초창기에는 단지 고대 문헌에 등장하는 빈약한 자료와 혼란스러운 주석들만 활용했을 뿐이었다. 따라서 대부분 연구는 종족 명칭과 주석에 대한 글자와 음에 대한 검토가 위주였다. 간혹 새로운 접근인 듯 보이는 연구가 있었지만, 사실상 도출해낸 결과는 여전히 「흉노열전」의 틀을 벗어나지 못했다.

현재에 이르러, 수많은 고고학자들의 끊임없는 노력으로, 선진(先秦)~양한(兩漢) 시기의 북방종족에 관한 대량의 고고학 자료가 축적되었다. 따라서 문헌에 수록되지 않은 구체적인 문화적 형태와 체질적 특징에 대해서도 밝혀낼 수 있게 되었다. 이로써 사마천의 관점에 대한 재검토를 진행할 수 있는 사실적 근거자료가 마련된 셈이다. 고고학 연구자로서 사마천의 관점을 토대로 흉노족의 기원문제를 접근하는 것은 결코 바람직하지 못하다. 따라서 흉노연맹 시대에 광활한 영역에 존재했던 다양한 문화와 인종을 과연 하나의 실체로 이해할 수 있을지 여부에 대한 검토가 선행되어야 하며, 여러 계통으로 구분해 볼 필요가 있다. 그리고 이러한 선행 작업을 전제로 다시 흉노족의 기원 문제에 접근해야 할 것이다.

2. 실례(實例) 분석

춘추 후기에서 전국시대로 편년되는 장성 일대의 북방민족 유적을 대체적으로 다음과 같은 몇 개 구역으로 나누어 볼 수 있다.

A구역 : 하북성(河北省) 북부 상간하(桑干河) 계곡에 둘러싸여 있는 연연산

(燕然山) 일대이다. 주요 유적들로는 연경(延慶) 호로구(葫蘆溝), 서량광(西梁垙), 옥황묘(玉皇廟) 등 묘지(墓地)와 기타 유적,5)6) 회래(懷來)의 북신보묘지(北辛堡墓地),7) 선화(宣化)의 소백양묘지(小白陽墓地),8) 장가구(張家口)의 백묘지(白廟墓地)와 유적9) 등이 있다.

B구역 : 내몽골 음산(內蒙古 陰山) 동부 산전(山前) 일대이다. 주요 유적들로는 양성(涼城)의 모경구묘지(毛慶溝墓地)와 유적,10) 음우구묘지(飮牛溝墓地),11) 곽현요자묘지(崞縣窯子墓地),12) 화림격이(和林格爾)의 범가요자동기군(范家窯子銅器群),13) 토묵특기(土默特旗)의 수간구문동기군(水澗溝門銅器群) 유적14) 등이 있다.

C구역 : 내몽골 하투(內蒙古 河套) 동부 지역이다. 주요 유적들로는 준격이기(准格爾旗)의 보해사동기군(寶亥社銅器群),15) 속기구동기군(速機溝銅器群),16) 합랍도묘장(哈拉圖墓葬), 서구반묘지(西溝畔墓地),17) 옥융태묘장(玉隆太墓葬),18) 와이토구동기군(瓦爾吐溝銅器群),19)20) 항금기(杭錦旗)의 공소호묘장(公蘇壕墓葬), 도홍파랍묘지(桃紅巴拉墓地),21) 아노시등금은기(阿魯柴登金銀器) 유적,22) 동승(東升)의 연방거금은기(碾房渠金銀器) 유적23) 등이 있다.

---

5) 北京市文物硏究所山戎文化考古隊, 「北京延慶軍都山東周山戎部落墓地發掘紀略」, 『文物』 1989年 8期.
6) 北京市文物硏究所編, 『北京考古四十年』, 北京燕山出版社, 1990.
7) 河北省文物工作隊, 「河北懷來北辛堡戰國墓」, 『考古』 1966年 5期.
8) 張家口市文物事業管理所 等, 「河北宣化縣小白陽墓地發掘報告」, 『文物』 1987年 5期.
9) 張家口市文物事業管理所, 「張家口市白廟遺址淸理簡報」, 『文物』 1985年 10期.
10) 內蒙古文物工作隊, 「毛慶溝墓地」, 『鄂爾多斯式靑銅器』, 文物出版社, 1986.
11) 內蒙古自治區文物工作隊, 「涼城飮牛溝墓葬淸理簡報」, 『內蒙古文物考古』 第3期, 1984.
12) 內蒙古文物考古硏究所, 「涼城崞縣窯子墓地」, 『考古學報』 1989年 1期.
13) 李逸友, 「內蒙古和林格爾縣出土的銅器」, 『文物』 1959年 6期.
14) 鄭隆, 「大靑山下發現一批銅器」, 『文物』 1965年 2期.
15) 伊克昭盟文物工作站, 「內蒙古准格爾旗寶亥社發現靑銅器」, 『文物』 1987年 12期.
16) 盖山林, 「內蒙古自治區准格爾旗速機溝出土一批銅器」, 『文物』 1965年 2期.
17) 伊克昭盟文物站 等, 「西溝畔匈奴墓」, 『文物』 1980年 7期.
18) 內蒙古博物館 等, 「內蒙古准格爾旗玉隆太的匈奴墓」, 『考古』 1977年 2期.
19) 內蒙古文物工作組, 「几年來的內蒙古文物工作」, 『文物參考資料』 1957年 4期.
20) 內蒙古文物工作隊, 『內蒙古出土文物選集』, 文物出版社, 1963.
21) 田廣金, 「桃紅巴拉的匈奴墓」, 『考古學報』 1976年 1期.
22) 田廣金, 郭素新, 「內蒙古阿魯柴登發現的匈奴遺物」, 『考古』 1980年 4期.
23) 伊克昭盟文物工作站, 「內蒙古東升市碾房渠發現金銀器窖藏」, 『考古』 1991年 5期.

D구역 : 영하(寧夏) 남부의 청수하(淸水河) 유역. 주요 유적들로는 중위(中衛)의 낭와자갱묘지(狼窩子坑墓地),[24] 중녕(中寧)의 예정촌묘지(倪丁村墓地),[25] 팽양(彭陽)의 맹원향묘장(孟塬鄕墓葬), 백양림촌묘장(白楊林村墓葬) 및 기타 유적,[26] 고원(固原)의 석라촌묘장(石喇村墓葬),[27] 아아구묘장(鴉兒溝墓葬), 장하묘장(蔣河墓葬),[28] 대북산묘장(大北山墓葬), 평낙묘장(平樂墓葬),[29] 살문촌묘지(撒門村墓地), 노자구취묘장(蘆子溝嘴墓葬), 전와묘장(田洼墓葬), 후마촌묘장(侯磨村墓葬)과 기타 유적, 서길(西吉)의 반자구동기군(半子溝銅器群), 진양천묘장(陳陽川墓葬)과 기타 유적 등이 있다.

E구역 : 감숙성(甘肅省) 동부의 경양(慶陽)지구이다. 주요 유적들로는 녕현(寧縣)의 원가촌묘장(袁家村墓葬), 진원(鎭原)의 묘거묘장(廟渠墓葬), 홍암묘장(紅巖墓葬), 오가구권동기군(吳家溝圈銅器群), 정녕(正寧)의 후장묘장(后庄墓葬),[30] 경양(慶陽)의 오리파장마갱(五里坡葬馬坑),[31] 화마채(和馬寨), 이구(李溝) 등 지역의 기타 유적 등이 있다.

F구역 : 내몽골 음산 서쪽 지역이다. 주요 유적으로는 오랍특중후기(烏拉特中後旗)의 호로사태묘지(呼魯斯太墓地)[32] 등이 있다.

이상 여섯 구역에서는 뚜렷한 동일 문화적 요소들이 발견되고 있다. 춘추시대 말기에서 전국시대 초기의 것으로 추정되는 동일 문화 유물은 그림1과 같다. 또한 널리 알려져 있듯이, 이 여섯 구역의 장의(葬儀) 풍속에서 모두 말, 소, 양을 부장품으로 사용하는 것으로 나타나고 있다. 이로 미루어, 중원 사람들은 이들 지역을 하나의 단일 문화권으로 인지했을 가능성이 많다.

---

24) 周興華,「寧夏中衛縣狼窩子坑的靑銅短劍墓」,『考古』1989年 11期.
25) 鐘侃,「寧夏中寧縣靑銅短劍墓淸理簡報」,『考古』1987年 9期.
26) 羅豊, 韓孔樂,「寧夏固原近年發現的北方系靑銅器」,『考古』1990年 5期.
27) 羅豊,「寧夏固原縣石喇村發現一座戰國墓」,『考古學集刊』3, 1983.
28) 鐘侃,「寧夏固原縣出土的文物」,『文物』1978年 12期.
29) 羅豊, 韓孔樂,「寧夏南部春秋戰國時期的靑銅器文化」,『中國考古學會第四次年會論文集』, 文物出版社, 1985.
30) 劉得禎, 許俊臣,「甘肅慶陽春秋戰國墓葬的淸理」,『考古』1988年 5期.
31) 慶陽地區博物館 等,「甘肅慶陽城北發現戰國時期葬馬坑」,『考古』1988年 9期.
32) 塔拉, 梁京明,「呼魯斯太匈奴墓」,『文物』1980年 7期.

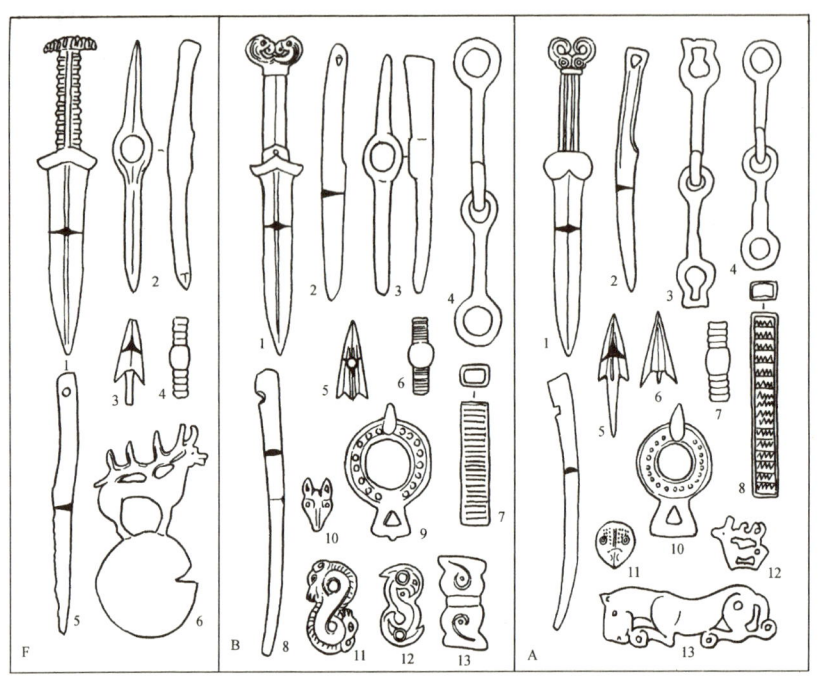

그림 1-1. A 구역: 1, 4, 9, 11 -北辛堡; 2, 5, 6, 10 -玉皇廟; 3 -葫蘆溝; 7 -白廟; 8, 12, 13 -小白陽
B 구역: a, 3-7, 10, 13 -毛慶溝; 2 -水澗溝門; 8, 9 -崞縣窯子
F 구역: 6 -呼魯斯太

하지만 조금 심도 있게 살펴보면 사실상 각 구역 유적들 사이에는 많은 차이점이 있음을 발견할 수 있는데, 고고학적 견지에서 봤을 때, 이들을 단순히 하나의 고고학 문화권으로 분류하기는 어렵다. 각 구역의 고분에서 출토된 토기류 부장품에서 그 차이가 확연히 드러난다. 그림2에서 각 구역별 고분에서 출토된 토기류를 비교 정리해봤다. 거기에 설명을 덧붙이자면 다음과 같다.

A구역의 토기는 두 가지 종류로 나누어 볼 수 있다. 진흙재질의 회도(灰陶) 두(豆)와 절견관(折肩罐)은 중원문화영향을 받은 것이 분명하다.(그림2: 1, 2) 보편적으로 나타나는 협사(夾砂) 토기로는 단경고복관(短頸鼓腹罐)(그림2: 3)이 있으며, 삼족기(三足器)로는 쌍이관(雙耳罐)의 수가 많고, 그 형태 또한 독특하다.(그림2: 4)

B구역 모경구(毛慶溝)와 음우구(飮牛溝)의 토기 유형은 동일하나, 곽현요자

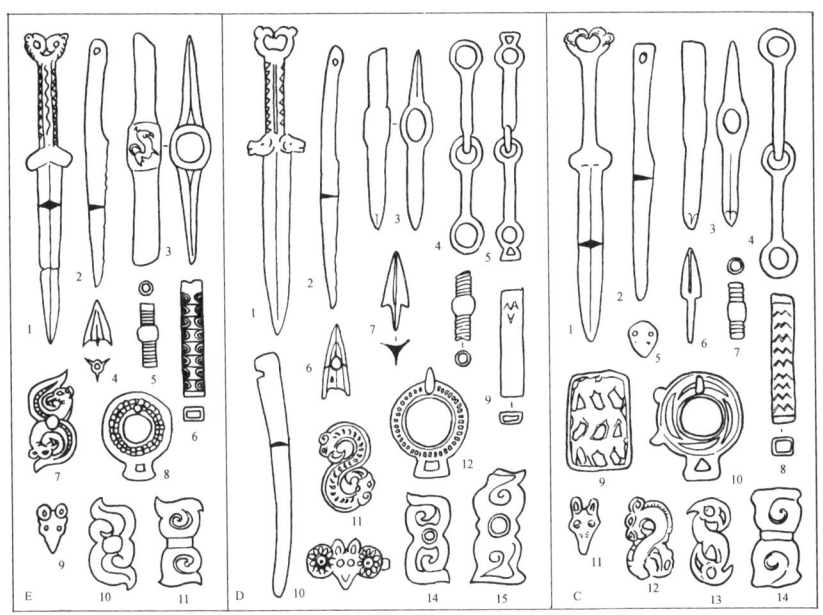

그림 1-2. C 구역: 1-3, 14 -公蘇壕; 1-13 -桃紅巴拉
D 구역: 1, 2 -石嘴村; 8-11, 13, 15 -撒門村; 14 -蘆子溝嘴
E 구역: 1 -李溝; 2 -馬寨; 3, 5, 6 -墓渠; 4, 7 -袁家村; 8, 9, 17 -紅巖; 10 -吳家溝圈

(崞縣窯子)에서 출토된 토기는 확연히 구분되므로, 서로 다른 두 가지 유형으로 분류할 수 있다. 곽현요자 토기에는 쌍이(雙耳) 형태가 많으며, 3/4 정도가 소면(素面)이다. 또한 소면 '쌍이호(雙耳壺)'가 전체 토기의 반수 이상을 차지하고 있다. 그 중 환저(圜底) 형태의 토기가 가장 원시적인 것으로 추정된다.(그림 2: 6) 윤제 회도(輪制 灰陶)와 끈무늬[繩文] 토기는 아마 중원 토기 제작 기법의 영향을 받은 것 같다. 모경구 유형에서는 끈무늬 토기가 발달되어 나타난다. 이것은 고온에서 구워낸 회도(灰陶)로, 중원의 영향이 뚜렷하다. 또한 전체의 85%는 이(耳)가 없는 형태이며, 일부 토기의 견부(肩部)에 물결모양의 각문(刻紋)이 있어 주목된다.

이상의 두 구역에서 모두 귀[耳]가 구연부(口沿部)의 높이와 같거나 조금 높은 형태의 쌍이소면관(雙耳素面罐)이 발견되었는데, 양 지역 사이의 문화적 연관성을 시사해주고 있다. 하지만 이 유형의 토기는 수가 많지 않아서 이 유형의 토기는 서로 다른 고고학적 문화권 사이에서 일어난 문화적 교류로 나타난 것으로 볼 수밖에 없다. 주목할 필요가 있는 부분은 당산시 가각장(唐山市 賈各庄)에서 발견된 연(燕)나라 묘지에서도 쌍이관에 삼족(三足)이 덧붙여진 형태의 토기 및 곽현요자에서 출토된 단경쌍이호(短頸雙耳壺)와 유사한 형태의 토기가 발견되었다는 점이다.[33] 요녕성 객좌(遼寧省 喀左)에서 발견된 석곽묘(石槨墓)에서도 곽현요자에서 출토된 쌍이호와 흡사한 형태의 토기가 나왔고, 더불어 중원 양식의 토기 정(鼎)이 수습되었다.[34] 감숙성 영창 사정문화(甘肅省 永昌 沙井文化) 유적에서도 유사한 형태의 '쌍이호'가 발견된 바 있다.

C구역 고분에서는 토기류가 적게 나타났다. 모두 소면이고 수제품이며, 단이유경관(單耳有頸罐)이 위주이다. ¹⁴C 연대 측정 결과, 춘추시대 말기로 판정된 도홍파랍(桃紅巴拉) M1에서 바로 이 유형 토기가 수습된 바 있다. 서구반(西溝畔) M2에서 출토된 금은기(金銀器)의 각인으로 미루어 보아, 이 고분의 조성 연대는 진대(秦代)로 추정되는데, 함께 발견된 토기편은 합랍도(哈拉圖) M3에서 수습된 단이관(單耳罐)과 동일 형태이다.(그림2: 18) 이 유형의 토기가 C구역에서 장기간에 걸쳐 사용되었던 것 같은데, 이는 이 지역민 구성이 오랜 기간 동안 변함없었음을 시사해준다.

D구역에서 나온 토기 부장품들은 현재 청수하(淸水河)가 황하(黃河)로 유입되는 지역에서만 발견되고 있을 뿐이다. 이 구역에서 나온 토기는 춘추시대 말기에서 전국시대 전기로 편년된다. 예정촌(倪丁村)과 낭와자갱(狼窩子坑) 유적에서 출토된 토기는 같은 형태를 띠고 있으며, 모두 무령대이관(無領帶耳罐)과 도작(陶勺)이 주요 유물로 나타나고 있다. 도작 혹은 석제(石製) 대체품은 도홍파랍 M2에서 발견된 '석제배형기(石製杯形器)'와 동일 유형으로 추정된다. 이로 미루어 보면, C와 D구역 사이의 어떤 연관관계가 있었음을 알 수 있다. (그림2: 19, 20, 25)

여기서 짚고 넘어가야 할 부분은, 청수하 상류 지역의 이른 시기 고분에서

---

33) 安志敏, 「河北省唐山市賈各庄發掘報告」, 『考古學報』 第6冊, 1953.
34) 傅宗德, 陳莉, 「遼寧喀左縣出土戰國器物」, 『考古』 1988年 7期.

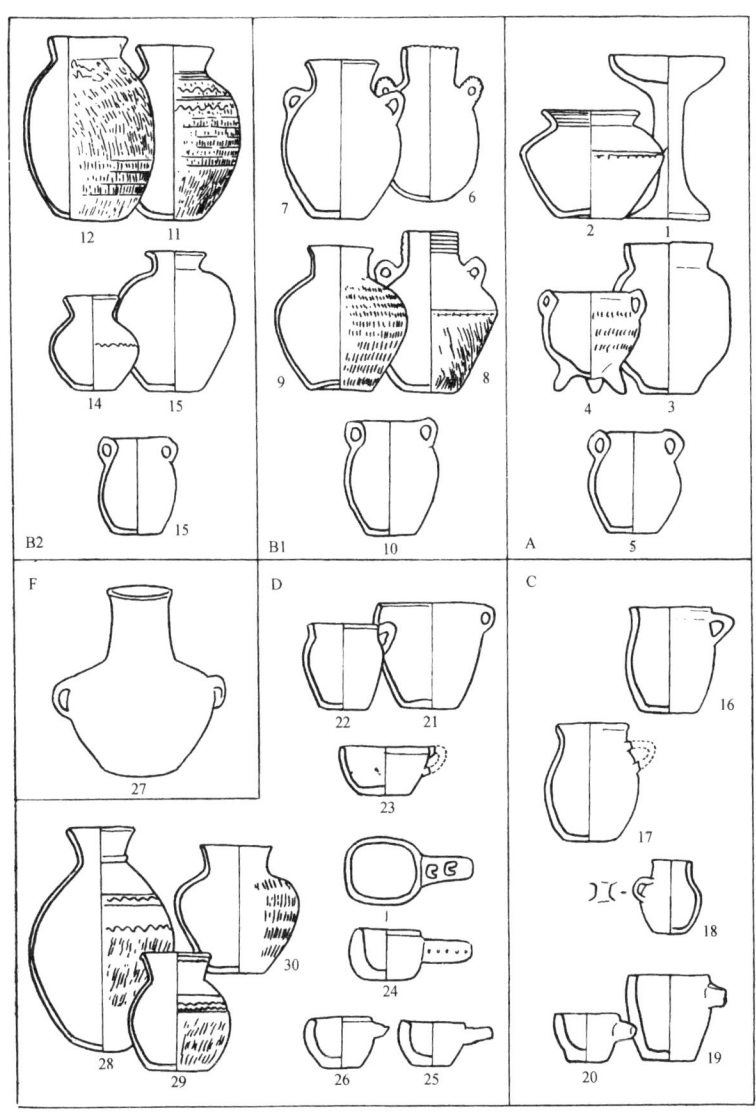

그림 2.
A 구역: 1, 3 -玉皇廟; 2, 4 -葫蘆溝; 5 -白廟
B 구역: 6-10 -縣窯子; 11-15 -毛慶溝
C 구역: 16, 17, 19, 20 -桃紅巴拉; 18 -哈拉圖
D 구역: 21-23, 25-26 -狼窩子坑; 24 -倪丁村; 28, 29 -侯磨村; 30 -陳陽川村
F 구역: 27 -呼魯斯太

는 아직 토기가 발견되지 않았으며, E구역의 고분에서도 지극히 소량만 나타나고 있다는 점이다. 과연 특정 지역에서 토기류를 부장하지 않는 풍속이 존재했을지 여부는 아직 확단하기 어렵다.

청수하 상류 지역의 고원(固原) 후마(侯磨)와 서길(西吉)의 진양천(陳陽川) 고분에서는 꼰무늬 토기가 발견되었다. 함께 발견된 금식(金飾) 유물로 미루어 봤을 때, 이것은 대략 전국시대 중기 혹은 그보다 조금 늦은 시기 것으로 추정된다. 일부 학자들은 이 유형의 토기가 B구역에서 출토된 토기와 근접한 형태를 띠고 있음을 지적하고 있다.[35] 이것은 주목해 볼 필요가 있다.

F구역 호로사태(呼魯斯太) 유적에서는 마광도주(磨光塗朱)토기 7점이 발견되었으며, 그 중 세장경쌍이호(細長頸雙耳壺) 한 점이 완형으로 수습되었다.[36] 이 유형의 토기는 아주 독특한 형태의 것으로, 아마도 서쪽 지역의 채문토기[彩陶]와 일정한 연관관계가 있을 것으로 추정된다.

토기 유형을 기준으로 한 문화의 구분에 대해 일부 학자들은 아주 중요시하는데 반해, 또 다른 일부 학자들은 그다지 주목하지 않고 있다. 따라서 필자는 두 가지 새로운 시각을 토대로, 문화의 차별성 문제에 접근해보고자 한다.

첫째, 앞서 살펴본 여러 구역 모두 축목업이 발달된 지역이라고는 하나, 지역별 부장용 가축 종류가 다르게 나타나고 있다. A구역에서는 말, 소, 양 외에도 개를 함께 껴묻는데, A구역에서는 개를 부장하는(⇒ 껴묻는) 경우가 아주 보편적일뿐만 아니라, 그 수[37] 또한 가장 많이 나타난다. B구역의 곽현요자 유적을 제외한 나머지 구역에서는 개를 부장품으로(⇒ 껴묻은 것이) 발견된 사례는 없다. 곽현요자유적에서는 개 외에도 돼지 뼈가 발견되기도 했으며, 곽(槨) M8, 곽 M19에서는 돼지 머리와 개 머리가 발견되었다. 이 두 고분의 묘주는 모두 여성이며, 부장한 돼지 역시 가축으로 사육한 돼지였을 것으로 추정된다. 이는 해당 지역민들의 생활방식을 시사해준다. 또한 이 지역의 4기 고분에서

---

[35] 甘肅省博物館文物工作隊 等,「甘肅永昌三角城沙井文化遺址調査」,『考古』1984年 7期.
[36] 발굴보고서에 따르면, 견부(肩部)에 물결무늬가 있다고 하는데, 발표된 도면상으로는 확인되지 않으므로 그림2에서 묘사하지 않음
[37] 지역 or 빈도 or 껴묻은 마리수

야생마와 야생 사슴이 발견되기도 했다. 이는 독특한 풍속형태의 반영일 수도 있으나, 동시에 또한 당시 경제구조의 특징을 보여주기도 한다. E구역에는 무덤 옆에 별도로 구덩이를 파서 말을 껴묻는 경우가 많다. 이러한 풍속은 기타 구역과 구별된다. 백묘(白廟) 유적의 퇴적층은 0.5m에 달하고, 모경구 유적의 퇴적층은 1m 이상이다. 또한 도요(陶窯)와 골제품 제조 장소가 발견되고 있는데, 이 지역민들은 오랜 기간 동안 정착생활을 했음을 시사해준다. 이상의 내용으로 미루어, 장성 일대의 유목민들은 경제적 유형이나 생활방식과 풍속에 있어서 단일하지 않았음을 알 수 있다.

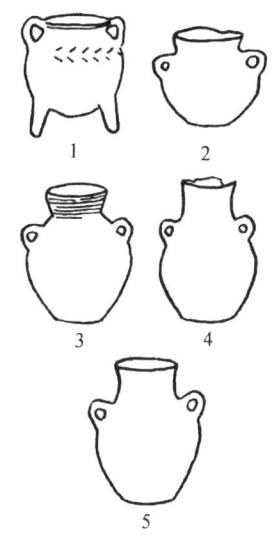

그림 3.
1, 2 -河北唐山賈各庄燕國墓地; 3, 4 -遼寧 客左石椰墓; 5 -甘肅永昌三角城

둘째, 『사기』에서 흉노족은 "사람마다 전투를 익혀 침벌(侵伐)을 일삼는다"라고 했다. 이와 관련해서 각 구역에서 발견된 무기류를 살펴보면, 각 구역마다 다르게 나타난다는 점에 주목할 필요가 있다. D와 E 구역에서는 창[矛]이 발달된 형태로 등장하나, 여타 구역에서는 거의 찾아볼 수 없다.[38] B 구역에서는 '학취부(鶴嘴斧)'가 유행한데 비해, A구역에서는 나타나지 않는다. B구역 곽현요자 유적에서는 연미식(燕尾式) 족(鏃)이 차지하는 비중이 높은 반면, 그 서쪽 지역에서는 발견된 바 없다.

각 구역에서 보편적으로 유행한 청동단검을 분석해보면, 각 지역에서 모두 이른바 '스키타이식'으로 불리는 단검이 발견되고 있다. 그러나 각자 독특한 형태를 띠고 있어, 서로 다른 문화전통에 뿌리를 두고 있음을 시사해주기도 한다. A구역에서 보편적으로 등장하는 단검은 그 앞선 시기의 단검을 바탕으로 중원 계열 검의 형태가 접합된 형태를 띠고 있는데,(그림4) 다른 지역에서는

---

[38] 모경구(毛慶溝) M58에서 한 점 수습되기는 했으나, 그 형태로 미루어 보아 중원 지역의 것임이 분명하다.

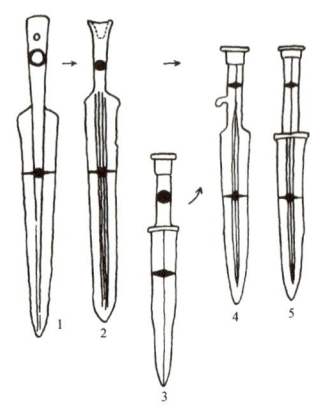

그림 4.
1-內蒙古翁牛特旗大泡子西周時期墓; 2-河北涞平白旗 磚廠墓; 3-張家口白廟; 4, 5-宣化小白陽墓地

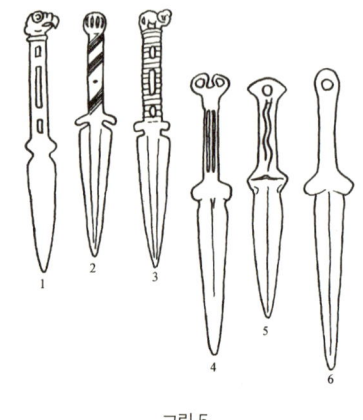

그림 5.
1-昌平白浮西周墓 출토; 2-鄂爾多斯 지역 출토(『內蒙 古長城地帶』); 3-山西 지역 출토(Watson, Cultural Frontiers Ancient East Asia, 1971, 도판82); 4-和 林格爾范家窰子; 5-淮格爾旗西溝畔; 6-中寧縣倪丁村

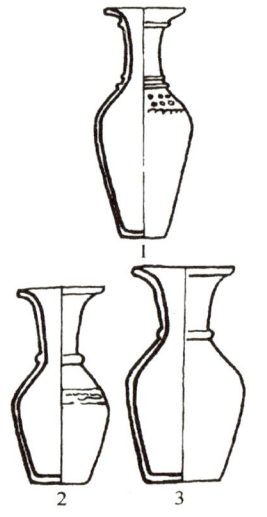

그림 6.
1-西溝畔 M9; 2-包頭固陽縣北魏墓; 3-呼和浩特美岱 村北魏墓

찾아볼 수 없다. B구역 및 그 서쪽 지역에서 발견된 단검은 단순히 '스키타이식'으로만 취급하기 어려운데, 그 특징은 호수(護手) 근처의 검신(劍身)이 조금 안으로 파여 있거나, 칼날이 곡선이다. 이러한 형태는 현지에서 주(周)나라 초기부터 이어져온 전통양식의 영향이라고 할 수 있다.(그림5) 이러한 유형의 단검은 A구역에서는 등장하지 않는다. 각 구역 단검의 손잡이와 장식 또한 지역별 차이가 확인된다. 본 논문에서는 자세히 다루지 않겠으나, 예를 들면, D와 E구역에서

---

39) 安志敏, 「四川甘孜附近出土的一批銅器」, 『考古通訊』, 1953年 1期; 會理縣文化館, 「四川會理出土的一 面銅鼓」, 『考古』, 1977年 3期; [瀘沽湖畔出土文物調査記」, 『凉山彝族奴隷制研究』, 1978年 1期.

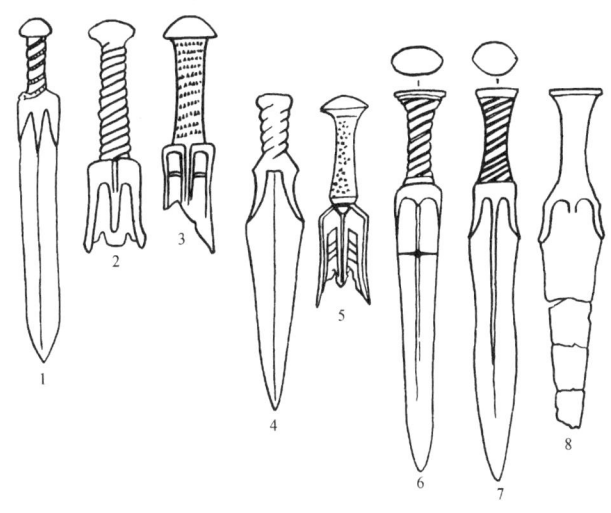

그림 7.
1-寧河中衛狼窩子坑M3; 2-甘肅慶陽城北葬馬坑(銅柄鐵刃); 3-寧夏西; 4-四川阿壩藏族自治州汶川石棺墓; 5-四川; 6-雲南德欽永芝古墓; 7-雲南彌渡苴力; 8-江川李家山M21(銅柄鐵劍)

발견되는 삼차식 호수(三叉式 護手)가 달린 동검(銅劍) 혹은 동병철검(銅柄鐵劍)은 장성 일대의 기타 구역에서는 나타나지 않는다. 단, 천서고원(川西高原)[39]과 전서지구(滇西地區)[40]에서는 널리 분포되어 나타난다.(그림7) 이는 북방초원지역 청동문화의 남하 문제와 관련해 중요한 단서를 제공해주고 있다.

물론 앞선 연구들에서도 이들 여섯 구역의 차이에 대해 언급한 바 있으며, 사실상 이들 유적을 하나의 고고학 문화권으로 묶어야 한다고 주장한 학자는 없다. 그럼에도 일부 학자들은 이들 문화에 동일한 문화적 요소들이 발견되는 만큼, 동일문화의 모체에서 파생된 것으로 볼 여지가 있으며, 하나의 큰 민족집단의 여러 갈래로 이해하고자 한다. 사실상 이러한 논지는 사마천의 관점과도 유사하다. 사마천은 흉노의 조상인 순유(淳維)를 "하후씨(夏后氏)의 후예"라

---

[40] 雲南省博物館文物工作隊,「雲南德欽永芝發現的古墓葬」,『考古』1975年 2期; 雲南省博物館文物工作隊,「雲南德欽縣石底古墓」,『考古』1983年 3期; 雲南省博物館文物工作隊,「雲南寧蒗縣大興鎭古墓葬」,『考古』1983年 3期; 大理縣文化館,「雲南大理收集到一批漢代銅器」,『考古』1966年 4期; 張增祺,「雲南祥雲大波那發現木槨銅棺墓」,『考古』1964年 7期; 雲南省博物館文物工作隊 等,「雲南楚雄縣萬家壩古墓群發掘簡報」,『文物』1978年 10期; 童恩正,「我國西南地區靑銅劍的硏究」,『考古學報』1977年 2期.

하여, 흉노와 한족 역시 거대한 동일 집단으로부터 분화된 것으로 이해했다. 하지만 고고학연구의 발전과 함께 체질인류학(體質人類學)적 기법이 본격적으로 도입되면서 이러한 가설이 점차 설득력을 잃어가고 있다.

A구역의 백묘묘지(白廟墓地)⁴¹⁾에서 발견된 인골 감정결과 두 가지 체질 유형으로 나타났다. 백묘(白廟) I형은 "동아시아 인종과 연관성이 있으며" 하가점상층문화 인구집단과 유사한 것으로 판단된다. 백묘 II형은 북아시아 인종과의 연관성이 더 많이 나타나며, 하가점상층문화 인구집단과 큰 차이를 보이고 있다.⁴²⁾

B구역의 모경구묘지(毛慶溝墓地)에서 발견된 인골에 대해 조사한 결과⁴³⁾ 백묘의 것과 달리 나타났다. 백묘 I형과 II형의 경우에는 매장 방식에서 큰 차이가 없었다. 이것은 문화적으로 이미 동화되었기 때문인 것 같다. 이와 달리 모경구(毛慶溝) 유적의 동일 고분군에서는 서로 다른 매장 풍속이 발견되고 있다. 무덤 방향이 남북향인 고분에서는 가축 머리가 나오지 않았고, 대구(帶鉤)외에는 여타 부장품들이 적게 나타나고 있다. 또한 대부분 대구를 두 부분으로 나누어 머리와 발 근처에 각각 매장하고 있다. 무덤 방향이 동서향인 무덤에서는 가축의 머리가 많이 발견될 뿐만 아니라, 다양한 부장품이 확인되고 있으며, 대구 또한 인골의 복부 부분에서 발견된다. 발견된 인골에 대한 연구결과, 남북향 고분에서 수습된 인골은 순수 동아시아 인종으로 나타나고 있으며, 동서향 고분의 피장자는 동아시아 인종적인 요소가 많이 나타나면서도 일부 북아시아 인종과 연관된 요소들도 함께 발견되고 있다. 모경구 유적과 마찬가지로 음우구묘지(飮牛溝墓地)에서 역시 두 가지 형태의 매장 풍속이 확인되는데, 인종학적 분석 결과도 일치한다.⁴⁴⁾ 이로 미루어 보아, 동일 인구집단 내에도 체질형태가 서로 다른 두 인종이 혼재해 있었으며 그들 사이에 풍속과 같은 문화적 요소가 완전

---

41) 1978~1979년, 사회과학원(社會科學院)에서 발굴 조사한 백여 기 고분에 대한 발굴보고서는 아직 발표되지 않음
42) 潘其風, 「從顱骨資料看匈奴人種」, 『中國考古學硏究 夏鼐先生考古五十年紀念論文集』 二, 科學出版社, 1986.
43) 潘其風, 「內蒙古涼城毛慶溝匈奴墓人骨的硏究」, 『鄂爾多斯式靑銅器』, 文物出版社, 1986.
44) 朱泓, 「內蒙古涼城東周時期墓葬人骨硏究」, 『考古學集刊』 7, 科學出版社, 1991.

히 융합되지는 않았던 것 같다.

B구역의 곽현요자묘지(崞縣窯子墓地)에서 출토된 토기는 모경구의 것과 확연히 구별될 뿐만 아니라, 인골 또한 북아시아인종 범주로 판명되었으며, 다만 일부 동아시아 인종적 특징이 나타나고 있을 뿐이다. 활[弓] 이외의 다른 무기류들이 부장품으로 확인되지 않았다. 이러한 장의 풍속은 장성 일대의 다른 선진(先秦)시기 고분에서는 찾아볼 수 없다.

C구역에서 발견된 인골에 대해서는 단지 한 구의 남성 두개골 조각에 대해서만 감정을 실시했다.(도홍파랍(桃紅巴拉) M1)[45] 그 결과 "아시아몽골인종 중의 북아시아인종에 가깝게 나타났다"고 한다. 그러나 데이터가 제한적인데다가, 샘플이 하나뿐이어서 C구역의 인종적 특징에 대해 확단하기는 어렵다.

A, B 두 구역에 대한 연구 결과를 보면, 서로 다른 체질의 인구집단이 서로 교착되어 나타나고 있음이 확인되었다. 이로 미루어 보면, 장성 일대에 존재하는 동일하면서도 또한 다양한 문화형태는 동일 종족집단의 문화적 분화의 결과가 아니며, 서로 다른 종족적 기원을 가진 인구집단에 의해 창조되고 서로 융합된 결과라 하겠다.

『사기』「흉노열전」에서는 춘추시기의 북방민족에 대해 "각자 계곡에 흩어져 거하며, 스스로 군장(君長)을 두고 있다. 그 무리가 백여 개에 이르나, 하나로 뭉치지는 못한다"고 했다. 앞에서 살펴봤듯이, 문화적으로나 인종적으로 서로 다른 다양한 인구집단 사이에 안정적인 연맹관계마저 존재하지 않았다면, 그들 사이에 과연 동류의식이 형성될 수 있었을지 의심스럽다.

종합해 봤을 때, 모돈(冒頓)시기의 흉노연맹의 건립은 그 보다 앞선 시기 북방 지역에서 이미 형성된 거대한 종족집난을 배경으로 한다고 보기보다는, 수많은 작은 단위의 종족집단을 통합하여 형성된 것으로 이해된다. 이들 종족집단은 체질적으로나 문화적으로 서로 다른 존재들이었다. 이러한 배경을 전제로 흉노족의 근원을 파악해볼 필요가 있다. 모돈이 연맹체를 형성할 수 있었던

---

45) 潘其風, 韓康信, 「內蒙古桃紅巴拉古墓和靑海大通匈奴墓人骨的硏究」, 『考古』1984年 4期.

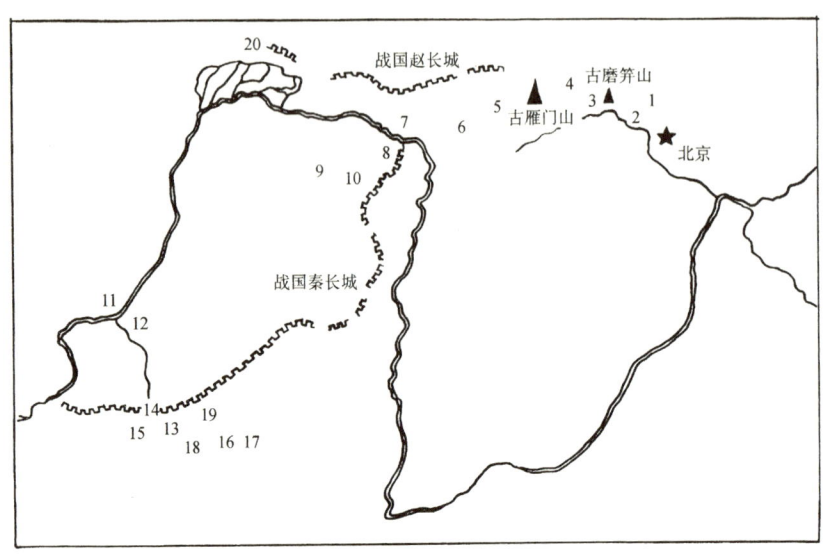

그림 8.
1-延慶; 2-懷來; 3-宣化; 4-張家口; 5-凉城; 6-和林格爾; 7-土黙特旗; 8-准格爾旗; 9-杭錦旗; 10-東勝; 11-中衛; 12-中寧; 13-彭陽; 14-固原; 15-西吉; 16-寧縣; 17-正寧; 18-鎭原; 19-慶陽; 20-烏拉特旗

핵심세력이 과연 어떠한 체질과 문화를 소유한 특정 집단 혹은 집단연맹체[46]였는지를 파악하려는 접근이야 말로 사마천의 견해보다 진일보한 연구라 할 수 있다.

3. 족속(族屬)에 관한 논의

앞서 여섯 구역으로 나누어 살펴본 종족집단 중, 과연 흉노의 전신(前身)이라고 할 수 있는 집단의 존재를 확인할 수 있을까? A구역 집단에 대해 이미 '산융문화(山戎文化)' 라는 타이틀이 붙여져 있다. 하지만 시기적으로나 지역적으로 봤을 때, 사실상 조(趙)나라에 의해 멸망된 대(代)로 보는 것이 타당하다.

A구역 고분에서는 중원식(中原式) 예기(禮器)나, 거마기(車馬器) 및 소도(小

---

46) '흉노(匈奴)'는 모돈(冒頓) 이전에 이미 소규모 부족연맹형태를 취하고 있었을 가능성이 충분하다.

刀), 대구, 원시 장신구와 같은 기타 일용품들이 대량 출토되고 있다. 대부분 춘추시대 말기에서 전국시대 초기에 유행한 양식들이며, 전국시대 중기 이후에 등장하는 형태의 기물들은 발견되고 있지 않다. 이는 『사기』 기록의 조양자(趙襄子) 원년(서기전 457)에 대(代)나라를 멸했다는 기록과도 일치한다.

춘추시대 대국(代國)의 지리적 위치에 대해 역대 사가(史家)들은 한대 대현(代縣)이 위치한 지금의 울현(蔚縣) 일대, 즉 상간하(桑干河) 계곡의 서부 지역으로 비정해왔다. 하지만 조양자(趙襄子)가 대국을 멸하는 과정에 발생한 한 에피소드에 주목해볼 필요가 있다. 조양자의 누이는 대왕(代王)의 부인이었는데, 조양자가 계책을 꾸며 그 남편을 죽이고, 대국을 멸한 다음 사람을 보내 본국으로 맞이하려 하였다. 그러자 그녀는 귀국 길에 산에서 비녀를 갈아(磨笄) 자살한다. 전국시대 장의(張儀)는 이 사건을 두고 "옛날부터 마계지산(磨笄之山)이 있었으니, 천하에 모르는 자가 없다"[47]고 했다.

마계산(磨笄山)의 구체적인 위치에 대해 『수경주(水經注)』 류수조(灅水條, 즉 지금의 桑干河)에서는 『위토지기(魏土地記)』의 기록을 인용하여 두 가지 설을 수록했다. 하나는 지금의 울현(蔚縣) 동쪽이고, 다른 하나는 지금의 탁록(涿鹿)의 동북 지역, 즉 연연산(燕然山) 서남단의 계명산(鷄鳴山)이다. 두 곳에 모두 대왕 부인(代王夫人)을 위해 건조한 사당이 있다는 것이다. 만약 춘추시대의 대국이 확실히 울현 지역에 위치했다면, 어떤 이유에서 연연산 일대에 또 다른 마계산에 관한 전승이 존재하게 되었다는 말인가? 상고시대부터 춘추전국시대에 이르기까지 아주 발달된 양상을 보이다가 갑자기 몰락한 유적군의 존재가 현재 연연산 일대에서 확인된다. 이에 비해, 꼼꼼한 고고학조사를 거쳤음에도 울현 지역에서는 이와 유사한 흐름이 나타나지 않는다. 그러므로 계명산(鷄鳴山)이야말로 당시의 마계산이 확실하며, 울현 동쪽의 것은 후대에 날조된 것임을 알 수 있다. 『수경주』에서 서한(西漢)시기 매복(梅福)의 말을 인용하여 이르기를 "대곡(代谷)은 항산(恒山)이 그 남쪽에 있고, 북새(北塞)가 그 북쪽에 있다. 곡

---

47) 『전국책(戰國策)』 연책일(燕策一), 장의위진파련횡(張儀爲秦破連橫)

(谷)중의 땅은 상곡(上谷)이 그 동쪽에, 대군(代郡)이 그 서쪽에 있다."고 했다. 이로 미루어 보아, 한대에 상간하(桑干河) 계곡 전체를 대곡(代谷)으로 지칭했던 것 같다. 또한 춘추시대의 대국(代國)의 위치를 계곡의 동부로 보고 있었다.

『묵자(墨子)』의 「비공(非攻)」 중(中)과 「겸애(兼愛)」 중(中)에서는 "연(燕), 대(代), 호(胡), 맥(貊)"을 병기하고 있으며, 『사기』 「흉노열전」에서도 "조양자(趙襄子) 구주(句注)를 넘어 대(代)를 깨뜨리고, 호(胡), 맥(貊)과 접하게 되었다"고 했다. 『사기』 조세가(趙世家) 기록에 따르면, 조간자(趙簡子)의 꿈에 천제(天帝)가 자신의 아들(즉 趙襄子)에게 적견(翟犬) 한 마리를 하사했다. 이는 장차 조(趙)나라가 대(代)를 멸망시킴을 암시해주고 있다. 즉, 대는 적인(狄人)의 한 집단이 건국한 국가로, 전국시대 초기에 이미 멸망한 만큼, 흉노 본 집단의 전신으로 보기 어렵다.

D구역 남부의 고원(固原) 지역의 유적은 춘추시대 후기에서 진한(秦漢) 시기까지 이어진다. 나풍(羅豊)의 연구에 따르면, 이 유적은 『사기』 「흉노열전」에 등장하는 '오씨지융(烏氏之戎)'의 것이라고 하는데,[48] 이는 아주 정확한 지적이다. 『사기』 「흉노열전」에 따르면, 오씨(烏氏)는 경수(涇水) 이북에 위치한 여러 융족(戎族)의 한 갈래라고 한다. 『한서(漢書)』 「지리지(地理志)」에서 오씨현(烏氏縣)에 대해 "오수(烏水)가 나와 서북쪽으로 황하(黃河)에 흘러든다. 도로산(都盧山)이 그 서쪽에 있다"고 했다. 경수 북쪽 지역에서 상류 지역의 청수하(淸水河) 한 갈래만이 서북쪽으로 황하(黃河)에 흘러들고 있을 뿐이다. 나머지 강들은 모두 남쪽으로 위하(渭河)에 유입된다. 고원(固原)은 청수하의 발원지로, 그 서쪽에 육반산(六盤山)이 있다. 여기서 오수(烏水)가 곧 청수하이고, 도로산(都盧山)이 곧 지금의 육반산임이 확실하다. 고원의 고성향(古城鄕) 고성촌(古城村)에서 한 초기의 것으로 추정되는 동정(銅鼎)이 발견되었다. 동정의 명문(銘文)에 따르면, 앞서 조나(朝那)에 설치되었다가, 후에 오씨(烏氏)에 둔 것이라고 한다.[49] 또한 고성향에서 서한(西漢)시기의 것으로 추정되는 금(金), 은

---

[48] 羅豊, 「固原靑銅文化初論」, 『考古』 1990年 8期.
[49] 韓孔樂, 武殿卿, 「寧夏固原發現漢初銅鼎」, 『文物』 1982年 12期.

(銀), 동(銅)을 혼합하여 만든 양(羊) 조형이 출토되었으며, 인근에서 한대 고분이 발견되기도 했다. 이러한 단서들로 미루어 보면, 고성향의 고성(古城)유적은 곧 한대의 오씨현(烏氏縣) 고지임을 알 수 있다.

오씨(烏氏)에 대해 『사기』 집해(集解)에서 『괄지지(括地志)』를 인용하여 이르기를 "주(周)의 옛 땅이다. 후에 융(戎)의 땅이 되었다가, 진(秦)나라 혜왕(惠王)이 다시 오씨현을 설치했다."고 했다. 고원 지역에서 이미 전형적인 서주(西周) 초기 고분과 거마갱(車馬坑)이 발견된바 있다.[50] 뿐만 아니라 전형적인 진(秦)나라 스타일의 정(鼎), 호(壺), 과(戈), 검(劍) 등 유물이 출토되었다. 또한 정(鼎)의 명문에서 '함양(咸陽)'이라는 글자가 확인되는데, 『괄지지』의 기술과 일치하고 있다. 따라서 이 지역은 진혜왕(秦惠王, 서기전 337~311) 시기, 진(秦)에 귀속되었던 것 같다. 『사기』 「화식열전」에서 오씨족(烏氏族) 중에 융왕(戎王)과의 장사에 뛰어난 '라(倮)'라고 불린 자가 있었다고 전하고 있다. "말과 소와 같은 가축을 골짜기 단위로 그 수를 헤아렸다. 진시황(秦始皇)이 라를 군왕(君王)에 봉하고, 뭇 신하들과 함께 알현토록 했다."고 하는데, 당시까지만 해도 오씨는 지속적으로 발전하고 있었으며, 아마 후대에 이르러 동화(同化)되었던 것 같다.

D구역 북부유적과 남부의 초기유적, 예를 들면 고원의 맹원향묘장(孟塬鄕墓葬), 살문묘지(撒門墓地), 석라촌묘장(石喇村墓葬)은 문화적 특징이 유사하게 나타나고 있다. 참조할만한 문헌기록이 없는 이상, 현재로서는 잠정 오씨의 초기유적으로 추정해보고자 한다.

E구역은 『사기』 「흉노열전」에 등장하는 이른바 '의거지융(義渠之戎)'의 지역으로, 역대 사학가들 사이에 별다른 이견이 없다. 의거(義渠)와 진(秦)의 관계에 대한 가장 이른 시기 기록은 『사기』 육국연표(六國年表)인데, "여공공(厲共公) 6년(서기전 471), 의거(義渠)가 와서 회유하였다."고 전하고 있다. 그 뒤 오랜 기간 동안 서로 공벌(攻伐)을 멈추지 않다가, 진(秦)의 소양왕(昭襄王) 35년(서기

---

[50] 固原縣文物工作站, 「寧夏固原縣西周墓淸理簡報」, 『考古』1983年 11期.

전 272)에 이르러 최종적으로 진(秦)에 의해 멸망된다. 그러므로 이 지역의 춘추시대 후기에서 전국시대에 이르는 시기로 편년되는 유적은 의거(義渠)의 유적일 가능성이 많다. 하지만 한 가지 주저되는 부분의 그 장의풍속과 관련해서이다. 현전하고 있는 『묵자』절장 하(節葬 下)와 『열자(列子)』탕문(湯問)에서 모두 "진(秦)의 서쪽에 의거국(儀渠國)이 있어, 그 풍속에 친족이 사망하면 장작을 모아 불태운다. 연기가 피어오르면 이를 일컬어 '멀리 올라간다.(登遐)'고 하는데, 그렇게 함으로써 효자가 된다."고 전하고 있다. 하지만 현재 E구역에서 완정한 형태의 무덤은 영현(寧縣) 원가촌(袁家村)에서 한 기만 발견되고 있으며, 목관(木棺)이 있고, 시신은 정면으로 안치되어 있다. 인골은 거의 완정한 상태로 남겨져 있어, 화장의 흔적을 찾아 볼 수 없다. 이 문제는 지속적인 발굴 작업을 통해 해결해나가야 할 필요가 있다. 한 가지 지적하고자 하는 부분은, 진대(晉代)의 장담(張湛)이 『열자』에 붙인 주석에서 일부 판본에서는 '의거(儀渠)'를 '의강(儀康)'으로도 쓰기도 한다고 지적한 바 있다. 또한 옛 판본 『묵자』에서는 '의거'를 '의병(儀秉)'으로 기록했다. 하지만 청대(淸代)의 필원(畢沅)이 『열자』와 『태평광기(太平廣記)』의 내용에 근거하여 '의거'로 고쳐 적었다는 점이다. 『순자(荀子)』「대략편(大略篇)」에서 이르기를 "저강(氐羌)의 포로들은 잡혀서 묶이는 것은 두려워하지 않으나, 죽어서 화장(火葬)되지 못할까 걱정한다."고 했다. 그 외에 『여씨춘추(呂氏春秋)』「의상편(義賞篇)」에서도 "저강의 백성들은 포로가 되어, 묶이는 것은 두려워하지 않으나, 죽어 화장되지 못할 것을 걱정한다."고 했다. 이들 기록에 따르면 화장(火葬)은 저강의 풍속이라는 것인데, 구체적인 나라 이름은 언급하고 있지 않고 있다. 의거는 동주(東周)시기 '서융(西戎)'의 한 갈래로 인식되었었는데, '저강'에 속했는지 여부는 자세히 알 수 없다. 따라서 향후의 발굴 작업을 통해 의거(義渠)에게 화장 풍속이 있었는지 여부를 밝혀낼 수는 있을 것이다. 그러나 화장 풍속이 나타나지 않는다고 해서 의거의 유적이 아니라고 단정하기는 어렵다.

고대 중원인들은 오씨와 의거를 '서융'으로 분류했는데, 이른바 "서융의 땅에 있으며, 서쪽 변방을 지킨다."[51]는 기록에서 알 수 있듯이, 진(秦) 역시 서융 계열로 인식되고 있었다. 그 뒤, 주(周)의 문화를 수용해 강성해진 진(秦)은 "서융을 제패52)"하기에 이른다. 동주(東周) 전시기에 걸쳐 진(秦)은 서융과 대치하고 있었는데, 소양왕(昭襄王) 시기에 이르러서야 "군사를 일으켜 의거를 벌하였다. 그리하여 진(秦)은 롱서(隴西), 북지(北地), 상군(上郡)의 땅을 차지하게 되었으며, 장성을 쌓아 호(胡)를 막았다." 즉 소양왕(昭襄王) 시기부터 진(秦)은 호(胡)와 정면충돌하게 되었던 것이다. 따라서 오씨와 의거는 호와 별개의 실체로, 흉노의 본 집단의 전신으로 보기 어렵다.

『사기』「장의전(張儀傳)」에서는 서기 전 318년 의거의 군주가 동방5국의 진(秦) 공벌에 참여한 사건에 대해 비교적 소상히 전하고 있다.53) 하지만 같은 사건에 대해 『사기』진본기(秦本紀)에서는 "한(韓), 조(趙), 위(魏), 연(燕), 제(齊)에서 흉노 군사와 더불어 진(秦)을 공격했다."고 기술했다. 이는 아마도 사마천이 의거를 「흉노열전」에 수록한 만큼, '의거'를 '흉노'로 바꿔 표현했기 때문일 것으로 추정된다. 그러므로 이 기록을 근거로 의거를 곧 흉노로 보기 어려운데, 맹자(孟子)가 "책의 내용 전부를 신뢰하느니, 차라리 책이 없는 것이 낫다."고 지적했듯이, 문헌기록의 내용을 액면 그대로 신뢰해서는 안 될 것이다.

B, C, F구역의 종족집단에 대해 판별하기 어려운데, 확실한 문헌자료가 뒷받침되지 않기 때문이다. 『전국책』 조책(趙策) 2 무령왕평주간거(武靈王平晝間居)에서 서기 전 307에 조무령왕(趙武靈王) 시기의 변복기사(變服騎射) 부분에서 "양주(襄主, 즉 조양자(趙襄子)) 융(戎)을 병합하고 대(代)를 제거하여, 여러 호와 대치하게 되었다."고 했다. 즉 전국시대 초기, 조나라에서는 이미 호와 충돌하기 시작했다. 호의 족속 또한 한 갈래뿐이 아니라 다양하게 존재했던 것 같다. 서기 전 307년을 전후한 시기 조나라는 "동쪽으로 연(燕), 동호(東胡)와 경계하고 있고, 서쪽으로 누번(樓煩), 진(秦), 한(漢)과 변경을 맞닿아" 있었고, "복식을 바꾸고, 기사(騎射)를 익혀 삼(參),54) 호(胡), 누번(樓煩), 진(秦), 한(韓)의 변방(수

---

51) 『사기』「진본기(秦本紀)」
52) 『좌전(左傳)』 文公 3年
53) 『전국책(戰國策)』 진책(秦策)2, 의거군지위(義渠君之魏)의 내용과 같음
54) 삼(參)과 '参'은 같음

비)에 대비했다."고 하였다. 동일 기사에 대해, 『사기』 「조세가(趙世家)」에서는 "북쪽에는 연(燕)이 있고, 동쪽으로 동호(東胡)가 있으며, 서쪽으로 누번(樓煩), 임호(林胡), 진, 한과 변경을 맞대고 있다.", "복식을 바꾸고, 기사(騎射)를 익혀 연(燕), 삼호(三胡), 진, 한(韓)의 변경(수비)에 대비했다."고 기술하고 있다. 여기서 '여러 호(諸胡)'는 '동호', '임호(林胡)', '삼호' 등 구체적인 칭호로 등장하지만, 과연 '삼호'란 어떤 세 갈래 호를 지칭하는지는 알 수 없다. 단, 『전국책』에서는 '삼호(參胡)'와 '누번(樓煩)'을 병기하고 있어, 누번(樓煩)은 호(胡)의 족속이 아닌 것만은 분명한데, 그렇지 않을 경우, '사호'로 기술했을 것이기 때문이다. 그 외에 『사기』 「염파인상여전(廉頗藺相如傳)」에서 조(趙)나라 도양왕(悼襄王) 원년(서기전 245) 이목(李牧)의 전공에 대해 기술하면서 동호(東胡), 임호(林胡) 외에 '첨람(襜襤)'에 대해 언급하고 있는데, 그 실체가 호인지 아닌지에 대한 것은 알 수 없다.

전국시대 후기, 문헌에 등장하는 구체적인 명칭을 가진 민족집단의 구체적인 활동영역을 확인하기가 어려운 것이 사실이다. 임호(林胡)와 누번(樓煩)의 위치에 대해, 『전국책』에는 서로 달리 기술하고 있다. 「조책(趙策)」 2에서는 조(趙)의 서쪽이라고 한데 비해, 연책(燕策) 1 소진장위종(蘇秦將爲從) 1에서는 연의 북쪽이라 하고 있다. 사마천은 『사기』 「조세가(趙世家)」와 「소진전(蘇秦傳)」에서 두 가지 설을 모두 언급하며, 임호(林胡)와 누번(樓煩)이 연(燕)의 북쪽에 존재했던 시기를 구체적으로 서기 전 334년이라고 했다. 그렇다면 서기 전 334~307년을 전후하여 임호와 누번이 동쪽에서 서쪽으로 이동했다는 말인가? 만약 『전국책』 「연책」의 내용을 신뢰하지 않고, 임호, 누번이 줄곧 조(趙)의 서쪽에 존재했다고 보더라도, 과연 그 구체적인 위치가 어딘지는 확단하기 어렵다. 『사기』 「조세가」 기록에 의하면 조무령왕(趙武靈王)20년(서기전 306) "서쪽으로 호(胡)의 땅을 빼앗아 유중(楡中)에 이르니, 임호(林胡)의 왕이 말을 헌납했다."고 한다. 다만 '유중(楡中)'의 구체적인 위치에 대해 또한 여러 설들이 난무하고 있다. 『中國古今地名大辭典』에서는 당대(唐代) 장수절(張守節)의 『사기정의(史記正義)』의 내용을 근거로 지금의 오르도스(鄂爾多斯) 황하(黃

河) 북안 지역이라고 기술했다. 그에 비해, 『사원(辭源)』에서는 송말원초(宋末元初) 호삼성(胡三省)이 지은 『자치통감음주(資治通鑑音注)』에 근거하여 준격이기(准格爾旗) 지역이라고 했다.

또한 『사기』 「조세가」에 따르면, 조(趙)의 혜문왕(惠文王) 2년(서기전 297) "주부(主父)가 신(新)의 땅으로 행차하기 위해, 대(代)의 서쪽으로 나가다가 마침 서하(西河)에서 누번왕(樓煩王)과 마주쳐 그 군사를 모았다."고 한다. 여기서 '서하(西河)'란 구체적으로 어느 지역을 가리키는지 자세히 알 수 없다. 선진(先秦)시기에서 한대에 이르는 고대 문헌에서 '서하'란 황하가 남쪽으로 흐르는 부분을 가리키거나, 그 구역의 황하 양안 지역을 지칭하기도 한다. 따라서 한대 누번현(樓煩縣)이 하동(河東)[55] 지역에 있었다는 점을 근거로 누번이 하동 지역에 존재했다고 할 수 있다. 또한 그와 달리, 누번이 하서에 있었다고도 볼 수 있는데, 한대 위청(衛靑)이 "하남(河南)의 땅을 공략하고……백양누번왕(白羊樓煩王)을 쫓았다."[56]는 기록이 있기 때문이다. 물론 황하의 이 구역 양안 지역을 모두 누번의 땅으로 볼 수도 있다. 또한 서기 전 245년을 전후하여 문헌에 등장하는 '첨람(襜襤)'의 구체적인 위치에 대해서도 『사기』에서 관련 언급을 찾아 볼 수 없다. 『사기집해(史記集解)』에서는 여순(如淳)의 설(說)을 인용해 "대(代)의 북쪽에 위치한다."고 했으나, 확실한 근거를 제시하지 않고 있어, 신뢰하기 어렵다.

여하튼 문헌기록상으로는 단편적인 내용밖에 확인되고 있지 않는데다가, 구체적인 종족 명칭 또한 전국시대 후기의 것이어서, 춘추시대 말기로 편년되는 고고학 유적과 직접적으로 연관시켜 해석하기 어렵다. 지속적인 발굴 작업을 통해 해당 시기 종족집단의 구체적인 분포상황을 파악해야만 단편적인 문헌기록을 정확히 해석할 수 있을 것이다.

마지막으로 흉노에 대해 언급해 보도록 하자. 흉노 본 집단에 관한 가장 이른 시기 기록은 『사기』이다. 『사기』 「염파인상여전(廉頗藺相如傳)」에 수록되어 있는 서기 전 245년을 전후한 시기, 이목(李牧)이 "대(代), 안문(雁門)에 거하면서 흉노를 공략했다."는 기사가 있다. 이목이 "흉노 십여만 기(騎)를 대파하니,

흉노는 그 뒤 십여 년 동안 감히 변방을 엿보지 못했다."고 한다. 여기서 조의 변방은 이른바 "장성을 쌓아 대, 병(幷), 음산(陰山)으로부터 고궐(高闕)에 이르는 지역을 변방으로 삼았다."57)고 하는 지역이다. 이 장성은 조무령왕(趙武靈王)이 북쪽의 임호(林胡)와 누번(樓煩)을 깨드리고 쌓은 것이며, 축조 시기는 서기 전 3세기 전후이다. 조나라에서 축조한 장성에 대해 발굴조사 결과, 임하현(臨河縣) 동북쪽의 양낭산구(兩狼山口), 즉 조의 고궐(高闕)에서 음산(陰山)산맥 동쪽의 대청산(大靑山) 남쪽 기슭을 따라 탁자현(卓資縣) 이북 방향으로 뻗어나가고 있음을 확인할 수 있다.58) 따라서 이목(李牧)이 흉노와 대치했다고 하는 안문 지역은 지금의 산서성 대현(山西省 代縣) 서북의 안문관(雁門關) 일대로 보기 어렵다. 『산해경(山海經)』「해내서경(海內西經)」에 따르면 "안문산(雁門山) 사이에서 기러기가 나오는데, 고류(高柳)의 북쪽에 있다. 고류는 대(代)의 북쪽에 있다."고 한다. 한(漢)나라에 북조(北朝)에 이르기까지, 고류현(高柳縣)은 줄곧 지금의 산서성 양고현(山西省 陽高縣) 경내에 위치했다. 따라서 고대의 안문산(雁門山)은 곧 양고(陽高)와 내몽골 흥화(內蒙古 興和) 사이의 산지를 지칭했던 것 같다. 『수경주(水經注)』「류수조(灅水條)」에서 안문산에 대해 "그 산봉우리가 겹겹으로 둘러있고, 높이 떠있는 구름이 노을빛에 물든다. 산봉우리가 급급히 잇닿아, 동쪽으로 요새(遼塞)에 이른다. 안문수(雁門水)는 이 안문산에서 나와 "동남쪽으로 고류현(高柳縣)의 옛 성 북쪽을 경유한다."고 했다. 즉 안문수는 지금의 혼원(渾源)에서 발원하여 남양하(南洋河)로 흘러드는 하천이다. 이 안문산은 고대에 대곡(代谷) 서북 지역의 병장(屛障)으로, 이목(李牧)이 흉노 방비를 위해 대, 안문에 거했다고 한다. 이로 미루어 보면, 흉노 본 집단의 중심지는 조(趙)에서 축조한 장성의 동단 이북 지역임을 알 수 있다. 이는 『사기』 「흉노열전」에서 한나라 초기, "단우정(單于庭)을 대(代), 운중(雲中)에 두었다."고 한 기술과도 일치한다.

---

55) 지금의 산서성 영무(山西省 寧武)
56) 『사기』「위장군표기열전(衛將軍驃騎列傳)」
57) 『사기』「흉노열전」
58) 盖山林, 陸思賢, 「陰山南麓的趙長城」, 『中國長城遺址調查報告集』, 文物出版社, 1980.

전국시대 말기 흉노의 본 집단은 조나라 장성 이북에 거했다. 그렇다고 해서 장성을 쌓기 이전 시기에도 흉노인이 지금의 장성 밖에서만 거주했고, 장성 이남 지역에서는 전혀 활동하지 않았었다고는 확단할 수 없다. 그러므로 조나라 장성 이남 지역의 춘추전국시대의 것으로 편년되는 유적은 흉노의 것이 아니라고 단언하기 어렵다. 다만, 그러한 판단에 앞서서 살펴야 할 것은 판단의 기준을 확실히 마련하여야 할 것이다. 전국시대 말기 장성 이북 지역에서 활동한 흉노 본 집단의 인종학적·문화적 특징을 판단기준의 근거로 사용할 수 있다. 따라서 조나라 장성 이북 지역의 전국시대 말기 유적에 대한 자세한 발굴조사가 이루어져야 할 것이며, 그러한 작업을 통해 흉노의 막남왕정(漠南王庭)의 실체를 제대로 밝혀야 할 것이다. 이 작업이야 말로 중국고고학계의 중요한 과제이기도 하다. 하지만 현재 확보하고 있는 자료가 충분치 못해서, 비교분석할 만한 기준이 아직 마련되어 있지 않은 것이 사실이다. 이러한 상황에서 그림1에서 나열한 것 과 같은 수많은 집단들 사이에서 유행한 유물들의 공통된 특징만을 근거로 삼아서 조나라 장성 이남 지역의 특정 유적을 흉노 본 집단 전신 유적으로 비정한다는 것은 과학적인 접근이 못된다.

4. 간접 추론

현재까지는 전국시대 말기의 전형적인 흉노의 본 집단 유적이 아직 발견되지 않고 있는 상황이다. 그렇기 때문에 이미 발견된 한대의 흉노유적에 대한 연구를 통해 그 전신에 대해 추정해보는 방법이야 말로 가장 현실적인 접근이라 할 수 있다.

현재 중국경내에서 발견된 한대의 것으로 추정되는 흉노유적은 다음과 같은 것들이 있다.

1. 청해대통상손가채흉노묘(青海大通上孫家寨匈奴墓).[59] 이 고분에서 수습된 '한흉노귀의친한장(漢匈奴歸義親漢長)' 관인(官印)으로 미루어 보면, 이것은 흉

노인의 무덤임이 틀림없다. 고분의 형태 및 발굴된 기물의 형태로 보아, 축조 시기는 대략 동한(東漢) 말기(서기 2세기 후반에서 3세기 초)로 추정된다. 다만 아쉬운 부분은, 장의 풍속이 이미 거의 한화(漢化)되어 있어 흉노 전통적인 문화 특징을 찾아보기 어렵다는 점이다. 그럼에도 수습된 3구의 인골의 체질 특징은 모두 "북아시아 몽골인종과 밀접한 관계가 있는 것으로 나타나고 있다."

   2. 영하동심도돈자묘지(寧夏同心倒墩子墓地).[60] 이 유적은 다음과 같은 두 가지 근거로 미루어 흉노무덤으로 추정된다. 1) 출토된 도관(陶罐)과 투조패식(透雕牌飾), 동환(銅環) 등의 유물이 몽골 지역의 한대 흉노묘의 것과 흡사하다. 2) 출토된 오수전(五銖錢)이 만성한묘(灣城漢墓, 서기전 113~서기전 104)의 것과 동일하다. 사료에 따르면 원수(元狩) 2년(서기전 121)에 천수(天水)·안정(安定) 등 다섯 군(郡)의 옛 경계의 바깥 지역[塞外], 황하 이남 지역에 다섯 속국(五屬國)을 두어서, 투항해 온 흉노를 정착하게 했다고 한다. 동심(同心) 지역은 곧 안정군(安定郡)의 옛 경계의 바깥 지역[塞外]인 하남(河南)의 땅 즉, 천수 속국이 위치했던 곳이기도 하다.

   『한서(漢書)』「무제기(武帝紀)」 기록에 따르면, 원수 2년 이래로 항복해 온 흉노의 실체는 서부흉노의 곤사왕(昆邪王)[61]이 휴도왕(休屠王)을 죽이고 그 무리를 거두어 온 것이다. 그들의 원 지역은 하서주랑(河西走廊)의 무위(武威), 장액(張掖) 일대이다. 사서(史書)에서는 흉노 본 집단이 월씨(月氏)를 깨뜨리고 하서주랑(河西走廊) 지역을 차지한 것인지, 아니면 비 흉노집단이었다가 흉노연맹에 병합된 것인지에 대해 명확히 밝히지 않고 있다.

   이 고분의 장의 풍속이 특이한데, 대개는 두 유형으로 나뉜다. 하나는 수혈묘(竪穴墓)로, 가축의 머리나 발굽을 껴묻지 않는다. 다른 한 종류는 편동실묘(偏洞室墓) 형태이며, 영아(嬰兒)무덤 한 기를 제외하고 모두 가축의 머리와 발굽이 발견되고 있다. 두 유형의 무덤에서 발굴된 부장품은 큰 차이가 없다. 비록 금귀걸이 2점이 모두 편동실묘(偏洞室墓)에서 발견되었다고는 하지만, 전폐

---

59) 青海省文物管理處考古隊,「青海大通上孫家寨的匈奴墓」,『文物』1979年 4期.
60) 寧夏文物考古硏究所 等,「寧夏同心倒墩子匈奴墓地」,『考古學報』1988年 3期.

(錢幣)가 가장 많이 수습된 무덤은 수혈식(竪穴式)인 M18이다. 그러므로 무덤 형태의 차이를 사회적 신분의 차이 때문으로 보기 어려우며, 모경구묘지(毛慶溝墓地)와 마찬가지로 동일 집단 내에 서로 다른 풍속습관이 있었음을 나타낸다. 아쉽게도 수습된 두개골에 대한 연구보고서가 아직 발표되지 않아서 인종에 대해서는 자세히 알 수 없다. 주목할 만한 특징은 모든 무덤에서 활과 화살을 포함한 그 어떤 무기류도 나오지 않았다는 것이다.

3. 내몽골(內蒙古) 준격이기(准格爾旗) 서구반묘지(西溝畔墓地).[62] 이 지역의 고분군에서는 몽골(蒙古)의 한대 흉노묘에서와 유사한 형태의 유물[63]이 나타나고 있으므로 흉노의 유적으로 판단된다. 중원(中原) 양식의 장수무(長袖舞)가 확인되고 있다는 점으로 미루어, 그 시기는 서한(西漢)초기 추정된다. 따라서 이것은 이미 흉노에 병합된 누번백양왕(樓煩白羊王) 부족의 유적일 가능성이 많다. 『사기』「흉노열전」에 따르면, 흉노는 초한(楚漢)전쟁이 진행되고 있을 무렵 "남쪽으로 누번백양왕(樓煩白羊王)을 병합했다."고 한다. 또한 『사기』「유경숙손통열전(劉敬叔孫通列傳)」에서 서기 전 198년에 "유경(劉敬)이 흉노에서 돌아와 이르기를, 흉노의 하남백양누번왕(河南白羊樓煩王)의 땅에서 장안(長安)까지 7백리에 달하는데, 가벼운 말로 달려 하루 낮과 밤이면 진중(秦中)에 이른다고 했다."고 기술했다. 서기 전 127년 위청(衛青)이 "호(胡)의 누번백양왕(樓煩白羊王)을 하남(河南)의 땅에서 깨뜨리고, 수천을 포로로 잡고, 소와 양 백여 만 마리를 노획했다. 그로부터 한이 하남의 땅을 얻게 되었다."[64] 약 80여 년에 걸쳐, 하투(河套)의 황하(黃河) 남안 지역에 '누번백양왕' 혹은 '백양누번왕'[65]으로 지칭된 실체는 단지 하나일 뿐이다. 한에서는 그들을 격파하고, 하남 전체를 차지하고 나서 삭방군(朔邦郡)을 설치하게 된다. 따라서 서기 전 3세기 말에서 서기 전 127년 사이로 편년되는 하투(河套) 지역의 유적은 '누

---

61) 즉 혼사왕(渾邪王)
62) 伊克昭盟文物站 等,「西溝畔漢代匈奴墓地調査記」,『內蒙古文物考古』創刊號, 1981.
63) 근저부에 구멍에 뚫려 있는 관(罐), 물결무늬 옹(翁), 짐승 무늬 장식 유물
64) 『사기』「흉노열전」
65) 『사기』 위장군표기열전(衛將軍驃騎列傳)

번백양왕' 부족의 것으로밖에 볼 수 없다. 이들 집단은 흉노의 본 집단과 다른 존재이므로, 흉노와 차별되는 자신들만의 특징들을 간직하고 있었을 가능성이 많다.

M6와 M9에서 모두 양과 말의 뼈가 발견되었으며, M9에서는 양 머리뼈 2구와 개 머리 뼈 1구가 발견되었다. 발굴보고서에 따르면, "짐승 뼈가 발견된 것으로 미루어 보면, 가축 순장 풍속이 유행했음을 알 수 있다."고 한다. 하지만 M9에서 수습된 토기와 동지환(銅指環)의 형태로 보아, 이 고분은 북조(北朝)시기 선비족(鮮卑族)의 무덤으로 추정된다.[66](그림6) 그러므로 부장품이 발견되지 않고 있는 M6 역시 서한(西漢)초기의 고분으로 확단하기는 어렵다.

M4와 같이 정교한 금관식(金冠飾)과 금도금을 한 대식(帶飾)이 발견되고 있고, 가축의 뼈는 나타나지 않았다. 유적 전반에 걸쳐 무기류는 발견되고 있지 않았고, 동족(銅鏃) 외의 무기류가 부장되지 않았다. 이런 고분형태야 말로 서한 초기 이 지역 장의풍속의 특징이라 할 수 있다.

4. 내몽골 동승 보동구묘지(內蒙古 東勝 補洞溝墓地)[67] 이 고분에서도 역시 몽골의 한대 흉노묘에서와 유사한 형태의 토기와 철기가 나타나고 있으므로 흉노의 유적으로 판단된다. 무덤에 조각난 동경(銅鏡)을 함께 부장하는 풍속 역시 몽골, 싸바이칼 지역의 흉노무덤과 일치한다. 몽골이나 소련 학자들의 판단 기준에 따르면 이는 '흉노의 색채'를 가장 많이 간직하고 있는 유적이라고 한다. 고분 축조연대는 출토된 '규격경(規格鏡)'[68]으로 미루어보아, 대략 서한 말기에서 동한 초기로 추정된다. 『후한서(後漢書)』「남흉노전(南匈奴傳)」에는 동한 초기, 남·북 흉노의 분립(分立)기사가 수록되어 있다. 건무(建武) 26년(서기 50), 한에서 남흉노 단우(單于)를 도와 오원군(五原郡) 서부요새에서 80리 떨어진 지역에 단우정을 세워, 운중(雲中)으로 옮겨 살도록 했다. 또한 서하군(西

---

[66] 包頭市文物處, 「包頭固陽縣發現北魏墓群」, 『考古』1987年 1期; 內蒙古文物工作隊 編, 『內蒙古文物資料選輯』, 內蒙古人民出版社, 1963; 內蒙古文物工作隊, 「內蒙古呼和浩特美岱村北魏墓」, 『考古』1962年 2期.
[67] 伊克昭盟文物工作站, 「伊克昭盟補洞溝匈奴墓地」, 『內蒙古文物考古』創刊號, 1981.
[68] 즉 박국경(博局鏡)

河郡) 미직현(美稷縣), 즉 지금의 준격이기(准格爾旗) 일대로 들어와 거하도록 했다. 따라서 보동구묘지(補洞溝墓地)는 동한 초기, 남흉노 선우정 인근 적계(嫡系)부족의 유적일 가능성이 많으며, 낙음오랍(諾音烏拉) 일대 북방의 단우(單于) 직계 부족의 유적과 유사한 특징들이 나타나고 있다.

보동구흉노묘(補洞溝匈奴墓)는 몽골의 흉노고분과 마찬가지로 말, 소, 양의 머리를 함께 껴묻었다. 유일한 차이점은 낙음오랍 일대 흉노묘에서는 활 이외의 무기류를 부장하지 않는 것이다. 이에 보동구(補洞溝) 유적의 한 고분에서는 한식 철검(漢式 鐵劍) 한 점이 발견되었다. 이는 남흉노(南匈奴)가 한에 부용하면서 서서히 풍속에 변화가 발생하게 되었음을 시사해준다.

낙음오랍 지역에서 수습된 남성과 여성 두개골 2구에 대한 검정한 결과 모두 북아시아인종의 고대 시베리아유형으로 밝혀졌다. 보동구에서는 비교할만한 인골 자료가 발견되고 있지 않아 아쉬움이 남는다.

지금까지 나온 자료들이 충분치 않아서 초기 흉노의 본 집단의 실체에 대해 확단하기 어려운 것이 사실이다. 그러나 다음과 같은 가설을 제시해볼 수 있다.

1. 일반적으로 인종적 차원의 동화는 문화의 동화에 비해 느리게 진행된다. 상손가채흉노묘(上孫家寨匈奴墓)가 그 좋은 예이다. 상손가채(上孫家寨)에서 수습한 인골 분석결과를 낙음오랍의 것과 비교해봤을 때, 초기 흉노 본 집단을 북아시아인종의 범주로 이해해볼 여지가 충분하다.

2. 고분에 반영되어 나타나는 문화의 특징을 살펴보면, 일반적으로 부장 기물형태에 비해 장의풍속 자체가 보수적인 성격을 띠고 있다. 모경구묘지(毛慶溝墓地)와 도돈자묘지(倒墩子墓地) 두 고분에서 출토된 유물은 그 형식이 큰 차이가 없다. 다만 장의풍속은 서로 다르게 나타나고 있다. 따라서 보동구묘지(補洞溝墓地)와 낙음오랍 일대 고분에서 나타나는 장의풍속으로 미루어 보면, 초기 흉노 본 집단은 수혈토갱묘(竪穴土坑墓) 묘제를 취하고 있었으며, 말, 소, 양 머리를 껴묻지 않던 것 같다. 또한 활을 제외한 무기류를 부장품으로 껴묻지 않았을 것으로 추정된다. 서구반묘지(西溝畔墓地)와 도돈자묘에서도 역시 활을 제외한 무기류가 부장품으로 발견되지 않고 있다. 이곳 역시 흉노 본 집

단의 장의 풍속일 가능성이 많다. 혹 흉노연맹에 편입된 후, 흉노 본 집단의 장의풍속을 수용한 결과일 가능성도 배제할 수 없다.

　　전국시대에도 위에서와 같은 특징을 갖춘 종족 집단이 존재했던 것일까? 곽현요자묘지(崞縣窯子墓地)가 좋은 증거가 되고 있다. 하지만 이 고분군에 피장된 종족을 흉노 본 집단의 전신으로 간주하려는 것은 아니다. 이 집단은 전국시대 전기에 이미 하투(河套) 지역으로 이주했고, 돼지를 양식했다. 이 점으로 미루어 보면, 이들은 정착생활을 하고 있었던 것으로 추정된다. 이들은 전국시대 조나라 장성 밖에서 활약한 흉노 본 집단의 전신으로 보기 어렵기 때문이다. 오히려, 이 집단은 『전국책』에 등장하는 이른바 '제호(諸胡)'의 한 갈래였을 것으로 이해된다. 단, 그 유적은 전국시대 흉노 본 집단의 여러 흔적들을 발견할 수 있는 단서를 제공해주고 있다.

5. 결 론

　　흉노사연구에서 중국고고학자료가 본격적으로 활용되기 시작된 것은 1973년에 전광금(田廣金)과 이작지(李作智) 등의 연구자들이 모래바람을 무릅쓰고 도홍파랍(桃紅巴拉)과 공소호(公蘇壕) 고분을 발굴 조사하면서부터였다. 고고학을 통해서 본 흉노는 다음과 같다.

　　절대적으로 부족한 사료로 인해서 사마천 이래로 고대 문헌에 등장하는 북방민족들을 모두 흉노의 조상으로 뭉뚱그려 이해해왔다. 현재에 이르러 고고학 연구 성과가 어느 정도 축적되면서 우리는 사마천에 비해 발전된 인식을 갖게 되었다.

　　1. 문헌기록에 등장하는 북방의 여러 민족들, 예를 들면 대, 의거(義渠), 오씨(烏氏)와, 기록에서 누락된 족속들, 예를 들면 모경구(毛慶溝), 곽현요자(崞縣窯子) 등의 유적을 대표로 하는 집단은 모두 인종과 문화적 특징을 서로 달리하고 있으므로, 그들을 하나의 실체로 이해하기는 어렵다.

2. 지금까지 다양한 종족집단의 존재가 확인되었다. 그러므로 어떤 집단이 흉노 흥기 이전에 이미 소멸되었거나, 중원 민족에 동화되었는지, 또 어떤 집단이 지속적으로 발전하여 한대의 흉노에 융합되었는지를 밝혀내는 작업이 중요하다. 즉 한대의 흉노연맹에서 영유하고 있었던 영토에 존재해온 모든 족속을 흉노의 조상으로 보기는 어렵다는 것이다.

3. 흉노연맹이 형성되면서 토기형식은 일원화되며, 문화적으로는 통일성이 뚜렷이 나타난다. 하지만 고고학 자료로 보면, 연맹체 내부의 여러 부족들 사이에는 각자의 전통이 지속적으로 유지되고 있었던 것 같다.

이러한 인식을 전제로 하면, 흉노 본 집단의 족원(族源) 문제는 한대 흉노의 기원문제와는 별개로 접근할 필요가 있다. 고고학적 연구방법은 흉노 본 집단의 기원과 실체를 밝히는데 큰 역할을 할 수 있으리라고 믿는다.

물론 흉노 본 집단이 초기에 중국 국경 밖에서 활동했을 가능성을 배제해서는 안 된다. 따라서 이 과제는 국제적인 성격을 띨 수밖에 없다. 단, 문헌기록으로 판단했을 때, 서기 전 3세기에서 서기 전 2세기 중기에 이르는 기간 동안에, 흉노 본집단의 활동영역은 내몽골 중부에서 북쪽으로 치우친 지역으로 추정된다. 그러므로 중국 고고학자들은 좋은 기회와 여건 속에서 책임감을 가지고 연구에 임할 필요가 있다.

우리는 이미 사마천의 인식을 뛰어넘었으므로, 이제 더 큰 도약을 기해야 할 것이다.

(1992년 8월, 呼和浩特에서 열린 中國古代北方民族文化國際學術會議 발표논문. 『內蒙古文物高古』1993년 1,2期 合刊에 수록)

유라시아 초원지대 굽은짐승무늬(卷曲動物紋)에 관한 논의*

굽은짐승무늬—卷曲動物紋—의 분포 지역은 북쪽의 북해 북안으로부터, 동쪽으로 외 바이칼 초원지대에 이른다. 중국의 경우, 신강(新疆), 감숙(甘肅), 영하(寧夏), 내몽골(內蒙古), 하북(河北) 등 지역에서 모두 나타나고 있다. 이것은 유라시아초원지대의 이른바 '짐승양식(animal style)' 예술의 대표적 장식 문양이며, 일찍부터 많은 고고학자들의 주목을 받아왔다. 러시아 학자 보그다노프(波格丹諾夫)는 2004년에 발표한 논문에서 1970년대 이후의 굽은짐승무늬와 관련된 서구학계의 연구 성과가 자세히 정리되어 있다.[1] 따라서 본고에서는 다시 부연하지 않도록 하겠다.

하지만 굽은짐승무늬와 관련된 중국 학계의 연구는 비교적 적은 편이다. 2002년에 오은(烏恩)이 관련 논문을 처음으로 발표되었다.[2] 2004년 9월에는 양건화(楊建華)가 북경(北京)에서 개최된 국제학술회의에서 관련주제로 발표했다. 그러나 아직 공인된 학술지에 게재되지는 않았다.[3] 따라서 필자는 본고를 통해 이 주제와 관련된 논의를 새롭게 진전시켜보고자 한다.

오은(烏恩)은 그의 연구에서 러시아 학자 마르티노프(馬爾提諾夫)의 '짐승

---

* 본 연구는 중국 敎育部 人文社會科學 핵심기초과제사업의 지원을 받아 진행되었다.(사업허가번호 : 06JJD780004)
1) (러시아) E.S. 波格丹諾夫, 「斯基泰東部地區卷曲猛獸紋的起源」, 『歐亞大陸的考古學, 民族學和人類學』 2004年 4期(영문판), pp.50~56.
2) 烏恩, 「略論歐亞草原早期遊牧人藝術中的卷曲動物形象」, 『考古』 2002年 11期, pp.60~68.
3) 楊建華, 「歐亞草原卷曲動物紋初探」 특刊.

양식' 형성에 관한 주장, 즉 특정 지역에서 기원되었다는 설에 대해 근거가 결여되어 있다고 비판하였다. 그리고 다양한 지역의 '짐승 장식 문양'은 문화적 접촉과 전파를 통해 수용된 것이 아니라, 독자적으로 형성되었음을 주장했다.[4] 필자 역시 그러한 견해에 전적으로 공감하고 있다. 그리고 현재까지의 연구 결과에 따라 권곡짐승문을 세 개의 큰 구역으로 나누어 접근할 필요가 있다.

첫째 구역은 중국의 내몽골을 중심으로 한 동방(東方) 구역이다. 오은은 그의 연구에서 이 지역에서 등장한 굽은짐승무늬에 대해, 하가점상층문화(夏家店上層文化)시기로 보았다.[5] 하가점상층문화에서는 호랑이 형상을 한 짐승 문양이 흔하게 발견되고 있다.[6](그림1: 1, 2 참조) 이 유형 짐승 문양에는 맹수의 발톱이 표현되어 있는 경우도 있고, 발톱과 꼬리 부분이 고리 모양(環形)으로 표현되기도 한다. 앞, 뒤 다리 상부는 동심원 문양으로 장식되어 있다. 머리 부분은 정면과 측면 두 가지 형태로 표현된다. 정면 형상은 콧구멍 두 개가 표현되어 있으며, 다리의 아래 부분과 꼬리 부분에 평행 막대기 문양이 묘사되어 있는 것이 특징이다. 정면과 측면으로 묘사된 호랑이 형상은 모두 권곡식(卷曲式)[7]이다.(그림1: 3~5 참조) 발톱과 꼬리 부분을 이용하여 고리 모양을 이루고 있으며, 앞, 뒷다리 부분에 동심원 문양이 나타나는 것이 특징이다. 그림1의 도형 3, 4의 경우, 입구가 봉합되어 있지 않으며, 도형 4, 5의 경우, 한쪽 변두리가 직선이다. 엄밀히 말하면, 이들을 완성된 형태의 권곡문으로 보기는 어렵다.

하가점상층문화는 곧 산융(山戎)의 문화이다. 그 문화의 번성기는 서주(西周) 말기에서 춘추시대 초기(즉 서기전 9세기~서기전 8세기)라고 할 수 있고, 제환공(齊桓公)의 정벌 이후에 점차 쇠락하게 된다. 그러므로 위에서 언급한 샘

---

[4] 烏恩, 앞의 논문, 2002, p.66 (러시아) M. II. 馬爾提諾夫, 『森林草原的塔加爾文化』, 1979, 新西伯利亞, p.118 참조.
[5] 烏恩, 「論我國北方古代動物文飾的淵源」, 『考古與文物』 1984年 4期, pp.46~59; p.104.
[6] 項春松, 李義, 「寧城小黑石溝石槨墓調査淸理報告」, 『文物』 1995年 5期, pp.4~22. 그림19: 8; 그림21: 1.
[7] 遼寧省昭烏達盟文物工作站 等, 「寧城縣南山根的石槨墓」, 『考古學報』 1973年 2期. 그림9: 7; 項春松, 李義, 앞의 논문, 1995, 그림19: 11; 그림21: 4.

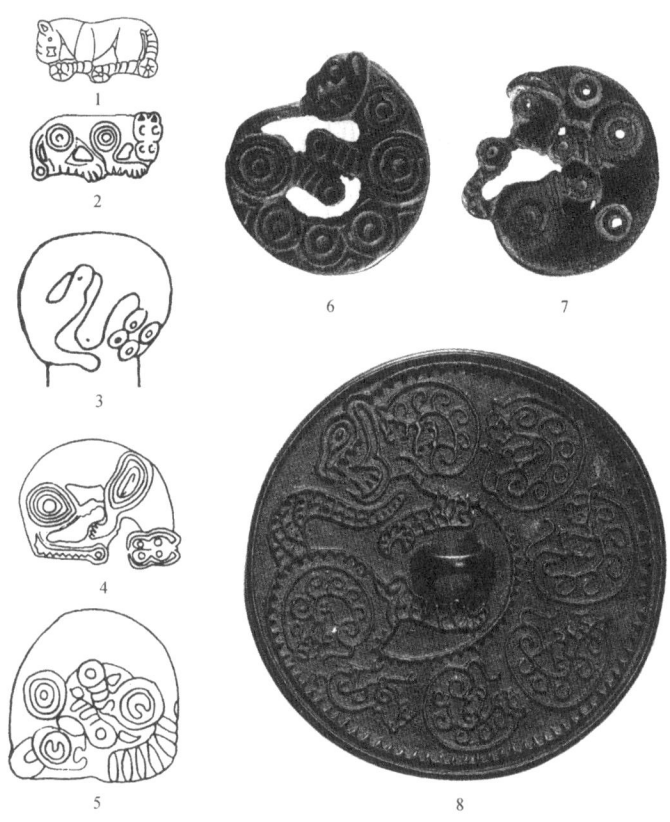

그림 1. 東方 구역 卷曲動物紋의 기원
1, 2, 4, 5.寧城 小黑石溝 石槨墓; 3.南山根M101; 6.內蒙古博物館 소장;
7.색클러 소장; 8.독일 베를린 동양미술관 소장

들은 적어도 서기 전 8세기에 만들어진 것들이라 할 수 있다. 이들과 유사한 특징이 발견되는 것들로는 내몽골박물관에 소장품 한 점8)(그림1: 6)과 색클러 (Arthur M. Sackler)가 수장하고 있는 소장품 한 점이9)(그림1: 7) 있다. 그 외에 독일 베를린 동양미술관에 수장되어 있는 지름이 9.9cm에 이르는 동경(銅鏡)의 장식 문양에도 주목할 필요가 있다.10)(그림1: 8) 이 동경의 장식 문양은 돌출된

---

8) 鄂爾多斯博物館, 『鄂爾多斯靑銅器』, 文物出版社, 2006, pp.238~239.
9) (영국) 艾瑪 邦克, 『亞瑟 賽克勒收藏品中的歐亞草原東部的古代靑銅器』, 1997, 뉴욕, p.288, No.258.

선으로 구성되어 있는데, 상촌령(上村嶺) 괵국묘(虢國墓)에서 출토된 춘추시대 초기 동경의 양식과 흡사하다.11) 또한 호랑이 형상의 윤곽선 내측은 톱니 모양 문양으로 장식되어 있어, 남산근(南山根) 102호 석곽묘(石槨墓)에서 출토된 골판(骨板)에 묘사된 사슴과 동일한 기법인 것으로 판단된다.12) 따라서 이 역시 하가점상층문화의 유물로 추정된다.

유형학적 견지에서, 이러한 패식[牌飾 ;골판(骨板)]의 변화 발전은 두 갈래로 나누어 볼 수 있다. 즉 호랑이 머리 형상은 각각 정면과 측면으로 나타났다. 각각의 형상은 변화 발전과정을 거쳐 왔는데, 본고에서는 각각 그림213)와 그림314)으로 설명하고자 한다.

정면 호랑이 머리 장식 패식은 후대에 이르러 점차 비교적 완정한 원형 구도로 발전되는데,(그림2: 1~6) 꼬리 부분의 고리 모양이 머리 부분에 붙게 된다. 꼬리 부분에는 막대기 문양이 지속적으로 유지된다. 두 다리는 거의 평행을 이루며, 몸통 바깥 둘레에는 평행 절선(切線)이나 연주문(聯珠紋)이 있다. 이 유형 패식 중에서, 출토지가 확실한 것은 오직 하북(河北) 강보(康保)에서 발견된 것뿐이다.(그림2: 1) 오르도스박물관에 소장되어 있는 것들은(그림2: 2, 4, 5) 대개 오르도스 지역에서 수습되었다. 이렇듯 분포 지역은 매우 넓다. 이보다 진일보 발전된 것이 바로 두 발의 고리 모양이 합쳐진 형태이다. 이 유형의 경우, 예외 없이 둘레가 새머리로 장식되어 있다.(그림2: 9~12) 단, 대 부분 주조(鑄造)가 정교하지 못한 등 기술이 쇠퇴한 흔적이 발견된다. 따라서 필자는 두

---

10) (일본) 東京國立博物館, 『大草原の騎馬民族 -中國北方の靑銅器』, 株式會社東京美術, 1997, 그림80.
11) 中國科學院考古研究所, 『上村嶺虢國墓地』, p.27, 그림21, 그림40:2.
12) 中國社會科學院考古研究所東北工作隊, 「內蒙古寧城縣南山根102號石槨墓」, 『考古』 1981年 4期, pp.304~308, 그림7.
13) 田廣金, 郭素新, 『鄂爾多斯式靑銅器』, 文物出版社, 1986; (영국) 艾瑪 邦克, 앞의 책, 1997; (일본) 東京國立博物館, 『東京國立博物館所藏中國北方系靑銅器』, 竹林舍, 2005; 鄂爾斯博物館, 앞의 책, 2006; 河北省文化局文物工作隊, 「河北省幾年來在廢銅中發現的文物」, 『文物』 1960年 2期, pp.59~62, p.67; 烏恩, 앞의 논문, 1984, pp.46~59; 鄭紹宗, 「略論中國北部長城地帶發現的動物紋靑銅飾牌」, 『文物春秋』 1991年 4期, pp.1~32.
14) 中國靑銅器全集編輯委員會, 『中國靑銅器全集』 15 北方民族, 文物出版社, 1995; (일본) 東京國立博物館, 앞의 책, 2005; 鄭紹宗, 「中國北方靑銅短劍的分期與形制硏究」, 『文物』 1984年 2期, pp.37~49; 賀勇, 劉建中, 「河北懷來甘子堡發現的春秋墓葬」, 『文物春秋』 1993年 2期, pp.23~40, p.75; 涿鹿縣文物保護管理所 「河北省涿鹿縣發現春秋晚期墓葬」, 『華夏考古』 1998年 4期, pp.25~26.

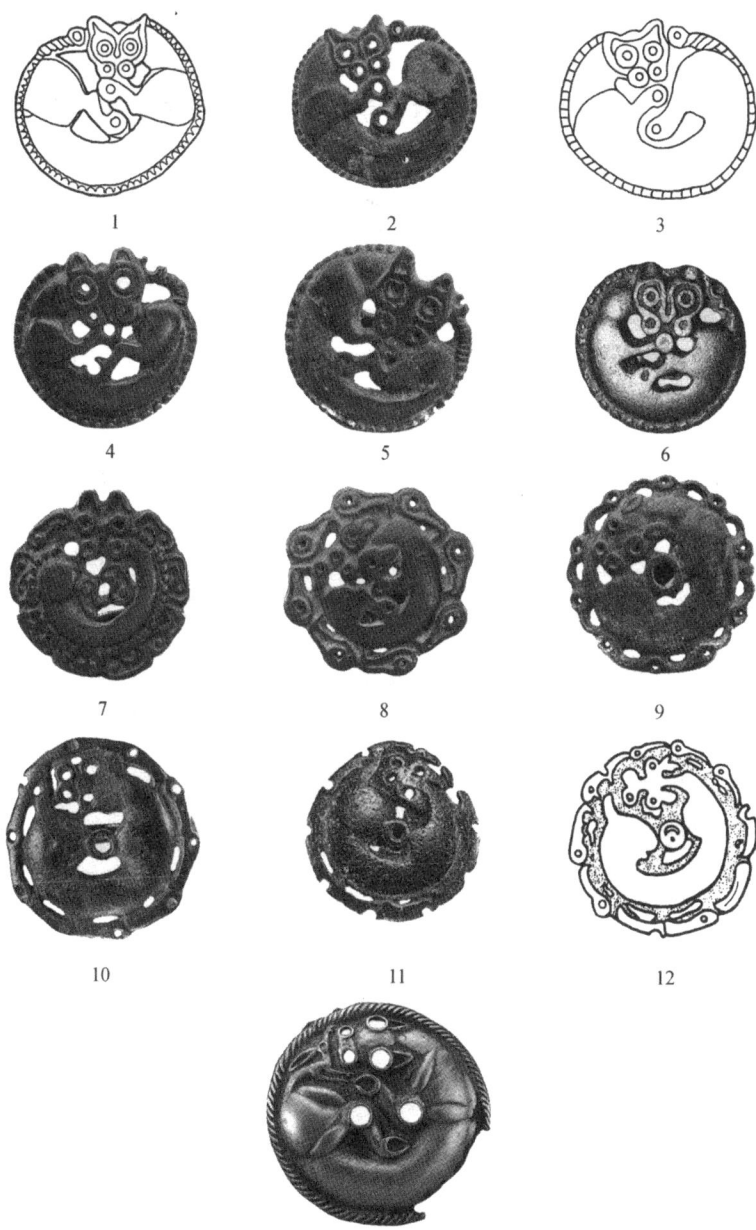

그림 2. 東方 구역 정면 頭部 卷曲動物紋
1.康保 출토, 河北考古所 소장; 2, 4, 5, 7~9, 13.오르도스박물관 소장;
3.張家口, 承德 지역 수집, 原 河北文物隊 소장; 6, 10, 11.색클러 소장; 12.內蒙古 지역 출토.

발의 고리 모양이 합쳐지지 않았으나, 주변에 새머리 장식 혹은 연주무늬와 새머리 장식이 함께 나타나는 유형을 과도기적 형식으로 분류하고자 한다.

여기서 특별히 짚고 넘어갈 유물은 오르도스박물관에서 소장하고 있는 금제 패식(牌飾)이다 (그림2: 13) 이 유물에 장식된 짐승 문양은 두 다리가 평행인 구도를 하고 있으며, 몸 주변에 평행 절선 장식무늬가 있다. 연주문은 이것으로부터 발전된 형태이다. 흥미로운 점은, 그 꼬리 부분이 작은 사슴 모양으로 묘사되었다는 것이다. 스키타이양식에서 중심에 있는 짐승의 뿔, 꼬리, 발의 끝 부분에 별도의 짐승이 묘사되기 시작한 것은 서기 전 6세기 말에서 서기 전 5세기 초 무렵 이다.15) 이러한 양식의 영향은 중국 초원지대의 전국시대 기물에서도 찾아 볼 수 있다. 따라서 이 금제 패식의 제조 연대도 춘추 말기보다 이른 시기로 보기 어려운데, 동일 유형 패식의 연대를 추정하기 위한 근거자료로 활용될 수 있다.

측면 호랑이 머리가 묘사되어 있는 패식은 정면의 경우보다 많지 않다. 주변 문양 역시 평행절선 문양-연주 문양(그림3: 1~5)과 조두 문양(그림3: 6, 8) 두 가지 양식으로 구분된다. 그림3의 1, 2 두 점은 회래(懷來) 감자보(甘子堡)의 고분에서 발굴된 것들이다. 8의 경우에는 심하게 훼손되어서 도안을 자세히 분별하기 어렵지만, 두 발 끝의 원이 합쳐진 양식일 가능성이 많다. 그에 비해, 그림3의 6의 경우에는, 두 발끝이 합쳐진 형식이나, 머리 부분 훼손이 심해서, 옆을 바라보고 있는 것인가에 대한 여부를 확단하기 어렵다. 하지만 감자보(甘子堡) 발굴보고서에 수록되어 있는 다른 한 패식의 모사도(그림3: 7)를 참조해 그 양식을 판단해 볼 수 있다. 이 패식 모사도 역시 자세하지는 않으나, 머리 부분은 확실히 측시이며, 두 발의 끝이 합쳐져 있고, 주변이 새머리로 장식되어 있다. 주목해 살펴볼 필요가 있는 유물은 융화(隆化) 삼도영촌(三道營村)의 낙타량(駱駝梁) M8유적에서 발견된 패식이다.16)(그림3: 10) 이 패식에 묘사된 짐승의 머리 부분이 특이하다. 어느 정도 훼손되었는지는 확실치 않으나,

---

15) (러시아) А. И. 梅留科娃, 『斯基泰-薩爾馬特時代蘇聯歐洲部分的草原』 1989, 모스크바, p.102.

측시로 분류할 수 있다. 발 부분의 형식은 확인하기 어려우며, 주변은 평행 사선(斜線) 문양으로 장식되어 있다. 양건화(楊建華)의 연구에 따르면, 감자보와 낙타량(駱駝梁) 고분의 축조연대는 춘추시대 중기로 추정된다고 한다.[17] 그러므로 절대 연대에 있어서 주변이 평행절선-연주 문양으로 장식된 경우이든지, 아니면 새머리로 장식된 경우이든지 간에, 두 발끝 부분이 합쳐지지 않은 것이라면, 춘추시대 중기에 병존했다고 할 수 있다. 그 외에 1993년 하북(河北) 탁록현(涿鹿縣) 손가구촌(孫家溝村) 고분에서 출토된 '동포(銅泡)' 모사도 역시 조잡하다.(그림3: 9) 발굴보고서에서 "중심에 개 한 마리가 권곡(卷曲) 형태로 묘사되어 있다."고 했는데, 권곡 호랑이 형상일 가능성이 많다.

동방 구역의 범주는 대개 외 바이칼 지역을 포함하고 있는데, 1985년, 키릴로프(基里爾洛夫)가 처음으로 외 바이칼 지역 석판묘에서 출토된 굽은짐승 문양 패식에 관한 글을 발표했다. 전체 문양 중에서, 아마 꼬리 부분이 훼손된 것 같다고 한다.[18](그림3: 11) 동방 구역의 영향은 서쪽으로 멀리 동 카자흐스탄 지역에까지 미친 것으로 나타난다. 이르티쉬 강(Irtysh river) 상류에 위치한 기사제아이(奇斯提雅爾) 고분에서 유사한 형태의 패식이 출토되었는데,(그림4: 1)[19] 머리 부분이 정면으로 묘사된 굽은 맹수 문양이다. 비록 세부적인 부분에 있어서, 내몽골과 하북 북부에서 발견된 패식의 문양과는 구별된다. 하지만 유사한 부분도 많이 있는 것을 보면, 일종의 모조품일 것으로 추정된다. 그 외에 미누신스크(Minusinsk) 분지의 타가르(Tagar)문화의 굽은맹수패식에서도 다리 윗 부분에 동심원이 묘사되어 있는 경우를 발견할 수 있다.(그림4: 2)[20] 이 역시 동방 구역의 영향일 가능성이 많다.

---

16) 鄭紹宗, 앞의 논문, 1984.
17) 楊建華, 『春秋戰國時代中國北方文化帶的形成』, 文物出版社, 2004, p.73; p.77.
18) (러시아) А. И. 基里爾諾夫, О. И. 基里爾諾夫, 「靑銅時代外貝加爾東部諸部落文化 -歷史接觸的新資料」, 『古代外貝加爾和它的文化聯系』, 新西伯利亞, 1985, 그림2: 16 인용.
19) a.(러시아) М. Г. 莫什科娃, 『斯基泰 -薩爾馬特時代蘇聯亞洲部分的草原地帶』, 1992, 모스크바, 그림 57: 19.
　　b.(영국) J. 戴維斯 金博爾 等, 『早期鐵器時代歐亞草原的遊牧人』, 1995, 貝克萊, p.214, 그림43: C
20) (러시아) М. П. 查維都欣娜, 『葉尼塞河上的古代藝術』, 레닌그라드, 1983, 그림2: 12 인용.

두 번째 구역은 사이오트(薩彥)-알타이 지역을 중심으로 한 중앙 구역이다. 18세기 초에 러시아인들이 초원지대로 확장해나가면서 이 지역의 고분에 대한 도굴이 창궐하였다. 널리 알려진 '표트르1세(Pyotr I)의 시베리아 보물'로 불리는 굽은짐승 패식은 길이는 10.9cm, 넓이는 9.3cm이며, 무게는 221.2g 이다. 이것은 대표적인 금제 굽은 맹수 패식으로 손꼽히기도 한다.[21](그림5: 2) 묘사된 짐승의 몸통은 전체적으로 마르고 길어, 동방 구역의 굽은 호형 패식의 것과 확연히 구별된다. 이것은 고산지대에서 서식하는 설표(雪豹, snow leopard)를 원형으로 삼았을 가능성이 많아 보인다. 그 뒤에 투바(Tuva) 지역에서 아르잔(Arzhan / Аржан) '왕릉'에 대한 발굴이 이루어졌는데, ^{14}C 연대측정 결과 서기 전 800±50년, 서기 전 850±50년, 서기 전 820±50년경에 축조된 것으로 밝혀졌다. 따라서 이 고분에서 출토된 굽은 맹수 동제 패식은 가장 이른 시기의 이 유형 유물로 손꼽히고 있다.[22](그림5: 1)

물론 일부 학자들은 이 고분에서 출토된 유물을 근거로, 굽은 맹수 청동패식의 제조연대를 서기 전 8세기 초로 보기도 한다. 하지만 그렇다 해도 하가점 상층문화의 것에 비해 늦은 시기라 할 수 없다. 따라서 이것은 독자적으로 형성되었다고 봐야 마땅하다. 이것은 앞의 '표트르 1세의 보물'과는 확연히 다른 형태이다. 묘사되어 있는 짐승은 입을 벌려 뾰족한 이빨을 드러내고 있고, 발톱은 길고 날카로우며, 꼬리는 가늘고 짧다. 이러한 형상은 아마 비교적 원시적인 양식일 것이다. 하지만 알타이 서부의 매애미이(邁埃米爾) 고분에서 출토된 금박이 덧씌워진 목패(木牌) 7점[23](그림5: 3)으로 미루어 봤을 때, 굽은 표범무늬의 공통된 특징은 단지 몸통이 마르고 길다는 점뿐이다. 이빨을 드러내거나 아니거나, 발톱이거나 고리(環) 모양이든, 꼬리 길이가 길거나 짧거나, 혹은 끝 부분이 고리로 묘사되든지 등등의 요소는 시대적인 변화와는 상관없이 동일 고분에 부장된 유물에서 나타나고 있다. 이 고분의 축조 연대는 서기 전

---

21) (한국) 韓國立博物館, 『愛爾米塔什的斯基泰金器』, 朝鮮日報社, 1991, p.167, 그림95.
22) (러시아) М.Г. 莫什科娃, 앞의 책, 1992, 그림72: 66.
23) 위와 같음, 그림62: 1~7.

8세기 서기 전 6세기로 추정된다.[24] 이와 유사한 경우는 카자흐스탄의 아랄해(Aral) 동쪽의 위가랍극(威加拉克) 33호 고분에서 출토된 두 점의 유물을 예로 들 수 있다.[25] 그 중에 재갈 장식품으로 추정되는 유물 한 점은 짐승의 꼬리 부분이 고리 모양(環形)이고, 긴 발톱이 묘사되어 있다.(그림5: 4) 다른 한 점은 꼬리와 발끝이 모두 고리 모양으로 되어 있다.(그림5: 5) 이 고분의 축조 연대는 서기 전 7세기[26] 혹은 서기 전 7세기 서기 전 6세기경으로[27] 추정되고 있다.

이런 형태의 굽은 표문(豹紋) 패식 혹은 재갈 장식은 다양한 지역에 걸쳐 광범위 하게 분포되어 나타난다. 투바와 알타이 지역 외에도, 카자흐스탄[28](그림5: 6), 중국의 신강(新疆)[29](그림5: 9), 러시아의 서부 시베리아(그림5: 7)[30]와 남부 시베리아(그림5: 8)[31] 등의 지역에서도 발견되고 있다. 또한 그 제작 연대는 모두 서기 전 7세기 서기 전 6세기로 추정된다. 보그다노프의 논문 도판에 보면, 내몽골 지역에서도 이 유형의 굽은표문[32](그림6: 1) 유물이 발견되었다고 한다. 하지만 아쉽게도 출처에 관한 자세한 전거를 밝히지 않았다. 따라서 향후의 지속되는 발굴 작업을 통해서만이 그 사실 여부를 밝혀낼 수 있을 것이다.

또한, 보그다노프의 글에서는 색클러 소장품 중의 표문(豹紋) 대구(帶扣)(그림6: 2)[33] 한 점에 대해 언급하고 있다. 이 역시 엄밀히 따져 굽은 형태의 고리 모양으로 볼 수 있으며, 이는 사이오트-알타이 지역으로부터 내몽골에 전파된 것이라고 한다. 색클러 소장품 연구자인 벙커 여사의 주장에 따르면 "이와 거

---

24) 위와 같음, pp.184~185.
25) 위와 같음, 그림5: 23; 20.
26) 이와 같음, p.43.
27) (러시아) E. Ф. 切濟娜, 「斯基泰時期伏爾加河下流和南烏拉爾藝術中卷曲成環的猫科猛獸形象」, 『考古學論文集』, 1984, 레닌그라드, p.62.
28) (러시아) Л. Т. 亞布龍斯基, 「咸海沿岸南部地區塞人文化形成諸問題」, 『蘇聯考古學』 1999年 1期, 그림12: 3; (영국) J. 戴維斯・金博爾 等, 앞의 책, 1995, p.229, 그림83.
29) 王炳華, 「新疆東部發現的几批銅器」, 『考古』 1986年 10期, pp.887~890, 그림2: 2.
30) (러시아) Ю. Б. 波里多維奇, 「斯基泰"野獸風"中的卷曲動物紋」, 『俄國考古學』 1994年 4期, 그림1: 1 (본고에서는 Ю. Б. 波里多維奇, 「論斯基泰藝術史 -卷曲野獸母題的産生」, 『俄國考古學』 2001年 3期, 그림2: 7을 인용함)
31) (러시아) М. П. 査維都欣娜, 앞의 책, 1983, 그림2: 11.
32) (러시아) E.S. 波格丹諾夫, 앞의 논문, 2004, p.51, 그림51.
33) (영국) 艾瑪 邦克, 앞의 책, 1997, p.190, No.114.

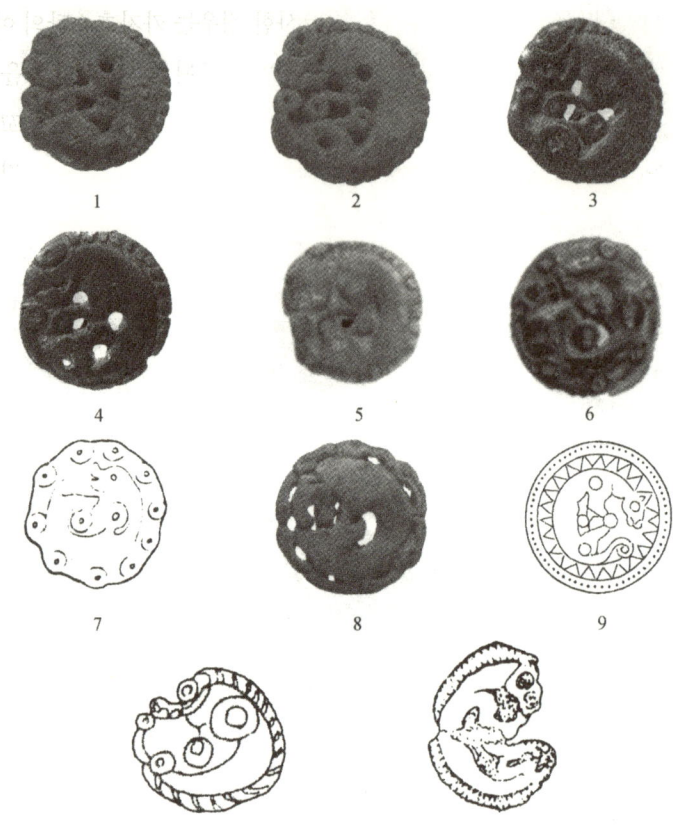

그림 3. 東方 구역 측면 頭部 卷曲動物紋
1, 2, 7. 懷來 甘子堡 출토; 3~6.도쿄국립박물관 소장; 8.內蒙古考古所 소장;
9.涿鹿縣 孫家溝 출토; 10.隆化 駱駝梁 출토; 11.외 바이칼 지역 판석묘.

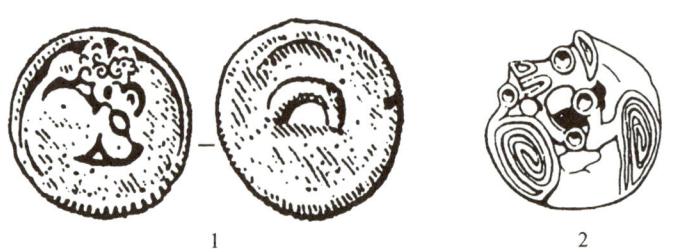

그림 4. 중앙 구역에 대한 東方 구역의 영향
1.동 카자흐스탄의 奇斯提雅爾 고분 출토; 2. 국립 허미티지(Hermitage) 박물관 소장(타가르문화)

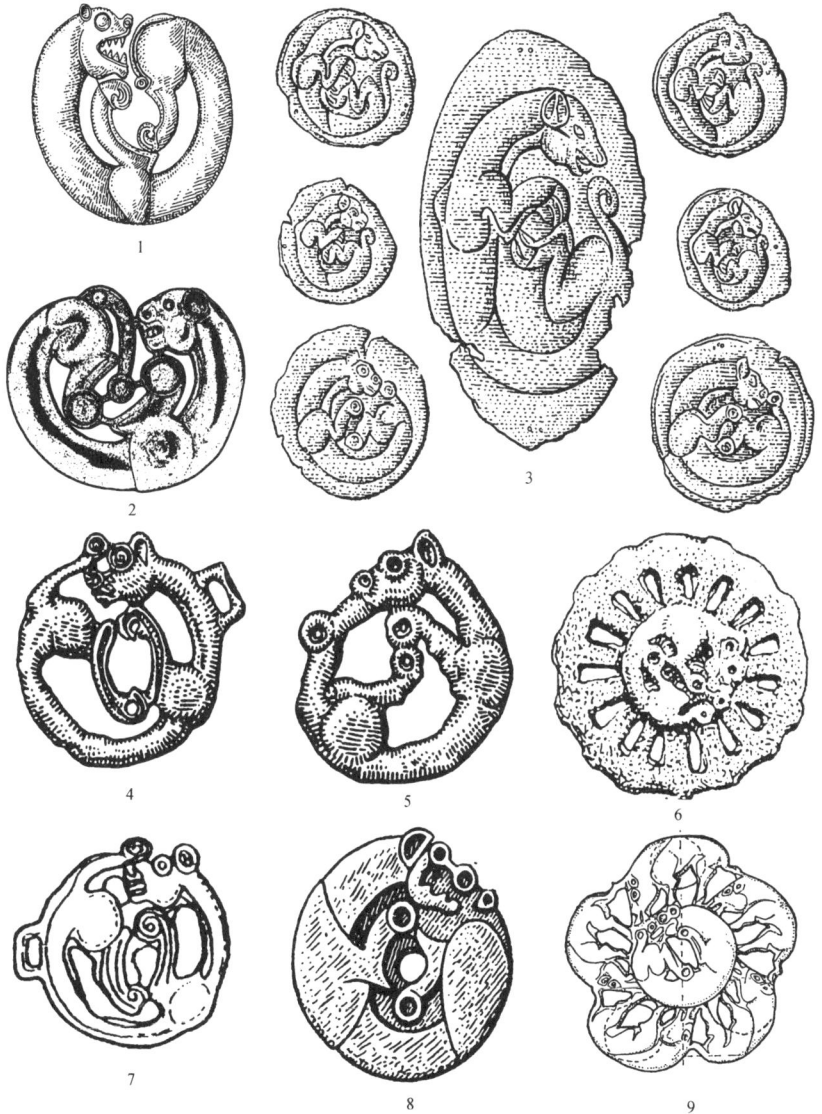

그림 5. 중앙 구역의 卷曲動物紋
1.투바 아르잔 '왕릉' 출토; 2.표트르1세 시베리아 보물; 3.탈타이 서부 邁埃米爾 고분 출토;
4, 5.카자흐스탄 중부의 威加拉克33호고분 출토; 6.아랄해 연안의 薩卡爾·恰嘎6호묘지 23호분 출토;
7.北 첼랴빈스크(Chelyabinsk), 伊爾佳什湖; 8.미누신스크분지 別依斯科耶 출토; 9.新疆 土壘縣 東城大隊 수습.

의 동일한 형태의 대구가 북경(北京) 연경현(延慶縣) 군도산(軍都山)에서 출토되었는데, …필자는 1993년 하북(河北) 지역 답사 과정에서 직접 확인한 바 있다."34)고 한다. 하지만 아쉽게도 이 유물에 관한 공식 발굴보고서는 아직 발표되지 않았다. 군도산 유적은 춘추시대 중기에서 말기로 편년된다.35) 그렇다면 중앙 구역의 굽은 표문은 적어도 춘추시대 말기에 이르러 이미 하북 북부 지역으로 전파되었다는 얘기다. 도쿄국립박물관에도 유사한 형태의 대구 한 점이 소장되어 있다.36)(그림6: 3) 그 외에 영하(寧夏) 서길(西吉) 진양천(陳陽川)에서 더 이른 시기 것으로 추정되는 패식 한 점이 출토되었다.37)(그림6: 4) 이 패식은 아래 부분에 몸통이 가늘고 긴 표범이 굽은 형태로 묘사되어 있다. 단, 장식양식은 앞서 살펴본 굽은 표문 패식과 완전히 달리 나타난다. 짐승의 몸통은 곡선으로 둘러싸여 있거나 혹은 내부가 평행선으로 채워져 있다. 이것은 전국시대에 이르러서야 유행하기 시작한 장식 양식으로, 사이오트-알타이 지역에서 전래하였을 가능성이 있다. 따라서 진양천(陳陽川)에서 출토된 이 유형 유물의 제작 연대는 전국시대 말기에서 진대(秦代)로 추정된다.

몽골고원은 지역적으로 동방 구역과 중앙 구역의 중간지대에 해당한다. 이 지역에서는 아직 동방 구역의 굽은 호랑이 문양 유물이 발견된바 없다. 중앙 구역의 굽은 표문 유물 역시 나타나지 않고 있다. 다만 일부 사슴돌(鹿石)에 권곡 짐승무늬 도상이 확인되기도 한다.38)(그림7: 1 3) 하지만 표현 수법이 조잡하여, 동방 구역 양식인지, 아니면 중앙 구역 양식에 가까운지 분별하기가 어렵다. 하지만 앞선 시기 몽골 국경 내에서 굽은 늑대 문양(狼紋) 패식이 발견된바 있다.39)(그림7: 4, 5) 외형이 중국 감숙에서 발견된 굽은 늑대 문양 패식40)(그림7: 6)과 흡사하다. 이는 이 두 지역 사이의 문화적 연관성을 시사해주고 있다. 사

---

34) 위와 같음, p.190.
35) 楊建華, 앞의 책, 2004
36) (일본) 東京國立博物館, 앞의 책, 2005, 그림15.
37) 延世忠, 李懷仁, 「寧夏西吉發現一座靑銅時代墓葬」, 『考古』 1992年 6期, pp.573~575, 그림1: 11; 그림8: 5.
38) (러시아)B. B. 伏爾科夫, 『蒙古의 鹿石』, 1981, 울란바토르, 그림4: 1; 그림34: 2; 그림69:4.
39) (러시아)B. B. 伏爾科夫, 『蒙古北部의 靑銅時代和早期鐵器時代』, 1967, 울란바토르, 그림20: 7, 8.

슴돌에 묘사된 굽은무늬 도상 역시 동방 구역의 굽은 호랑이 문양과 유사한 요소가 확인된다. 단, 지리적 위치로 미루어 봤을 때, 몽골고원지대에는 동방 구역과 중앙 구역 두 가지 굽은 문양이 교착적으로 분포되어 있을 것으로 짐작된다. 이에 대한 고고학 발견이 지속되고, 이를 통해 한층 더 발전되기를 기대해본다.

이어서 세 번째 구역은 흑해 북안 및 인근 지역을 중심으로 한 서방 구역이다. 이 구역의 굽은 짐승 문양의 특징은 유물의 외곽이 원형이 아니라 삼각형에 가깝다는 점이다. 흑해 북안은 스키타이인의 분포 지역이다. 러시아 학자 파리다유기(波里多維奇)의 연구에 따르면, 굽은짐승무늬는 스키타이인이 창조해낸 것이므로, 이 지역의 삼각형 양식은 가장 이른 시기 형태이며, 이 지역에서 타 지역으로 전파되었다고 한다.[41] 양건화(楊建華)는 이러한 주장을 비판하면서, 아르잔 '왕릉'에서 출토된 원형 굽은짐승무늬야말로 가장 이른 시기의 것으로 보았다. 이것이 서기 전 7세기경에 이르러 중앙아시아의 카자흐스탄, 시베리아의 미누신스크, 북 코카서스와 흑해 연안으로 전파되었다. 그것의 형태는 사실적인데서 추상적인 묘사로 변모된다는 것이다.[42] 하지만 사실상 현재로서는 양자 사이의 계승 발전과 관련된 단서를 찾아보기 어렵다.

우선, 흑해 동북연안의 쿠반(Kuban)초원에 위치한 개열이매사(凱列爾梅斯) 고분군에 주목해볼 필요가 있다. 2호 고분에서 '동경' 한 점이 발견되었다. 중앙에 장식된 짐승무늬는 비교적 사실적으로 묘사되어 있으나, 발끝은 이미 고리 모양(環形)으로 변화되어 있다.[43](그림8: 1) 그 구도는 1호 고분에서 출토된 금표(金豹)의 네 발톱과 꼬리에 장식된 굽은 짐승 무늬와 흡사하다.[44] 그 외에 2호 고분에서는 뼈로 조각한 굽은짐승무늬가 있는 새의 눈알이 발견되었다. 문양은 비교적 추상적으로 묘사되었으며, 외곽은 원형에 가깝다.[45](그림8: 2)

---

40) 秦安縣文化館,「秦安縣歷年出土的北方系靑銅器」,『文物』1986年 2期, pp.40~43, 그림2: 1.
41) (러시아) Ю. Б. 波里多維奇, 앞의 논문, 2001, pp.25~34.
42) 주3)과 같음.
43) (영국) G. 柯薩克「伊朗-斯基泰野獸風的起源」,『解釋過去』, 1998; (러시아) Л. К. 加拉尼娜,『凱列爾梅斯古塚 -早期斯基泰時代的 '王' 墓』, 1997, 모스크바, 그림31: 223.
44) (한국) 韓國國立博物館, 앞의 책, 1991, p.64, 그림13.

동일 묘역의 24호 고분에서도 굽은짐승무늬가 장식된 유물 두 점이 출토되었는데, 외형은 삼각형에 가깝다.46)(그림8: 3, 4) 개열이매사 고분군은 대표적인 스키타이 고분으로, 조성 연대의 상한은 서기 전 7세기 이전으로 소급되지는 않는다. 쿠반초원의 크라스노다르(Krasnodar) 저수지 인근 지역에서도 굽은짐승무늬 유물이 수습된바 있는데, 그림8: 1과 흡사하다.47)(그림8: 5) 북 코카서스 지역의 나이탄(邢爾坦) 9호 고분에서 발견된 굽은 짐승 무늬는 삼각형에 가까우며,48)(그림8: 6) 개열이매사(凱列爾梅斯) 24호 고분에서 출토된 것과 유사하다. 드네퍼강(Dneper River) 하류의 첩미이산(捷米爾山) 고분에서 출토된 굽은짐승무늬 패식은49)(그림8: 7) 외곽이 완전한 삼각형이다. 파리다유기(波里多維奇)의 주장에 따르면, 그림8: 6과 같은 양식의 굽은짐승무늬가 중앙 구역 권곡문 양식으로 변화 발전된다고 하는데, 확실한 근거가 결여되어 있다. 또한 이 유물의 표현기법은 이미 상당히 추상화되어 있다. 아마도 삼각형 굽은짐승무늬의 초기 형식으로는 보기 어려울 것이다. 그에 비해, 북 도네츠강(Donets River) 유역의 곤스탄티노프카 고분에서 출토된 패식이 더 이른 시기 양식으로 추정된다.50)(그림8: 8) 그러므로 오히려 북 코카서스 마이코프(麥科普)성 인근에서 발견된 동패(銅牌)51)(그림8: 9)와 특리사기(特里斯基) 고분군 164호묘에서 출토된 청동칼집의 장식품52)(그림8: 10)이 스키타이식 삼각형 굽은짐승무늬보다 더 이른 시기의 것일 가능성이 많다. 이 유형 굽은짐승무늬에 묘사되어 있는 짐승은 과연 무엇일까? 현재로서 자세히 알 수 없으나, 적어도 설표(雪豹)나 호랑이로 보기는 어렵다. 또한 구체적으로 입증하기는 어렵지만, 이 유형 굽은짐승무늬

---

45) (러시아) Л. К. 加拉尼娜, 앞의 책, 1997, 그림22: 259.
46) (러시아) Л. К. 加拉尼娜, 위의 책, 1997, 그림24: 374, 376.
47) (러시아)A. B. 皮揚科夫 等, 「克拉斯諾達爾水庫庫區卡札佐沃3號墓地和其他發現」, 『歐洲東南部前斯基泰和早期斯基泰時期的遺存』, 1997, 모스크바, 그림1: 5.
48) (러시아)B. M. 巴契耶夫, 「前斯基泰和斯基泰時代的古物」, 『1972~1979年卡巴爾達巴爾卡爾自治共和國新建築工地的考古考察』2, 1985, 그림27: 35.
49) (러시아)B. A. 伊林斯卡亞, A. И. 捷列諾日金, 『元前七至前五世紀的斯基泰人』, 1983, p.94, 그림6.
50) (러시아) A. B. 皮揚科夫 等, 앞의 논문, 1997, p.94, 그림3; (러시아) П. Д. 里別羅夫, 「康斯坦丁諾夫村旁的古塚」, 『物質文化史研究所簡報』第37卷, 1951, 그림45: 6.
51) (러시아) A. B. 皮揚科夫 等, 앞의 논문, 1997, p.53, 그림17.
52) (러시아) A. B. 皮揚科夫 等, 위의 논문, 1997, p.53, 그림2; (러시아) B. B. 捷霍夫, 『公元前七至前六世

는 서기전 7세기 이전의 것임이 확실하다. 그리고 동방 구역이나 중앙 구역의 것과는 구별되는 독자적인 기원을 갖고 있을 것으로 추정된다.

이란의 쿠르디스탄 사퀴즈(saqez)시 지역의 제유야(齊維耶) 보장(寶藏)에서도 짐승무늬 금제 장식품이 발견되었는데,53) (그림8: 15) 스키타이 짐승 무늬이 이란에서 기원되었다는 근거자료로 제시되기도 했다. 하지만 그 제조 연대는 북 코카서스 지역의 스키타이 이전 시기 기물들에 비해 앞선다고 보기 어려운데, 오히려 북 코카서스 지역의 영향을 받았을 것으로 추정되기도 한다. 지면상의 문제로, 본 논문에서는 이와 관련해 자세히 논하지는 않겠다.

필자는 현재 러시아 고고학의 자세한 자료를 갖고 있지 못하다. 따라서 본 논문에서는 삼각형 굽은짐승무늬의 변화 과정에 대해 자세히 논하기는 어렵다. 단, 한 가지 확실한 점은, 서방 구역의 굽은짐승무늬 역시 멀리까지 전파되었다는 것이다. 예를 들면, 러시아 칼미크 (Kalmyk)주54)에 위치한 서기 전 6세기 축조된 것으로 추정되는 '삼형제(三兄弟)' 고분에서 사실적 짐승무늬가 묘사된 패식이 출토되었는데,55) (그림8: 11) 대두(大頭)에 단신(短身)이며, 서방 구역의 굽은짐승무늬의 특징이 다수 나타나고 있다. 또한 멀리 동부 카자흐스탄의 기리극탑(奇利克塔) 고분에서도 개열이매사 고분에서 출토된 것과 유사한 형태의 삼각형 패식이 발견되었다.56) (그림8: 12, 13) 이것은 각 구역 사이의 문화 침투력이 상당했음을 짐작케 한다. 북 코카서스 지역에서 출토된 금속 손잡이가 달린 철검(鐵劍)의 칼집에 부착된 청동장식품57)(그림8: 14)의 경우, 몸통과 다리 및 꼬리는 중앙 구역의 특징을 띠고 있으나, 큰 귀가 달려 있는 머리 부분은 서방 구역의 양식을 따르고 있다. 이것은 양 구역이 서로 상호 모방한 결과물로 추정된다.

紀的斯基泰人和中央高加索』, 1980, 모스크바, 그림23: 2.
53) (러시아)A. B. 皮揚科夫 等, 앞의 논문, 1997, p.41, 그림2.
54) 현재 사르마트(Sarmat) 지역으로 편입되었다.
55) (러시아) M. Г. 莫什科娃, 앞의 책, 1992, 그림66: 3.
56) (러시아)C. C. 契爾尼科夫, 『黃金塚之謎』, 1965, 모스크바, 그림XV, XVI: 1.
57) (러시아)A. B. 皮揚科夫 等, 앞의 논문, 1997, p.47, 그림3.

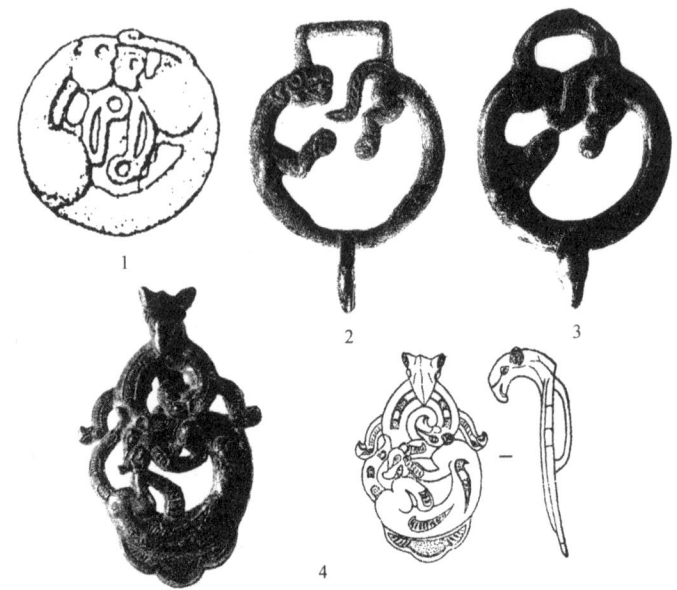

그림 6. 동방 구역에 대한 중앙 구역의 영향
1.內蒙古; 2.색클러 소장; 3.도쿄국립박물관 소장; 4.寧夏 西吉 陳陽川 출토

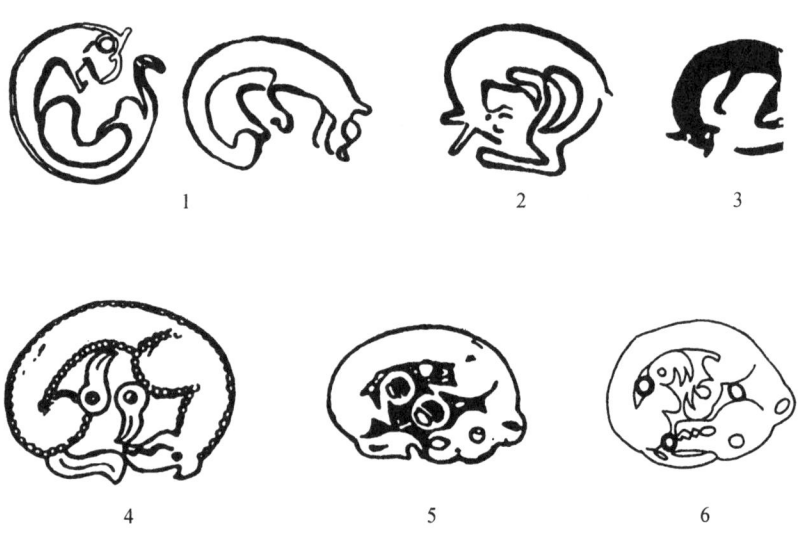

그림 7. 蒙古 지역에서 발견된 卷曲 動物紋
1.巴彦布拉克蘇木 사슴돌 도상; 2.사슴돌 도상(지역 미상); 3.大塔米爾蘇木 사슴돌 도상(잔편); 4.우브스(Uvs Nuur) 지역 출토 패식; 5.고비알타이(Govi-Altai) 지역 출토 패식; 6.甘肅 秦安縣 文化館 소장

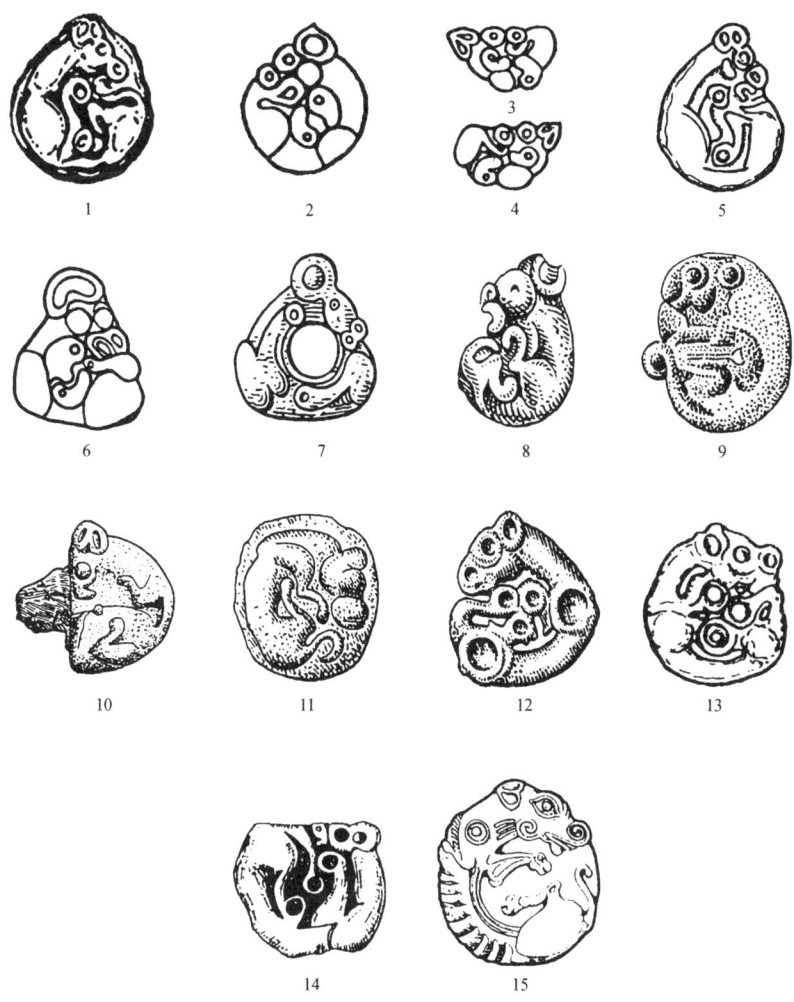

그림 8. 西方 구역 卷曲 動物紋
1, 2.쿠반초원 凱列爾梅斯2호묘 출토; 3, 4.凱列爾梅斯24호묘 출토; 5.크라스노다르 저수지; 6.북 코카서스 那爾坦 고분; 7.흑해북안 捷米爾山 고분; 8.콘스탄티노프카 고분 출토; 9.북 코카서스 마이코프 인근에서 수습; 10.북 코카서스 特里斯基 고분군 M164호묘 출토; 11.칼미크 '三兄弟' 고분 출토; 12, 13.동 카자흐스탄 奇利克塔 고분 출토; 14.북 코카서스 古杰爾梅斯城 인근 초원농장고분에서 출토된 칼집 장식; 15.이란 齊維耶 寶藏

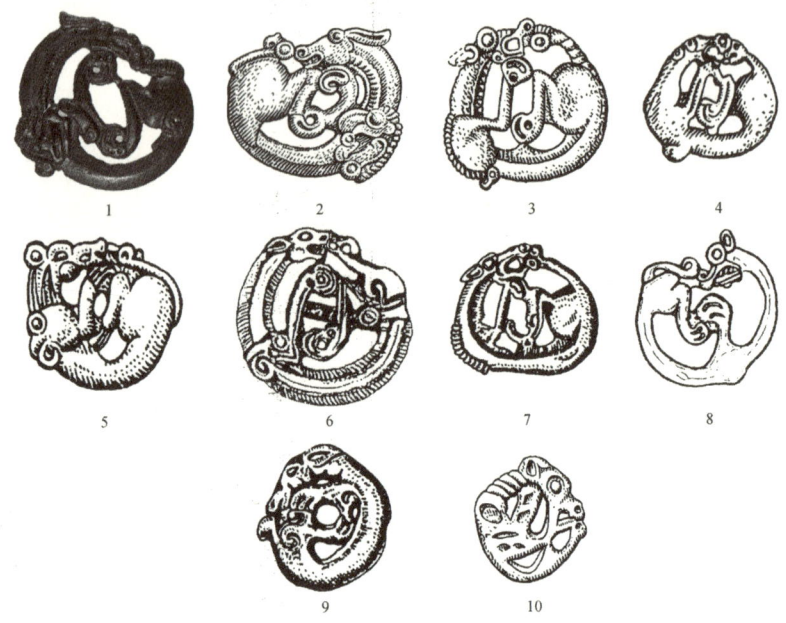

그림 9. 서기 전 5~4세기, 西方 구역 卷曲 動物紋
1.크리미아 쿠라코브스키2호묘 출토; 서기 전 5세기 초원지대 스키타이 고분 출토; 3, 4.서기 전 5세기 드네퍼강 삼림초원지대 고분 출토; 5.남부 우랄 지역의 比雅諾夫卡 마을 고분 출토(서기 전 6세기)
6, 7, 9, 10.서기 전 5 서기 전 4세기, 돈강(Don River) 연안 삼림초원지대 고분 출토;
8.키르기스스탄 이식 쿨 호수 인근 지역 출토.

 마지막으로 살펴볼 부분은, 서기 전 5세기 혹은 그보다 늦은 시기, 서방 구역에서 유행한 굽은 짐승 무늬 장식품이다.58)(그림9) 그 대부분 경우, 짐승의 형체상 서기 전 6세기 이전 서방 구역에서 유행한 삼각형 굽은 짐승 무늬로부터 발전된 것으로는 보기 어렵다. 이는 중앙 구역의 원형 표문 양식으로부터 발전된 양식일 가능성이 많다. 다만 머리 부분은 이미 신화적 요소가 추가되어 괴수(怪獸)형태로 변모되었다. 또한 다리에는 털이 추가되거나 혹은 다른 짐승의 국부(局部 일부분이)가 장식되어 나타난다. 이러한 장식 수법은 '스키타이양식' 이라고는 하지만, 짐승 자체는 이미 스키타이식으로 보기 어렵다. 그러므

---

58) (러시아) М. Г. 莫什科娃, 앞의 책, 1992; (한국) 韓國國立博物館, 앞의 책, 1991; (러시아) Ю. Б. 波里多維奇, 앞의 논문, 2001; (러시아)В. А. 伊林斯卡亞, А. И. 捷列諾日金, 앞의 책, 1983; (러시아)А. П. 麥德羅杰夫, 『頓河沿岸森林草原地區的早期鐵器時代』, 1999, 모스크바.

로 단순히 굽은짐승무늬로 보아, 서방 구역의 굽은 구도는 아마도 애초부터 중앙 구역의 영향을 받았으며, 발전과정을 거치면서 본체 또한 이질적으로 변화되었던 것 같다. 하지만 이들 스키타이와 사르마트 지역에서 유행한 패식은 대부분 완전한 원형이 아니며, 약간은 삼각형에 가깝게 나타나는데, 그 중 그림9: 9, 10의 경우, 원시적인 삼각형 굽은짐승무늬의 요소들을 간직하고 있어 흥미롭다. 특별히 짚고 넘어갈 필요가 있는 것은 그림9: 8인데, 이는 키르기스스탄의 이식 쿨(Issyk-Kul) 호수가에서 발견된 것이다. 이 패식에는 중앙 구역 양식을 바탕으로 하고 있으나, 머리 부분은 괴수(怪獸)로 변화되어 있는데, 권곡 표문(豹紋) 양식이 서방 구역의 영향을 받아 형성된 양식으로 추정해볼 수 있다.

이상의 내용을 종합해 보면, 전체 유라시아 초원지대의 굽은짐승무늬는 사실상 3대 구역으로 구분된다. 이처럼 굽은짐승무늬는 각자 독자적인 기원을 갖고 있으면서, 또 한편으로 상호간 영향을 주고받으면서 형성된 것이다. 동부 카자흐스탄은 세 구역 굽은짐승무늬 양식이 교착되어 나타나는 지역이라고 할 수 있다. 그리고 유라시아 초원지대의 많은 문화적 요소도 굽은짐승무늬와 유사한 과정을 거치면서 변화 발전되었을 것으로 추정된다. 그런 의미에서 굽은짐승무늬 연구는 타 문화요소의 발전 양상을 밝히기 위한 작업에 시사해주는 바가 크다.

(『연경학보(燕京學報)』新24期, 2008, 수록)